Amkoullel,
o menino fula

Desejamos expressar um agradecimento especial à tradutora do livro, Xina Smith de Vasconcellos (1949-2000), que se dedicou com verdadeira paixão à tarefa, permitindo o aflorar de toda a beleza e poesia do texto original.

AMADOU HAMPÂTÉ BÂ

Amkoullel,
o menino fula

tradução
Xina Smith de Vasconcellos

4ª edição

SÃO PAULO, 2021

Título original: *Amkoullel, l'enfant Peul*
Copyright © 1992 by Actes Sud

Grafia segundo o Acordo Ortográfico da Língua Portuguesa de 1990,
em vigor no Brasil desde 2009.

Projeto editorial e organização	Daniela Moreau
Consultoria editorial	Denise Dias Barros
Consultoria para termos árabes	Paulo Daniel Farah
Copy Desk	Gabriela Karman
Atualização ortográfica	Neusa Maria Valério
Projeto gráfico e diagramação	Rose Riemma e Matheus Nerosky
Imagens	Images & Mémoires

Dados de Catalogação na Publicação (CIP) Internacional
(Câmara Brasileira do Livro, SP, Brasil)

Bâ, Amadou Hampâté, 1900-1991
Amkoullel, o menino fula / Amadou Hampâté Bâ ;
tradução Xina Smith de Vasconcellos. – São Paulo :
Palas Athena : Acervo África, 2013.

Título Original: Amkhoullel, l'enfant Peul

ISBN 978-85-60804-23-8

1. Antropologia – África 2. Cultura – África
3. Fula (Povo africano) 4. Bâ, Amadou Hampâté,
1900-1991 5. Mali – História 6. Mali – Usos e costumes
I. Título.

13-12620   CDD- 928.96

Índices para catálogo sistemático

1. Intelectuais africanos : Autobiografia 928.96

Todos os direitos reservados e protegidos pela Lei 9610 de 19 de fevereiro
de 1998. É proibida a reprodução total ou parcial, por quaisquer meios,
sem a autorização prévia, por escrito, da editora.

4ª edição, outubro de 2021

Direitos adquiridos para a língua portuguesa, por
PALAS ATHENA EDITORA
Al Lorena, 355 - Jd Paulista - 01424-001 São Paulo – SP
Telefax: (11)3266.6188
www.palasathena.org.br | editora@palasathena.org.br

ACERVO ÁFRICA
R. Jaciporã, 88 - Perdizes - 01256-110 - São Paulo - SP
Tel: 3801 3764
www.acervoafrica.org.br | acervoafrica@gmail.com

Sumário

Prefácio 7

Prólogo 11

Raízes 19

Kadidja, minha mãe 47

O exílio 95

O retorno a Bandiagara 157

A escola dos brancos 211

Kati, a cidade militar 289

Bamako, o fim dos estudos 317

Prefácio

Merece os melhores elogios a resolução da Editora Palas Athena de trazer ao público brasileiro, em tradução do francês, uma das mais significativas obras de Amadou Hampâté Bâ, sem dúvida um grande vulto africano. O livro relata o período que vai do seu nascimento à juventude, ganhando importância ainda maior por ser o Brasil um país de grande presença afrodescendente, mas muito pequeno em termos de bibliografia em português sobre a África negra.

Convenceram-me, Daniela Moreau e Denise Dias Barros, de que eu poderia elaborar o prefácio à edição brasileira e, quando percebi, estava enredado na empreitada, pelo que peço desculpas.

A introdução a uma obra deve ser o quanto possível breve para que o leitor vá logo ao grande texto. Tenho entretanto, para cumprir o dever que assumi bravamente, de fazer algumas observações que, espero, não impacientem muito.

Hampâté Bâ, que acreditava ter nascido em 1900, foi um negro-africano produto das civilizações das savanas ao sul do Saara (a região *Bafour*), na África do oeste, englobando o atual Mali. Filho de Hampâté e Kadidja, viveu, segundo ele, ao lado dos tucolor e bambara nesses vastos espaços onde a ação se desenrola, e onde muitas e muitas pessoas, que são inclusive personagens do texto, influenciaram sua trajetória.

Educado espiritualmente na religião islâmica, fez cursos sob a administração colonial francesa, obteve diplomas e ocupou cargos, mas foi fortemente marcado pela identidade nascida de suas raízes originárias e ancestrais. Muitos são seus méritos; contudo, parece-me que o traço decisivo de sua personalidade e sabedoria é o de ter se dedicado desde sempre à coleta de narrativas – que sabia de memória – acabando por se transformar em mestre da transmissão oral e especialista no estudo das sociedades negro-africanas das savanas.

Este trabalho não é liberto da visão alcorânica da realidade; todavia, o amor de Hampâté Bâ pelos fatos vividos e sua honestidade trazem dimensões insuspeitadas sobre a verdadeira África negra. Viajante incansável, memorizando e anotando, faz aflorar, em narrativa de extrema simplicidade, coerência, beleza e humor, fatos que nos remetem imediatamente ao grande humanismo africano.

Procuro sempre lembrar que existem duas maneiras principais de abordar as realidades das sociedades africanas. Uma delas, que pode ser chamada de periférica, vai de fora para dentro e chega ao que chamo de África-Objeto, que não se explica adequadamente. A outra, que propõe uma visão interna, vai de dentro para fora dos fenômenos e revela a África-Sujeito, a África da identidade profunda, originária, mal conhecida, portadora de propostas fundadas em valores absolutamente diferenciais.

O livro pertence à segunda categoria. Traz, em sua simplicidade narrativa, fatos memoráveis nos quais, apesar da administração colonial, não faltam sonhos, emoções, condutas, modelos ancestrais, honra, ternura, graça, beleza, fome, horror, alegria, bravura, medo, farsa, diplomacia, suspense e tantos outros, o todo envolvendo as peripécias – algumas de grande dureza, outras extremamente engraçadas mas emocionantes – que marcaram a fase de vida narrada pelo autor sem abrir mão do manto mais abrangente da africanidade, que é uma grande voz não ouvida pelo mundo.

O próprio Hampâté Bâ concordou em retirar do texto original análises antropológicas, sociológicas e outras que tais para que se obtivesse melhor fluxo da narrativa. Todavia, a obra é um rico manancial para essas disciplinas, sendo difícil ao prefaciador resistir à tentação perigosa de indicar, timidamente, a existência de alguns desses pressupostos, que lhe são caros porque se inserem na ideia de África-Sujeito revelada pelo texto.

Um dos ângulos principais é o da narrativa baseada na memória dos fatos, o que liga todo o texto à complicada questão da oralidade e da palavra na África negra. Este é um trabalho escrito, grafado, porém fundamentado nos princípios que exigem "memória fotográfica", como também nos ensina o autor, pois que os fatos remetem a passado longínquo mas com extrema precisão. Hampâté Bâ serve-se assim de um dos principais valores do conhecimento proposto por essas sociedades. A palavra aparece aqui, em seu fulcro constitutivo, como sabedoria e verdade; contudo, muitas vezes formula-se de maneiras diversas, trágicas, amaldiçoadoras, premonitórias de boas e más novas e até mesmo mentira deliciosamente narrada, como no caso da contadora de histórias que relata fatos de um rei. Traz essa palavra, ainda, a dura denúncia sobre os efeitos da guerra de 1914 na transmissão oral do conhecimento na África originária.

Outro aspecto é o da notável importância atribuída à mulher, valorizada enormemente em vários sentidos, seja na organização e administração da família, seja na legitimação de usos e costumes, nas composições e tramas políticas, no amor e na morte, na maternidade e na educação. Aqui a mulher é vista com maior realidade, libertada da visão equivocada de mera reprodutora, cabendo ao leitor a missão de melhor avaliar tão delicada temática. Tal distinção, que repassa todo o livro, é devida não só às privilegiadas relações do autor com a mãe e outras mulheres da família, porém ainda à ideia de que o homem é um "semeador distraído", enquanto a mulher é instrumento do preexistente para elaboração da vida.

Ao longo desses escritos, há seguidas alusões à problemática da socialização, outro assunto que emerge, geralmente diluídas em situações específicas. A inserção do indivíduo na sociedade pauta-se pelas regras de honra e conduta, regras essas que orientam a família extensa – que já constitui por si só um instrumento de pressão – e que são um legado dos ancestrais e definem identidades, sem falar na educação religiosa islâmica à qual um dos personagens, animista extremado, devotava tal desprezo e ódio que nunca volvia a cabeça em direção a Meca... Essas regras e valores são tão distintivos e importantes que aparecem como atributos do próprio preexistente e recebem um nome a ele relacionado (*n'dimaakou*), o que lhes dá existência concreta e formal segundo as propostas da palavra em tais sociedades.

Em sentido ainda ligado à socialização, Hampâté Bâ lembra muitas vezes a associação de jovens como instrumento de auxílio à formação da personalidade, da vida em sociedade e mesmo do exercício do poder. Há excelentes exemplos de associações de meninos que se formam, se unem a outras e até se tornam protetoras de associações de meninas. Esses grupos, com seus princípios de honra e hierarquia, organização formal, direitos e deveres, reproduzem as práticas adultas e parecem bastante eficazes inclusive em suas incríveis proezas.

Outro tema de importância é o da circuncisão dos meninos, que merece descrição detalhada e fundamentada ontológica e socialmente – constituindo preciosa referência ao assunto – mostrando a importância notável atribuída ao evento, no qual toda a sociedade se envolve para participar de alguma forma de tão raro ato de mudança de papéis sociais. Infelizmente, Hampâté Bâ não faz alusão à excisão das meninas, livrando-se assim de temática tão controvertida. É curioso observar que ele mesmo passou por uma situação excepcional relativa à sua própria circuncisão, como se verá.

Mas que não se enganem os incautos com uma eventual visão idílica que o texto poderia trazer. Nas relações e papéis sociais, nos quais se estruturam as práticas históricas, as paixões humanas, sempre presentes, aparecem também sob a forma de ódio, raiva, intriga, traições, muitas vezes decidindo assuntos graves. É a trama da vida, é a relação de pessoa a pessoa que se impõe no cotidiano, como é de estilo na África negra.

Bastante haveria ainda a escrever, se tanto ousasse, pois os temas são muitos. Porém, basta de ousadias. Mergulhe-se, como em sonho, em um universo onde tudo pode acontecer. E no momento em que escrevo estas linhas penso – agora que já são mais de 20h lá na distância africana – nos velhinhos, homens, mulheres e crianças vivendo nas localidades de difícil acesso, eles que estão sujeitos a uma economia apenas suficiente e que devem ficar sempre atentos ao restrito estoque de comida e de água.

Fábio Leite
Centro de Estudos Africanos da USP
São Paulo, fevereiro de 2003

Prólogo

A Memória Africana

Muitos amigos que leram o manuscrito mostraram-se surpresos. Como é que a memória de um homem de mais de oitenta anos é capaz de reconstituir tantas coisas e, principalmente, com tal minúcia de detalhes? É que a memória das pessoas de minha geração, sobretudo a dos povos de tradição oral, que não podiam apoiar-se na escrita, é de uma fidelidade e de uma precisão prodigiosas. Desde a infância, éramos treinados a observar, olhar e escutar com tanta atenção, que todo acontecimento se inscrevia em nossa memória como em cera virgem. Tudo lá estava nos menores detalhes: o cenário, as palavras, os personagens e até suas roupas. Quando descrevo o traje do primeiro comandante de circunscrição francês que vi de perto em minha infância, por exemplo, não preciso me "lembrar", eu o vejo em uma espécie de tela de cinema interior e basta contar o que vejo. Para descrever uma cena, só preciso revivê-la. E, se uma história me foi contada por alguém, minha memória não registrou somente seu conteúdo, mas toda a cena – a atitude do narrador, sua roupa, seus gestos, sua mímica e os ruídos do ambiente, como os sons da guitarra que o *griot*[1] Diêli Maadi tocava enquanto Wangrin me contava sua vida, e que ainda escuto agora...

Quando se reconstitui um acontecimento, o filme gravado desenrola-se do começo ao fim, por inteiro. Por isto é muito difícil para um africano de minha geração "resumir". O relato se faz em sua totalidade, ou não se faz. Nunca nos cansamos de ouvir mais uma vez, e mais outra, a mesma história! Para nós, a repetição não é um defeito.

Cronologia

Como a cronologia não é uma grande preocupação dos narradores africanos, quer tratem de temas tradicionais ou familiares, nem sempre pude fornecer datas precisas. Há sempre uma margem de diferença de um a dois

---

1. *Griots*: corporação profissional compreendendo músicos, cantores e também sábios genealogistas itinerantes ou ligados a algumas famílias cuja história cantavam e celebravam. Podem também ser simples cortesãos (ver também nota 5, p. 108). Como não existe em português um termo equivalente para designar estas pessoas e este tipo de atividade, foi conservado o termo original em todo o relato. [N. da T.]

anos para os acontecimentos, salvo quando fatores externos conhecidos me permitiam situá-los. Nas narrativas africanas, em que o passado é revivido como uma experiência atual de forma quase intemporal, às vezes surge certo caos que incomoda os espíritos ocidentais. Mas nós nos encaixamos perfeitamente nele. Sentimo-nos à vontade como peixes num mar onde as moléculas de água se misturam para formar um todo vivo.

Zona de referência

Quando se fala da "tradição africana", nunca se deve generalizar. Não há *uma* África, não há *um* homem africano, não há *uma* tradição africana válida para todas as regiões e todas as etnias. Claro, existem grandes constantes (a presença do sagrado em todas as coisas, a relação entre os mundos visível e invisível e entre os vivos e os mortos, o sentido comunitário, o respeito religioso pela mãe, etc.), mas também há numerosas diferenças: deuses, símbolos sagrados, proibições religiosas e costumes sociais delas resultantes variam de uma região a outra, de uma etnia a outra; às vezes, de aldeia para aldeia.

As tradições a que me refiro nesta história são, de maneira geral, as da savana africana que se estende de leste a oeste ao sul do Saara (território que antigamente era chamado Bafur), e particularmente as do Mali, na área dos fula-tucolor e bambara onde vivi.

Sonhos e previsões

Outra coisa que às vezes incomoda os ocidentais nas histórias africanas é a frequente intervenção de sonhos premonitórios, previsões e outros fenômenos do gênero. Mas a vida africana é entremeada deste tipo de acontecimentos que, para nós, são parte do dia a dia e não nos surpreendem de maneira alguma. Antigamente, não era raro ver um homem chegar a pé de uma aldeia distante apenas para trazer a alguém um aviso ou instruções a seu respeito que havia recebido em sonhos. Feito isto, simplesmente retornava, como um carteiro que tivesse vindo entregar uma carta ao destinatário. Não seria honesto de minha parte deixar de mencionar este tipo de fenômeno no decorrer da história, porque faziam – e sem dúvida, em certa medida ainda fazem – parte de nossa realidade vivida.

Depoimento de *Amadou Hampâté Bâ*,
recolhido em 1986 por *Hélène Heckmann*

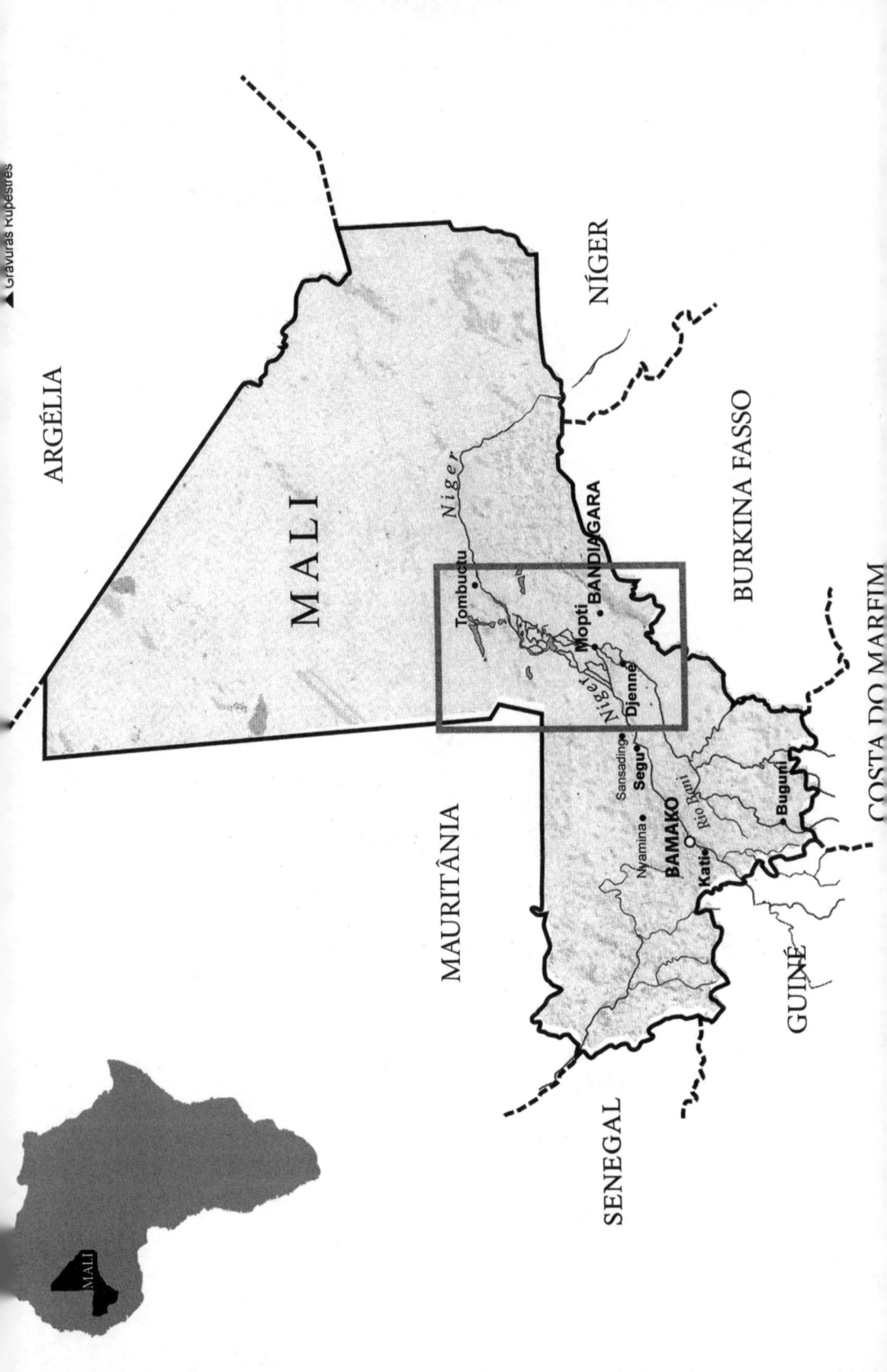

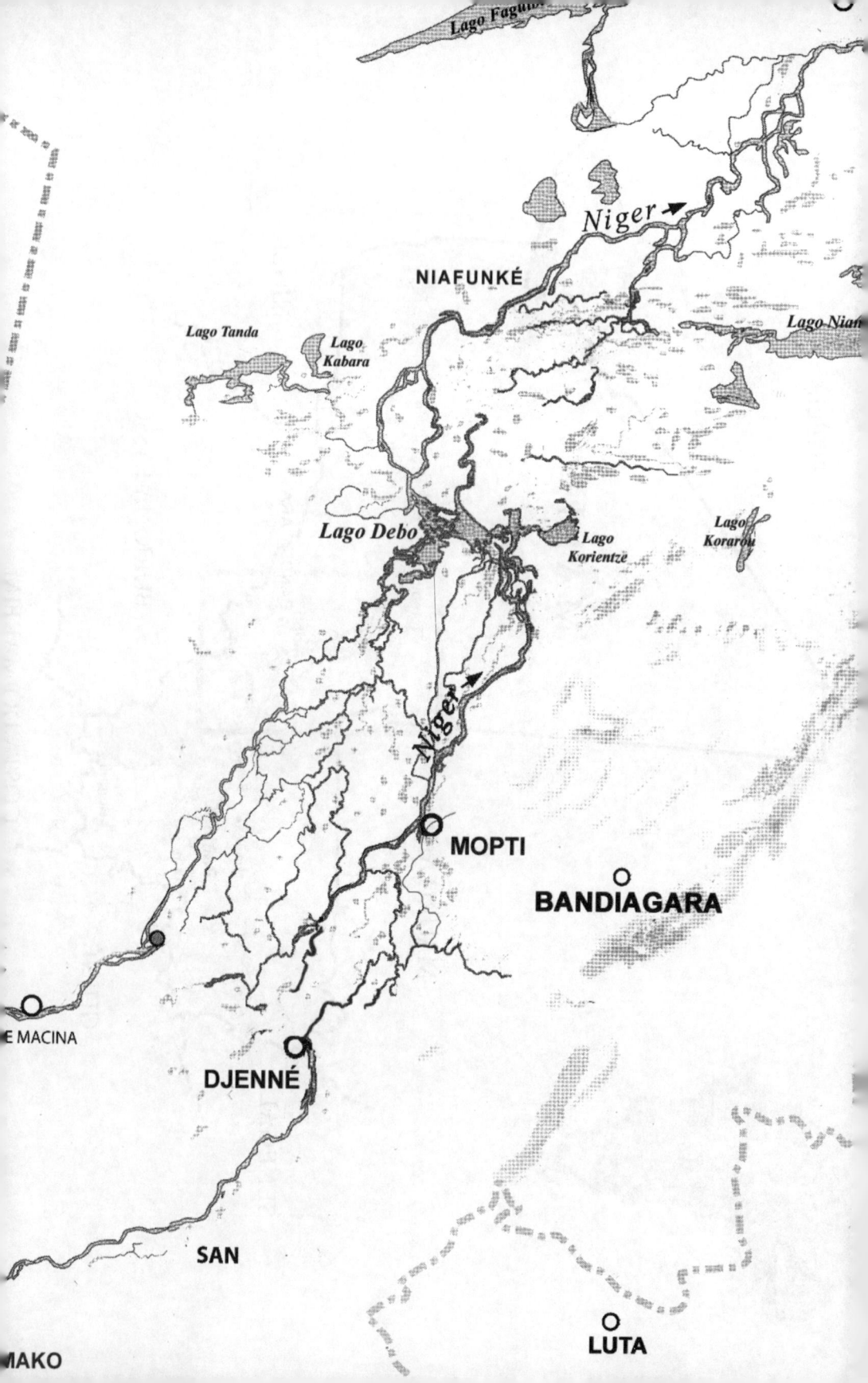

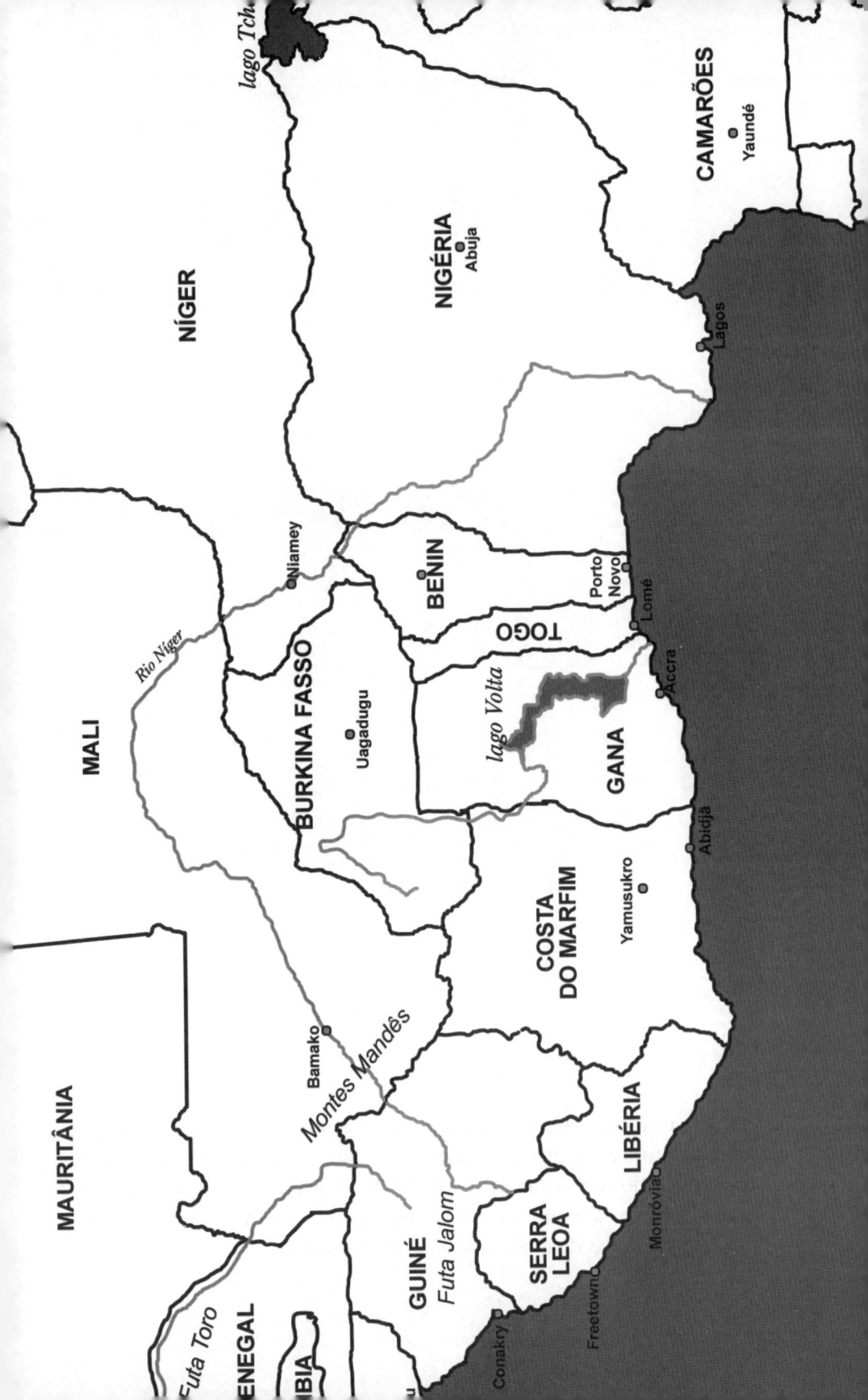

O manuscrito de Amadou Hampâté Bâ continha numerosas explicações sobre a cultura e a sociologia africanas. Em razão da importância da obra, de comum acordo com o autor ficou decidido privilegiar a narração e suprimir grande parte destas observações. O leitor poderá encontrá-las em outras obras mais especializadas do autor. *(Nota do editor francês)*

Amkoullel,
o menino fula

Normatização da grafia: Nomes de localidades e etnias africanas aparecem grafados de diferentes maneiras em dicionários, atlas e publicações especializadas. Resta então ao editor a difícil tarefa de optar por determinada grafia a fim de facilitar a leitura e manter, ao mesmo tempo, uma coerência que não prejudique a compreensão do texto. Tratando-se de obra originalmente escrita em francês, mas relativa à África, critérios diferenciados foram estabelecidos. Alguns privilegiaram a fonética, aportuguesando nomes de localidades (*u* no lugar de *ou* do francês, como Futa e não *Fouta*). Outros, a tradução, como no caso de nomes de etnias já adotados na literatura africana de língua portuguesa (uolofe para a grafia francesa *wolof*). Quanto aos nomes próprios, foram transcritos diretamente e de acordo com o original. As diferenças de ortografia, conforme os personagens, explica-se pelo fato de que esses nomes, derivados do árabe, sofreram numerosas transformações fonéticas pelo uso – Ahmed, por exemplo, que se transforma em Ahmadou ou Amadou dependendo do caso.

Cabe ainda explicitar a opção pelo termo fula e não *peul* como no original francês. A sociedade à qual pertence o autor é conhecida por nomes muito diferentes. Eles se autorreferem tanto como *FulBe* quanto como *Haal-Pular* e nomeiam sua língua *fulfulde* ou *pular*. Entre os uolofes são chamados *peul*; entre os bambaras, fula; e entre os hauçás, *fillani*. Na literatura de língua inglesa são conhecidos como *fulani*, na francesa como *peul*. Na Guiné Bissau, país de língua portuguesa, são denominados fula, grafia adotada nesta tradução, e que tem sido utilizada em publicações brasileiras recentes.

Raízes

A dupla herança

Na África tradicional, o indivíduo é inseparável de sua linhagem, que continua a viver através dele e da qual ele é apenas um prolongamento. É por isto que, quando desejamos homenagear alguém, o saudamos chamando-o repetidas vezes, não por seu nome próprio, que corresponderia no Ocidente ao nome de batismo, mas pelo nome de seu clã: "Bâ! Bâ!", ou "Diallo! Diallo!", ou "Cissé! Cissé!". Porque não se está saudando o indivíduo isolado e sim, nele, toda a linhagem de seus ancestrais.

Assim, seria impensável para o velho africano que sou, nascido na aurora deste século na aldeia de Bandiagara, no Mali, iniciar o relato de minha vida pessoal sem evocar primeiro, ainda que apenas para situá-las, minhas duas linhagens, a paterna e a materna. Ambas são fulas e estiveram ligadas, se bem que em campos opostos, aos acontecimentos históricos, por vezes trágicos, que marcaram meu país ao longo do século passado. Toda a história de minha família está, na realidade, ligada à de Macina (região do Mali situada no que se chama o Arco do Níger) e às guerras que a dilaceraram. Especialmente, àquelas que opuseram os fulas do Império Fula de Macina e os tucolores do exército de El Hadj Omar, o grande conquistador e chefe religioso islâmico oriundo do oeste e cujo império, depois de vencer e absorver o Império Fula de Macina em 1862, estendeu-se do leste da Guiné até Tombuctu, no Mali.

Cada uma de minhas duas linhagens mantém laços de parentesco, diretos ou indiretos, com um destes dois grandes partidos antagônicos. É, portanto, uma dupla herança, ao mesmo tempo histórica e afetiva, que recebi ao nascer e que marcou muitos acontecimentos de minha vida.

"Não tão depressa!", exclamará o leitor não africano, pouco familiarizado com os grandes nomes de nossa história. "Antes de prosseguir, o que são, para começar, os fulas e os tucolores?"

Comecemos por meus ancestrais, os fulas. Se a pergunta é fácil de formular, a resposta já não o é. Porque este povo de pastores nômades que conduziu seus rebanhos através de toda a África savânica ao sul do Saara, entre o Oceano Atlântico e o Oceano Índico, durante milênios (como o testemunham as gravuras rupestres de bovinos das grutas do Tassili descobertas por Henri Lhote), falando francamente, constitui-se um enigma da história. Ninguém jamais conseguiu desvendar o mistério de suas origens. Quase todas as lendas e tradições orais dos fulas mencionam uma origem oriental muito antiga. Mas, dependendo da versão, esta origem é às vezes árabe, iemenita ou palestina; às vezes, hebraica e, às vezes, ainda mais longínqua, buscando sua fonte na Índia. Nossas tradições evocam grandes correntes migratórias vindas "do leste" em época muito distante, e algumas delas, atravessando a África de leste para oeste, teriam chegado à região de Futa Toro, no Senegal. E desta região, muito mais tarde, numa época mais próxima à nossa, partiram novamente em direção ao leste, em novos fluxos migratórios.

Quanto aos sábios e pesquisadores europeus, talvez intrigados com a aparência física dos fulas, de tez relativamente clara (mas que pode tornar-se mais escura segundo o grau de mestiçagem), nariz longo e reto e lábios frequentemente muito finos, tentaram encontrar a solução para este enigma de acordo com sua respectiva disciplina (história, linguística, antropologia, etnologia). Cada um partiu de sua hipótese, pondo às vezes tanta energia em defendê-la quanto em combater a dos outros. Mas nenhum chegou a uma resposta exata. Na maior parte das vezes, concorda-se em atribuir aos fulas origem mais ou menos "oriental", com grau muito variado de mestiçagem entre um elemento não negro de origem semítica ou hamítica e os negros sudaneses. Para os historiadores africanos modernos, os fulas seriam de origem puramente africana.

De qualquer maneira (e aí reside a profunda originalidade dos fulas), através do tempo e do espaço, das migrações, das mestiçagens, das contribuições exteriores e das inevitáveis adaptações ao meio ambiente, eles souberam manter sua identidade e preservar sua língua, seus fundamentos culturais extremamente ricos e, até a época de sua islamização, suas tradições religiosas e iniciáticas.

Tudo isso, ligado a um agudo sentimento da própria identidade e nobreza. Sem dúvida, já não sabem de onde vêm, mas sabem quem são. "O fula conhece a si mesmo", dizem os bambaras.

Meu velho amigo Sado Diarra, chefe da aldeia de Yérémadio, perto de Bamako, assim exprimia, com malícia e poesia, o pensamento dos bambaras a respeito dos fulas: "Os fulas são uma mistura surpreendente. Rio branco no país de águas negras, rio negro no país de águas brancas, é um povo enigmático que turbilhões caprichosos trouxeram do sol nascente e espalharam de leste a oeste por quase todos os cantos".

Com efeito, ao sabor de mil circunstâncias históricas mais ou menos conhecidas, os fulas dispersaram-se como fogo fátuo por todas as zonas habitáveis da savana africana ao sul do Saara. "Presentes em todos os lugares, mas sem domicílio em parte alguma", sempre em busca de novos olhos d'água e ricas pastagens, durante o dia tangiam seus grandes zebus com chifres em forma de lira ou de lua crescente, e à noite dedicavam-se a torneios de improvisação poética. Ora oprimidos, dispersos em diásporas ou fixados à força em zonas de concentração; ora conquistadores, organizando-se em reinos, chegaram a fundar grandes impérios após sua islamização. Entre eles, o Império de Sokoto (região da Nigéria), fundado no século XVIII por Ousmane dan Fodio, e o Império de Macina (região do Mali), fundado no início do século XIX por Cheikou Amadou, no coração do fértil delta interior do rio Níger.

Séculos antes da fundação deste último império, ondas sucessivas de pastores fulas vindos sobretudo de Futa Toro e do Ferlo senegalês, atraídos pelas vastas pastagens de Macina, haviam-se fixado nesta região. Meus longínquos ancestrais paternos aí chegaram por volta do fim do século XV. Instalaram-se na margem direita do Bani (afluente do Níger), entre Djenné e Mopti, na região denominada *Fakala*, ou "para todos", pois os fulas ali coabitaram com diversas etnias locais: bambara, marka, bozo, somono, dogon, etc.

Quando, em 1818, Cheikou Amadou fundou no país a *dîna*, ou Estado Islâmico – que os historiadores denominaram O Império Fula Teocrático de Macina (cuja história relatei em outra publicação[1]) –, a população de todo o delta do Níger já era predominantemente fula. Meus ancestrais paternos, os Bâ e os Hamsalah, que ocupavam funções de chefia no Fakala, juraram fidelidade a Cheikou Amadou. Nem por isto deixaram de criar gado, pois nenhum fula digno deste

---

1. O autor refere-se à obra *L'Empire Peul du Macina*, em coautoria com J. Daget, IFAN, Dakar, 1955. [N. da T.]

nome, mesmo sedentarizado, saberia viver sem ocupar-se, por pouco que fosse, de um rebanho. Nem tanto por razões econômicas, mas devido ao amor ancestral pelo animal irmão, quase sagrado, seu companheiro desde a aurora dos tempos. "Um fula sem rebanho é um príncipe sem coroa", diz um ditado.

A comunidade da *dîna*, criada conforme o modelo da primeira comunidade muçulmana de Medina, prosperou durante vinte e oito anos sob a sábia liderança de Cheikou Amadou. Este liberou os fulas do domínio dos soberanos locais, reagrupou-os e sedentarizou-os no coração de um Estado poderoso e independente e, coisa nada fácil, regulamentou as datas e trajetos de transumância do gado em sincronia com as populações agrícolas locais. Depois de sua morte em 1845 e da morte de seu filho Amadou-Cheikou em 1853, a situação da comunidade se deteriorou sob o reinado de seu neto Amadou-Amadou, que morreu em 1862 durante a tomada da capital, Hamdallaye, pelos exércitos tucolores de El Hadj Omar. O Império Fula de Macina, em que minha linhagem paterna havia prosperado, fora vencido.

Agora entram em cena esses tucolores, cujo nome, pela própria sonoridade, surpreende um pouco o leitor não-iniciado. Cabe uma pequena explicação. Este nome, que não tem nada a ver com cores [2], deriva da palavra árabe ou berbere *tekrour*, que antigamente designava toda a região do Futa Toro senegalês. Os mouros (de língua árabe) chamavam os habitantes deste país de *tekarir* (singular – *tekrouri*). De acordo com Maurice Delafosse, este nome, deformado pela pronúncia uolofe para *tokoror* ou *tokolor*, transformou-se, numa última deformação fonética francesa, em *toucouleur*.

No decorrer de um longínquo processo histórico não elucidado, os habitantes deste país, apesar de pertencerem a etnias diferentes (sem dúvida predominantemente fula após a chegada maciça destes ao Futa Toro, mas também serere, uolofe, soninquê, etc.), acabaram por falar a língua fula. Esta, por sua vez, tornou-se para eles um fator de unidade linguística e, portanto, cultural [3]. O "povo tucolor" não é, assim, uma etnia no sentido exato da palavra, mas um conjunto de etnias unidas pelo uso da mesma língua, e, no decorrer do tempo, mais ou menos misturadas por casamentos. Os tucolores autodenominam-se *halpular*, "aqueles que falam o *pular*" (isto é, o fula). Também são chamados de *Futanké*: "os do Futa".

---

2. *Toucouleurs*: em francês, o nome sugere "todas as cores". [N. da R.]

3. A hipótese retomada por Maurice Delafosse, segundo a qual ao chegarem a Futa Toro os fulas teriam adotado uma língua local que se tornaria a língua fula, não resiste a uma análise para qualquer pessoa que conheça o mundo e a tradição fula do interior.

A pura tradição fula, sobretudo a religiosa e iniciática, perpetuou-se entre os únicos fulas pastores da "alta *brousse*[4]", isto é, entre aqueles que viviam longe das cidades e aldeias.

Os dois povos que naquele ano de 1862 travaram combate em Macina, nas cercanias de Hamdallaye, possuíam muitos pontos em comum: a religião, a língua, às vezes a etnia e até o território de origem, porque os ancestrais dos fulas de Macina também tinham vindo do Futa Toro muitos séculos atrás. Mesmo assim, os "fulas de Macina" e os "tucolores de El Hadj Omar" constituíam duas entidades políticas distintas. Como a história deverá se desenrolar em torno deles, conservarei essas duas denominações para facilitar a compreensão do leitor. Eles próprios, mais tarde, se designariam pelos termos de "velho Futa" (*futakindi*) para os fulas de Macina presentes na região há séculos e "novo Futa" (*futakeri*) para os tucolores que vieram com El Hadj Omar.

Meu avô materno Pâté Poullo

No seio do exército tucolor que entrou vitorioso em Hamdallaye, encontrava-se um fula de Futa Toro que, tempos atrás, havia abandonado tudo para seguir El Hadj Omar. Chamava-se Pâté Poullo, do clã Diallo, e era meu futuro avô materno. Eu ouviria contar sua história muitas vezes.

Pastor fula da alta *brousse* da região de Dienguel (Senegal), Pâté Poullo era um *silatigui*[5], quer dizer, um grande mestre em iniciação, espécie de sacerdote e portanto chefe espiritual de sua tribo. Como todos os *silatigui*, possuía poderes extraordinários: vidente, adivinho, curandeiro, era hábil na avaliação dos homens e na compreensão da silenciosa linguagem de sinais da *brousse*. Apesar de jovem, ocupava posição importante em seu meio. Mas um dia, durante uma viagem, teve oportunidade de ver e ouvir El Hadj Omar, grande mestre da confraria islâmica Tidjaniya[6] que viajava pela região de Futa Toro.

---

4. *Brousse*: formação estépica da África, caracterizada por vegetação rasteira de gramíneas misturada com algumas árvores e arbustos. Também qualquer área fora do perímetro da cidade. Em português, a palavra mais aproximada seria "sertão". [N. da T.]

5. Não confundir com *saltigui* ou *salitigui* (chefe).

6. *Tidjaniya*: uma das principais confrarias islâmicas da África Negra e da África do Norte. As confrarias (*turuq*, "caminhos", singular – *tariqa*) não são seitas, pois não são exteriores ao Islã, mas tipos de famílias espirituais internas, algo como ordens diferentes (franciscana, dominicana) no interior do catolicismo. A África subsaariana foi islamizada essencialmente pelas confrarias que ali desempenharam um importante papel tanto no plano religioso como no plano social e mesmo político. (Ver minha obra *Vie et enseignements de Tierno Bokar, le sage de Bandiagara*, Le Seuil, coleção Points Sagesse,

Assim que retornou para junto da família, Pâté Poullo convocou os irmãos, parentes mais importantes e os representantes da tribo e contou-lhes sua intenção de abandonar tudo para seguir El Hadj Omar. "Quis primeiro lhes pedir permissão", disse. "Se aceitarem, deixarei todo o meu rebanho como indenização. Partirei de mãos vazias, a não ser pelos cabelos da cabeça e as vestes do corpo. Quanto ao meu cajado de *silatigui*, antes de partir o passarei ritualmente àquele mais qualificado para herdá-lo."

A surpresa dos parentes foi grande, mas afinal todos concordaram: "Siga seu caminho e que a paz, somente a paz, o acompanhe!". E foi assim que meu avô, abandonando riquezas, rebanhos e poder, munido de um simples cajado de pastor, tomou a estrada para juntar-se a El Hadj Omar.

Quando o encontrou em uma cidade cujo nome esqueci, apresentou-se: "Xeique Omar, ouvi teu chamado e vim. Eu me chamo Pâté Poullo Diallo e sou um 'fula vermelho', um fula pastor da alta *brousse*. A fim de me liberar, dei meu rebanho a meus irmãos. Eu era tão rico quanto pode ser um fula. Portanto, não é para adquirir riquezas que vim juntar-me a ti, mas apenas para responder a um apelo de Deus, porque um fula não deixa seu rebanho para procurar outra coisa.

Também não vim a teu encontro para adquirir conhecimento, pois, neste mundo, nada podes me ensinar que eu já não saiba. Sou um *silatigui*, um iniciado fula. Conheço o visível e o invisível. Tenho, como se diz, o 'ouvido da *brousse*': entendo a língua dos pássaros, leio o rastro dos pequenos animais no chão e as manchas luminosas que o sol projeta através das folhagens; sei interpretar o sussurro dos quatro grandes ventos e dos quatro ventos secundários, assim como a passagem das nuvens através do espaço, porque para mim tudo é sinal e linguagem. Este saber que está em mim, eu não posso abandoná-lo, e quem sabe te poderá ser útil? Nas viagens com teus companheiros, eu poderia 'falar pela *brousse*' e guiar-te por entre suas armadilhas.

Não vim a ti para as coisas deste mundo. Peço-te que me recebas no Islã e te seguirei aonde fores, mas com uma condição: no dia em que Deus fizer triunfar tua causa e dispuseres de poder e grandes riquezas, peço-te que nunca me nomeies para qualquer posto de comando – chefe de exército, chefe de província, chefe de aldeia, nem mesmo chefe de bairro. Porque a um fula que tenha abandonado seu rebanho não se pode oferecer nada que seja mais valioso.

Se te sigo, é unicamente para que me guies na direção do Deus Único."

Paris, 1980, anexo *Soufisme et confréries en Islam*.)

Muito comovido, El Hadj Omar aceitou as condições de meu avô e realizou a cerimônia de conversão. E, de fato, durante toda sua vida, meu avô jamais aceitou honrarias ou funções de comando. Entre os dois homens firmou-se uma aliança puramente espiritual, que logo se desdobrou em amizade profunda. Como testemunho de confiança, El Hadj Omar encarregou Pâté Poullo da guarda e manutenção de seu pequeno rebanho pessoal, herança da mãe fula. Rebanho que o seguia a todo lugar e do qual tirava, assim como do fruto de suas aulas na escola corânica que nunca abandonou, o alimento e a manutenção da própria família.

A partir desse dia, sob a bandeira de El Hadj Omar, Pâté Poullo seguiu-o em seu périplo em direção ao leste. E foi assim que, no ano de 1862, entraram como vencedores em Hamdallaye, capital do Império Fula de Macina, fundado quarenta e quatro anos antes por Cheikou Amadou. El Hadj Omar aí permaneceu por dois anos. No decurso dos últimos nove meses, todos os seus inimigos (fulas, kuntas de Tombuctu e outros) coligaram-se para fazer-lhe um cerco. Estes exércitos, acampados ao redor da sólida muralha que ele havia mandado erigir para proteger a cidade, não deixavam passar nada. O bloqueio foi implacável, e a fome, atroz. Os tucolores foram reduzidos às condições mais extremas.

Foi durante este período dramático que Pâté Poullo, graças a algumas gotas de leite, se tornou amigo de um sobrinho de El Hadj Omar, Tidjani Tall (filho de Amadou Seydou Tall, irmão mais velho de El Hadj Omar). Ninguém suspeitava ainda que Tidjani Tall iria tornar-se mais tarde soberano do Reino Tucolor de Macina, fundaria a cidade de Bandiagara, onde nasci, e desempenharia papel determinante na história de minha família, tanto paterna como materna, influenciando indiretamente meu próprio destino.

Um dia, durante o cerco, uma vaca leiteira, burlando a vigilância dos soldados inimigos, conseguiu chegar até os portões da muralha de proteção. Puseram-na sem demora para dentro da cidade, onde, naturalmente, ficou sob os bons cuidados de Pâté Poullo. Toda noite, ele saía da cidade sem se deixar surpreender, para procurar capim com o qual alimentar a vaca. E pela manhã, após ordenhar o animal, levava uma grande cabaça de leite a El Hadj Omar, que dividia a preciosa bebida entre os membros de sua família, ele próprio e Pâté Poullo. Mas meu avô habituara-se a levar também, escondido em um pequeno odre, um pouco de leite a Tidjani, cujo destino havia lido nos traços do rosto, graças a suas estranhas faculdades. "Eis aqui o resto do leite de seu pai[7] El Hadj Omar", dizia ele. "Beba-o e será seu herdeiro." E Tidjani

---

7. Na tradição africana, o tio paterno é considerado como um pai e é diretamente responsável pela criança.

bebia. Foi assim que nasceu entre eles um vínculo sólido, fundado na afeição e no reconhecimento, e que jamais se desfez.

Quando, em 1864, a situação se tornou insuportável, El Hadj Omar decidiu enviar seu sobrinho Tidjani em busca de reforços. Recomendou-lhe que fosse a Dukombo, na região habitada pelos dogon, procurar seu amigo, o notável Ellé Kossodio, e pedir-lhe ajuda para recrutar um exército que viesse socorrê-lo. Deu-lhe grande quantidade de ouro para facilitar a tarefa e designou três soldados tucolores para acompanhá-lo. Em seguida, chamou meu avô: "Pâté Poullo, vá com Tidjani. Você lhe será mais útil do que a mim. Outrora, você me prometeu 'falar pela *brousse*'. Hoje, desejo que você 'fale pela *brousse*' a Tidjani. Vá com ele e seja seu guia, seu batedor. Certifique-se de que o caminho não apresenta perigo, depois volte atrás e diga-lhe o que fazer".

El Hadj Omar tomou as mãos de Tidjani, colocou-as entre as de Pâté Poullo e disse: "Considere Pâté Poullo seu pai, como se fosse eu mesmo. Ele será para você e seus companheiros os olhos e ouvidos da *brousse*. Tudo o que lhe mandar fazer, faça. Se lhes disser que acampem, acampem. Se disser que levantem acampamento, levantem acampamento. Enquanto estiverem na *brousse*, seguirão estritamente seus conselhos; mas assim que estiverem em uma cidade, que não é mais domínio dele, a iniciativa recairá sobre você. Eu os confio um ao outro, e os dois a Allah, que não trai jamais".

Aproveitando a escuridão da noite, o pequeno grupo guiado por Pâté Poullo conseguiu sair de Hamdallaye e cruzar as linhas inimigas sem ser visto. Rapidamente, chegaram sem problemas à casa de Ellée Kossodio em Dukombo. Este começou por levar Tidjani à casa do grande caçador dogon Dommo, a sete quilômetros dali, no coração de uma grande planície em forma de bacia, num lugar chamado *Bannya'ara*, "a grande tigela", porque era ali que os elefantes tinham o costume de matar a sede. Este é o lugar onde Tidjani fundaria mais tarde a capital de seu reino que seria chamado *Bannyagara* pelos tucolores e que, transcrito mais tarde num registro por um funcionário francês como Bandiagara, conservaria este nome.

Foi nesta ocasião, creio eu, que se deu um acontecimento histórico envolvendo meu avô, o qual teve papel importante na futura escolha deste local por Tidjani.

Como era seu costume, Pâté Poullo fora explorar os arredores. Ao voltar, encontrou Tidjani repousando à sombra de uma grande e frondosa acácia. Um pouco mais adiante, uma pequena acácia permitia ao sol penetrar folgadamente através de sua rala folhagem. Levado pela inspiração, Pâté Poullo exclamou: "Como, Tidjani! Seu pai, El Hadj Omar, está na sombra (prisioneiro, privado dos meios de ação) e você também se senta à sombra? Quem então vai se pôr ao sol por vocês? Levante-se e vá sentar-se na pedra aos pés da pequena acácia lá adiante. Não é o momento de ficar à sombra, mas ao sol". (Em fula, "pôr-se à sombra" significa repousar depois de terminar o trabalho; "ficar ao sol" quer dizer trabalhar.)

Tidjani, que obedecia cegamente os conselhos de Pâté Poullo desde que fossem relacionados aos mistérios da *brousse*, levantou-se e recolheu sua sela e arreios. Os tucolores que o acompanhavam surpreenderam-se. "Francamente, Tidjani! Pâté Poullo dá ordens a você como se você fosse seu filho: Levante-se... sente-se aqui... sente-se lá..." Sem dizer uma palavra, Tidjani foi sentar-se na pedra. Pâté Poullo, que acompanhara toda a cena, declarou: "Tidjani, filho de Amadou Seydou Tall! A você, que aceitou sentar-se nesta pedra, tenho uma coisa a dizer. Palavra de fula do Dienguel. Um dia, você fundará aqui uma capital, de que todo o Arco do Níger ouvirá falar e de onde ninguém, a não ser a morte natural, o poderá desalojar. Neste dia, pedirei que me dê o terreno sobre o qual está esta pedra, para que nele eu faça minha morada".

Quatro anos mais tarde, Tidjani instalaria e desenvolveria neste local a capital de seu reino, onde reinaria sozinho por vinte anos, até sua morte. A pedra sobre a qual se sentara, bem conhecida em Bandiagara, encontra-se até hoje no pátio da propriedade que herdei de minha mãe, que ela, por sua vez, havia herdado do pai, Pâté Poullo.

Meu avô explicou mais tarde que, se Tidjani tivesse permanecido naquele dia à sombra da grande acácia, e se a oração de *asr* (momento da tarde quando o sol anuncia seu declínio) ali o houvesse surpreendido, jamais teria se tornado chefe, nem fundado seu reino neste local. Certamente, esta não é uma lógica muito cartesiana. Mas para nossos anciãos, sobretudo para os "homens de conhecimento" (*silatigui* para os fulas, *doma* para os bambaras), a lógica apoiava-se em outra visão de mundo, em que o homem se ligava de maneira sutil e viva a tudo que o cercava. Para eles, a configuração das coisas em determinados momentos-chave da existência possuía um significado preciso, que sabiam decifrar. "Esteja à escuta", dizia-se na velha África. "Tudo fala, tudo é palavra, tudo procura nos comunicar um conhecimento..."

Auxiliado por Ellé Kossodio e seus amigos, Tidjani conseguiu levantar na região um exército de cem mil homens. Neste meio tempo, soube que Hamdallaye havia sido completamente destruída por um incêndio e que El

Hadj Omar, instigado por seus homens, escapara e conseguira chegar a Deguembere, na região dogon. Com seus filhos e seus últimos companheiros, refugiara-se em uma gruta na encosta de uma montanha e ali estava, cercado pelos exércitos fulas e kuntas de Tombuctu.

Tidjani forçou a marcha em socorro do tio. Mas quando chegou a Deguembere já era tarde. Por razões que nunca foram elucidadas, um barril de pólvora explodira na gruta e El Hadj Omar havia morrido com os seus no acidente.

Louco de cólera e tristeza, Tidjani avançou à frente de seus homens sobre os exércitos fulas e kuntas e os empurrou para longe. Na perseguição aos fugitivos, entregou-se a uma repressão feroz ao longo da região. Depois da grande batalha de Sebara, em que derrotou os fulas de Fakala, mandou executar todos os membros do sexo masculino (independente da idade) das grandes famílias do antigo Império Fula. Eram essencialmente famílias aparentadas ao fundador do império, Cheikou Amadou, e famílias Bâ e Hamsalah. Em Sofara, só em minha família paterna quarenta pessoas foram executadas em um dia; eram todos meus avós, tios-avós, ou tios paternos. Apenas dois meninos escaparam: Hampâté Bâ, meu futuro pai, que se encontrava longe dali naquele momento, e um jovem primo de quem ignoro o paradeiro.

Depois de passar por diferentes cidades da região, Tidjani decidiu instalar a capital de seu reino em Bandiagara, que era uma área bem protegida. De lá, pôde comandar uma série de operações vitoriosas contra os inimigos. Tornou-se o chefe local, mas não sem guerrear durante muito tempo ainda contra os focos de resistência fula espalhados pela região e apoiados pelos kuntas de Tombuctu. Pâté Poullo, que administrava o rebanho real, estava sempre a seu lado. Vamos deixá-los por algum tempo, para juntar-nos a este jovenzinho salvo por milagre do massacre e que se tornaria meu pai.

Meu pai Hampâté: o cordeiro na toca do leão

Não guardei qualquer lembrança de meu pai. Infelizmente, quando o perdi, nem havia completado três anos de vida neste mundo agitado onde, tal qual um caco de cabaça levado pelo rio, flutuaria mais tarde ao sabor dos acontecimentos políticos ou religiosos suscitados pela presença colonial.

Um dia, quando tinha quatro ou cinco anos, brincava perto de Niélé Dembélé, a excelente mulher que era minha "serva-mãe"[8] desde meu nascimen-

---

8. Serva-mãe: frequentemente uma moça bem jovem que cuidava da criança a partir de seu nascimento ou tenra idade, auxiliando a mãe.

to, e que havia passado a vida ao lado de meu pai. Perguntei-lhe: "Niélé, como era meu pai?".

Surpresa, ela emudeceu por um instante. Em seguida, exclamou: "Seu pai! Meu bom amo!". E, para meu grande espanto, caiu em prantos, puxou-me e apertou-me com força contra o peito.

"Falei alguma coisa errada?", perguntei. "Não devemos falar de meu pai?"

"Não, não, você não disse nada errado", respondeu Niélé. "É que você me comoveu; reacendeu em meu espírito a lembrança daquele que salvou minha vida quando eu era criança, tirando-me das mãos de uma ama cruel e voluntariosa que sempre me batia e mal me dava o que comer. Hampâté não foi somente seu pai; por sua bondade e afeição, foi meu pai também. Você quer saber como ele era? Bem, era de estatura média, bem proporcionado – não era uma bola de carne bochechuda. Silencioso como uma caverna da alta *brousse*, quase nunca falava, a não ser para dizer o essencial. Seus lábios finos de fula mal lhe descobriam os dentes brancos num meio sorriso que lhe iluminava constantemente a face. Mas, cuidado! Se olhasse alguém fixamente, seus olhos de leão macho podiam fazê-lo mijar-se de terror! Se me perguntou sobre seu pai hoje, é porque chegou o momento de você conhecer sua história..."

Sentei-me a seu lado e foi então que ela me contou, pela primeira vez, do começo ao fim, a incrível história de Hampâté, relatada como um romance em nossa família, assim como em várias outras casas de Bandiagara. Eu já havia escutado trechos, mas desta vez foi narrada só para mim, como a um adulto. É claro que não guardei tudo aquele dia, mas eu a ouviria muitas vezes depois, o que me permite introduzir no relato de Niélé algumas definições de datas, sobretudo históricas.

Niélé começou por me contar as circunstâncias nas quais eu havia perdido em Sofara, em uma única manhã, "quarenta avós", e como Hampâté, um menino de uns doze anos, escapara milagrosamente. Já órfão de pai e mãe, nesse triste dia ele perdeu todos os apoios naturais: os tios que faziam o papel de pais e todos os primos.

Depois da execução, os fulas notáveis de Fakala foram autorizados a enterrar seus mortos. Ao proceder às identificações, constataram que o corpo do jovem Hampâté não se encontrava entre as vítimas de Sofara. Por meio de discretas investigações pela região, souberam que o menino se encontrava em Kunari, onde corria o risco de ser descoberto qualquer dia, pois os exércitos e os governantes de Tidjani estavam por todos os cantos.

Assim que a tormenta se acalmou um pouco, eles se organizaram. Era preciso salvar de qualquer maneira o jovem Hampâté, único sobrevivente masculino de uma família dizimada, e encontrar um meio de livrá-lo da sorte que o ameaçava. A estirpe dos Hamsalah não devia morrer. O próprio Cheikou Amadou, venerável fundador do Império Fula de Macina, dissera um dia: "Os Hamsalah do Fakala são 'ouro humano'. Se fosse possível, eu os semearia como plantas para tê-los sempre entre nós".

A conselho de dois fulas que haviam aderido ao rei Tidjani em Bandiagara, os notáveis decidiram esconder Hampâté na própria capital onde vivia o rei. "Ele será procurado em todos os lugares", pensaram, "menos à sombra do monarca que condenou toda sua família". Quem imaginaria que uma ovelha se refugiaria na toca do leão? Hassane Bocoum, um diawando[9] de Fakala, foi encarregado de resgatar Hampâté e levá-lo em segredo a Bandiagara, à casa de alguém de confiança. Ora, durante sua estada longe da família, Hampâté criara grande amizade com um menino de sua idade, Balewel Diko, descendente do famoso Gueladio, antigo rei de Kunari. Este menino se afeiçoara de tal maneira a Hampâté que se recusou categoricamente a separar-se dele. Balewel pediu autorização ao pai para fazer parte da expedição que levaria Hampâté. Como nossas duas famílias eram ligadas, o pai aceitou.

Em Bandiagara vivia então um velho açougueiro chamado Allamodio. Pertencia à classe dos *rïmaibé* (singular – *dimadjo*), isto é, "cativos da casa"[10] ou servos ligados à família por herança. Na posição de antigo *dimadjo* dos Hamsalah, ele era totalmente dedicado à família. Ora, este velho açougueiro refugiado em Bandiagara havia caído nas boas graças do rei Tidjani de tal forma, que este o alforriara e lhe confiara a tarefa de fornecer carne a todos os tucolores. Meu avô Pâté Poullo, que se tornara administrador dos reba-

---

9. *Diawando* (plural – *diawambé*): etnia que vivia com os fulas desde a mais remota antiguidade, compartilhando inclusive seu idioma.

10. Em sua origem, os cativos eram aqueles cujas aldeias haviam sido saqueadas ou que tinham caído prisioneiros de guerra. Podiam ser vendidos e submetidos a todo tipo de obrigações. Seus descendentes acabaram por formar, no seio da sociedade africana da savana, uma classe especial, a dos *rïmaibé* (singular – *dimadjo* em fula; *wolosso* em bambara, "nascido na casa"). Em geral, trata-se de famílias de servos, libertos ou não, que permanecem ligados a uma casa "nobre" durante gerações, e da qual compartilham a sorte e muitas vezes, o nome. Uma pessoa tornava-se *dimadjo* a partir da primeira ou segunda geração nascida na casa. Os *rïmaibé* eram inalienáveis e seus patrões eram obrigados a fornecer a eles, assim como a toda a família, alojamento, alimentação e proteção. Os patrões ricos frequentemente lhes confiavam a gestão de seus bens e quase sempre a educação de seus filhos. Também existiam aldeias de *rïmaibé* agricultores. Os cativos comprados e socorridos por meu pai (ver p. 42) ainda não eram *rïmaibé* porque podiam ser vendidos. Tornaram-se *rïmaibé* em sua casa.

nhos de Tidjani, tinha ordem de pôr todos os dias à disposição de Allamodio a quantidade de animais necessária para cobrir a demanda dos habitantes. Com efeito, durante todo o reinado de Tidjani, nenhum tucolor, nenhum fula aliado, nem qualquer membro de sua corte precisou pagar pela própria subsistência. O Estado lhes fornecia alimento, e grandes refeições diárias eram oferecidas aos pobres.

As vísceras dos animais ficavam para Allamodio, que tirava um bom lucro da venda, mas não utilizava o dinheiro a não ser para socorrer os miseráveis. Sua bondade era tão proverbial que lhe valera o nome de Allamodio, palavra fula que significa literalmente: "Deus é bom". Jamais um homem havia merecido tanto seu nome! Sua casa se tornara o refúgio de todos os infelizes, órfãos de guerra ou vítimas do destino que, ao chegar a Bandiagara, não sabiam para onde ir ou como viver. Uns trinta meninos e uns vinte adultos sem recursos viviam em sua vasta propriedade.

O rei Tidjani, que muito o estimava, declarara sua morada inviolável. Alguns cortesãos enciumados foram dizer-lhe um dia: "Tidjani, seu açougueiro-chefe abriga sem o menor controle qualquer um que lhe peça hospitalidade". Tidjani respondeu: "Se um homem que é meu inimigo entra na casa de Allamodio, ainda que não se torne meu amigo, cessa de ser meu inimigo". Portanto, ninguém mais indicado do que Allamodio para acolher e esconder em sua casa o descendente dos Hamsalah de Fakala, família à qual ele se mantivera visceralmente ligado. Hassane Bocoum confiou-lhe Hampâté "em nome de todo o Fakala", recomendando-lhe expressamente jamais revelar sua verdadeira identidade, o que seria a maneira mais certa de enviá-lo ao cemitério. Hampâté e seu pequeno companheiro Balewel Diko receberam a mesma recomendação de manter discrição e prudência.

Assim, os dois amigos instalaram-se na casa de Allamodio, que lhes ensinou a profissão de ajudante de açougueiro. Para filhos de grandes famílias, tal profissão, um tanto desprezada, não era a mais indicada, mas Hampâté e Balewel souberam superar esse preconceito. Em reconhecimento ao benfeitor que corria grande risco abrigando-os sem declarar sua presença, dedicaram-se por inteiro ao trabalho, desejosos unicamente de ajudar o novo "pai", que já não era muito jovem.

Hampâté – ao contrário de mim! – era capaz de ficar o dia inteiro sem falar. "Bom dia", "até logo", "sim", "não", "não faça assim", "perdão", "obrigado" constituíam o essencial de seu vocabulário. Sua conduta séria e sua discrição, assim como a coragem e fidelidade de Balewel, sensibilizaram o velho açougueiro. Logo passou a depositar neles total confiança e a depender deles. Chamava-os com afeto de "minhas mãos e meus pés".

Um belo dia, Allamodio fez de Hampâté seu tesoureiro. Confiou-lhe as chaves de sua loja de mantimentos e de seus cauris[11] e incumbiu-o de receber e efetuar pagamentos na cidade.

Passaram-se os anos. Hampâté e Balewel viviam em paz, no mais completo anonimato, aparentemente esquecidos do poder real. Nada os fazia supor que um dia isto poderia mudar.

Durante esse tempo, Bandiagara não cessara de se desenvolver. Tornara-se a renomada e florescente capital do reino tucolor de Macina, dirigida com mão de mestre por Tidjani (filho de) Amadou Seydou Tall (que, para simplificar, chamaremos doravante Tidjani Tall), enquanto a parte oeste do antigo império tucolor de El Hadj Omar ficara sob a autoridade do filho mais velho de El Hadj Omar, Ahmadou Cheikou, sultão de Segu e comandante dos crentes[12].

Com o passar dos anos, a cólera e o ressentimento de Tidjani Tall contra os responsáveis pela morte do tio El Hadj Omar foram se apaziguando. Além disto, pouco a pouco, numerosos fulas de Fakala tinham se aliado a ele. Um fula chamado Tierno Haymoutou Bâ, que fora amigo pessoal e chefe do exército de El Hadj Omar, desempenhava agora as funções de generalíssimo dos exércitos e chefe do conselho de notáveis. Ele controlava sobretudo os fulas aliados que serviam sob suas ordens nas tropas de Tidjani. Tierno Haymoutou Bâ, grande protetor dos fulas refugiados de Macina e de Fakala, soube desempenhar papel moderador junto ao rei e, sem sombra de dúvida, sua presença em Bandiagara suscitou numerosas adesões.

Graças, talvez, a esta feliz influência, graças também aos conselhos de numerosos outros marabus[13] de sua corte, Tidjani Tall compreendera que o terror não é uma base sólida para a autoridade e que o melhor meio de assegurar a paz repousava no perdão e no respeito à vida dos outros, seus bens e seus costumes.

Como homem de grande inteligência e prudente chefe de Estado que era, decidiu empreender uma política de reparação e de reconciliação entre

---

11. Cauri: pequeno búzio utilizado no passado como moeda.
12. Comandante dos crentes: título protocolar dos califas. [N. da T.]
13. Marabu: entre os muçulmanos, sábio que se consagra à prática e ao ensino da vida religiosa. [N. da T.]

os fulas de Macina e os tucolores residentes em seu Estado. Para evitar que os conflitos degenerassem e se perpetuassem no tempo, promoveu uma verdadeira fusão entre as duas comunidades do reino por via de casamentos. Promulgou uma lei segundo a qual toda mulher fula que tivesse perdido o marido na guerra deveria se casar de novo com um tucolor, ao passo que toda mulher tucolor que houvesse perdido o marido na guerra deveria se casar com um fula de Macina – salvo, é claro, nos casos proibidos pelo Alcorão. Decretou, também, que nenhum prisioneiro de guerra nobre[14] de nascença, isto é, livre, poderia ser reduzido a cativo. Estas leis tiveram um resultado tão feliz que o povo, sempre pronto a achar apelidos, batizou Tidjani de *Hela hemmba*, que quer dizer "o quebra-e-conserta".

Alguns meses após a promulgação desta lei, o exército de Tidjani, em uma de suas expedições contra os focos de resistência fula, tomou a cidade de Tenengu, de onde trouxe prisioneiros. Entre eles figurava uma grande dama fula de Macina, Anta N'Diobdi Sow, bisneta dos Hamsalah e pertencente à família de Sammodi, fundador da cidade de Diafarabé. Era uma tia materna de Hampâté. Como seu marido havia morrido em combate, de acordo com a nova lei, prometeram-lhe a liberdade sob condição de que aceitasse casar-se com um tucolor.

Anta N'Diobdi não era apenas de linhagem nobre, como extremamente bela e de personalidade forte. As propostas de casamento choveram. Contavam-se numerosos pretendentes entre os chefes militares, chefes de província, grandes marabus ou personagens influentes da corte de Tidjani. A todos, Anta N'Diobdi respondia com altivez: "Jamais me casarei com um homem cujas mãos tenham sido enegrecidas e empesteadas pela pólvora do fuzil e que, além disto, seja um poltrão. Só um poltrão pode aceitar combater com um fuzil. Esconder-se atrás de uma árvore e matar a distância não é guerrear! A bravura está no combate com a lança ou com o sabre, olhos nos olhos, peito contra peito! Só aceitarei como marido alguém que nunca tenha se valido de um fuzil. Além disto, na iniciação feminina fula sou 'rainha de leite', e leite e pólvora não combinam. A pólvora sujaria meu leite..."

Os pretendentes recusados consideraram-se insultados e reclamaram amar-

---

14. A palavra fula *dîmo* (*horon* em bambara), traduzida de forma aproximada como "nobre", significa, na realidade, "homem livre". É nobre aquele que não é "cativo" (nota 10), nem membro de uma casta de artesãos (ver p. 108, nota 5). Todo fula, por exemplo, considera-se nobre pelo simples fato de ser um fula. Com o tempo, as funções de comando deram origem a um tipo de aristocracia do poder, mas um simples pastor fula, questões de poder à parte, considerava-se tão nobre quanto um rei.

gamente a Tidjani. Este, com a curiosidade espicaçada ao máximo, quis ver com os próprios olhos essa mulher intratável e ouvir com os próprios ouvidos as palavras que lhe eram atribuídas. Ordenou que a trouxessem à sua presença.

"Pelo que pude compreender", ele lhe disse, "você não deseja se casar com nenhum de meus bravos companheiros porque eles se teriam sujado com a pólvora do fuzil. Você não sabe que enquanto todo mundo come o milhete moído para se alimentar, só os bravos aspiram pelas narinas o pó negro do fuzil para se cobrirem de glória?".

Anta N'Diobdi sorriu e abaixou pudicamente a cabeça.

"Estamos chegando a um acordo, não é minha irmã?"

"Venerável rei, jamais estivemos em campos tão opostos como sobre este ponto em particular. Nem é preciso dizer que pode me impor seu ponto de vista e mesmo sua vontade, mas nunca me convencerá de que um homem que combate com um fuzil é tão corajoso quanto aquele que ataca seu inimigo com o sabre ou a lança."

Isto foi uma grande temeridade de sua parte, pois todos os tucolores da corte lutavam com fuzis. Porém, compreendendo perfeitamente a alusão depreciativa da mulher fula, Tidjani não se ofendeu. Procurou encontrar uma desculpa no sofrimento pela perda do marido e a humilhação dos seus.

"Pois, já que tem horror dos que respiram o pó negro", disse-lhe sorrindo, "também entre meus bravos tenho fulas 'orelhas vermelhas'[15] como você, nascidos do leite e da manteiga, e que nunca quiseram lutar ao meu lado a não ser com arma branca. Entre eles, há um que prezo muito: é um grande *silatigui* da região do Dienguel que outrora abandonou seu rebanho, seu poder e todos os bens para seguir El Hadj Omar com a única condição de que este o ajudasse a realizar sua união com Deus. Eu o considero como um pai. Pertence ao clã Diallo e se chama Pâté Poullo. Minha irmã, aceite conhecê-lo e ele lhe fará uma visita. Se ele lhe agradar, ficarei muito feliz".

Como exigia o pudor fula, Anta N'Diobdi manteve os olhos baixos e voltou para casa sem responder. Dias mais tarde, recebeu a visita de Pâté Poullo. Era um homem de tez clara, alto, forte e bem feito de corpo, que jamais havia lutado a não ser com lança e sabre. Ele lhe agradou. "Ao menos", pensou, "este não vai sujar meu leite com o pó do fuzil!". O *silatigui* fula não poderia deixar de ser apreciado pela rainha de leite. O casamento foi celebrado. Da união nasceriam seis crianças, entre as quais minha mãe, Kadidja.

---

15. Orelhas vermelhas: expressão que designa os fulas de raça pura, frequentemente ainda ligados à vida pastoril tradicional.

Naquela época, graças à proteção de Tierno Haymoutou Bâ, muitos fulas do Fakala haviam acabado por se instalar em Bandiagara. A maior parte deles frequentava a casa de Anta N'Diobdi. Visto que antes morava em Tenengu, ela ignorava tudo a respeito do salvamento de Hampâté, que acreditava morto junto com os outros. Um dia, uma *griote*[16] de Fakala refugiada em Bandiagara foi visitá-la. Durante a conversa, a mulher disse: "Seu sobrinho Hampâté está em Bandiagara".

"Hampâté? Não é possível, ele está morto."

"Não, ele está vivo. Se não acredita, pergunte a Mamadou Tané, o homem de confiança de todos os refugiados de Fakala."

Sem demora, Anta N'Diobdi mandou chamá-lo. "O que me disseram é verdade?", perguntou-lhe. "Sim, Hampâté está bem vivo." E contou-lhe então em que condições o menino havia escapado ao massacre e como ele o tinha trazido a Bandiagara. "Recebemos ordem", acrescentou, "de escondê-lo na casa de Allamodio e assegurar-nos de que viva no mais completo anonimato. E, até agora, é o que temos feito".

Perturbada com a notícia, Anta N'Diobdi mandou imediatamente buscar o sobrinho. Ao vê-lo atravessar a soleira da porta da casa, chorou de alegria. Quis saber tudo sobre sua vida. Hampâté contou-lhe sua história.

Anta N'Diobdi deu graças a Deus por ter permitido que pelo menos um membro varão de sua família fosse poupado. Depois, como era de esperar, pediu ao sobrinho que fosse morar em sua casa. Para sua surpresa, o jovem recusou-se. "Mãe", disse, "perdoe-me, mas devo ficar com Allamodio. Este velho açougueiro tornou-se meu pai e meu lugar é a seu lado. Não posso abandoná-lo". Muito contra a vontade, Anta N'Diobdi teve de deixá-lo partir.

A imensa alegria que experimentara desmoronou de um só golpe, por um motivo que não podia suportar e que pouco a pouco a foi consumindo: que seu sobrinho, único membro sobrevivente da família Hamsalah, vivesse rebaixado ao nível de um miserável açougueiro e, ainda por cima, no anonimato. Chegada a noite, não disse uma palavra sobre o acontecido ao marido; mas, a partir desse dia, a tristeza apoderou-se dela com tal força que não conseguia mais comer nem beber. Não ria mais, passava as noites chorando e gemendo, entoando lamentos sobre a triste sina de sua família.

Pâté Poullo logo notou essa mudança e inquietou-se. Acreditou, primeiro, em uma crise passageira, mas vendo as semanas correrem decidiu romper

---

16. *Griote*: feminino de *griot*. (Ver p. 11, nota 1 e p. 108, nota 5.)

o silêncio. "Anta", disse-lhe, "há algum tempo você está mudada. Não é mais a mesma. Parece arrependida de nossa união. No entanto, pertenço a uma linhagem tão pura quanto a sua. O rei me honra com sua amizade e confiança. Não sou qualquer um em Bandiagara. No plano material, sou bem rico; você tem mil cabeças de gado a seu dispor e administro vinte mil cabeças do rebanho real. Bem, toda minha fortuna está à sua disposição. Faça com ela o que quiser. Seja feliz, faça-me feliz e poupe-me de ter de ouvir meus rivais escarnecerem maldosamente: 'Nós bem sabíamos que Anta N'Diobdi não seria feliz com Pâté Poullo!' E se por desgraça minha ternura e fortuna não forem capazes de fazê-la feliz, e achar necessário retomar a qualquer preço a mão que com tanta generosidade me entregou, diga-o. Pode ser que eu consiga sobreviver a esta infelicidade e vergonha. Mesmo se meu coração estiver desesperado, será com um sorriso nos lábios que direi: 'Peça-me o divórcio se quiser', e se você o pedir, aceitarei deixá-la partir; mas jamais, jamais, minha boca se abrirá de vontade própria para dizer: 'Eu a divorcio'[17]. Portanto, saiba que, se um dia você tiver de partir, esse dia marcará para mim a entrada numa escuridão além-túmulo e será o início de uma noite sem fim".

Sem receber resposta, Pâté Poullo levantou-se, pegou a lança e saiu da casa como um sonâmbulo. Anta N'Diobdi quedou-se imóvel, arrasada. Quando Pâté Poullo voltou, tarde da noite, encontrou a mulher curvada no mesmo lugar onde a deixara ao sair. Aproximou-se dela. Com suavidade tomou-lhe a cabeça entre as mãos e a apoiou contra o peito. A jovem tinha os olhos tão vermelhos quanto a flor da paineira. Seu rosto estava inchado de tanto chorar. Perturbado, Pâté Poullo lhe disse: "Anta, mesmo que não fosse seu marido, como *bi dîmo*, fula nobre e bem-nascido, tenho direito à sua confiança e devo ajudá-la a suportar seu sofrimento. Eu lhe suplico, fale comigo!".

Anta N'Diobdi, que havia desfeito seu penteado de fula, afinal levantou a cabeça. Afastou as mechas que lhe escondiam a face e, com a voz enfraquecida, abriu o coração:

"Sim, é verdade", disse, "estou sendo esmagada pelo peso de um sofrimento, mas não tem nada a ver com você. Principalmente, não pense que eu seja infeliz a seu lado, muito ao contrário! O nosso, foi um encontro feliz. Mas o que me consome há um mês, o que torna minhas noites insones, meus dias insuportáveis, os alimentos sem sabor e a bebida insípida, é um fato que concerne à honra de minha família, um fato tão delicado quanto grave".

"Qual é, então, esse fato, Anta?"

---

17. "Eu a divorcio": tradução literal da expressão africana que passou tal qual para o "francês africano".

"Você sabe que minha família de Fakala faz parte das famílias de Macina, cujos representantes masculinos, tanto adultos como crianças, foram condenados à morte pelo rei Tidjani Tall e que quarenta dos meus foram executados em um só dia em Sofara."

"Claro, sim, eu sei!", exclamou Pâté Poullo. "Infelizmente, as leis da guerra aparentam-se mais a reflexos de bestas ferozes do que ao comportamento de homens normais."

"Pois bem, entre os corpos dos homens de minha família, constatou-se que faltavam dois meninos. Ora, acabo de descobrir aqui mesmo em nossa vizinhança, aqui em Bandiagara, um dos meninos sobreviventes. É meu próprio sobrinho Hampâté, filho de minha falecida irmã. Ele vive escondido na casa de Allamodio, o açougueiro-chefe do rei, em total anonimato. Ninguém sabe quem ele é. O que me desespera é ver um descendente dos Hamsalah, uma esperança de meu povo e de minha família, viver sem nome, na promiscuidade aviltante de um açougue. Há quase um mês luto para me conformar com esta ideia, mas não consigo. Hesitei em falar porque não queria que um mal-entendido ou um conflito se instalasse entre o rei Tidjani e você, mas, como quer saber a razão de meu sofrimento, direi tudo. A verdade é que não posso mais suportar esta situação. Assim, eis o que decidi: independente de qual possa ser o resultado, peço que leve meu sobrinho Hampâté ao rei Tidjani e lhe revele sua verdadeira identidade para que todo mundo saiba quem ele é. Você rogará ao rei, de sua parte ou da minha, como preferir, que poupe a vida de meu sobrinho. Se ele recusar, pedirá que execute Hampâté de imediato para que sua alma vá juntar-se sem demora à de seus pais que o precederam no outro mundo, onde ele talvez não esteja em pior situação do que aqui."

Pâté Poullo olhou a mulher fixamente; sua face pareceu congelar-se; brotaram-lhe grossas gotas de suor. "Você sabe ao que expõe seu sobrinho?", perguntou-lhe.

"Sim, eu sei. Deliberadamente escolhi para ele a morte antes que o anonimato, que é outra forma de morrer. Prefiro vê-lo morto e enterrado sob seu nome verdadeiro a vê-lo viver sem identidade. Gostaria também de que dissesse a Tidjani o seguinte: se mandar executar meu sobrinho, eu compreenderei seu ato e nem mesmo o condenarei. É a lei da guerra. Eu mesma, se com uma virada da sorte viesse a vencê-lo, não hesitaria em mandar cortar-lhe o pescoço. Mas peço-lhe o favor de poupar aos despojos de meu sobrinho a 'exposição humilhante'[18] dos condenados para que eu possa enterrá-lo com honra."

---

18. A "exposição humilhante", instituída em Bandiagara para os prisioneiros de guerra executados, consis-

Pâté Poullo fez de tudo para dobrar a determinação da mulher e convencê-la a renunciar a uma empreitada tão perigosa, mas de nada adiantou. Convocou então Hampâté à sua casa, colocou-o a par da decisão de sua tia e perguntou-lhe o que pensava.

Hampâté, que tinha então dezessete ou dezoito anos, respondeu: "Sendo Anta N'Diobdi minha mãe e única parente que me resta, tem sobre mim todos os direitos, inclusive o de vida e de morte, e está fora de questão recusar o destino que escolheu para mim. Devo-lhe respeito e obediência. Aqui em Bandiagara, é ela quem vela pela honra de minha família. Se acha que devo morrer para salvar esta honra, bem, que eu morra!".

"Pelas contas de rezar do xeique El Hadj Omar!", exclamou Pâté Poullo. "Se Tidjani soubesse que espécie de inimigos tem de enfrentar, ficaria ainda mil vezes mais alerta!"

"Não somos inimigos pessoais de Tidjani Tall", interveio Anta N'Diobdi, "mas defendemos nosso povo e nossa honra. É possível vencer o inimigo fisicamente e reduzi-lo à escravidão, mas jamais se poderá domesticar sua alma e seu espírito a ponto de impedi-lo de pensar".

Diante de tal determinação, Pâté Poullo não tinha outra escolha a não ser conduzir Hampâté ao rei e implorar sua clemência. Para isto, escolheu uma sexta-feira, dia santo do Islã, quando Tidjani costumava dispensar muitos favores e conceder graças. Na sexta-feira seguinte, depois de assistir à grande oração coletiva na mesquita, Pâté Poullo e Hampâté, acompanhados por Balewel, que havia decidido compartilhar em tudo a sorte de Hampâté, dirigiram-se ao palácio. Pâté Poullo figurava entre o número muito restrito de notáveis que podiam entrar no palácio real a qualquer hora do dia ou da noite. Bastava-lhe dar aos guardas a senha do momento. Graças a este "abre-te sésamo", os três companheiros atravessaram sem problemas três vestíbulos bem vigiados e foram esperar ao pé da escada que dava acesso aos apartamentos privativos do rei, no primeiro andar.

Um pouco mais tarde, Tidjani voltou da mesquita onde se havia demorado. Assim que viu Pâté Poullo, seu rosto abriu-se num grande sorriso: "Ah, aí está meu pai Pâté! Que esta sexta-feira seja um dia de felicidade para todos nós!".

"Que Deus o ouça, Tidjani, filho de Amadou, filho de Seydou Tall!", respondeu Pâté Poullo. Tidjani lançou um olhar rápido e inquiridor em dire-

---

tia em entregar o cadáver às crianças que lhe atavam os pés e as mãos e o arrastavam até uma fossa comum.

ção a Hampâté e Balewel. "O que o traz até minha casa, pai Pâté?", perguntou. "Aposto que veio me apresentar estes belos jovens." E seguiu em direção à escada.

"Sim, venho apresentá-los e suplicar pela causa de um deles, o que se chama Hampâté. Seu companheiro chama-se Balewel Diko e decidiu compartilhar a sorte de Hampâté, não importa o que possa acontecer a ele."

Tidjani começou a subir as escadas, levando Pâté Poullo pela mão. "O que fez de errado este jovem?", perguntou. "Eu lhe direi quando estivermos no salão de audiências", respondeu Pâté Poullo. E fez sinal aos dois jovens para esperá-lo.

Quando chegaram ao salão, Tidjani ausentou-se um momento para trocar de roupa. Voltou em seguida, vestindo um simples *tourti* (bata que chega à altura do joelho, usada por baixo do bubu[19]) e calças bufantes e instalou-se confortavelmente. Ser recebido com essa indumentária era uma grande prova de intimidade e de confiança em relação a Pâté Poullo. "Bem", disse ele, "que crime, então, cometeu seu protegido?".

"Trata-se de um crime com o qual ele não tem nada a ver. Seu crime é o de ter nascido na família dos Bâ e dos Hamsalah de Fakala. Nesta condição, ele é atingido pela condenação à morte decretada contra todos os membros de sua família. Ele tornou-se meu sobrinho por aliança, porque me casei com sua tia Anta N'Diobdi."

"Ah!, é o sobrinho daquela mulher fula de quem tanto admirei a beleza e a coragem!"

"Sim, e ela me obrigou a vir apresentá-lo, sejam quais forem as consequências." E Pâté Poullo transmitiu fielmente ao rei a proposta da mulher. "Assim, *Fama* (rei), venho pedir que poupe a vida de Hampâté, que doravante é meu filho, assim como meu primogênito."

Tidjani manteve-se calado um bom tempo, e em seguida disse: "Pai Pâté! É a segunda vez que enfrento Anta N'Diobdi, esta alma masculina alojada num corpo feminino. Você lhe dirá que eu mesmo a adoto como tia, primeiro por ser sua esposa e também porque amo aqueles que têm o sentido e o culto da honra. Quanto a Hampâté, eu o considero como uma tentação que Deus colocou em meu caminho para ver até onde poderia chegar minha vingança. Se as centenas de inimigos executados em Sofara, Fatoma e Konna não vingaram a morte de meu pai El Hadj Omar, não será com certeza a

---

19. Bubu: grande túnica, vestimenta típica dos muçulmanos africanos. [N. da T.]

morte de mais este jovem que a vingará! Meu caro pai Pâté, fique tranquilo. Aceito seu pedido e concedo publicamente a Hampâté o indulto de sua pena de morte. Mas...", acrescentou sorrindo, "tenho de lhe revelar uma coisa: dez dias depois da chegada de Hampâté a Bandiagara eu fui informado de sua presença. Eu seria um chefe bem medíocre se ignorasse o que se passa em meu reino, sobretudo em minha cidade. Não quis inquietar Hampâté, dizendo a mim mesmo que o próprio Deus o confiava a mim. Parecia insensato, na verdade, esconder um condenado no próprio regaço daquele que havia pronunciado a sentença. Agora que Hampâté, que era meu hóspede involuntário, se tornou meu primo – já que é seu sobrinho –, vou lhe fazer uma doação. Dou-lhe o necessário para dotar e desposar uma mulher, uma propriedade de bom tamanho, um cavalo ajaezado, um fuzil, sete lanças, uma alabarda, um sabre, uma peça de tecido azul da Guiné de sessenta côvados, uma peça de cretone branco, um turbante hauçá acetinado, um par de botas bordadas, dois pares de babuchas de Djenné e dez vacas leiteiras. Gostaria também de que se alistasse nas tropas fulas de meu exército comandadas por Tierno Haymoutou Bâ. Assim, ele não mais será um açougueiro anônimo".

Pâté Poullo estava feliz como um fula cuja vaca tivesse acabado de parir um bezerro! Como não podia pendurar-se no pescoço do rei, inclinou-se em profundo agradecimento. O rei o fez erguer-se: "Por favor, pai Pâté, tal gesto não cabe entre nós!".

Hampâté e Balewel, que haviam permanecido ao pé da escada, foram convidados a subir. Pâté Poullo informou Hampâté sobre a graça concedida pelo rei e os ricos presentes com os quais ele o cobria. Em seguida, comunicou-lhe o desejo do rei de que se alistasse em seu exército sob as ordens de Tierno Haymoutou Bâ. Hampâté ficou um instante em silêncio, os olhos baixos; em seguida, disse: "Agradeço a Deus e ao rei Tidjani Amadou Seydou Tall por ter-me poupado a vida. Estou muito honrado pelo gesto generoso do rei e lhe agradeço do fundo do coração. Mas, no que concerne a meu alistamento, que ele me permita dizer: existem três coisas que me recuso a fazer; primeiro, tomar em armas contra meu povo, quer dizer, contra os fulas de Macina; segundo, tomar em armas contra o rei Tidjani, que, ao invés de mandar me degolar, abre seus braços magnânimos e me cobre de presentes; terceiro, abandonar o velho Allamodio que foi para mim um verdadeiro pai. Prometi a mim mesmo ficar a seu lado até minha morte ou a dele".

Com estas palavras, instalou-se na sala um pesado silêncio que pareceu durar séculos. Pâté Poullo temia o pior. Mas o rei Tidjani, longe de se zangar, exclamou: "*Wallaye*! Por Deus! O sangue nobre falou! Jovem leal, você merece o respeito e a admiração de todos, inclusive do rei". E, estendendo a mão em direção a Hampâté e Balewel, disse-lhes: "Vão e vivam em Bandiagara como muçulmanos livres, desfrutando de todos os direitos devidos aos cidadãos tucolores de nossa cidade!".

O rei não deixou Balewel de mãos vazias. Presenteou-o com um cavalo, um fuzil, uma alabarda, sete lanças e três trajes valiosos.

Acompanhado pelos dois jovens, Pâté Poullo tomou o caminho de casa. Feliz e orgulhoso como um conquistador retornando de uma batalha, contou à mulher a boa nova. A alegria de Anta N'Diobdi não tinha limites. Mas, quando o marido lhe repetiu as palavras de Hampâté declarando ao rei as três coisas que jamais faria, quase perdeu o fôlego! A ideia de que o sobrinho continuaria a ser um ajudante de açougueiro na casa de Allamodio a sufocou. Demorou para se recuperar, até que refletiu, e disse: "Está certo, é mais vergonhoso ser ingrato do que ser açougueiro". Virou-se para Hampâté: "Vá", disse-lhe, "volte para a casa de Allamodio, sirva-o, eu aceito. Minha alma chorará todos os dias de despeito, mas minha razão secará as lágrimas que o orgulho de família me fará derramar. Quando é a honra que nos obriga a aceitar um sacrifício, este se torna sublime. Você escolhe viver na obscuridade opaca, quando um sol grande e radioso se oferece para espalhar sua luz sobre você. Que o Senhor possa levar em conta sua conduta e faça com que de você surjam filhos que elevem o seu nome!".

Aqui termina a história de Niélé. O que se segue é uma reconstituição a partir dos relatos transmitidos pela família, pelos atores protagonistas ou testemunhas desta história, em particular Balewel Diko.

Sempre seguido de seu fiel companheiro, Hampâté continuou a viver junto ao velho açougueiro Allamodio. Pouco depois de sua reabilitação, fundou em Bandiagara a primeira associação (*waaldé*, em fula) de jovens fulas originários de Macina e, em seguida, graças ao encorajamento do rei que gostara desta iniciativa, sua *waaldé* abriu-se a meninos de diversas origens. Essa associação, por sinal, muito mais tarde desempenharia importante papel na política de Bandiagara, já que favorecia as boas relações recomendadas pelo rei entre os tucolores e os fulas de Macina.

Passaram-se os anos. Allamodio, que envelhecera, apoiava-se cada vez mais nos dois jovens para gerir seus negócios. Hampâté não se ocupava só da contabilidade; também comprava na região, para Allamodio e para si mesmo, animais cuja carne era vendida em proveito mútuo.

Assim que os fulas de Fakala, em sua maioria criadores de gado, souberam que o herdeiro dos Hamsalah estava fora de perigo, começaram a enviar-lhe animais para o abate com o intuito de ajudá-lo. Com o decorrer dos anos, Hampâté tornou-se um intermediário de confiança entre os criadores de várias regiões do Arco do Níger e os comerciantes de gado de Bandiagara. De suas diversas atividades, obtinha uma boa renda que utilizava em grande parte para comprar infelizes cativos, principalmente crianças, com a intenção de alforriá-los ou melhorar-lhes a sorte. Agia assim tanto por bondade natural como por dever religioso, em obediência à injunção e ao exemplo do próprio profeta Muhammad.

Durante sua vida comprou quinze cativos. Alforriou seis; os outros nove sempre se recusaram a deixá-lo. Tratava-os mais como filhos adotivos do que como serviçais. Entre eles, havia dois que salvara de amos cruéis, e que amava especialmente: Beydari e Niélé Dembélé. Esta última, uma criança mianka da região de San (Mali), tornou-se mais tarde, para meu irmão mais velho Hammadoun e para mim, a mais atenciosa e carinhosa serva-mãe. Quanto a Beydari, homem de confiança de meu pai, foi designado por ele em seu leito de morte como único herdeiro e chefe de toda a família!

Beydari havia sido capturado com a idade de onze ou doze anos na tomada de Busse (localidade da circunscrição de Tugan, na atual Burkina-Faso). Nessa época, a escravidão ainda não tinha sido abolida nas colônias francesas e o menino foi presenteado a um suboficial nativo do exército francês, que o levou para Bandiagara e o vendeu a um *griot* dos Tall, chamado Amfarba. Este o destinou ao serviço doméstico de suas mulheres.

O mínimo que se pode dizer é que o pobre menino não caiu num ambiente caridoso. Trabalhava sem descanso, do chamado à oração matinal até tarde da noite, às vezes até a meia-noite, realizando atividades acima de suas forças. Alimentava-se das sobras dos pratos e daquilo que conseguia raspar do fundo das panelas. Após dois anos dessa vida de fome e fadiga, andando quase nu e dormindo no chão (e, na estação seca, as noites são extremamente frias nessa região), o infeliz era só pele e osso. Caminhando em água estagnada, havia contraído o "verme da Guiné", um parasita cujas larvas se acumulam na parte inferior das pernas, onde ficam à espera de um novo contato com a água para escapar do corpo do hospedeiro. Seus pés e tornozelos haviam inchado desmesuradamente. Apesar de seu estado, certa manhã uma das mulheres de Amfarba o mandou fazer compras no mercado a um quilômetro de distância. Sob um sol escaldante, com as pernas inchadas e doloridas, o menino não conseguia dar vinte passos sem procurar um raro canto de sombra onde refrescar os pés nus, queimados pela terra fervente. Como tardava em voltar, a mulher de Amfarba reclamou com o marido. Acusou o menino de não passar de um preguiçoso, um desobediente, que com certeza se divertia parando pelo caminho. Amfarba foi tomado pela cólera. Pegando seu chicote de pele de hipopótamo, saiu à procura do menino, que encontrou logo adiante. Equilibrando a cesta cheia na cabeça, Beydari avançava com dificuldade, o corpo brilhando de suor, gemendo a cada passo.

"Seu vagabundo, preguiçoso, desobediente!", vociferou Amfarba. "Vamos, tome isto!" E se pôs a chicotear o pobre menino, que, no esforço para correr, fez as bolhas de suas pernas estourarem antes do tempo. Apesar do sangue que salpicava os pés da criança, Amfarba continuou a chicoteá-lo.

Foi então que Hampâté, que voltava da mesquita, apareceu providencialmente numa curva do caminho. O menino precipitou-se sobre ele: "Ó papai", gritou, "salve-me, salve-me! Ele vai me matar! Ele vai me matar". E jogou-se nos braços de Hampâté justo no momento em que Amfarba ia desferir um golpe que com certeza acabaria com ele.

Hampâté agarrou a mão de Amfarba no ar. "Que brutalidade!", exclamou, indignado. "Você não tem coração? Você trataria seu filho ou parente desta maneira? Este menino sofre como você. É um ser humano, tem um pai e uma mãe em algum lugar deste mundo."

Amfarba respondeu com raiva: "Pois bem, se tem tanta pena dele, compre-o!". Hampâté tomou-o ao pé da letra: "Certo! Diga o preço".

"Cem mil cauris", respondeu Amfarba. Hampâté tirou o anel de cornalina do dedo e o entregou a Amfarba: "Leve este anel a Ousmane Djennonké e peça-lhe cem mil cauris de minha parte. Ele tratará de me devolver o anel". Depois recolheu a cesta contendo os produtos comprados pela criança e a estendeu a Amfarba: "Leve isto para sua mulher você mesmo", disse. "Este menino não é mais seu cativo!"

Hampâté levou o menino para sua casa. Assim que chegaram, batizou-o Beydari, nome que significa "acréscimo" ou "benefício", com o sentido de "benção". Depois tratou dele. Quando sarou, vestiu-o com boas roupas. Beydari esperava que o mandassem fazer alguns trabalhos, mas, para seu grande espanto, meu pai lhe disse simplesmente: "Vá brincar, vá juntar-se aos meninos de sua idade". Na verdade, nem sempre Beydari obedecia à risca esta recomendação, porque amava acima de tudo ficar ao lado de meu pai.

Seguia-o por toda parte e só ia brincar com os companheiros depois que meu pai terminasse seu trabalho. Nessa época, fez amizade com um menino da família real, o jovem príncipe Koreïchi Tall, e aderiu à sua associação de jovens. Para citar um exemplo do comportamento de meu pai, antes de comprar roupas novas a Beydari, como é costume às vésperas das grandes festas muçulmanas, informava-se sobre qual seria o traje do jovem príncipe. Então, comprava um igual para Beydari.

O velho Allamodio, vendo que Hampâté tratava Beydari como um filho, decidiu considerá-lo como neto. E foi assim que Beydari aprendeu a profissão de açougueiro que exerceu durante toda a vida.[20]

Entrementes, o rei Tidjani Tall havia falecido. Seu poder manteve-se sobre toda Macina de 1864 até sua morte em 1888. Como sabemos, no início de seu reinado promovera execuções em massa. Deslocara aldeias e populações para instalar uma administração local, além de guerrear por muito tempo contra focos de resistência. Mas, com o correr do tempo, as coisas se acalmaram um pouco e, afinal, este homem que fora chamado de "o quebra-e-conserta" talvez tenha sido um dos chefes mais valorosos que reinaram na região do Arco do Níger. Assim como fora implacável na conquista, graças a sua penetrante compreensão da política local, demonstrou ser um chefe prudente na administração de seu reino. Ainda corre um ditado em Macina: "Quando Tidjani chegou, o povo exclamou, *Wororoy en boni, Tidjani wari!* (Oh! Estamos perdidos, Tidjani chegou). Mas, em seu funeral, este mesmo povo chorou dizendo, *Wororoy en boni, Tidjani mayi!* (Estamos perdidos, Tidjani morreu!)".

Hampâté já não era mais um jovenzinho quando se casou em primeiras núpcias com uma de suas primas, Baya. Essa união permaneceu estéril. Criou-se uma situação desagradável, pois todo o Fakala e o Pêmaye esperavam pelos filhos de Hampâté, para reviver a estirpe dos Hamsalah. Os notáveis fulas de Fakala refugiados em Bandiagara começaram a consultar marabus, adivinhos e videntes de todos os tipos, para saber se suas esperanças seriam atendidas. Os oráculos foram unânimes: Baya não teria filhos de Hampâté, pois seus respectivos "gênios" procriadores eram incompatíveis. Estas infelizes previsões influenciaram o humor de Baya. Tornou-se amarga; era quase impossível conviver com ela. Não podia suportar ninguém a seu lado; mal tolerava a própria sombra. Até que foi longe demais.

---

20. Foi o próprio Beydari quem me relatou estes episódios. Mais tarde ele seria mais conhecido por seu novo nome, Zeydi.

Um dia em que Hampâté estava ausente, Balewel Diko, o amigo de sempre, foi à casa de Baya acompanhado por alguns companheiros de sua associação. Ele pediu o jantar. Baya não podia recusar, porque era costume dos membros da associação jantar toda noite na casa de um e outro sucessivamente. As esposas já estavam habituadas e, de qualquer maneira, nas grandes famílias africanas sempre havia comida suficiente para acolher convidados de última hora ou estrangeiros de passagem. Assim, Baya fez servir uma refeição, mas sem parar de praguejar: "Ah! como é desagradável ser esposa de um vagabundo que se esquece de voltar para casa na hora das refeições! Eu não sou nem escrava nem mulher de baixa extração para que um marido insolente me trate dessa maneira. De verdade, estou cheia deste Hampâté!". E seja intencionalmente, seja por reflexo involuntário, proferiu uma grosseria a respeito da falecida mãe de Hampâté. Em uma época em que um insulto à mãe era a mais grave das ofensas, resolvida muitas vezes a golpes de lança ou de faca, foi um grande desaforo de sua parte, ainda mais chocante por ser proferido na presença de amigos do marido. Na verdade, era uma afronta imperdoável.

Balewel, para quem Hampâté e ele próprio eram uma coisa só, e que se considerava como seu *alter ego*, indignou-se: "Como, Baya! Você ousa insultar a mãe de Hampâté em minha presença? Teria preferido ouvir de sua boca uma ofensa contra minha própria mãe do que contra a mãe de Hampâté. Pare com isso!".

"E se eu não parar", retorquiu Baya, "o céu tombará sobre a terra? As montanhas vomitarão o conteúdo de seu estômago de fogo?".

"Não acontecerá nada disto", respondeu Balewel, "e sim a morte de seu casamento conosco".

"Com vocês, quem?", disse Baya, zombeteira.

"Conosco, Hampâté e Balewel." Zombando, Baya repetiu a ofensa. No auge da indignação, Balewel disse-lhe: "Parta desta casa, eu a divorcio, eu a divorcio!". A estas palavras, todos os amigos de Hampâté levantaram-se como um só homem. Deixaram a casa sem terminar a refeição, gesto muito grave na África, onde não aceitar a comida de uma mulher é sinal de rejeição e ruptura. Isto significava claramente: "Todos os amigos de Hampâté se divorciaram de você".

Baya foi tomada por uma fúria terrível. Correu para seu quarto, recolheu e embrulhou depressa todas as suas roupas e utensílios domésticos e mandou colocá-los sob o alpendre que protegia a entrada da casa. Ela mesma estendeu uma esteira e acomodou-se, esperando o retorno do marido. Quando Hampâté, que ignorava por completo o incidente, voltou para casa, encontrou a mulher sob o alpendre, sentada com as costas eretas ao lado da bagagem, parecendo esperar não se sabia o quê. Hampâté, como vimos, não era extrovertido nem loquaz. Sem sair de sua tranquilidade habitual (seus amigos diziam que ele era calmo e límpido como o óleo de amendoim), começou por saudar a mulher; depois lhe perguntou: "Por que estes embrulhos? O que está acontecendo?".

"O que acontece é que aquele deusinho, seu amigo Balewel Diko, se divorciou de mim em seu nome e por sua conta. Assim, aprontei minha bagagem e espero que você confirme essa decisão."

"Se aquele deusinho, meu amigo Balewel Diko, se divorciou de você em meu nome", replicou com calma Hampâté, "você está mesmo divorciada". E sem mais uma palavra, entrou na casa.

Aterrorizada, Baya desmanchou-se em lágrimas. Pediu que transportassem a bagagem para a casa de seus pais, o que foi feito na mesma noite pelos empregados de Hampâté. No dia seguinte, quando a novidade se espalhou pela aldeia, todos deram razão a Balewel e Hampâté. Eis algo que, sem dúvida, é muito difícil de ser compreendido por uma mentalidade moderna. Como admitir que alguém possa tomar a iniciativa de "divorciar" a mulher do amigo e que, além do mais, este aceite o fato sem discutir? É que, antigamente, o verdadeiro amigo não era "outro"; ele era nós mesmos, e sua palavra era nossa palavra. A amizade verdadeira era colocada acima do parentesco, salvo em questões de sucessão. É por isto que a tradição recomendava ter muitos companheiros, mas não amigos "verdadeiros" em demasia. Os parentes gozavam do mesmo privilégio. O irmão, o pai ou a mãe podiam "divorciar" um homem em sua ausência e em geral o interessado inclinava-se, aceitando. Não se pode dizer que fosse um costume, pois não era fato muito frequente, mas quando acontecia era aceito, porque não se tomava uma decisão dessas levianamente; caso contrário, a comunidade, familiar ou da aldeia, se oporia.

Kadidja, minha mãe

Se tivesse observado as regras da boa educação africana, teria falado em primeiro lugar sobre minha mãe ao começar esta narrativa, nem que fosse em obediência ao ditado malinês que diz: "Tudo o que somos e tudo que temos, devemos somente uma vez a nosso pai, mas duas vezes a nossa mãe". O homem, dizemos, nada mais é que um semeador distraído, enquanto a mãe é considerada a oficina divina onde o criador trabalha diretamente, sem intermediários, para formar e levar à maturidade uma nova vida. É por isso que, na África, a mãe é respeitada quase como uma divindade. Que minha mãe me perdoe, portanto, não ter começado por ela esta narrativa, apesar de tudo aquilo que lhe devo, mas o encadeamento cronológico também tem suas leis. Desta página até a última, no entanto, ela ocupará um lugar essencial nesta obra.

Hampâté havia sofrido tanto com a primeira mulher que não se decidia a casar-se de novo, apesar das pressões dos que o cercavam. A sociedade africana da época não tinha respeito nenhum pelo celibato, no qual via uma prova de imaturidade ou de egoísmo. Os solteiros não tinham "direito" à palavra nas assembleias de anciãos (só podiam tomá-la "emprestada") e não lhes era confiado nenhum posto de comando, nem mesmo o de chefe de bairro.

Muitos bons partidos foram propostos a Hampâté, que os recusava todos. O tempo passava. Finalmente, Anta N'Diobdi lhe propôs sua própria filha, Kadidja. Ele aceitou, mas como a prima ainda não havia atingido a idade de se casar, era preciso esperar um pouco.

A grande preocupação de Hampâté era ter filhos. Wourma Amadou, um marabu de Bandiagara, famoso por seus dons de adivinho, disse-lhe um dia: "Não vejo muitos filhos em seu destino, mas vejo muitos netos e bisnetos. Eis meu conselho: adote primeiro uma pequena cativa; essa adoção lhe abrirá as portas da paternidade".

Foi então que Hampâté recolheu Niapandogoro, jovem cativa que amamentava uma filhinha de dois meses. Adotou a pequena e deu-lhe o nome de Baya. A partir desse dia, o único dever de Niapandogoro passou a ser amamentar e velar pela filha. Quanto aos cuidados necessários ao bem-estar da menina, o próprio Hampâté se encarregava. Dava-lhe banho, passeava com ela, levava-a ao mercado e até a deitava a seu lado para dormir à noite como fazem as mães africanas. Era ao mesmo tempo pai e mãe.

Mais tarde, a criança foi chamada Nassouni e com este nome a reencontraremos muitas vezes no decorrer desta história porque, mesmo casada, nunca deixou minha mãe Kadidja e depois minha própria esposa, Baya. Nassouni morreu em 1983 em Bamako no seio de minha família.

O sonho de Kadidja

Mais ou menos nessa época, a pequena Kadidja teve um sonho que a marcou profundamente por causa das previsões a que deu lugar e que de fato ocorreram, uma após outra, ao longo de sua vida. No sonho, via o santo Profeta entrar no pátio da casa da família. Ele a mandava chamar os irmãos e irmãs para partilharem com ele um grande prato preparado por sua mãe. Sentaram-se todos ao redor do prato e comeram até não sobrar nada. O Profeta, mantendo a seu lado os irmãos e irmãs de Kadidja, olhou para ela e a mandou sair. Assim que acordou na manhã seguinte, a menina sentiu-se invadida por profundo desgosto e caiu num humor pesado e taciturno. O pai não deu importância ao fato, mas a mãe inquietou-se: "O que você tem, minha pequena Kadidja?".

Kadidja contou-lhe o sonho e acrescentou, com tristeza: "Se o Profeta de Deus manteve meus irmãos e irmãs com ele e me mandou embora sozinha, é porque me achou indigna de ficar junto dele. Portanto, toda minha vida serei uma agourenta, azarada e desgraçada que não merece a companhia do Enviado de Deus". E desfez-se em lágrimas, soluçando nos braços da mãe. Esta, perturbada com o sofrimento da filha, achou que o sonho merecia atenção. "Acalme-se, seu tio Eliyassa Hafiz Diaba é um grande marabu que conhece a ciência da interpretação dos sonhos. Deve vir hoje, depois da grande prece de sexta-feira. Ele saberá encontrar o verdadeiro significado de seu sonho."

Quando o tio chegou, Anta N'Diobdi contou-lhe o sonho da filha. Ele interrogou Kadidja sobre tudo o que havia feito durante o dia e à noite, para ter certeza de que nada havia influenciado seu sonho. Mandou-a então comprar algodão em rama, desbastá-lo, fiá-lo e vender as meadas no mercado. Com o produto da venda, ela deveria comprar uma bela esteira nova e guardar o dinheiro que sobrasse.

Feito isso, o tio voltou. Mergulhou um pincel de junco em uma tinta especial e cobriu a esteira de fórmulas corânicas, letras e símbolos. Aconselhou Kadidja a comer pouco naquela noite e a tomar um banho preparado ritualmente antes de deitar-se na esteira na mesma casa onde, em sonho, tinha ceado com o Profeta, seus irmãos e irmãs.

Kadidja fez tudo conforme o tio mandara. No dia seguinte, ele examinou minuciosamente o que restava dos símbolos que havia traçado na esteira e em seguida mandou limpá-la para eliminar os traços de tinta.

"Vá imediatamente dar alguma coisa a um pobre", disse a Kadidja, "distribua todo o dinheiro que restou e volte. Eu a espero".

Quando Kadidja voltou, ele fez as seguintes previsões, baseadas nos diversos elementos do sonho, assim como nos símbolos que observara na esteira: "Minha sobrinha Kadidja sobreviverá a todos os seus parentes. Herdará de todos os irmãos e irmãs, porque será a última a morrer depois de uma vida muito longa. Nenhum de seus irmãos ou irmãs terá filhos. Ela se casará duas vezes. Do primeiro casamento, terá três filhos. Eles dificilmente sobreviverão, mas se um viver será suficiente: será um grande amparo para ela. Seu segundo casamento a arruinará. Dará seis filhos ao segundo marido, mas, na verdade, essas crianças serão um peso para ela. Kadidja passará por grandes dificuldades durante a vida. Mas triunfará sobre todos os seus inimigos, homens e mulheres, e superará todos os acontecimentos penosos que pautarão sua existência".

Esta previsão, espantosamente precisa, realizou-se nos mínimos detalhes no decorrer do tempo.

Adorada pelos pais, Kadidja crescia como uma verdadeira criança mimada. Seu pai, Pâté Poullo, não só era o administrador do rebanho real, como recebera do rei Tidjani, em reconhecimento pela "gota de leite de Hamdallaye", um dote vitalício de mil cabeças de gado substituíveis em caso de perda, independentemente da razão. Assim, o mínimo que se pode dizer é que a família vivia com conforto.

Pâté Poullo dera a Kadidja uma educação quase masculina, sem, porém, cercear sua feminilidade. Bela, alegre, cheia de vida, voluntariosa – e mesmo, é bom que se diga, um pouco teimosa –, prometia tornar-se uma mulher à qual seria difícil resistir.

Criou uma *waaldé*, associação da qual era chefe e que reunia as moças de sua idade mais belas e nobres de Bandiagara. Ganhou então seu primeiro apelido: *Djandji*, "a encantadoramente prendada". Mais tarde seria chamada de *Poullo*, "mulher fula" no sentido de "mulher nobre", *Flamousso* em bambara. Também seria apelidada, pela força de seu caráter incomum, *Debbo diom timba*, "a mulher de calças". Seu primeiro filho, Hammadoun, a chamava *Dadda* (sem dúvida, uma deformação de Kadia, diminutivo de Kadidja), nome que seria adotado pela família e por todas as crianças de Bandiagara.

Aos doze anos, já havia sido pedida em casamento por quase todas as grandes famílias tucolores de Bandiagara. A mãe recusara pelo menos doze ofertas oficiais. Todos os grandes do reino que outrora haviam querido desposar Anta N'Diobdi desejavam agora obter a mão de Kadidja para os filhos. Quando souberam que Anta N'Diobdi decidira dar a filha ao sobrinho Hampâté, o fula de Fakala que continuava a viver com um açougueiro, ficaram furiosos. Para eles, Hampâté não era apenas um estrangeiro, mas também um inimigo. Opuseram-se violentamente a este projeto de casamento e tentaram impedi-lo por todos os meios.

Nada disso contribuía para a paz de Hampâté, que se tornou alvo dos candidatos enciumados. Estes não perdiam nenhuma oportunidade de provocá-lo. Mas Hampâté não era um boneco de palha que se pudesse esfarelar entre os dedos e tinha a seu lado os quarenta membros de sua associação, prontos a morrer por ele e que, em matéria de importância, nada ficavam a dever àqueles que se atreviam a pronunciar a menor palavra maldosa a seu respeito.

Anta N'Diobdi também não era mulher de se deixar impressionar. Segura da confiança do marido e do apoio da esposa favorita do rei, obstinou-se contra ventos e tempestades. Afinal, quando Kadidja atingiu a idade adequada, o casamento foi realizado.

Kadidja e Hampâté, um casamento difícil

Loucos de raiva, os grandes do reino que haviam sido recusados juraram fazer de tudo para que a união de Kadidja e Hampâté permanecesse estéril e não fosse feliz. A despeito da interdição do Alcorão, mobilizaram todo tipo de marabus, amaldiçoadores e feiticeiros para tornar o casamento estéril. Apesar destas tramas, Kadidja deu à luz três crianças: uma filha chamada Gabdo e dois meninos, meu irmão mais velho Hammadoun e este vosso criado. A dura verdade, porém, é que Gabdo, a mais velha, só viveu seis meses e meu irmão mais velho Hammadoun, um menino aquinhoado com todos os dons do espírito, do corpo e do coração, sofreu uma morte trágica por volta dos quinze anos. Portanto, como havia anunciado tio Eliyassa, eu deveria ser o único sobrevivente da união de Kadidja e Hampâté.

Se acreditarmos no que diz minha certidão de nascimento, nasci em Bandiagara "por volta de 1901"; mas as pesquisas que realizei mais tarde me inclinam a pensar numa data entre dezembro de 1899 e janeiro ou fevereiro de 1900 (porque foi no auge da estação fria), mais provavelmente no início do ano de 1900. Parece que nasci no ano em que o rei Aguibou Tall viajou à França, o que ocorreu em 1900. Tudo leva a crer, portanto, que me cabe um honroso lugar no pelotão dos "filhos mais velhos do século".

No momento de meu nascimento, minha avó Anta N'Diobdi encontrava-se em Taykiri (um lugar perto de Mopti, a cerca de setenta quilômetros de Bandiagara) para onde acompanhara seu rebanho em transumância. Assim que terminou o período de quarenta dias em que a parturiente não pode sair de casa, Kadidja quis ir ao encontro da mãe, como era costume, para apresentar-lhe o bebê e descansar um pouco a seu lado.

Eu ainda era muito pequeno para ser transportado nas costas à maneira das mulheres africanas. Minha mãe procurou então uma grande cabaça que encheu de panos e tecidos macios e quentes e ali me deitou como num berço. Niélé, minha "serva-mãe", pôs a cabaça na cabeça e tomamos a estrada. E foi assim que, com apenas quarenta e um dias de presença neste mundo, comecei a viajar. E nunca mais parei, pelo menos até que a fadiga e a idade avançada, por volta de 1982, me obrigaram enfim a parar.

Quando partimos, a temperatura baixou de tal maneira que quase morri. Kadidja ficou com a mãe durante dois ou três meses e depois me levou de volta a Bandiagara.

O nascimento de três crianças e a morte de Gabdo não haviam apaziguado o ódio dos inimigos do casal Kadidja-Hampâté. Pareceu mesmo tê-lo atiçado. A "guerra dos sortilégios" continuava. Todos os dias, descobriam-se dentro da casa cordas amarradas ou talismãs maléficos que alguém, não se sabia como, conseguira introduzir. Estavam em todos os cantos; no pátio, no quarto, nos banheiros, na cozinha e até no cântaro de água, onde às vezes eram encontrados sapos costurados. Frequentemente, pela manhã, Pâté Poullo ia dizer a Kadidja: "Preste atenção, tem qualquer coisa hoje". Não falhava nunca.

Com o tempo, seja por efeito dos sortilégios, do clima de hostilidade que pesava sobre a casa, ou apenas em consequência de uma grande diferença de idade e de temperamento – Kadidja jovem, vivaz e alegre, levando uma vida social animada, e Hampâté muito mais velho, sério e sempre quieto –, a verdade é que um belo dia Kadidja foi tomada por uma espécie de aversão pelo marido. Não o suportava mais. Fugia da casa do casal como da peste e ia para a casa dos pais sempre que podia. O curioso é que quando estava longe de Hampâté não parava de falar dele e de suas qualidades, mas, assim que se encontrava em sua presença, sentia uma violenta vontade de fugir.

Todas as vezes, os pais a levavam de volta a Hampâté com a morte na alma. Queriam honrar a palavra dada e também não desejavam virar motivo de riso para aqueles a quem tinham recusado a mão da filha. Mas Kadidja só tinha uma ideia na cabeça: deixar Hampâté, não importa quais fossem as consequências para si e para a reputação da família.

Quando os pais a levavam de volta para casa ficava tão abatida e infeliz que pouco a pouco perdeu o apetite e o gosto pela vida. Ela que era tão alegre e afável tornou-se rabugenta, irritável. Tudo a incomodava. Foi então que Hampâté, no interesse da própria vida de Kadidja, decidiu devolver-lhe a liberdade.

Convocou um conselho de família. Quando estavam todos reunidos, declarou aos sogros: "Sei, e vocês também sabem, que Kadidja não odeia minha pessoa, mas age sob influência de um feitiço poderoso que nem vocês, nem Eliyassa Hafiz Diaba, nem eu conseguimos desfazer. Se vocês continuarem tentando impor minha presença a Kadidja, temo que fique gravemente enferma, ou mesmo que cometa uma loucura irreparável. Ora, prefiro vê-la viva e feliz em outro lar a vê-la doente e infeliz sob meu teto. Permitam então que, sem rancor, eu lhe devolva a liberdade para preservar nossos laços de família, que devem manter-se intactos e firmes contra tudo e todos".

Foi assim que Hampâté, por afeição a Kadidja, divorciou-se amigavelmente, embora permanecesse ligado a ela por laços indefectíveis, porque não só era sua prima, filha da única parente próxima de Bandiagara, mas porque lhe dera dois meninos, a alegria de sua vida.

Esta separação, que se deu quando voltamos a Bandiagara, coincidiu com uma época de grande luto para Kadidja, que no mesmo período perdeu o pai e o irmão mais velho, Amadou Pâté.

Como fazia com frequência, Pâté Poullo partiu para a *brousse* a leste de Bandiagara com seu rebanho. Não conseguia ficar muito tempo na cidade sem dar um mergulho no mundo que era o seu, o mundo da natureza onde tudo para ele estava vivo, falava e tinha significado. Foi lá que sua vida se apagou; ele se foi, levando consigo seus segredos e a maior parte de seus conhecimentos tradicionais. Chegou, no entanto, a ensinar alguns deles a minha mãe que, como sua mãe Anta N'Diobdi, era "rainha de leite".

Meu pai Hampâté faleceu pouco menos de três anos depois da separação de Kadidja. Já que ela havia se casado outra vez, meu pai exigiu que eu ficasse a seu lado. Quando ele morreu eu tinha mais ou menos três anos e meu irmão Hammadoun, cinco.

Como já disse, em seu leito de morte meu pai nomeou como único herdeiro de todos os seus bens e chefe da família, não um de seus filhos (éramos muito jovens para isso), mas Beydari. Jamais a confiança foi tão bem depositada! Beydari foi para nós, em todas as circunstâncias, um tutor devotado, um irmão mais velho afetuoso e um administrador escrupuloso dos bens da família, a qual se compunha, além de meu irmão e eu, de Beydari e de outros oito "cativos" (*rïmaibé*) que tínhamos herdado e que jamais quiseram nos abandonar. Entre eles estava Abidi Hampâté (todos levavam o nome de meu pai), nossa querida Niélé e a jovem Nassouni, que meu pai criara como sua própria filha.

Beydari e seus companheiros tinham recebido a missão de nos criar, educar e defender, e eles assim o fizeram, Deus é testemunha! Hammadoun e eu fomos certamente os "jovens amos" mais felizes de toda Bandiagara! O fiel amigo Balewel Diko também não nos abandonou. E foi em grande parte devido a seus relatos, além dos de Niélé e de Beydari, e depois aos de minha mãe, que pude reconstituir toda esta história.

A partir do momento em que tive idade para compreender, Niélé não parava de falar de meu pai e as lágrimas lhe enchiam os olhos quando evocava a imensa bondade que se escondia por trás de seu aspecto taciturno. Sua casa, dizia ela, estava aberta a todos a qualquer hora. Ele sabia escutar, jamais contradizia, mas seu olhar era tão penetrante que às vezes incomodava os interlocutores a ponto de alguns preferirem entender-se com ele por meio de um intermediário, como permitia o costume. Felizmente, seu sorriso vinha amenizar os efeitos perturbadores desse olhar. Seus rompantes de cólera podiam ser terríveis, mas só se manifestavam por motivos graves, como uma flagrante injustiça de um forte contra um fraco. Durante toda a vida, deu mais dinheiro do que emprestou, porque não gostava de cobrar o pagamento de uma dívida. Havia recomendado a seus "cativos", ou seria mais justo dizer seus filhos, que nos ensinassem a piedade, a probidade, a bondade com os pobres e enfermos e o respeito pelas pessoas de idade. Quanto a nossa educação religiosa, exigiu que fosse confiada a Tierno Bokar, o amigo íntimo da família sobre quem ainda falarei.

Assim foi meu pai Hampâté, que deveria ter morrido e no entanto viveu, que recusou as honras oferecidas por um rei, para continuar a servir um velho açougueiro, e que preferiu liberar uma mulher que amava a vê-la infeliz a seu lado. Que Deus o acolha em sua misericórdia, Hampâté, meu pai, e que a terra lhe seja leve!

Kadidja e Tidjani

Mal minha mãe recuperara a liberdade e já todos os antigos pretendentes recusados, na maior parte tucolores do clã Tall, isto é, do clã de El Hadj Omar e de seu filho Aguibou Tall, então rei de Bandiagara, voltaram à carga para pedir sua mão. Tidjani Amadou Ali Thiam, que nunca havia figurado na lista de pretendentes recusados, pediu a mão de Kadidja e ela o escolheu.

Os Thiam eram outro clã tucolor tradicionalmente rival do clã Tall, o que não melhorava as coisas em nada. Tidjani Amadou Ali Thiam, como seu nome indica, era filho de Amadou Ali Thiam, na época chefe da maior e mais rica província do reino tucolor, a província de Luta (no atual Burkina Fasso). Tratava-se portanto de um príncipe, herdeiro presumível do turbante de chefe. Não foi por esta razão que Kadidja o escolheu, mas porque já o conhecia muito bem e há muito tempo. Tidjani (que doravante chamarei de Tidjani Thiam para simplificar) era amigo inseparável de Bokari Pâté, irmão de Kadidja, e de Tierno Bokar Salif Tall, jovem de uma família de marabus voltado por completo para a vida religiosa e que mais tarde se tornaria meu mestre espiritual.

Quando Tierno Bokar, que era sobrinho-neto de El Hadj Omar (na África, diríamos "neto"), chegou a Bandiagara com a mãe em 1891, fugindo do avanço do exército francês, foi "adotado" (no sentido africano do termo) pelo pai de Tidjani Thiam, que o considerava como seu próprio filho. Nessa época nasceu uma amizade tão estreita entre Tierno Bokar, o jovem Tidjani Thiam e Bokari Pâté, irmão de Kadidja, que em toda Bandiagara só eram chamados de "os três inseparáveis".

Tierno Bokar tomou-se de amizade por minha mãe Kadidja, a quem chamava de "irmãzinha". De fato, durante toda sua vida, minha mãe desempenhou junto a este santo homem o papel de uma irmã mais nova, mas uma jovem irmã um pouco especial, sempre franca e direta, que se permitia dirigir-se a ele com uma liberdade que nenhuma outra pessoa em Bandiagara ousaria tomar. Ela lhe fazia as perguntas mais explícitas e mais diretas, o que é muito raro na África, e isto com autorização do próprio Tierno Bokar.

Nasci, por assim dizer, íntimo dele. Ele visitava meus pais quase todos os dias. Assim que chegava perguntava por mim. Ao rezar me punha sobre os joelhos. Quando fazia uma sesta me acomodava sobre o peito. E quando passeava no pátio, para minha grande alegria me carregava nos ombros cantando para mim poemas religiosos, sobretudo o poema de El Hadj Omar chamado *A barca dos bem-aventurados*. Minha mãe contou-me mais tarde que ele amava brincar comigo e me fazer rir. Parece que com os outros eu era uma criança meio ausente; quem me tomava nos braços não encontrava meu olhar. Mas, quando Tierno me pegava, eu não parava de contemplar seu rosto, rindo às gargalhadas.

Amigo íntimo de meu tio Bokari Pâté e de minha mãe, e mais tarde de meu pai Hampâté, segundo a tradição africana ele era irmão deles e portanto meu tio. Mas iria se tornar muito mais do que isto ao longo de minha vida, viria a ser meu pai espiritual, aquele que modelaria meu espírito e minha alma e a quem devo tudo que sou.[1]

Ao escolher Tidjani Thiam para segundo marido, minha mãe sabia com quem estava se metendo, e não saía do círculo de amigos que lhe eram caros. Por seu lado, Tidjani Thiam amava muito Kadidja, cujas qualidades admirava. Foi esse amor mútuo que os levou a tornar seu casamento um sucesso e a mantê-lo contra ventos e tempestades, apesar da sucessão de acontecimentos trágicos que enfrentaram.

Mal se soube da decisão de Kadidja, o temporal desabou. Os Tall, recusados pela segunda vez, estavam furiosos por se verem postos de lado por um Thiam, pois por várias gerações estas duas grandes famílias tucolores permaneceram mais ou menos rivais, ou melhor, hostis. Fosse qual fosse a situação de

---

1. Ver do mesmo autor *Vie et enseignements de Tierno Bokar, le sage de Bandiagara*, op. cit.

um Tall, um Thiam não tinha a menor consideração por ele, e bastava um fazer alguma coisa para que o outro tentasse fazer o mesmo ou suplantá-lo. Na guerra, um Tall ou um Thiam nunca fugiria se um membro do clã rival estivesse presente. Prefeririam mil vezes se deixar matar a rebaixar-se diante do outro. Incidentes muito graves, que opuseram os Thiam ao rei Aguibou Tall a respeito da chefia de Luta, levaram as relações ao extremo de tensão entre os dois clãs. Neste clima, a escolha de Kadidja foi vista como uma verdadeira provocação.

Foi então que o pai de Tidjani, chefe da província de Luta há apenas dois anos, morreu subitamente. Como filho mais velho de Amadou Ali Thiam, Tidjani herdou o turbante de Luta – não sem algumas dificuldades colocadas pelo rei Aguibou – e deixou Bandiagara rumo a sua nova residência, acompanhado de um séquito brilhante e de suas duas esposas: a prima e primeira esposa, Kadiatou Bokari Moussa, neta do rei de Konna e filha de um chefe de exército, e Diaraw Aguibou, filha do rei Aguibou Tall. Como o casamento com Kadidja ainda não havia sido concluído, esta permaneceu em Bandiagara.

Em virtude de uma atitude infelizmente muito comum na África e que pressupõe que qualquer morte ou doença nunca é "natural", mas sempre imputável a alguém, um protesto de indignação geral elevou-se contra minha mãe. As esposas de Tidjani, assim como a maior parte dos membros de sua família, sobretudo os do sexo feminino, atribuíram a morte súbita de Amadou Ali Thiam ao azar trazido por Kadidja: "Como!", clamavam a quem quisesse ouvir. "Bastou Tidjani pedir a mão de Kadidja Pâté e o pai dele morreu! O que será da família quando Kadidja passar a fazer parte dela?"

Tidjani, que amava muito minha mãe, se fez de surdo. De Luta continuou os trâmites entre as duas famílias para concluir o casamento. Esses trâmites duraram mais de um ano. Quando o casamento foi enfim celebrado, Tidjani encontrava-se em Luta e minha mãe em Bandiagara, o que não era um inconveniente, pois, segundo o costume, os esposos não precisavam participar da cerimônia. Bastava que as oferendas rituais, sobretudo o dote e a noz-de-cola, fossem trocados na presença de testemunhas e religiosos insignes e que estes recitassem os versos apropriados do Alcorão, para que o casal fosse, como se diz, "amarrado" ou "ligado". O que, às vezes, permitia a alguns pais "amarrar" um casamento na ausência de seu rebento...

Assim que o casamento foi concluído, o primeiro ato de Tidjani, a quem suas esposas não haviam dado filhos, foi me adotar oficialmente. Fez com que me incluíssem no formulário da administração francesa de informações a seu respeito como seu "primeiro filho" e portanto eventual sucessor. Este ato, que a família nunca lhe perdoou, custou-lhe a desaprovação geral dos tucolores, tanto Tall como Thiam, que não compreendiam como um dos seus podia escolher um fula para sucedê-lo, ainda por cima descendente dos Bâ e dos Hamsalah de Fakala. Quanto às mulheres, declararam guerra de morte a minha mãe, segundo elas responsável por minha intrusão nas prerrogativas que deviam ser reservadas com exclusividade aos conquistadores tucolores.

Meu pai Hampâté (isto se passou pouco antes de sua morte) reagiu muito mal ao saber que Tidjani Thiam havia me adotado oficialmente, estando ele ainda vivo. Como permitiam seus direitos naturais, proibiu que me levassem para Luta. Apesar da oposição de meu pai e da hostilidade dos tucolores, meu nome permaneceu na ficha de Tidjani Thiam, porque para as autoridades francesas a vontade de um chefe de província (portanto, "chefe de cantão", aos olhos deles) era lei. Apesar de estar sob a tutela única de minha família paterna, eu permanecia oficialmente o "primeiro filho" de Tidjani Thiam e delfim presumível do "turbante" de Luta.

Enquanto tudo isto acontecia, minha avó Anta N'Diobdi, que voltara a Taykiri, perto de Mopti, caiu gravemente enferma e morreu. Minha mãe, acompanhada de seus dois irmãos Bokari Pâté e Hammadoun Pâté, foi a Taykiri para resolver as questões de herança. Niélé acompanhou-a para cuidar de mim. Pela segunda vez em minha existência fiz o trajeto Bandiagara-Taykiri, mas desta vez não ia empoleirado sobre a cabeça de Niélé dentro de uma grande cabaça, e sim da maneira mais tradicional, amarrado a suas costas.

Kadidja encontrou todas as coisas da mãe em ordem, pois esta tivera tempo de fazer seu testamento com um eminente marabu da cidade. Mais tarde minha mãe me contou os termos: "Que meus filhos saibam que eu mesma dividi os bens que lhes deixo, para que não se desentendam por causa de minha herança. Peço a meus filhos que fiquem próximos de sua irmã Kadidja e lhe sirvam de abrigo contra as intempéries. Minha pequena cativa Batoma não tem pai nem mãe além de mim. Ao me perder, ela perde tudo. Minha alma e meu espírito amaldiçoarão quem dos meus fizer mal à minha pequena Batoma. Ela levará meu nome de família, Sow, e não dormirei tranquila nem feliz em meu túmulo se alguém a fizer sofrer. Deixo a minha filha Kadidja dez mil moedas de cinco francos, o que permitirá que ela se instale na casa do marido e faça boa figura diante de suas duas coesposas, ambas princesas".

Além desta fortuna, minha mãe herdou duzentas e trinta e oito cabeças de gado das setecentas deixadas pela mãe, além de um pequeno cofre contendo joias de ouro e prata. Assim, ela era rica e livre de quaisquer preocupações materiais, mas moralmente encontrava-se submergida nas desgraças que há algum tempo caíam sobre ela com regularidade de relógio. Mal se divorciara de um marido-primo que amava mas cuja presença, por estranho que parecesse, não conseguia suportar, perdera o pai e em seguida o irmão mais velho Amadou Patê. Mal Tidjani Thiam a pedira em casamento e todos os parentes dele declararam-se prontamente seus inimigos jurados, ele perdera o pai. Mal seu casamento fora realizado, morrera sua mãe, Anta N'Diobdi.

Era demais para uma mulher só. Mas o pior ainda estava por vir...

A Revolta de Toïni

Enquanto minha mãe se preparava para ir ao encontro do marido em Luta, estourou uma revolta em Toïni, cidade da província submetida à autoridade de Tidjani Thiam. As consequências dessa revolta seriam tão dramáticas que levariam Tidjani à deportação e à prisão, e minha mãe e a mim a anos de exílio e provações longe de Bandiagara.

"Você tinha três anos", contou-me minha mãe, "quando me tornei a terceira esposa de Tidjani Thiam. Preparava-me para ir ao encontro de meu marido quando uma manhã, lá pelas dez horas, um mensageiro, tal qual uma ave de mau agouro, entregou ao rei Aguibou Tall uma carta de Tidjani destinada ao comandante de circunscrição, informando que havia estourado uma revolta em Toïni na província de Luta..."

Antes de continuar, impõe-se uma breve digressão histórica, se quisermos compreender a sucessão dos fatos que resultaram na condenação extremamente severa de Tidjani Thiam. Na verdade, ele foi a vítima indireta de acontecimentos que tiveram origem muito antes de seu nascimento, e estavam ligados à animosidade hereditária que opunha os clãs Tall e Thiam, a ponto de se dizer a respeito deles: "Eles não conseguem viver uns sem os outros, nem viver juntos sem brigar".

Logo após a morte de El Hadj Omar em 1864, seu sobrinho Tidjani Tall repartiu o comando do Reino Tucolor de Macina, com algumas exceções, entre as três principais famílias tucolores: os Tall, os Thiam e os Ouane. A chefia da província de Luta coube a Ousmane Oumarou Thiam, tio de Tidjani Thiam.

O rei Tidjani Tall morreu por volta de 1887-1888. Em 1893, as tropas francesas comandadas pelo coronel Archinard tomaram Bandiagara onde há dois anos reinava Ahmadou Cheikou, filho mais velho de El Hadj Omar, que ali tinha se refugiado depois de Segu ter sido tomada pelos franceses. Ahmadou Cheikou em seguida travou combates desesperados na região; mas, com armas e forças inferiores, foi obrigado a recuar pouco a pouco até a região de Sokoto (norte do atual Burkina Fasso), onde morreu por volta de 1897. Do vasto império fundado por El Hadj Omar nada mais restava a leste além do Reino Tucolor de Macina, fundado por Tidjani Tall e que ficara sem chefe.

Político sagaz, o coronel Archinard não quis suprimir de imediato o poder tucolor, cujas estruturas administrativas e hierárquicas podiam lhe ser úteis, ao menos provisoriamente. Pôs em prática uma hábil estratégia. Elaborou um compromisso propondo ao governo da república francesa "nomear" rei de Bandiagara outro filho de El Hadj Omar, Aguibou Tall, antigo rei de Dinguiraye (no Futa Jalom) que se aliara a ele algum tempo atrás e que chegara a Bandiagara a seu lado. Paris aceitou a proposta, e assim Aguibou Tall se tornou rei de Bandiagara em virtude de um decreto do presidente da república francesa – a mesma que havia cortado o pescoço de seu último rei!

Aguibou Tall foi muito criticado por sua adesão. Mas, para ser honesto, sou obrigado a dizer que graças a ele muitas vidas humanas foram salvas numa época em que, de qualquer maneira, não restava mais nenhuma esperança para os tucolores face à superioridade do exército francês. Graças a Aguibou Tall, grande número de tucolores que haviam caído prisioneiros na tomada de Segu, Nioro, Djenné, Bandiagara e Duentza foram libertados. Os chefes de família que quiseram retornar ao Futa Toro (Senegal) ou ao Futa Jalom (Guiné) foram repatriados sob a proteção do exército. Não há dúvida de que sem a mediação de Aguibou Tall os tucolores teriam conhecido um destino bem pior.

Antes de lançar-se em perseguição de Ahmadou Cheikou, Archinard guarneceu o novo rei de Bandiagara de um assessor francês e deixou um batalhão no local.

Inteligente e culto no mais alto grau, o novo rei possuía qualidades inegáveis. Mas, infelizmente, era possuído por um rancor tenaz em relação aos Thiam, aos quais jamais havia perdoado a destruição, muito tempo atrás, de uma pequena mesquita construída pelo avô de El Hadj Omar em Halwar, no Futa Toro. Assim, não via com bons olhos os Thiam, por sinal sempre meio trocistas e insolentes, reinarem na província mais rica da região, e aproveitou o primeiro pretexto para tentar derrubá-los.

Atribuiu a autoria de um poema bastante desrespeitoso sobre sua pessoa, que andara circulando, a seu sobrinho Ousmane Oumarou Thiam, chefe da província de Luta, cargo recebido das mãos do próprio rei Tidjani Tall. Ousmane era filho de uma irmã de Aguibou. Por respeito ao tio materno e acatando o pedido da mãe, que talvez esperasse o perdão, este nada fez para se defender e nem para se proteger. Pois bem, após uma flagelação humilhante em praça pública, Ousmane foi executado. A reação dos Thiam foi tal que se temeu uma revolta. O rei Aguibou Tall só conseguiu evitar o pior nomeando como chefe da província de Luta outro Thiam, Amadou Ali Thiam, primo de Ousmane e pai de Tidjani, futuro marido de Kadidja. Isto aconteceu nos idos de 1900.

Amadou Ali Thiam não era homem de se deixar impressionar por um Tall, mesmo que fosse rei, e suas palavras na cerimônia de posse em nada ajudaram a acalmar os ânimos. Algum tempo depois, uma desastrosa corrida de cavalos, em que os dois cavalos de Amadou Ali Thiam venceram insolentemente o cavalo favorito do rei, veio envenenar ainda mais a situação. A tempestade ameaçava, mas não teve tempo de desabar. Amadou Ali Thiam morreu dois anos após sua posse.

Tidjani Thiam, filho mais velho do chefe morto, herdou o turbante de Luta; mas ainda era necessário que fosse nomeado oficialmente pelo rei na tradicional cerimônia de posse. Aguibou Tall adiou por tanto tempo a cerimônia que algumas pessoas chegaram a pensar que ele quisesse tomar a chefia para si. Afinal, pressionado pelas autoridades francesas que temiam problemas, resignou-se a nomear Tidjani Thiam chefe da província. Em sinal de conciliação e para honrá-lo, deu-lhe em casamento uma de suas filhas, a princesa Diaraw Aguibou Tall (Diaraw [filha de] Aguibou do clã Tall). Tais gestos eram frequentes na época e opor-se teria sido uma ofensa imperdoável. No momento em que isto acontecia, ainda estavam em curso os trâmites para concluir o casamento de Tidjani Thiam com minha mãe.

Tidjani Thiam transferiu-se para Luta com uma corte brilhante. Tinha como principal assessor seu irmão mais novo Badara (Amadou Ali) Thiam, o jovem mais popular do reino, sobre quem as *griotes* cantavam louvores por toda parte. Os outros irmãos de Tidjani também o seguiram para ajudá-lo. Quase todos os companheiros de sua associação de idade, com os quais foi extremamente generoso, vieram juntar-se a ele em Luta. Tierno Bokar e Bokari Pâté, os amigos de sempre, também o acompanharam, mas, chamados por suas obrigações a Bandiagara, não puderam se demorar.

Infelizmente, Tidjani não tinha consigo em Luta um bom conselheiro que o incitasse à moderação nos momentos difíceis, ou lhe sugerisse uma atitude diplomática. A seu lado ficara apenas um marabu chamado Tierno Kounta Cissé nomeado cádi (juiz) por Amadou Ali Thiam, mas que não era muito culto e não conhecia grande coisa além do texto do Alcorão. Sua influência sobre Tidjani nos momentos difíceis não foi sempre das mais brilhantes e mais tarde compartilhou a infelicidade e o exílio de seu protegido.

O próprio Tidjani Thiam havia sido mal preparado para assumir funções tão delicadas como as de chefe de província, uma espécie de tampão entre as populações, o rei e as autoridades coloniais. Seu pai Amadou Ali Thiam, conforme o costume dos senhores tucolores, o tinha educado com dureza, fazendo-o viver e trabalhar com os cativos, cavalariços e camponeses, para que conhecesse de perto a vida de seus futuros súditos e estivesse preparado para eventuais dias de provação: "Faço-o viver assim", dizia-lhe, "prevendo o amanhã". O certo é que Tidjani, que havia convivido muito pouco com os senhores e as pessoas da corte, sabia mais sobre duros trabalhos do campo e cavalos (era um cavaleiro excepcional) do que sobre o cerimonial e a arte de bem viver das cortes principescas.

Como todo bom camponês, permanecera ingênuo e bastante teimoso. Atribuía a sua palavra valor religioso, para não dizer supersticioso. Para ele, mentir ou se desdizer era não só marca de covardia indigna, mas pecado grave contra a lei divina.

Isto significava que dispunha de poucas armas para fazer frente às patifarias políticas dos inimigos. Para completar, não tinha o menor senso de economia; considerava o dinheiro lixo vulgar e lançava-o aos quatro ventos. Postos a prova, estes traços de caráter iriam lhe causar um grande dissabor.

Em um belo dia do ano 1902, Aguibou Tall, que havia sido nomeado rei por obra e graça da república francesa, foi pura e simplesmente deposto por um novo decreto do presidente dessa mesma república. A França considerava que era chegado o momento de tomar em suas próprias mãos a administração da região, por meio de seu próprio representante: um administrador das colônias nomeado "comandante de circunscrição" pelo governador do território o qual, por sua vez, vivia em Kayes (Mali).

Aguibou Tall não possuía mais o título de rei, mas ainda era o chefe tradicional dos tucolores que continuavam a chamá-lo *Fama* (rei), e a ordem oficial era respeitá-lo. O comandante de circunscrição recebera ordens de consultá-lo e de levar em conta suas opiniões sobre a política geral da região. A república francesa havia degolado politicamente o *Fama*, mas não ousara cortar-lhe a cabeça, como fizera com seu próprio rei. Preferira deixá-lo agonizar lentamente.

Assim que o rei Aguibou Tall foi destituído, sua corte esvaziou-se de todos aqueles que haviam sido atraídos pelas dádivas e honrarias que ali recebiam. Muitos deles juntaram-se à corte de Tidjani Thiam em Luta. Foi este o momento escolhido pelos *griots* e cativos mais desaforados para relançar o poema que havia valido a Ousmane Oumarou Thiam a condenação à morte. Esta conjuntura infeliz atiçou cruelmente a amargura do *Fama* e jogou lenha na fogueira das diferenças Tall-Thiam. As consequências iriam recair com força sobre Tidjani Thiam. A revolta de Toïni serviria de detonador.

Todo ano, era dever dos chefes de província (transformados em chefes de cantão depois da reforma administrativa e da destituição do rei) coletar o imposto cobrado das populações para os cofres da administração colonial. Fazia parte do cargo. Este imposto era chamado de capitação, isto é, calculado em função do número de "cabeças" em cada família. Uma forma muito injusta com certeza, pois, rica ou pobre, a família era tributada apenas em função do número de membros. Este imposto, aliás, era chamado "o preço da alma". Aquele que não o pudesse pagar não podia viver em paz; era julgado e preso ou, para conseguir a soma necessária, era obrigado a vender ou a penhorar os bens, se os tivesse, quando não os próprios filhos – costume que infelizmente se generalizou na época.

No final de 1902 (ou durante o ano de 1903...), quando o casamento de Tidjani e Kadidja enfim havia sido "amarrado" entre as duas famílias e minha mãe se preparava para ir ao encontro do marido, ocorreu um grave incidente na província de Luta. O imposto não foi arrecadado em sua totalidade, faltando a parte que deveria vir da região habitada pelos samos, os quais, a bem da verdade, haviam tido um péssimo ano agrícola. Eles se recusaram a pagar a taxa e iniciaram uma rebelião aberta. Tidjani Thiam informou o comandante de circunscrição de Bandiagara, que na época era Charles de la Bretèche. Este enviou uma divisão de quinze atiradores nativos com ordem de receber o imposto de qualquer maneira; o governador do território o exigia categoricamente.

Tidjani pôs-se de imediato em campo, levando quinze atiradores nativos, seu marabu e conselheiro Tierno Kounta Cissé, numerosos amigos e cortesãos, além do irmão e assessor Badara Thiam, este, como sempre, acompanhado de seu séquito de amigos e *griots*.

A vila samo de Toïni, que já se sublevara várias vezes contra a autoridade administrativa, era a típica aldeia insubmissa. Tidjani Thiam chegou e se instalou com a firme intenção de partir somente quando o último centavo de imposto tivesse sido pago. Na época, a manutenção dos coletores de impostos (alojamento e alimentação) ficava a cargo dos habitantes. Era uma obrigação onerosa. Para escapar dela, os aldeões decidiram esconder o gado, livrando-se de fornecer carne ao pequeno grupo de tucolores. Só restou na aldeia de Toïni um belo bode branco ostentando uma barba de patriarca e o pescoço ornado de muitos colares de dentes de feras selvagens e outros troféus de caça. Era o "bode da casa", isto é, o mascote, de Tombo Tougouri o Irredutível, jovem herói cujos feitos, tanto na caça como nos campos de batalha, eram apregoados, narrados e cantados em todas as aldeias das redondezas.

Uma coincidência infeliz quis que Badara Thiam, vendo passar diante de sua porta este magnífico e bem nutrido bode, mandasse matá-lo para alimentar seus amigos. Quando Tombo Tougouri voltou de uma caçada fazendo soar a trompa para anunciar sua chegada, ficou surpreso por não ver seu bem-amado bode vir correndo recebê-lo. Procurou-o por toda parte. Os aldeões nem ousavam lhe contar o que havia acontecido. Enfim, um deles juntou coragem para lhe revelar o fim ignominioso que seu bode tivera. Tombo Tougouri não disse uma palavra sequer. Foi buscar seu arco e suas três aljavas cheias de flechas de pontas farpadas envenenadas, pôs o chapéu ritual de pele de leão, vestiu a túnica de combate ornada de troféus de caça e, sempre sem proferir uma palavra, dirigiu-se ao acampamento dos tucolores. Estes, sentados num pátio sob um alpendre ao lado de Badara Thiam, ouviam música. Tombo Tougouri aproximou-se, percorreu o pátio com os olhos e viu a cabeça e a pele de seu bode jogados negligentemente num canto. Tomado de fúria, bradou: "Quem mandou matar meu bode?".

"Fui eu. Badara Thiam. E o que você tem a dizer?"

"O que tenho a dizer é que sua mãe pariu um cadáver[2]. Você não viverá muito mais do que meu bode. Sua alma acompanhará a dele." E, armando rapidamente o arco com três flechas, o jovem colocou-se em posição de tiro. Compreendendo o perigo que corria, Badara precipitou-se na direção de seu cavalo, que estava a seu lado, soltou as rédeas e colocou-lhe o freio. Mas, antes que tivesse tempo de saltar sobre a sela, Tombo Tougouri interpelou-o: "Badara Thiam, enfrente-me se não tem medo!".

---

2. Expressão de ameaça para anunciar a morte de alguém.

Uma temeridade às vezes assaz irrefletida era o maior defeito dos tucolores e dos fulas. Em vez de se proteger, Badara Thiam virou-se e avançou sobre Tombo Tougouri, sem mais arma que o freio de seu cavalo. Mal dera alguns passos e Tombo Tougouri lançava suas três flechas; a primeira atingiu-lhe o peito, a segunda, o ventre e a terceira, o baixo-ventre. Sob a violência dos golpes, Badara vacilou, mas ainda teve força e coragem de quebrar o cabo das três flechas e, com o ferro plantado no corpo, saltar em seu cavalo, um famoso corcel chamado Nimsaali.

Enquanto isso, Tombo Tougouri havia conseguido atingir mais oito pessoas, três das quais morreram momentos depois. Mas não teve tempo de se pôr a salvo. Arremetendo contra ele, Badara empinou o cavalo e jogou-o contra Tombo, que rolou por alguns metros. O guerreiro samo foi dominado e amarrado como um feixe de lenha. Quanto a Badara, esgotado pelo esforço prodigioso, tombou do cavalo e expirou quase de imediato.

O drama havia se desenrolado no bairro baixo da aldeia. Apavorados com as consequências que inelutavelmente resultariam, os tucolores correram em direção ao bairro alto onde se encontrava Tidjani Thiam com seus companheiros. Contaram-lhe o ocorrido, inclusive a morte de quatro pessoas, entre elas a de seu irmão Badara Thiam. Nesse momento, gritos de guerra samo ecoaram de todos os lados anunciando um ataque iminente. Ao ouvirem Tombo Tougouri entoar a plenos pulmões o canto de guerra, os samos levantaram-se como um só homem para libertá-lo e saíram em disparada em direção ao bairro onde estavam Tidjani e seus homens.

O sargento que comandava a seção de artilharia preparava-se para conter a avalanche samo com uma salva de tiros, mas Tidjani se opôs. Ordenou que não fizessem nada. Subiu ao terraço de maneira a ser bem visto pelos samos que conheciam sua habilidade como atirador; nunca uma de suas balas havia errado o alvo e eles sabiam disso. Começou a atirar para evitar que chegassem muito perto. Em seguida, ordenou uma operação de retirada para Luta, onde seu palácio fortificado ofereceria abrigo seguro à espera da sequência dos acontecimentos.

Toïni ficava a uns dez ou doze quilômetros de Luta. Tidjani Thiam e seis de seus cativos armados encarregaram-se de cobrir a retirada. Os samos não ousavam aproximar-se muito, mas nem por isso atiravam menos flechas contra a tropa. Tidjani conseguiu pôr fora de combate todos os que se aproximavam demais, fazendo mais de vinte feridos. Mas não queria promover uma chacina antes de receber instruções.

Chegando a Luta, refugiou-se com a tropa em seu palácio e fechou as portas. Tinha ali provisões suficientes para aguentar por um bom tempo. Os samos de Toïni conseguiram sublevar com eles toda a região, com exceção de dois bairros de Luta e de alguns agrupamentos fulas que permaneceram fiéis a Tidjani e colaboraram no que foi possível.

Tidjani logo escreveu um relatório dos acontecimentos e o mandou por um mensageiro ao rei Aguibou Tall em Bandiagara, com o pedido de transmiti-lo com urgência ao comandante de circunscrição, para saber que decisão tomar. O relatório estava redigido em árabe, mas na época todo comandante de circunscrição tinha um intérprete de árabe. Desta maneira, por ingenuidade, Tidjani colocava sua sorte nas mãos do rei, quando, na verdade, depois da reforma administrativa ele respondia apenas ao comandante de circunscrição. Se tivesse enviado a mensagem diretamente a este último, nada teria acontecido. Ele nem pensou nisso e ninguém o aconselhou neste sentido.

O mensageiro levou dois dias e meio para chegar a Bandiagara. "Tal qual uma ave de mau agouro", como disse minha mãe, ele chegou antes do meio-dia do terceiro dia. Dirigiu-se à casa de Aguibou Tall, a quem entregou a mensagem enfatizando a urgência de levá-la ao comandante de circunscrição. "Cada momento perdido é um avanço em direção à morte de Tidjani Thiam e dos seus", acrescentou.

Todavia, o rei não transmitiu logo o relatório ao comandante. Só às dezesseis horas, quando foi à mesquita para a oração da tarde, anunciou que Tidjani Thiam e seus homens haviam sido atacados por rebeldes samos e que havia quatro mortos, incluindo Badara Thiam. A mesquita esvaziou-se. A morte de Badara, o mais querido de Bandiagara, significava um grande luto para todos. Momentos depois, gritos e lamentos elevavam-se de quase todas as casas da cidade. O comandante Charles de la Bretèche, alertado pelo clamor, mandou um emissário à casa de Aguibou Tall para saber a causa dos gritos. Por seu lado, fez soar o alarme e mobilizou uma companhia para enfrentar qualquer eventualidade. Ainda havia muito medo de levantes nessa época, visto que a montanha de Bandiagara ainda não fora totalmente submetida e os tucolores eram conhecidos por sua tradição guerreira.

Acompanhado de alguns notáveis, o rei Aguibou Tall dirigiu-se enfim ao palácio e entregou o relatório de Tidjani Thiam ao comandante de circunscrição. Eram quase dezessete horas. O comandante censurou-o com aspereza por haver esperado tanto tempo para transmitir-lhe a notícia e por fazê-lo saber de maneira indireta de um acontecimento tão grave quanto o cerco de

Luta pelos samos revoltosos. Aguibou Tall enraiveceu-se. Deixou claro, com toda razão aliás, que, tendo sido destituído de suas funções, não tinha obrigação de comunicar às autoridades da circunscrição fosse o que fosse sobre os acontecimentos políticos da região.

O comandante de la Bretèche, que conhecia bem Tidjani e sentia até certa simpatia por ele, compreendeu a que ponto chegava sua inexperiência política, já que nada o obrigava a passar por Aguibou Tall. Mas sabia também que o antigo rei devia ser respeitado. As instruções do governo a este respeito eram claras.

Pediu a Aguibou Tall que pusesse em pé de guerra os cinquenta *goumiers*[3] tucolores da cidade e prometeu enviar como reforço duas seções de artilharia e um pelotão de guardas de circunscrição, com toda a munição necessária. Ordenou que estes homens fossem a Luta para proteger Tidjani e dizer-lhe que não tentasse qualquer ação antes de sua chegada ao local dos acontecimentos, munido de instruções do governador, que solicitaria imediatamente por telégrafo. (Desnecessário dizer que o conteúdo deste tipo de reunião, sempre em presença de um ou mais intérpretes nativos, nunca permanecia secreto por muito tempo...)

Já era tarde da noite quando Aguibou Tall e o comandante de circunscrição se separaram, cada qual com suas próprias ideias em mente. No dia seguinte, o rei fez soar o tantã de guerra e tocar o cilindro metálico de alarme. Bandiagara acordou em pé de guerra. Os tucolores estavam muito excitados com os acontecimentos; para eles, o dedo mínimo de Badara valia mais do que cinquenta samos!

Apesar da presteza recomendada por Charles de la Bretèche, a expedição só saiu de Bandiagara no final da tarde. O rei havia confiado o comando a seu segundo filho, Tidjani Aguibou Tall (Tidjani [filho de] Aguibou Tall). Antes da partida, transmitiu-lhe uma mensagem verbal destinada a Tidjani Thiam, que deveria conter as instruções do comandante. Tidjani Aguibou Tall partiu de Bandiagara à frente de seus homens. Forçando a marcha, a tropa entrou em Luta dois dias depois. Sua chegada semeou o pânico entre os samos, que fugiram de Luta entrincheirando-se em diversas aldeias fortificadas da região, decididos a defender-se ferozmente.

Sem demora, o filho de Aguibou Tall chamou Tidjani Thiam de lado e transmitiu-lhe a mensagem do pai, cujos termos foram mais ou menos estes,

---

3. Na África subsaariana, os *goumiers* eram uma espécie de guarda civil montada, recrutada pelos franceses de 1908 a 1956 dentre a população local. [N. da T.]

tal como Tidjani Thiam os relatou mais tarde ao comandante e depois a minha mãe e a seus próximos: "Tidjani Thiam, meu pai Aguibou manda dizer que conseguiu que o comandante lhe enviasse atiradores, guardas, *goumiers*, armas e munições. Ele cumpriu o dever. Agora, cabe a você cumprir o seu e vingar Badara e seus companheiros, de tal maneira que nunca mais um samo ouse tocar um fio de cabelo dos tucolores e muito menos atentar contra a vida de um deles".

Ele não disse uma única palavra sobre a ordem de esperar dada pelo comandante de circunscrição, da qual só se ficaria sabendo mais tarde! Encorajado pela mensagem verbal transmitida pelo próprio filho de Aguibou, Tidjani Thiam sentiu-se autorizado a castigar sem demora os assassinos do irmão e esmagar a rebelião. Ignorando os atiradores e os guardas de circunscrição, membros das forças coloniais, lançou apenas os *goumiers* tucolores em perseguição dos fugitivos através de toda a região de Gondugu. As aldeias maiores tentaram resistir, mas os *goumiers* enfurecidos levaram a melhor. A repressão foi terrível. As principais aldeias foram saqueadas e os mortos, numerosos. Os sobreviventes foram presos e levados para Luta acorrentados.

Enquanto este drama se desenrolava na província, o comandante Charles de la Bretèche dirigia-se a Luta, acompanhado do rei Aguibou Tall e de homens de sua comitiva. No caminho, Aguibou perguntou ao comandante, por intermédio do intérprete Bâbilen Touré, quais haviam sido as instruções do governador.

"Recebi ordem de argumentar primeiro com os samos para tentar fazê-los voltar à razão e de usar a força só como último recurso, caso não queiram dialogar", respondeu o comandante.

O rei sorriu: "Se bem conheço a insubordinação e impetuosidade dos Thiam", disse, "Tidjani Thiam não esperará por tanto protocolo. Assim que tiver os *goumiers* tucolores, vingará o irmão e os companheiros e submeterá os samos, ou eu não conheço mais os Thiam"!.

"Como ousaria ele desafiar as instruções que lhe dei por seu intermédio?", exclamou Charles de la Bretèche. "Meu comandante, os Thiam nunca levaram os Tall bastante a sério para obedecer suas ordens", replicou Aguibou.

Charles de la Bretèche confiou suas inquietações a seu intérprete Bâbilen Touré (graças a quem minha família ficaria sabendo mais tarde o conteúdo dessas conversas): "Espero que Tidjani não tenha caído de olhos fechados na armadilha que, suspeito, o velho rei lhe preparou!".

Quando o grupo chegou a Domoni, a uns dez quilômetros de Luta, o comandante decidiu passar a noite ali. Partindo na manhã seguinte, poderiam chegar a Luta na hora do almoço.

Aguibou suspeitava que Charles de la Bretèche não estava convencido de que Tidjani Thiam pudesse empreender uma ação repressiva por iniciativa própria? Temia que seu filho, incumbido da mensagem verbal que conhecemos, por honestidade revelasse a verdade? O certo é que, depois do jantar, o mais discretamente possível, enviou um cavaleiro a Luta para pedir a seu filho que viesse vê-lo. O jovem chegou a Domoni por volta da meia-noite. Ninguém sabe o que o pai disse ao filho, mas os acontecimentos posteriores nos darão uma ideia. O jovem partiu no meio da noite e chegou a Luta antes do amanhecer. Fechou-se em seu quarto, de onde não saiu até a chegada do comandante de la Bretèche e sua escolta. Todavia, sua expedição noturna e seu encontro com o pai não haviam passado despercebidos em Domoni, como se ficou sabendo mais tarde.

Já em Domoni o comandante tivera notícia do que havia se passado na província. Mas só ao chegar a Luta, onde viu na grande praça quase mil homens e mulheres com as mãos atadas às costas amontoados sob o sol, teve a confirmação definitiva daquilo que até então se recusava a crer. Antes mesmo de desmontar mandou soltar os prisioneiros, alimentá-los e tratá-los.

"Quem ordenou esta horrível punição?", exclamou encolerizado. Sem esperar a resposta, virou-se para seu intérprete: "Bâbilen! Vá procurar Tidjani Thiam e diga-lhe que venha a minha presença imediatamente. Precisamos ter uma conversa particular". E subiu ao primeiro andar do palácio.

Quando o comandante se viu face a face com Tidjani, inquiriu-o sem meias palavras: "Quem lhe deu ordem de reprimir os rebeldes antes de minha chegada?".

Ao ouvir a tradução desta pergunta, Tidjani ficou petrificado. "Meu comandante", respondeu, "meu pai Aguibou mandou seu filho me dizer que havia obtido do senhor atiradores, guardas, *goumiers* e munição para que eu pudesse rechaçar e castigar os samos assassinos de meus companheiros. Não me disseram para esperar sua chegada".

O comandante balançou a cabeça, depois virou-se para o intérprete: "Diga a Tidjani Thiam que ele se deixou apanhar como um tolo por um homem que nunca perdoou um adversário. Diga a ele que eu nunca dei ordem para atirar e que, ao contrário, mandei que esperasse minha chegada antes de agir. Ele vai ter de confirmar em público e em presença do rei o que acabou de me dizer; senão estará perdido, civil e politicamente".

Conhecendo o conceito de *n'dimaakou* (estrita observação dos deveres de nobreza, justiça e moral) que era norma entre os fulas assim como entre os tucolores, Tidjani tinha certeza de poder contar com o testemunho do filho do rei: "Fique tranquilo. Tidjani Aguibou Tall possui uma alma elevada e confirmará a mensagem. Sua nobreza o impedirá de mentir em público", assegurou ao comandante.

Tidjani ainda ignorava a reunião secreta do filho de Aguibou com o pai à noite em Domoni, e seu retorno antes do amanhecer, certamente munido de instruções precisas. De fato, se ele revelasse publicamente o exato teor da mensagem oral enviada pelo rei, este último poderia ser considerado responsável ou corresponsável pelos acontecimentos.

O comandante, o intérprete e Tidjani Thiam desceram ao pátio do palácio, onde se realizavam as reuniões. Um gabinete tinha sido improvisado sob uma grande tenda. O comandante instalou-se ali com o rei Aguibou, enquanto Tidjani Thiam, seu cádi Tierno Kounta Cissé, o intérprete Bâbilen Touré e alguns notáveis fulas e samos do país se acomodavam sob a tenda.

O comandante tomou a palavra: "Intérprete! Pergunte ao chefe da província de Luta, Tidjani Thiam, quem lhe deu ordem de reprimir os revoltosos, quando as ordens que enviei por intermédio do rei Aguibou Tall – que por sorte se encontra aqui presente – eram que esperasse minha chegada antes de tentar qualquer coisa".

"Meu comandante", respondeu Tidjani Thiam, "meu homônimo Tidjani Aguibou Tall aqui presente transmitiu-me uma mensagem verbal de nosso pai, o rei Aguibou, na qual este último dizia o seguinte: Obtive do comandante de circunscrição atiradores, guardas, *goumiers*, armas e munição. Eu lhe envio tudo isto sob o comando de seu primo e homônimo Tidjani Aguibou Tall. Cumpri meu dever. Cabe a você agora cumprir o seu e vingar Badara e seus companheiros de tal maneira que nunca mais um samo ouse tocar num fio de cabelo dos tucolores e muito menos atentar contra a vida de um deles. Para mim", acrescentou, "eu tinha o campo livre. Foi então que rechacei e venci aqueles que me sitiavam".

O comandante voltou-se para o rei Aguibou e perguntou se o que Tidjani Thiam acabara de dizer era exato.

"Nunca encarreguei meu filho de tal mensagem!", exclamou o rei. "Tidjani Thiam falseia a verdade. Não tolerarei que ele tente me misturar a questões que dizem respeito a ele."

O comandante mandou chamar o filho do rei e interrogou-o: "Tidjani Aguibou Tall, seu pai confiou-lhe uma mensagem verbal para Tidjani Thiam? Em caso positivo, qual era ela?".

"Meu comandante", respondeu o jovem, "meu pai encarregou-me de dizer a meu homônimo que havia obtido do senhor combatentes, armas e munições para usar eventualmente com o fim de fazer voltar a ordem à região, mas que era preciso esperar a chegada do senhor em Luta antes de agir".

Ao ouvir essas palavras, Tidjani Thiam ficou paralisado de surpresa e indignação. Controlando-se, avançou na direção do jovem com um ricto de desdém nos lábios e disse: "Compreendo que queira salvar a cabeça de seu pai, mas nunca mais ouse olhar-me de frente! E já que nem você nem seu pai querem assumir a responsabilidade por seus atos, uma vez mais o Thiam que eu sou vai arrancar da morte os Tall que vocês são, e provar que um Thiam prefere morrer a cometer perjúrio".

O rei Aguibou, fora de si, quis intervir, mas o comandante, preocupado em evitar o irreparável, o acalmou. Virando-se para o intérprete Bâbilen Touré, Tidjani Thiam pronunciou então as palavras que iriam selar seu destino: "Intérprete, diga ao comandante que deixe de procurar outro responsável pela repressão contra os samos além de mim. Agi por livre e espontânea vontade. Tinha de vingar meu irmão e meus homens que haviam sido massacrados; surgiu a ocasião e eu a aproveitei. Esta é minha declaração, única e definitiva".

O comandante de circunscrição queria entender o que de fato havia se passado, mas, com a recusa de Tidjani Thiam em se defender, não tinha como saber. Foi obrigado a mandar prendê-lo, assim como a seu cádi e conselheiro, Tierno Kounta Cissé. Mandou também prender Tombo Tougouri, autor de várias mortes e ferimentos e alma da revolta, e ainda vários notáveis samos e tucolores.

Todos os bens de Tidjani Thiam (aproximadamente três mil bovinos, carneiros e cabras, duzentos cavalos, entre os quais figuravam os dois célebres corcéis Nimsaali e Kowel-Birgui que haviam ganhado a famosa corrida contra o cavalo de Aguibou Tall, sessenta serviçais, vários quilos de prata e de ouro e mais ou menos cinco milhões de cauris) foram confiscados. O palácio foi evacuado e confiado à vigilância de um chefe de brigada e um grupo de guardas de circunscrição.

O comandante organizou o comboio que devia retornar a Bandiagara, onde o caso seria julgado. Tidjani foi autorizado a montar seu cavalo favorito

Kowel-Birgui. Suas duas esposas, assim como seus serviçais e cortesãos, faziam parte da comitiva.

Num determinado ponto do trajeto, não se sabe que ideia desastrosa tomou conta de Tidjani. Cavalgando não muito longe do comandante, como que tomado de súbita loucura, lançou seu cavalo contra ele. Com a violência do choque, o comandante caiu com sua montaria. Felizmente, como bom oficial da cavalaria habituado às quedas de cavalo, conseguiu soltar os pés do estribo a tempo, evitando que o animal caísse sobre ele. Foi atirado longe, mas levantou-se ileso. Como única reação exclamou: "Pobre Tidjani! Pobre Tidjani! Ele quer que eu o mate a qualquer preço!". Depois disto, pelo resto de sua vida, Tidjani não cessaria de repetir esta expressão, "pobre Tidjani", que acabou por tornar-se uma espécie de cacoete verbal.

O comandante não apenas se recusou a algemá-lo, como permitiu que montasse de novo Kowel-Birgui, mantendo-o perto de si até o fim da viagem. Assim que chegaram a Bandiagara, Tidjani Thiam, seu cádi Tierno Kounta Cissé e todos os outros acusados foram encarcerados. Tidjani Thiam ficou incomunicável em local secreto.

As más línguas recomeçaram com mais violência ainda os ataques contra minha mãe, considerada a causa de todos os infortúnios que haviam se abatido sobre Tidjani e sua família. "Tidjani teve o que mereceu!", exclamavam as mulheres tucolores, encabeçadas pelas Tall e pelas Thiam. Elas não haviam digerido o fato de que Tidjani tivesse se casado com uma mulher fula, mesmo que fosse filha de Pâté Poullo, e que, ainda por cima, tivesse me adotado e me designado seu herdeiro. "E por acaso é lá uma boa ideia casar-se com uma diaba que está amamentando um demônio e achar que vai ser feliz?"

O "demônio" era este vosso criado. Meu nascimento não havia sido seguido de perto pelo divórcio de meus pais? Ninguém esqueça também que Tidjani perdera o pai logo depois de pedir a mão de Kadidja, e que a própria mãe de Kadidja havia morrido alguns dias depois da conclusão do casamento. A prisão de Tidjani levou a raiva das mulheres ao paroxismo.

Minha mãe ficou muito abalada, mas, como já pudemos ver, não era mulher de se deixar abater. Feita de aço temperado, era capaz de encarar qualquer perigo e superar qualquer obstáculo. Não tinha medo de nada. Nunca deixou de aceitar um desafio, de onde quer que viesse, e quando fazia uma coisa ia até o fim, custasse o que custasse. Muito piedosa e instruída em matéria religiosa – sabia de cor boa parte do Alcorão –, por outro lado, não era nem um pouco supersticiosa e não se intimidava em desafiar marabus, charlatões e outros adivinhos. Sem ser de natureza agressiva, uma vez provocada não fugia à luta nem à responsabilidade. "Deus me fundiu com ferro", diria mais tarde, "para que defendesse meus parentes e amigos". E Deus sabe que, tal qual uma leoa--mãe, brigou para defendê-los contra tudo e contra todos!

Passavam-se os dias e ninguém sabia o que fora feito de Tidjani Thiam. Não tínhamos nem certeza de que ainda estivesse vivo. Parecia que a noite o havia engolido. Para uns, os brancos o tinham jogado num poço; para outros, eles o tinham fuzilado na noite de sua chegada a Bandiagara. Outros ainda afirmavam que Tidjani havia sido enjaulado como uma fera e deportado. Todos estavam de acordo em que ele não seria mais visto. Seu túmulo permaneceria desconhecido e ninguém poderia lá rezar pela quietude de sua alma.

As esposas de Tidjani, desoladas, não sabiam se eram viúvas ou não. A própria mãe de Tidjani, a velha Yaye Diawarra, antiga guerreira amazona das tropas de Tidjani Tall, o primeiro rei de Bandiagara, chorou tanto, mas tanto, que suas lágrimas secaram. Seus dois filhos bem-amados, Badara e Tidjani, únicas esperanças que ainda a ligavam à vida, lhe tinham sido cruelmente arrancados, um atravessado por três flechas em Toïni, o outro levado pelos brancos e perdido entre o céu e a terra.

Diaraw Aguibou não ousava mais olhar suas coesposas nos olhos por causa da conduta do pai e do meio-irmão Tidjani Aguibou Tall. No entanto, ninguém da família, nem as mulheres, nem os servos e muito menos as crianças, a faziam sentir que seus parentes eram a causa da terrível desgraça que havia se abatido sobre eles. Todos se esforçavam por consolá-la. Nem por isso Diaraw sofria menos terrivelmente, sobretudo porque seu pai não fez qualquer gesto para a confortar ou amenizar sua sorte, apesar da miséria cruel em que se encontrava a família depois que todos os bens de Tidjani foram confiscados.

Um dia, o grande contador de histórias e tradicionalista Koullel, que na minha tenra infância havia se ligado a mim a ponto de me apelidarem "Amkoullel" (quer dizer, "o pequeno Amadou de Koullel" ou "filho de Koullel"), veio a casa. Surpreendeu Diaraw no momento em que esta cantava para o filhinho de meses uma canção de ninar em versos improvisados, como sabiam fazer as mulheres daquela época, e na qual ela exprimia toda sua tristeza:

> Durma meu filho, durma que eu estou aqui
> e espere seu pai, que seu avô prendeu.

Sou viúva? Você está órfão?
Nenhum adivinho nos saberia dizer.
Eu interroguei o sol,
as estrelas quedaram-se mudas,
a lua não foi mais eloquente.
As sombras me dizem:
"Nós engolimos seu marido. Chore, mulher!"
A aurora da presença está longe,
o bem-amado, ausente.
Thiam, onde está você? Sou eu, Tall, quem pergunta.

Koullel repetiu a canção aos outros membros da família, que mergulhados na tristeza tinham se tornado indiferentes à comida e à bebida. Logo todos a aprenderam de cor, inclusive a velha e austera Yaye Diawarra, que passava o dia a desfiar suas contas de rezar. A pequena canção comovente não estava mais destinada apenas a embalar o pequeno príncipe, frustrado em seus direitos antes mesmo de saber que os tinha, mas tornou-se um bálsamo que os parentes de Tidjani vertiam no coração um do outro. Como a fumaça que se libera de um corpo em combustão, a pequena canção extravasou das paredes da casa, invadiu as ruas do bairro, desocupados a captaram, *griots* menestréis a adotaram, musicaram e espalharam por toda a região. A grande *griote* e cantora Aïssata Boubou, inspirada pela canção de ninar de Diaraw, compôs elegias em memória de Badara Thiam, o herói de Toïni.

O rei Aguibou compreendeu que a honra dos Thiam saía engrandecida de uma desgraça que deveria tê-los aniquilado moral e materialmente. Ameaçou Aïssata Boubou com uma flagelação pública se não parasse de cantar os poemas em honra de Badara, mas esta ameaça não fez mais do que atiçar o ardor poético da *griote* que, como resposta, compôs um novo poema cantado no qual declarava ao rei:

Nem que eu seja flagelada até sangrar,
nem que eu seja posta a ferros e encarcerada,
isto não me fará calar.
Pai, perdoa-me,
mas nada me reduzirá ao silêncio!

A busca de Kadidja

O paradeiro de Tidjani continuava um mistério. O segredo que o envolvia era tão impenetrável quanto a muralha que circunda nosso mundo e o separa do além. Nada transpirava.

Apesar da coragem e do ardor que punha em suas orações, Yaye Diawarra, a mãe de Tidjani, estava no fim de suas forças. Mandou chamar Kadidja, que se tornara sua nora favorita: "Kadidja, minha filha", disse-lhe, "não posso mais! Sinto na cabeça 'o verme solitário'[4] que enlouquece os animais. A angústia turva meu cérebro. Quando penso em meu filho Tidjani, sou tomada por uma espécie de vertigem, as folhas das árvores tornam-se amarelas ou vermelhas diante de meus olhos. Se não conseguir saber o que aconteceu com meu filho, sinto que enlouquecerei. Ora, prefiro morrer por minhas próprias mãos a perder a razão e tornar-me mais um peso para vocês depois de tudo o que suportaram desde a prisão de meu filho. Kadidja, eis por que a chamei. Tenho plena confiança em você. Quero que, no caso de eu perder a razão antes de morrer, você seja a única pessoa da família a cuidar de mim. Darei uma ordem explícita a Sambourou e a Yebara, os mais fiéis de nossos cativos". E se desmanchou em lágrimas.

Quando amazona, Yaye Diawarra participara de dezenas de batalhas, saltara sobre cadáveres, sob uma chuva de balas, para alimentar e tratar de feridos, sem medo ou lágrimas; e, de repente, esta mulher excepcional desatava a chorar e a gemer, a cabeça apoiada no peito da nora! Kadidja estava emocionada. À maneira das mães africanas consolando seus bebês, enxugou com a língua e os lábios as lágrimas quentes da sogra. Este gesto, um reflexo natural, acalmou a anciã.

"Oh! Kadidja, você acabou de me dar a prova daquilo que eu sentia instintivamente: a grandeza de sua alma e a pureza de seu amor por meu filho Tidjani. Porque só o amor pelo filho pode fazer alguém beber as lágrimas da mãe dele."

Kadidja também chorava, ao mesmo tempo por piedade e de alegria por ser afinal compreendida. "Oh!, mãe Yaye", disse, "dê-me sua palavra de que resistirá ao 'verme patife' que lhe inspira ideias de morte! Prometa-me viver para continuar a rezar por seu filho e para nos abençoar. Quanto a mim, peço-lhe um prazo de trinta e três dias. Com a ajuda de Deus, prometo obter

---

4. Verme solitário: o autor refere-se à doença provocada pela larva da tênia, que, alojando-se no encéfalo de cabras, carneiros, cavalos e até mesmo do homem, provoca tonturas, fazendo às vezes com que o animal dê voltas sobre si mesmo. [N. da T.]

notícias sobre meu marido. E se para isto for necessário ir até o céu, buscarei a escada dos profetas!'".

Yaye Diawarra, mulher que sabia avaliar as pessoas, acreditou. "Minha filha", disse, "acredito que você seja capaz até mesmo de apanhar as estrelas se assim decidir... Mas seja prudente, os brancos não brincam com suas proibições. Eles fazem seus serviçais beberem elixires de uma mágica tão poderosa que os nossos que trabalham a seu serviço deixam de ser eles mesmos! Esquecem parentesco, amizade, dignidade e não têm mais do que uma ideia na cabeça: permanecer fiéis aos brancos e servi-los contra tudo e contra todos. Eles adotaram como lema 'eu faço meu serviço! Eu faço meu serviço! Eu não conheço ninguém!'".

"Obrigada por seu conselho, minha mãe. Serei prudente, mas os brancos não me metem medo. Meu pai Pâté Poullo era um grande *silatigui* fula, dotado de muitos poderes e conhecimentos. Quando nasci, ele me banhou[5] contra os elixires e o mau-olhado. Portanto, não tema por mim."

Para melhor organizar sua estratégia e livrar-se da presença pesada e cheia de suspeitas de suas coesposas, Kadidja deixou a casa do marido e voltou à concessão[6] do pai, no bairro de Deendé Bôdi. Assim que chegou, convocou um conselho de família composto, por um lado, de seus irmãos Bokari Pâté e Hammadoun Pâté, e, por outro, dos três principais antigos serviçais de meu pai Hampâté, representando minha família paterna: Beydari Hampâté, Abidi Hampâté e Niélé. Dirigindo-se aos irmãos, Kadidja tomou a palavra: "Doravante", disse, "não há mais lugar para mim em parte alguma a não ser com vocês. Na casa de meu marido, com exceção de minha sogra, todos me olham de lado. Não ousam me acusar de frente, mas cochicham em voz baixa: 'ela é a última esposa, portanto é ela a agourenta que traz azar, a causa da desgraça que se abate sobre nós'. Além disso, não me perdoam o fato de Tidjani Thiam ter designado oficialmente meu filho Amadou como seu principal herdeiro".

---

5. Prática mágico-religiosa que consiste em lavar um bebê (ou um adulto) com a decocção de certas plantas, acompanhadas ou não de fumigações e de palavras consagradas.

6. Na antiga tradição africana, um chefe, por mais poderoso que fosse, não detinha toda a autoridade em suas mãos. Em todas as regiões onde havia "mestres da terra", "mestres das águas", da pesca ou dos pastos, eram estes que detinham a supremacia religiosa tradicional em relação a estes elementos e que podiam conceder o direito de uso. Como consideravam que a terra pertencia a Deus, o direito de propriedade não existia. Ninguém podia cultivar um terreno ou nele instalar-se antes que o "mestre da terra" local desse sua autorização procedendo à cerimônia apropriada. A estas "propriedades" dava-se o nome de concessão. Cf. Amadou Hampâté Bâ, *Oui mon commandant! Mémoires (II)*, Actes Sud, Paris, 1994. [N. da T.]

Bokari Pâté, amigo de infância de Tidjani e de Tierno Bokar, respondeu: "Kadidja, suas coesposas responsabilizam sua 'estrela'[7] pela perda do turbante de Luta. Nossa melhor resposta é conseguir um turbante para Tidjani Thiam que ninguém possa lhe arrebatar. Como? Colocando nossos bens e a nós mesmos à sua disposição para ajudá-lo".

"Para ajudar Tidjani", disse Kadidja, "ainda é preciso encontrá-lo e libertá-lo".

"Com a fortuna que herdamos de nosso pai", exclamou Bokari Pâté, "nós podemos, graças a Deus, triunfar sobre qualquer obstáculo!".

Beydari, por sua vez, tomou a palavra: "Meu amo e pai Hampâté, vocês sabem, legou-me toda sua fortuna ao morrer. Mesmo cativo, fui eu quem herdou, no lugar de meus dois pequenos amos Hammadoun e Amadou. Sou o tutor e protetor deles e estou pronto a dar minha vida por eles. Como Tidjani Thiam adotou Amadou como filho primogênito e sucessor, sua desgraça passa a ser também de seu filho adotivo, tanto quanto de Hammadoun e minha. Eu também, em nome de meus pequenos amos, ponho à disposição de Kadidja toda a fortuna que herdei, para que ela tenha os meios de lavar a ofensa feita por suas coesposas e fazer tudo aquilo que lhe parecer necessário para encontrar o marido".

Kadidja jamais duvidara do apoio dos irmãos, que já haviam dado mostras de sua generosidade por ocasião da herança de Anta N'Diobdi, mas a confiança e a nobreza da atitude deles, assim como a de Beydari, a comoveram profundamente. Isso reforçou sua determinação. Agora, tinha à disposição uma fortuna considerável e, assim, todas as possibilidades de agir, se acreditarmos no ditado: "Quando a pobreza diz a sua vítima 'enumere seus desejos para que, cruelmente, eu o prive deles', a sorte cochicha ao ouvido de seu amo 'expresse seus desejos e eu os executarei imediatamente...'"

Kadidja prometera à sogra trazer notícias do filho em trinta e três dias. Ora, prometer à mãe do marido é como prometer a uma divindade. Kadidja encontrava-se assim duplamente comprometida: pelo número que havia escolhido[8] e pelo caráter venerável daquela a quem tinha feito a promessa. Decidiu pôr-se logo em campo, mas não sem antes tomar algumas precauções tradicionais para se garantir contra as forças malignas. "Antes de colocar um escorpião na boca", dizem os fulas, "é preciso saber onde pôr a língua..."

---

7. Literalmente: "seu *tiinde*", quer dizer "o destino fixado em sua fronte". Diz-se que as pessoas têm um bom ou um mau *tiinde*.

8. O número 33 é um símbolo maior no islamismo assim como nas religiões tradicionais africanas, e também nas tradições ocidentais e orientais.

Num bairro de Bandiagara, vivia uma velha marabu célebre e respeitada. Nascida em Hamdallaye (capital do Império Fula de Macina) na época do venerável Cheikou Amadou, haviam-na apelidado Dewel Asi, que quer dizer "a pequena mulher que cavou" (subentendendo-se que cavara o conhecimento místico). Ela ensinava as ciências islâmicas tradicionais; o Alcorão, é claro, mas também os *hadith* (palavras e atos do Profeta), gramática árabe, lógica, jurisprudência segundo as quatro grandes escolas jurídicas islâmicas, além das tradições espirituais sufistas, tudo isto enquanto tecia belas esteiras de palha habilmente decoradas com desenhos simbólicos. Até 1910 ou 1911, data de sua morte, sua escola corânica foi uma das mais florescentes de Bandiagara. Esta santa mulher era, além disso, parente próxima de Gabdo Hammadi Ali, tia materna de Kadidja. Minha mãe foi visitá-la.

"Vim vê-la", disse-lhe, "para que me abençoe e aconselhe. Decidi levantar Songo, a grande montanha sagrada dos dogon, com uma haste de palha. Reconheço minha loucura, mas nada é impossível quando se tem Deus do lado. Vim pedir-lhe que coloque Deus do meu lado".

"Levantar Songo com uma haste de palha? Que imagem! Qual é seu Songo e qual sua haste de palha?"

"Meu Songo é descobrir o mistério que envolve a sorte de meu marido Tidjani Thiam. E minha haste de palha sou eu mesma."

Dewel Asi mergulhou em longa meditação. Quando saiu, disse: "Uma mulher que quer salvar o marido ou o filho é digna de auxílio. Eu sozinha não tenho nem a força nem o poder; não passo de uma haste de palha como você, mas, já que o deseja, vou rogar a Deus que se digne ficar de seu lado. Quanto a você, primeiro precisa fazer um sacrifício propiciatório: vá agora mesmo vestir dos pés à cabeça sete pobres, sete viúvas e sete órfãos e alforrie um cativo. Depois volte aqui em três ou em sete dias, quando tiver feito tudo".

Antes de se retirar, Kadidja estendeu à santa mulher, em agradecimento, um pesado anel de ouro que havia levado consigo. Dewel Asi recusou-se a aceitá-lo. "Guarde essa joia", disse, "coloque-a num saquinho e mantenha-a sempre perto do corpo. Um dia você se verá em grandes dificuldades e constatará que não lhe resta nenhuma das numerosas joias herdadas de sua mãe, a não ser esse anel de ouro. Nesse dia pense em mim, agradeça a Deus e utilize esse ouro, de minha parte, para sair de sua situação difícil".

Curiosamente, quinze anos mais tarde, um incêndio destruiu nossa casa em Bamako e nada restou a minha mãe além desse anel de ouro.

De volta a casa, Kadidja contou aos membros da família seu encontro com Dewel Asi. Vendeu sem demora a quantidade de cabeças de gado necessária para vestir dos pés à cabeça vinte e uma pessoas e mandou um alfaiate e um sapateiro da cidade executarem o trabalho. Enfim, de acordo com seus irmãos e o próprio interessado, alforriou um cativo da família, Barkérou Pâté, não sem antes o presentear com generosidade, obedecendo às recomendações do Profeta. Deu-lhe dois conjuntos de vestimenta completos, uma soma em dinheiro considerável para a época, mais duzentos cauris e duas vacas leiteiras, o que lhe permitiria começar a reunir um rebanho.

Tendo cumprido tudo isto no espaço de sete dias, Kadidja retornou a Dewel Asi. A santa mulher, que havia abandonado qualquer outra ocupação, passara a semana inteira em jejum (segundo o rito muçulmano, ou seja, durante todo o dia, do amanhecer ao pôr do sol) a rezar por Kadidja. Desenhou em uma folha de papel um tipo de talismã composto de fórmulas corânicas e de nomes de Deus em árabe que deu a Kadidja: "Mande cobrir este papel com um tecido de seda", disse, "e coloque-o dentro de uma pele de ovelha costurada. Esse trabalho deve ser efetuado por um sapateiro reputado pela pureza de sua conduta. Antes de trabalhar, ele deverá fazer as abluções rituais para ficar no estado de limpeza física e religiosa exigidas. O saquinho preparado desta maneira deverá ter o formato de um triângulo. Você deverá levá-lo pendurado no peito".

Kadidja confiou esse trabalho à mais virtuosa das sapateiras de Bandiagara, uma mulher tão piedosa e tão venerada que não era mais chamada pelo nome, mas pelo apelido reverente de Inna Mamma Tamé, "Mãe de Mamadou Tamé".

Armada de seu talismã, certa de que as orações da santa mulher haviam atraído a ajuda de Deus, Kadidja estava pronta para iniciar sua busca. Ela ainda era chefe da maior associação feminina de Bandiagara, que fundara na juventude. Esta associação contava entre seus membros com uma jovem e muito bela *dîmadjo* (pertencente à classe dos "cativos da casa", ou serviçais de famílias) chamada Koorka Bâbilâli, casada com um chefe de brigada de guardas da circunscrição, ele próprio dîmadjo de Kunari. Kadidja mandou chamar Koorka a sua casa.

"Minha irmã", disse-lhe, "não me sinto mais viva, nem tampouco morta. Como, ando, deito-me por hábito, mecanicamente. Tudo é sombrio para mim, como um dia de tempestade de poeira cinzenta. Desde que meu esposo *Naaba* (rei⁹) foi preso pelos brancos, nenhum ser, nem mesmo uma mosca, nem uma formiga, nem a mais leve brisa veio me trazer um único sinal de notícias suas. Koorka, somos amigas de infância, pertencemos à mesma associação de idade. Agora você é esposa de um chefe de brigada. Se meu marido está vivo e preso em algum lugar, seu marido tem meios de saber e você pode saber por meio dele. Há momentos em que a boca do marido fica bem perto do ouvido da mulher, momentos em que a mulher fica mais poderosa e que o homem mais duro se torna suave e sem querer confia seus segredos à companheira".

"Kadidja!", respondeu Koorka. "Nós crescemos juntas, somos amigas desde a mais tenra infância e seus pais me adotaram como se eu fosse uma *dimadjo* nascida na casa deles. Fique tranquila, você pode contar comigo, assim como com todas as esposas de guardas que fazem parte de nossa *waaldé*. Há uma boa dúzia delas morando no alojamento dos guardas. Uma de nós acabará sabendo de alguma coisa."

Koorka Bâbilâli voltou ao alojamento dos guardas, onde convocou uma reunião com as amigas Morobari Bo e Maartou Nawna. "Nós todas já estivemos alguma vez em dívida com Kadidja Pâté, não é verdade?", disse-lhes. "Certo, Koorka! Você não diz mais do que a verdade!", responderam as duas mulheres.

"Vocês conhecem o ditado: 'Para que serviria a amizade que um homem travou com um macaco, se não for para que este animal o ajude a soltar seu bordão no dia em que este ficar preso nos galhos altos?'"

"Sim, Koorka, é bem verdade!", responderam. "Bem, minhas amigas, vocês sabem que *Naaba*, nosso generoso *Naaba*, foi preso pelos brancos e enfiado ninguém sabe onde. Mas nós, nós somos as esposas de três graduados, três chefes de guardas de circunscrição, e não é possível que nossos maridos não estejam cientes do segredo do comandante. Entre comandante de circunscrição e guardas de circunscrição há uma divisão de responsabilidades que favorece a confiança. É o comandante quem dá as ordens, mas são os guardas que prendem e vigiam os detentos. Minhas irmãs, Kadidja conta conosco para descobrir a verdade. É preciso que cada uma de nós provoque o marido nas horas propícias pois precisamos descobrir se *Naaba* está vivo ou morto. Se estiver vivo, tentaremos saber onde o escondem, e, se estiver morto, onde foi enterrado."

---

9. *Naaba*: rei na língua mossi, falada na província de Luta. Apelido familiar dado a Tidjani por sua família e amigos.

Koorka chamou em seguida a amiga Kenyouma, cujo marido era o próprio guarda-costas do comandante. "Kenyouma", disse-lhe, "ambas somos amigas de infância de Kadidja Pâté. Como chefe de nossa *waaldé* ela sempre se mostrou digna e generosa e jamais deixou de responder a nossos apelos. Hoje, é ela quem precisa de nós para descobrir onde está o marido. Sejamos, como os camundongos do palácio, espiãs discretas que podem entrar em todos os lugares para escutar sem serem vistas".

"É preciso pôr nossas amigas Moro Pennda e Kadiatou Komseer a par dessa história", respondeu Kenyouma. "Ambas falam francês e se casaram com brancos pelo 'casamento colonial'[10]. Ora, você sabe que os brancos não têm segredos entre si e eles se abrem mais facilmente com suas mulheres do que os negros."

Assim foi feito. A rede estava lançada. Nada mais havia a fazer além de esperar que se enchesse de notícias para puxá-la em direção a Kadidja, que faria a triagem.

Kadiatou "Komseer" era a mulher do comissário – daí o apelido. O marido, que frequentemente a fazia falar para obter informações, divertia-se com a ingenuidade com que a jovem respondia. Estava longe de suspeitar que esta bela e cândida criatura iria lhe arrancar informações, levando a melhor com uma habilidade bem mais sofisticada do que a dele...

Já no dia seguinte desse pequeno complô feminino, quando o comissário e sua companheira estavam à mesa, Kadiatou Komseer soltou um grito e foi atirar-se na cama. Como sob o efeito de uma dor atroz, ela rolava e gemia. O comissário, que era louco por ela, foi correndo ver o que havia, nervosíssimo: "O que é que você tem? O que está acontecendo?".

"Aaaah!", Gritou a jovem torcendo as mãos, "um espírito mau se apossou de meu corpo! Ele o possui totalmente. Ele vai me matar se não o espantarem de mim..."

O comissário mandou chamar depressa o ajudante nativo do médico, o africano Kalando Beydari, encarregado da enfermaria. Kalando era um curandeiro "à maneira dos brancos", ou seja, não entendia nada dos males que os maus espíritos inoculam às vezes nos filhos de Adão. Durante vários

---

10. Numerosos oficiais e administradores coloniais viviam com jovens nativas que eram "requisitadas" ou com quem se casavam pela paródia do "casamento colonial consuetudinário", o qual se desfazia automaticamente com a partida do "marido". Era raro as crianças nascidas de tais uniões serem reconhecidas (houve, entretanto, algumas exceções). Uma vez que o pai voltava para a França, as crianças eram encaminhadas pela administração a "orfanatos de mestiços", para estudar.

dias, Kadiatou delirou. Dizia estar sendo perseguida pelo fantasma de Tidjani Thiam que os brancos haviam degolado e colocado numa caixa, que fora jogada num dos abismos da falésia. Tudo isto estava claramente fora do alcance de Kalando Beydari. Aconselhou que procurassem um curandeiro nativo. O cozinheiro do comissário, em conluio com Kadiatou, declarou que cuidaria disso. Mandou chamar Mannawel, um *dîmadjo* da família de Tidjani que havia crescido na casa de Kadidja, e que, diga-se de passagem, nunca havia sido curandeiro coisa nenhuma... Este, depois de receitar a Kadiatou banhos e fumigações à base de certas plantas, recomendou ao comissário que falasse com ela com extrema gentileza, sobretudo nos momentos de crise, para acalmá-la e tranquilizá-la.

Perto da meia-noite, Kadiatou, esgazeada, sentou-se na cama: "Ooooh! comissário!", gemeu. "O fantasma de Tidjani está aqui, ele diz que seu cadáver reclama um túmulo."

"Acalme-se Kadiatou, acalme-se!", falou o comissário com sua voz mais doce. "Tidjani Thiam não está morto, ele está na prisão. Daqui a alguns meses, irá ao tribunal e não será morto, você verá! Os brancos não gostam de matar. Vamos, acalme-se, tudo não passa de um sonho ruim!"

Fingindo que as palavras do marido a acalmavam, Kadiatou deitou-se com toda a aparência de quem acabou de se libertar de um terrível pesadelo. Na manhã seguinte, para não levantar suspeitas, ficou deitada até a chegada de Mannawel. Este administrou-lhe cerimoniosamente a medicação, ao que ela respondeu com uma piscadela maliciosa.

Enfim, Kadiatou levantou-se e tomou o desjejum, para grande satisfação do marido. Muito aliviado por ver que a mulher havia melhorado, ele saiu para o trabalho acompanhado por seu cão. Assobiava baixinho, como fazem os brancos quando estão contentes.

Assim que ele saiu pela porta, Kadiatou disse a Mannawel: "Vá depressa dizer a Koorka Bâbilâli que *Naaba* está bem vivo. Está na prisão à espera de julgamento". Mannawel correu até a casa de Koorka Bâbilâli. Juntos, foram até Kadidja para anunciar a boa nova, obtida graças à habilidade consumada de Kadiatou Komseer. Faltava ainda saber em qual prisão Tidjani estava, porque havia duas, a prisão civil e a militar.

Enquanto isso, o comissário tinha chegado a casa de Charles de la Bretèche para fazer seu pequeno relatório diário, como de hábito. O comandante pediu notícias de sua jovem companheira. "Ela passou muito mal mas já está melhorando", respondeu o comissário. "Imagine o senhor que ela tem um pesadelo recorrente, no qual acredita estar sendo perseguida pelo fantasma de Tidjani Thiam, cujo cadáver clama por um túmulo!"

"Decididamente", replicou o comandante, rindo, "este Tidjani Thiam e seu irmão Badara, aliás, como todos os Thiam, gozam de uma influência extraordinária neste país. Eu não queria estar no lugar do comandante que tivesse de anunciar a morte de Tidjani se por acaso ele falecesse na prisão".

"O que será feito dele?", perguntou o comissário. "Espero a ordem de levá-lo ao tribunal criminal. De minha parte, farei tudo para salvar-lhe a cabeça, apesar de ele quase ter me matado na estrada. Mas não é má pessoa. Nesta história, ele é mais vítima do que culpado. Tidjani Thiam, infelizmente, chocou-se contra um homem, Aguibou Tall, que é como o pico agudo de uma alta montanha. Aquele que se choca contra ele ali deixa a vida, ou perde as plumas..."

Quis o acaso que essa conversa fosse ouvida por Garba Tieman, guarda-costas do comandante e marido de Kenyouma, outra companheira de associação de Kadidja. Havia duas semanas que o pobre Garba não podia mais tossir nem espirrar em casa, sem que a mulher lhe fizesse uma cena. "Tossir e espirrar é tudo o que você sabe fazer", reclamava. "Mas, quando o negócio é saber onde seu comandante enfiou Tidjani Thiam, nenhum dos seus órgãos funciona mais! Eu me enganei de marido. Pergunto-me se não seria melhor me divorciar e procurar um homem que não obedeça incondicionalmente aos brancos, só porque lhe deram um barrete vermelho e perneiras azuis!"

Ao meio-dia, Garba Tieman tomou o caminho de casa. Todo contente por ter surpreendido a conversa dos dois brancos, caminhava tocando seu instrumento monocórdio, chamado *joourou kelen*, e cantava a plenos pulmões *Djonngoloni*, um canto guerreiro composto em honra de uma fortaleza militar bambara que havia resistido durante muito tempo ao sultão de Segu, Ahmadou Cheikou, filho mais velho de El Hadj Omar. Quando entrou em casa, sua mulher, conforme exigia o costume, deu-lhe água fresca para molhar a garganta e água morna para lavar o suor do corpo. Terminada a toalete, Garba Tieman comeu sua refeição. Para melhor fazer a digestão, foi esticar-se na rede de fibra de baobá onde, com ar de satisfação, começou a se balançar arrotando com exagero – o que não é, de modo nenhum, considerado falta de modos na África. Kenyouma aproximou-se: "Alguma coisa me diz que hoje você cruzou em seu caminho com Konyouman, o legendário mágico das boas novas".

"Sim, encontrei Konyouman e este guia divino me fez saber..." E deixou a frase em suspenso. "Fez saber o quê?", perguntou a mulher.

"Saber o que é perigoso contar, e que, no entanto, não se pode calar..."
"Fale! É a respeito de *Naaba*, não é?" Garba debruçou-se para fora da rede. Olhou demoradamente o pátio para ter certeza de que ninguém, além da mulher, poderia escutar suas palavras. Mais tranquilo, mexeu a cabeça de baixo para cima, sinal que na África significa "sim-sim". Kenyouma disse dengosa: "Nunca duvidei de que você fosse um garanhão de grande valor, mas um garanhão que às vezes precisa ser esporeado para empinar".

"Tidjani Thiam está vivo!", exclamou por fim Garba, que não podia mais se conter. "Meus ouvidos escutaram da boca do comandante; portanto, é uma certeza. Ele está na prisão e logo será julgado publicamente. O comandante disse que o apoiará."

Assim que o marido saiu de casa, Kenyouma correu até a casa de Koorka Bâbilâli para passar a informação. Por sua vez, Koorka também conseguira o que queria do marido; ela o manobrara tão bem que logo ficou sabendo que Tidjani, após passar os dez primeiros dias da detenção numa prisão militar, por medida de segurança fora transferido para a prisão civil, onde tinha sido colocado em uma das celas mais profundas do segundo pátio. Temia-se que os tucolores, sobretudo os Thiam, tentassem uma ação para libertá-lo, conforme rumores.

Haviam se passado vinte dias desde que Kadidja decidira descobrir o paradeiro do marido. Entre sacrifícios e presentes, gastara o preço de algumas dezenas de touros, mas não fora em vão; agora tinha certeza de que o marido estava vivo e sabia onde se encontrava: no fundo do segundo pátio da prisão civil, onde eram mantidos os prisioneiros mais perigosos.

Kadidja comprou uma vestimenta completa de homem: calças bufantes, botas, um grande bubu e um *tourti* (bata até a altura do joelho, usada por baixo do bubu), turbante e sabre. Vestindo essas roupas que a tornavam irreconhecível, saiu no meio da noite e dirigiu-se ao bairro dos brancos acompanhada do fiel Beydari, que a seguia à distância, protegendo-a contra qualquer eventual perigo. Já era mais de meia-noite. Só alguns ruídos cortavam o silêncio de tempos em tempos; o choro de um bebê acordando com fome, o piar de uma coruja – que se dizia ser um pássaro-feiticeiro apreciador de sangue de recém-nascidos –, o ladrar de cachorros espantando ladrões e maus espíritos...

Naquela época, era um verdadeiro suicídio aventurar-se no bairro dos brancos a uma hora dessas, quando as sentinelas tinham direito de atirar em qualquer coisa que se movesse de maneira suspeita. Mas, com a ajuda de Deus, os olhos e ouvidos dos guardas e dos cachorros mantiveram-se cegos e surdos como por milagre. Kadidja e Beydary atravessaram o bairro dos brancos pela artéria principal que levava diretamente ao alojamento dos guardas. Ao lado do alojamento levantava-se a prisão civil, bem defronte a um grande tamarindeiro. Os vigias da prisão tinham se habituado a repousar sob seus galhos tanto de dia como à noite, esperando seu turno. Quando chegaram a uns vinte metros da árvore, Kadidja disse a Beydari: "Vá até o tamarindeiro. Acorde com cuidado o homem que está deitado na grande *tara* (catre). Deve ser o chefe de brigada. Diga-lhe: 'Kadidja Pâté pede que vá encontrá-la atrás do muro da prisão, onde ela o espera'".

Embora se aproximasse com cautela, Beydari não conseguiu chegar até o chefe de brigada sem o acordar. Rápido e bem treinado, o suboficial deu um pulo e agarrou-o, tentando dominá-lo. Mas Beydari, que media 1,80 metro e pesava quase cem quilos, também não era um novato em matéria de luta. Dizendo: "Não vim aqui para fazer-lhe mal", afrouxou facilmente os braços que o envolviam. "Sou Beydari Hampâté", continuou. "Minha ama, Kadidja Pâté, a quem acompanhei, pede-lhe que vá encontrá-la atrás do grande muro da prisão."

O chefe de brigada, que se chamava Bouraïma Soumaré, gozava de uma sólida reputação de ferocidade. Mas era um tucolor e sua mulher também pertencia à associação de Kadidja. Ele soltou Beydari. Alertados pelo barulho, os outros guardas tinham acordado. O chefe de brigada mandou que ficassem quietos e esperassem por sua volta e acompanhou Beydari. Apesar de sua ordem, um guarda com a arma engatilhada o seguia a distância.

Quando Bourïama Soumaré chegou atrás do muro, encontrou-se de repente face a face com um homem armado de um sabre. Acreditando que Beydari o havia atraído a uma armadilha, ia virar-se para pedir socorro, mas uma voz feminina cravou-o no lugar. A voz recitava em fula as palavras de uma canção que havia sido composta em sua honra pela célebre *griote* Aïssata Boubou. Ele reconheceu a voz de Kadidja Pâté. Ficou tão emocionado que ele, homem famoso por sua crueldade e intransigência, se transformou no ato num poeta doce e compassivo. Como o cavalheirismo fula-tucolor da época ditava que o homem respondesse com versos improvisados quando uma mulher se dirigisse a ele de forma poética, Bourïma Soumaré respondeu:

Djandji*, irmã de Amadou Pâté,
Djandji, o que há com você hoje

* Apelido de Kadidja: "A encantadoramente prendada".

Para tentar, nesta escuridão profunda,
Entrar em uma casa maldita
Que ferozes cães negros guardam noite e dia?
Djandji, o que há com você, diga-me!

Kadidja compreendeu que a besta feroz havia se transformado em *koumbareewel*, o pássaro-trombeta que canta e dança com graça.

"Vim vê-lo", disse, "arriscando minha vida e a de meu fiel Beydari, para pedir, em nome da piedade, que me deixe ver meu marido. Sei que ele está vivo e trancado em uma das celas do segundo pátio".

"O que me pede, Kadidja, é como se me dissesse para atirar nos testículos do comandante!"

"Bouraïma Soumaré!", fez Kadidja em tom decidido. "Se eu fosse esta mesma noite atirar nos genitais do comandante e voltasse viva, você me levaria até meu marido?" Tal determinação perturbou o chefe de brigada. Sem dar-lhe tempo de retomar o fôlego, Kadidja continuou: "Eu sei que meu marido está atrás desta muralha. Eu juro, Bouraïma, que se não puder olhá-lo nos olhos esta noite, não verei o sol se levantar amanhã cedo".

"E o que você fará se eu me recusar a levá-la até seu marido?"

"Uma loucura que me custará a vida. Aïssata Boubou terá um novo tema de improvisação para seu repertório. Ela poderá cantar meu fim como é cantado o de Aminata Bîdane, a heroína de Sâ."

Bouraïma Soumaré, que conhecia Kadidja e não duvidava de que fosse capaz de um ato infeliz, considerou a desonra que sujaria seu nome se ela viesse a morrer por sua culpa. Este guarda impiedoso, que nunca havia precisado exercer sua ferocidade sobre seus parentes tucolores e muito menos sobre seus concidadãos de Bandiagara, viu-se diante de seu primeiro caso de consciência. Na mesma hora, voltou a ser um tucolor muçulmano, quer dizer, um homem pronto a salvar a vida de um parente, mesmo ao preço de sua própria vida. Lembrou-se de um provérbio (*hadith*) do Profeta, citado por Cheikou Amadou e por El Hadj Omar em circunstâncias especiais, no qual o Profeta recomendava a cada fiel não deixar este mundo sem ter violado a Lei (*sharia*) em nome da piedade pelo menos uma vez na vida. Boraïma sentiu seu coração amolecer: "Oh! Kadidja", disse, "sei ao que me exponho em caso de algum de meus guardas, por maldade, me trair. Mas, tanto pior! Não quero ser menos corajoso do que uma mulher. Venha, vou levá-la a seu marido. E se Charles de la Bretèche ficar sabendo, ele que faça desabar o céu sobre a terra!".

"Não se preocupe", disse Kadidja. "A cúpula do céu permanecerá em seu lugar, o comandante não saberá de nada e os guardas ficarão mudos. Dê-me somente os nomes." Boraïma deu a Kadidja os nomes dos dez homens que estavam de guarda com ele. Foi buscar as chaves da prisão e depois disse aos homens: "Kadidja Pâté veio nos pedir, em nome de Deus e da solidariedade entre a gente de Bandiagara, que a deixemos falar com o marido por alguns minutos. Aceitei porque não temos escolha; ou prendemos esta mulher, coisa que me repugnaria fazer, ou a levamos até o marido. Todos nós nascemos em Bandiagara e não é possível pensar em prender Kadidja Pâté. Se o fizéssemos, nós e nossas mulheres valeríamos menos do que uma mosca na estima de nossos concidadãos. Seríamos apontados na rua e olhados de esguelha como seres abomináveis vendidos aos brancos".

"Chefe de brigada", exclamaram os guardas, "nós o apoiamos! Aquilo que fizer, terá sido feito por nós!". Boraïma e Kadidja dirigiram-se à entrada da prisão. Boraïma abriu a porta da entrada principal que dava para o primeiro pátio. Atravessaram-no em silêncio. Depois abriu uma porta que dava para o segundo pátio. Entrou seguido por Kadidja e encaminharam-se até uma grossa porta situada mais abaixo. Ele a abriu. Esta dava para um corredor onde se encontrava a porta, mais grossa ainda, da cela propriamente dita. Bouraïma também a abriu. Estreita como um túmulo, a cela estava tão escura que não se distinguia nada. Bouraïma chamou: "Tidjani Thiam!... Tidjani Thiam!..."

"Quem me chama? O que quer?...", fez a voz enfraquecida de Tidjani. "Sou o chefe de brigada Bouraïma Soumaré. Saia, tenho novidades."

Kadidja ficou de lado. Passados alguns instantes que lhe pareceram intermináveis, a silhueta curvada de Tidjani apareceu. Sujo, coberto de suor, não vestia nada além de calças enroladas até as coxas por causa do calor sufocante que reinava na cela. O teto era tão baixo que ele não podia ficar completamente ereto; era obrigado a permanecer sentado, agachado ou deitado. Um pequeno respiradouro na extremidade de um conduto deixava passar um pouco de ar, mas nenhuma luz. Permitiam-lhe sair durante trinta minutos todos os dias, mas só depois das dez da noite, de maneira que nunca via a revigorante luz do sol.

"Alguém de sua família quer falar com você", disse Bouraïma Soumaré. "Só pode ser Kadidja!", exclamou Tidjani. "Sim, *Naaba*!", respondeu Kadidja. E, saindo do canto onde estava, jogou-se nos braços enfraquecidos do marido. "Como sabia que era eu?"

"Ah, Poullo![11] Eu sempre me disse, no fundo desta cela, 'se alguém conseguir vir me ver neste túmulo, será Kadidja'. Minha intuição não falhou. Graças a Deus!" Bouraïma afastou-se discretamente.

"*Naaba*, sua mãe está morrendo de angústia", disse Kadidja. "Todos os dias ela verte lágrimas suficientes para encher uma cabaça. De suas narinas não escorre mais um líquido viscoso, mas sangue puro. Para ela, você morreu nas condições mais terríveis e isto a faz pensar em pôr fim a seus dias. Eu lhe pedi que continuasse a viver e me concedesse um prazo de trinta e três dias para descobrir o que tinha acontecido com você. Ainda me restam quatro dias e, graças a Deus, eu o vejo enfraquecido, é claro, mas vivo. Agora preciso que me diga alguma coisa e me dê um sinal para convencer sua mãe de que você ainda pertence a este mundo e que a mensagem é sua."

"Quando estiver diante de minha mãe", respondeu Tidjani, "diga-lhe isto: 'Mãe, eu vi Tidjani'. E, contrariando o costume, você a fitará nos olhos. Ela fará o mesmo. Então você pegará sua mão direita e, dobrando sucessivamente seus quatro dedos a partir do indicador, lhe dirá o seguinte: 'Um, Tidjani a saúda. Dois, ele está vivo. Três, ele não está doente. Quatro, louve a Deus e agradeça'. Ela saberá que veio de mim. Depois você pegará este meu anel e, contrariando o costume fula, o enfiará no dedo médio dela. Por fim, você lhe dirá com um sorriso esta frase que faz parte da divisa de Bandiagara: *Biiribaara bantineeje* (as leves nuvens acumulam-se acima das paineiras gigantes)".

Quando chegou a hora da separação, Kadidja disse ao marido: "Agora que conheço o caminho de sua caverna, nem uma fera poderá me impedir de vê-lo e virei frequentemente, se Deus quiser!".

Ela agradeceu a Bouraïma Soumaré e foi encontrar-se com Beydari, que a esperava sob o tamarindeiro. Voltaram sem problemas ao bairro de Deendé Bôdi logo antes da claridade da aurora. A voz do muezim chamando para a primeira oração do dia elevou-se, cortando o silêncio que ainda envolvia a cidade adormecida.

Nunca as palavras do muezim haviam revelado tanto seu verdadeiro sentido a Kadidja como nesta manhã: *Allâhu akbar*!... *Allâhu akbar*!... (Deus é o maior! Deus é o maior![12]). Para Kadidja, Deus era realmente o maior. Ao

---

11. *Poullo*: fula, no sentido de "nobre". Outro apelido carinhoso de Kadidja, adotado por Tidjani.

12. *Akbar* é o superlativo de *kabir* (grande), cuja tradução exata é "Allah é o maior", no sentido de "acima de todas as coisas". Deus está acima de qualquer coisa que o homem possa conceber ou imaginar. A fórmula exprime também a ideia de todo-poderoso.

longo da noite, sentira-se como que levada por um poder que lhe havia facilitado tudo e aberto todas as portas. Mas também compreendia que esta força e esta grandeza escapavam a qualquer descrição e definição. Era como uma presença total, soberana, que envolvia e arrebatava tudo.

Ela não sentia necessidade de refazer suas forças. Saciada de sono sem ter dormido, descansada sem ter repousado, esperava com impaciência os primeiros raios de sol. Queria aproveitar este momento tão feliz e calmo para verter o mais doce bálsamo no coração de sua sogra.

Quando enfim o astro magnânimo se elevou acima do horizonte, espalhando a luz e a vida sobre o mundo, Kadidja dirigiu-se à concessão do marido. A velha Yaye Diawarra estava no pátio sob o alpendre coberto de palha que protegia a frente de sua casa. Sentada em uma pele de lã de carneiro, envolvida em vestes brancas, o rosto virado para o leste na direção de Meca, desfiava suas contas de rezar. As galinhas mais madrugadoras ciscavam grãos de milhete perdidos na poeira em torno dos pilões. A chegada de Kadidja assustou-as. O grande galo, chefe do galinheiro, deu o grito de alarme batendo vigorosamente as asas. Todo o seu pequeno mundo precipitou-se galinheiro adentro empoleirando-se à espera do perigo iminente. Este rebuliço de asas tirou Yaye Diawarra de seu recolhimento. Virando-se para ver o que estava acontecendo, viu Kadidja toda vestida de branco, em pé na entrada do alpendre. Sua emoção foi tão forte que, por um instante, ficou sem ação. Por fim, conseguiu controlar-se e pronunciar a fórmula ritual de boas-vindas: "*Bissimillâhi* Kadidja! Bem-vinda em nome de Deus[13]! Você passou a noite em paz? Venha sentar-se perto de mim, minha filha".

"Bom dia, mãe. Sim, com a graça de Deus passei a noite em paz. E venho prestar contas do resultado das buscas que fiz para saber onde os brancos esconderam seu filho, meu marido."

A anciã deixou cair a cabeça no peito. "Seja qual for a novidade que você me traz, saiba, ó Kadidja: nunca esquecerei sua devoção e amor por meu filho e por mim. Quando a vi sair desta casa decidida a encontrar seu marido, sua coragem masculina me deu novo alento. Reencontrei as forças que antigamente, durante as batalhas, me permitiam enfrentar os maiores perigos com uma indiferença vinda sabe-se lá de onde. Digo isto para que saiba que agora estou pronta para aceitar o destino que Deus escolheu para meu filho e para mim." E calou-se.

---

13. *Bissimillâhi*: forma africana da fórmula *Bismillâh* (em nome de Deus) que figura no princípio de cada capítulo do Alcorão. Na África, esta fórmula é utilizada como saudação de boas-vindas.

"Mãe", disse Kadidja, "eu vi Tidjani..." Yaye Diawarra levantou a cabeça coroada de cabelos brancos, espessos como algodão cardado. Kadidja aproveitou para fitá-la nos olhos. Em seguida, pegou a mão direita da sogra e dobrou cada um de seus dedos pronunciando a fórmula que Tidjani lhe havia ensinado: "Um, Tidjani a saúda. Dois, ele está vivo. Três, ele não está doente. Quatro, louve a Deus e agradeça-lhe".

Yaye, cujas mãos tremiam, conseguiu pelo menos controlar a voz, pois via que Kadidja não havia terminado. Esta começara a desfazer um nó na barra de seu bubu. Dali retirou o anel de Tidjani, colocou-o no terceiro dedo da anciã e pronunciou as palavras *Biiribaara bantineeje*. Soltando um grito, Yaye Diawarra jogou-se nos braços da nora. E, ali, chorou de alegria como há um mês chorava de tristeza.

Passado um momento, por prudência, as duas mulheres se recompuseram; era importante que os outros membros da família ignorassem tudo sobre essa novidade, já que, por excesso de animação, poderiam trair Kadidja e aqueles que a tinham ajudado.

Com o coração em festa, Kadidja voltou para casa. Tomou o desjejum com um apetite que espantou Batoma, a antiga "filha cativa" de Anta N'Diobdi, que agora vivia com ela. Nos dias que se seguiram, Kadidja deu discretamente às mulheres dos guardas que serviam de sentinelas com Bouraïma Soumaré joias de ouro, bolas de âmbar e corais bem caros. Conseguiu também predispor a seu favor os cinquenta guardas de circunscrição que compunham o pelotão de polícia de Bandiagara. Dali em diante, as portas da prisão lhe estavam abertas todas as noites, do toque de recolher às vinte e uma horas, até o primeiro chamado do muezim para a oração do amanhecer.

Não só Kadidja visitava o marido todas as noites, como levava consigo Ali Dièli, o *griot* guitarrista-titular de Tidjani. Nem é preciso dizer que os guardas, por iniciativa própria, providenciaram a transferência de Tidjani para uma cela maior e mais confortável – tanto quanto possa existir conforto em uma prisão. Tidjani só voltava a sua antiga cela em caso de visita do comandante de circunscrição, de seu adjunto, ou do funcionário colonial que administrava a prisão.

O processo

Certa manhã, ouviu-se nas ruas de Bandiagara o ressoar do pequeno tantã de Dièli Bâba, o *griot* "pregoeiro público". Tocando seu instrumento, ele gritava em fula, bambara e dogon: "Ó habitantes de Bandiagara! Homens, mulheres, crianças, nobres, gente de casta e cativos! O comandante os saúda pela minha boca. Sou somente um pregoeiro público; sou então obrigado a dizer aquilo que me mandaram proclamar. Ó, povo de Bandiagara! Que ninguém me leve a mal, mas o comandante me encarregou de anunciar que em sete dias, excluindo o de hoje, haverá uma audiência do grande tribunal no salão do palavrório para julgar Tidjani Thiam, o cádi Tierno Kounta Cissé, o samo Tombo Tougouri e outros acusados cujos nomes não merecem ser mencionados e portanto não os mencionarei.

O comandante me encarregou de dizer que a audiência será pública. Todos poderão assisti-la. Porém, o comandante previne aqueles que possam se sentir tentados a aproveitar a ocasião para resgatar Tidjani Thiam pela força. A estes ele anuncia, pela minha boca, que cento e vinte atiradores e três oficiais 'brancos-brancos' estarão a postos para recebê-los a balas de fuzil, fuzis que não são carregados pela boca mas pelo traseiro, fuzis sem-vergonha que soltam gases de pólvora e vomitam balas de cobre vermelho e que nunca erram o alvo. A bom entendedor, saudações!..."

Este anúncio, repetido em todos os bairros durante três dias, atraiu a Bandiagara uma multidão considerável vinda das vizinhanças.

Kadidja Pâté e os dois irmãos de Tidjani Thiam multiplicaram as diligências com os marabus e os notáveis de Bandiagara. Por seu lado, o rei Aguibou Tall declarou ao comandante que se opunha a que seu filho Tidjani Aguibou Tall fosse citado no tribunal como testemunha de acusação. Charles de la Bretèche, que havia recebido instruções formais do governador para tratar com deferência o antigo rei, e inclusive fechar os olhos a certas atitudes que poderiam ser repreensíveis do ponto de vista da lei, encontrava-se assim sem um bom argumento que lhe permitisse situar as responsabilidades no caso de Luta, demolindo a defesa de Tidjani Aguibou Tall. Aliás, o rei mandou o filho para bem longe de Bandiagara, colocando assim o comandante diante de um fato consumado: no dia da audiência, como o filho do rei não se encontrava nem em Bandiagara nem na vizinhança, ele não podia ser ouvido...

Finalmente chegou o dia do julgamento. De acordo com o costume colonial, por ser de segunda instância, o tribunal era presidido pelo próprio comandante – o tribunal de primeira instância era presidido pelo adjunto do comandante. O comandante era assistido por vários assessores nativos, todos cidadãos de Bandiagara, e por seu intérprete Bâbilen Touré que repetia, em voz alta, todas as palavras de ambas as partes.

Tidjani Thiam e os demais detidos na mesma ocasião compareceram à audiência acorrentados. Tidjani Thiam foi chamado a depor. Segundo a fórmula de praxe, na qualidade de presidente do tribunal, o comandante lhe perguntou por intermédio do intérprete: "Qual é seu sobrenome, nome, profissão e domicílio?".

Abdallah, um amigo de Tidjani presente na audiência, não pôde conter a indignação. Exclamou em voz alta em fula: "Realmente, é espantoso ver como Deus, que tanto deu aos brancos em matéria de ciência para fabricar máquinas e outros objetos materiais, por outro lado, afetou o espírito deles com uma certa dose de imbecilidade! Não é uma prova de burrice da parte do comandante perguntar a Tidjani Thiam seu sobrenome, nome, profissão e domicílio? Quem não conhece o filho de Amadou Ali Thiam nesta região?".

Tidjani, por sua vez, ofendido com a pergunta, disse: "O comandante esqueceu-se tão depressa de mim que não se lembra mais nem mesmo de meu sobrenome e de meu título?... Bem, eu sou Tidjani, filho de Amadou Ali Thiam, chefe da província de Luta, preso por ter vingado seu irmão e seus homens assassinados em Toïni, quando lá estavam para cobrar o imposto para a França".

Sem parecer dar importância à declaração de Tidjani, traduzida pelo intérprete, o comandante continuou, imperturbável: "Acusado! Levante a mão direita e jure dizer a verdade, toda a verdade, nada mais do que a verdade!".

Isto foi demais! Como que atingido por uma flecha, Tidjani empertigou-se e sacudiu furiosamente as correntes. Tentou levantar a mão para apontar o indicador em direção ao comandante para sublinhar aquilo que ia dizer, mas não conseguiu. Debruçou-se sobre a barra e disse com a voz trêmula de indignação: "Como pode supor de antemão que não direi a verdade, visto que ainda nem abri a boca para expor os fatos? A verdade, eu não a pratico para satisfazer a um homem, seja ele rei ou *toubab*[14] (europeu). Eu a pratico porque Allah pela boca de seu enviado Muhammad, ordenou dizer sempre a verdade. Mas, como insinuam que eu poderia não dizê-la e querem me fazer jurar para terem certeza de que não mentirei, eu me recuso a jurar. E a partir deste momento, ninguém ouvirá de minha boca nem mentira nem verdade. Que façam de mim o que quiserem. Eu não falarei mais".

Dito isto, sentou-se e ficou imóvel como uma bola de carité[15] endureci-

---

14. A palavra *toubab* ("doutor" em árabe; singular: *toubib*) é utilizada na África para designar os europeus, tanto no singular como no plural.

15. O carité é uma árvore da África tropical. O óleo retirado da semente é muito usado na culinária e na confecção de cosméticos. É armazenado em consistência de manteiga endurecida na forma de bolas. [N. da T.]

da. Até o fim do processo não abriu mais a boca, recusando-se a responder a todas as perguntas. Seu irmão Abdoul Thiam pediu autorização ao tribunal para responder no lugar do irmão mais velho.

O processo durou quinze dias. A ausência do filho do rei Aguibou Tall intrigou todo mundo, em especial os atiradores, os guardas de circunscrição e sobretudo os *goumiers* tucolores de Bandiagara que o jovem conduzira até Luta e que tinham podido entregar-se à vontade a sua missão repressora antes da chegada do comandante, sem que ele tentasse impedi-los, como normalmente faria se fosse portador de instruções contrárias. Por infelicidade, a ausência desse testemunho essencial, somada à admissão pública que Tidjani havia feito em Luta e sua recusa em se defender, tirou do comandante Charles de la Bretèche qualquer possibilidade de ajudar seu protegido, jogando luz sobre os acontecimentos. Não sobrou nada além dos fatos, que foram julgados sem qualquer atenuante. Pelo menos, o comandante conseguiu salvar a cabeça de Tidjani mencionando apenas "cobranças" e "rapto de pessoas".

Tidjani Thiam e Tierno Kounta Cissé foram condenados a três anos de prisão, sendo um ano em reclusão total (isto é, no calabouço, sem visitas e sem saídas), além da proibição de viajar por um período mantido secreto. Só muito mais tarde viemos a saber os motivos dessa interdição, assim como as razões políticas que a determinaram. Tombo Tougouri, acusado de morte, foi condenado a uma longa detenção.

Todos os bens de Tidjani que haviam sido confiscados – riquezas, animais, rebanho – foram leiloados. Só foi poupada a concessão que ele havia herdado da família em Bandiagara e onde a mãe, esposas e parentes próximos puderam continuar a viver.

O rei Aguibou Tall comprou todo o gado de Tidjani e se preparava para comprar também todo o lote de cavalos, na esperança de adquirir entre eles os célebres corcéis Nimsaali e Kowel-Birgui que cobiçava há muito tempo. O comandante Charles de la Bretèche, bom conhecedor da psicologia tucolor, sabia que o rei faria tudo para conseguir os dois garanhões, cuja vitória anos atrás envenenara as diferenças entre os clãs Tall e Thiam. Se o conseguisse, vangloriar-se-ia de ter ficado com a última palavra nesse assunto, o que poderia desencadear uma violenta reação da parte dos Thiam. Preocupado em evitar um recrudescimento do conflito, sem dizer nada ao rei, o comandante fez com que o capitão do esquadrão de *spahis*[16] comprasse os dois cavalos.

---

16. A palavra turca *spahi* era usada na África para designar os soldados do regimento de cavalaria organizado pelos franceses. O primeiro esquadrão de *spahis* foi criado na Argélia em 1834.

Em seguida, deu ordens para que fossem enviados discretamente a Kulikoro, onde estava baseado o esquadrão.

Quando o conjunto de cavalos foi levado a leilão, o rei Aguibou constatou a ausência dos dois corcéis. Sem poder se conter, perguntou ao comandante onde se encontravam. Este lhe informou que haviam sido enviados a Kulikoro para o capitão dos *spahis*. Como resposta, Aguibou se limitou a citar o provérbio "O tantã sobressai-se à guitarra..." Em outras palavras: "A razão do mais forte sempre prevalece sobre a dos mais fracos..."

O exílio

Certa manhã, o comandante chamou Tidjani a seu gabinete.

"Por causa dos rumores que circulam pelo país", disse-lhe, "para evitar qualquer risco de desordem, a administração se vê obrigada a afastá-lo de Bandiagara imediatamente. Você será transferido para Buguni".

Havia outro motivo para a transferência. Tidjani e Tierno Kounta Cissé tinham sido condenados a cumprir o primeiro ano da pena em reclusão total. Ora, a penitenciária de Buguni, em plena região bambara, era a única equipada para receber prisioneiros nestas condições; era o cárcere do Alto Senegal e Níger[1]. Por isso os enviavam para lá, e também, sem dúvida, para afastá-los de uma região de maioria fula e tucolor.

Tidjani respondeu: "Depois de deixar Luta e minha casa de Bandiagara, pouco me importa para onde me mandem".

Informada da transferência iminente do marido, Kadidja foi procurar o intérprete Bâbilen Touré. Pediu-lhe que interviesse a seu favor junto ao comandante para que este a autorizasse a acompanhar o marido. O que não conseguiria então um intérprete colonial, desde que o solicitante soubesse reforçar seu pedido com a "coisa noturna", o discreto presente oferecido ao cair da noite, longe dos olhares... E Kadidja dispunha de uma fortuna suficiente para agradar a todos aqueles de cuja ajuda precisasse, e

---

[1]. A colônia francesa do Alto Senegal e Níger, compreendendo os atuais Mali e Burkina Fasso, foi estabelecida em 1904 no âmbito da África Ocidental Francesa (A.O.F.). Em 1920, ocorreu a divisão que originou o Sudão Francês (atual Mali) e o Alto Volta (atual Burkina Fasso). [N. da T.]

nunca hesitava em pagar o necessário. Bâbilen aconselhou-a a pedir uma audiência com o comandante e a apresentar-se em seu gabinete com uma aparência condizente com a circunstância.

Charles de la Bretèche já havia ouvido falar desta extraordinária mulher fula muito antes da revolta de Luta e, assim, não opôs qualquer obstáculo para recebê-la. É preciso lembrar que Bâbilen tinha, como se diz, "colocado umas palavrinhas" em favor de Kadidja.

Com ajuda do intérprete, Kadidja pediu permissão ao comandante para acompanhar o marido a Buguni. "Se ele morrer no caminho", explicou, "alguém da família tem de estar presente para prestar-lhe os deveres religiosos tradicionais. Senão, sua alma não cessará de se lamentar e errar neste mundo, onde poderá até mesmo se tornar nefasta para os vivos".

O comandante olhou Kadidja com comiseração. Refletiu um momento, mordiscando pensativo a ponta do lápis e disse: "Não tenho o poder de autorizar ninguém a acompanhar Tidjani Thiam porque, como sabe, ele foi condenado à reclusão total, assim como seu cádi Tierno Kounta Cissé. Nenhuma visita, nenhum acompanhante são permitidos. Na verdade, se nos tivéssemos limitado aos fatos da acusação, ambos teriam sido condenados à morte ou à prisão perpétua; mas, no julgamento, levei em conta certas circunstâncias que descobri e que até me fizeram esquecer que num acesso de desespero Tidjani quase me matou no caminho, como se quisesse me impedir de ajudá-lo. Portanto, não posso autorizá-la a acompanhá-lo. Por outro lado, não posso impedir a ninguém que vá de Bandiagara a Buguni. O caminho é livre. Basta pedir o salvo-conduto regulamentar".

Kadidja não precisou ouvir mais nada. Agradecendo ao comandante por sua bondade, pediu-lhe que concedesse a ela e a sua serva um salvo-conduto para Buguni. O comandante mandou providenciar de imediato o documento, com a menção: "Viaja com sua serva Batoma Sow".

Munida de seu precioso passe, verdadeiro talismã capaz de fazer desaparecer muitos obstáculos, Kadidja voltou para casa. Em seguida, sem chamar atenção, vendeu mais de quarenta cabeças de gado e comprou o necessário para uma viagem muito longa: Buguni ficava a mais de setecentos quilômetros de Bandiagara, ao sul de Bamako, em plena região bambara.

Ela tentou levar-me consigo, mas Beydari, chefe de minha família paterna, opôs-se firmemente devido a minha pouca idade e às incertezas da viagem.

A longa marcha de Tidjani

A administração cercou de segredo a partida de Tidjani Thiam e de seus companheiros de infortúnio. Temia-se ainda uma ação desesperada por parte dos Thiam, que não suportavam que seu amigo sofresse uma pena infame no lugar dos verdadeiros culpados. Mas que medida podia ficar em segredo quando os chefes dos guardas encarregados de organizar a partida tinham por esposas as moças astutas que vocês conhecem? Um dia, Koorka Bâbilâli surpreendeu o marido dando as últimas instruções relativas à viagem ao chefe de brigada Bouraïma Soumaré. Este devia comandar o comboio até Segu, cidade onde se faria uma troca de guardas. Koorka logo informou minha mãe. Naquela mesma noite, minha mãe perguntou a Bouraïma Soumaré se podia fazer parte do comboio de maneira não oficial. Bouraïma aceitou, mas, por precaução, marcou encontro em um local a uns trinta quilômetros de Bandiagara.

Chegado o dia, ao primeiro canto do galo, quando toda a cidade ainda dormia, os detentos foram retirados da prisão. Tidjani e Tierno Kounta iam presos à mesma corrente. Tombo Tougouri tinha as mãos atadas às costas; passaram-lhe também uma grossa corda em volta do pescoço, presa no cepilho da sela de um dos guardas. Alguns prisioneiros samos vinham atrás. O comboio avançou o mais silencioso possível, tomando a estrada para Segu.

No lugar previsto para o encontro, minha mãe, acompanhada de Batoma, juntou-se ao comboio seguindo-o a pequena distância. Levava três bois carregados de víveres e provisões que planejava renovar ao longo da viagem.

Como medida de segurança, o chefe de brigada Bouraïma Soumaré tinha recebido ordem de evitar as grandes rotas mais movimentadas. O comboio embrenhou-se no mato virgem permeado de árvores cheias de espinhos e arbustos cerrados de toda espécie. A vegetação era tão densa que só se conseguia ir adiante cortando a golpes de facão os cipós e o mato alto que barravam o caminho. Às vezes, era necessário atear fogo para abrir uma passagem e esperar pelo dia seguinte para continuar viagem.

À mercê das intempéries e dos animais selvagens, que na época pululavam entre Bandiagara e Segu, os homens avançavam penosamente, à razão de vinte e cinco quilômetros por dia no melhor dos casos. Às vezes, aproveitavam o que restara das veredas abertas pelo exército de El Hadj Omar, ou das do coronel Archinard na época em que este perseguira através da região

Ahmadou Cheikou, o filho mais velho de El Hadj Omar.

Depois de ter contornado Djenné, o comboio chegou a Saro, um grande povoado bambara, justo no dia do mercado semanal. Boraïma Soumaré decidiu parar para renovar as provisões de seus homens.

Tidjani Thiam e Tierno Kounta, que haviam dado a palavra de não tentar fugir, já vinham desacorrentados desde Djenné. Isto permitira a Tidjani, dotado de uma força fora do comum e habituado ao trabalho duro desde a infância, abrir caminho a golpes de facão, para grande satisfação dos guardas e dos companheiros de viagem. Tombo Tougouri recusara-se a prometer não tentar fugir. Por isso o mantiveram com as mãos atadas às costas.

Assim que chegaram ao mercado, Boraïma Soumaré e os guardas espalharam-se pelas barracas para comprar víveres e renovar as provisões de noz-de-cola, tabaco e outros pequenos artigos. Deixaram Tombo Tougouri à sombra de uma paineira em companhia de um só guarda, mas este, sob o efeito do calor, somado ao cansaço, não tardou a adormecer. Logo a cabeça lhe tombou sobre o peito.

Uma jovem samo que viera ao mercado vender sua mercadoria, ao passar em frente à paineira viu o guarda adormecido e Tombo Tougouri, que identificou como um caçador samo pelas cicatrizes rituais. Aproximou-se dele. Trocaram um olhar de cumplicidade. Sem dúvida, compreendeu que o prisioneiro desejava ter as mãos livres, porque desapareceu e logo voltou munida de uma faca. Deslizando por trás de Tombo Tougouri, cortou habilmente as cordas que lhe cerravam os pulsos, deixando apenas uma, que o prisioneiro não teria dificuldade em desfazer. Não muito longe dali, Tierno Kounta observara a manobra da mulher e compreendeu o que se passava. Alertou Tidjani. "Faça de conta que não viu nada", aconselhou este último. "Não vamos agir por enquanto. Esperemos."

Ao retornarem, os guardas nada perceberam. Boraïma Soumaré decidiu que a pequena tropa dormiria ali mesmo e partiria à aurora do dia seguinte. Chegada a noite, após ter sido alimentado às colheradas por um cavalariço, Tombo Tougouri deitou-se e fechou os olhos. O guarda de circunscrição Tiessaraman Coulibaly encostou o fuzil carregado contra uma mureta (em missão, as armas permaneciam carregadas) e, como seus companheiros, acomodou-se no chão. Caiu num sono profundo quase de imediato.

Tarde da noite, Tombo Tougouri desembaraçou-se das cordas. Em seguida, rastejando devagar de costas, de maneira a não ser pego em posição suspeita, avançou em direção ao fuzil do guarda. Tidjani, que não dormia, o observava. Quando estava bem perto da arma carregada, Tombo Tougouri saltou para pegá-la, mas um violento pontapé no flanco o fez parar em pleno impulso. Antes que pudesse retomar o equilíbrio, Tidjani pegou a arma e apontou-a contra ele. Sob efeito da dor, Tombo Tougouri esperneava no chão. "Não se mexa, ou faço de você um cadáver", disse Tidjani. O samo sabia muito bem que aquele cujo irmão assassinara por causa de um bode era capaz de despachá-lo para o outro mundo sem a menor cerimônia. Seus membros começaram a tremer, mas só os nervos o haviam traído; seu coração, como se viu em seguida, não sentia medo algum.

Boraïma Soumaré e seus companheiros haviam acordado sobressaltados. Não tiveram dificuldade em dominar Tombo Tougouri, que entrementes havia reencontrado toda sua energia. Parecia um javali furioso reduzido à impotência por uma matilha. Boraïma Soumaré perguntou-lhe o que pensara fazer com o fuzil. Ele escarneceu: "Primeiro, matar Tidjani Thiam e seu cádi, depois, suprimir todos aqueles de vocês que tentassem me prender". Não há dúvida de que sem a intervenção de Tidjani ele teria provocado uma carnificina.

Boraïma Soumaré compreendeu que estava lidando com um irredutível cujo corpo tremia mais de cólera do que de medo. Para evitar outro incidente, Tombo Tougouri foi acorrentado, o que tornou a marcha do comboio ainda mais vagarosa.

Quando chegaram a Segu, o chefe de brigada prestou contas às autoridades sobre a tentativa de fuga de Tombo Tougouri e ressaltou a prova de coragem de Tidjani Thiam.

Tombo Tougouri ficou na prisão de Segu, onde purgou uma longa pena entremeada de mil aventuras dolorosas. Mas sobreviveu e afinal retornou a sua aldeia de Toïni. Quando passei por lá, em 1932, ainda vivia. Os outros prisioneiros samos também ficaram em Segu.

Como a maior parte da população da região era bambara, as autoridades consideraram que Tidjani Thiam e Tierno Kounta deixavam de ser perigosos, e que podiam arriscar-se a levá-los até Bamako pelo rio. Foram embarcados em uma piroga-prisão escoltados por três guardas. Kadidja e Batoma, que até então tinham seguido o comboio a distância, tomaram outro barco.

Em Kulikoro, última etapa fluvial antes de Bamako, os prisioneiros deixaram o rio e seguiram de trem até Bamako, onde foram entregues ao comandante. Sob a guarda de uma nova escolta, retomaram a estrada e fizeram a pé os cento e sessenta quilômetros que ainda os separavam de Buguni, ponto final de sua longa e dura viagem.

A "aldeia de Kadidja"

Em Buguni, as instruções de reclusão absoluta que haviam precedido os dois prisioneiros tinham sido interpretadas de modo extremamente severo pelo comandante encarregado. Um calabouço estreito, cravejado de pontas, numa espécie de caverna profunda, úmida e sem luz, esperava pelos dois infelizes. Foram levados ao local assim que chegaram. Um tronco de cedro novo, pregado às paredes, atravessava a cela. Tidjani e Tierno Kounta foram instalados cada qual em uma das extremidades da tora, com os tornozelos presos em argolas de ferro cujas correntes, muito curtas, estavam fixadas ao tronco.

Era nesse buraco negro, imundo, insalubre, onde jamais se via nem ser humano nem luz, que Tidjani e Tierno Kounta iriam viver dali em diante como em um chiqueiro. A comida chegava por um balde preso a uma longa corda, e outro balde servia para esvaziar a latrina.

Kadidja havia solicitado uma audiência com o comandante de circunscrição, mas este não se dignara recebê-la. Ela teve a sorte de encontrar na cidade um parente próximo fula, Galo Bâ. Originário do Futa Toro (Senegal), outrora havia acompanhado a coluna francesa em perseguição a Samory[2] e acabara por se fixar em Buguni, onde tinha constituído família. Kadidja encontrou também um primo distante de Tidjani, chamado Mamadou Thiam, que administrava um pequeno entreposto comercial.

Um destes dois parentes, não sei mais qual, a colocou em contato com o chefe de Buguni, Tiemokodian, o mais importante chefe tradicional bambara da região. Este, tocado pelos infortúnios de minha mãe, hospedou-a em sua própria casa. Em poucos meses ela conquistou suas mulheres e filhos, e depois o próprio Tiemokodian. Trançava o cabelo das esposas do chefe em artísticos penteados "à la fula", ensinava-lhes novas receitas... Foi assim que entrou na intimidade do maior chefe da região e conheceu todos os notáveis de Buguni. No início de sua estada, ela não falava nem uma palavra de bambara e precisava recorrer a um intérprete, que na maioria das vezes era Galo Bâ. Mas, com facilidade para aprender línguas como quase todos os africanos dessa época, não tardou a arranhar e, em seguida, a falar correntemente o idioma.

Apesar de todas as tentativas, Kadidja não conseguia falar com o ma-

---

[2]. Samory Touré chefiava um império ao sul do atual Mali quando os franceses iniciaram a conquista da região. Comandando um exército eficiente e utilizando armamento europeu, chegou a infligir importantes derrotas aos franceses em embates que ocorreram a partir de 1882. Foi derrotado e preso em 1898. [N. da T.]

rido. As ordens eram estritas. O comandante da circunscrição exercia uma vigilância constante e desconfiada. O mínimo que se pode dizer é que este comandante – cujo nome não revelarei em consideração a sua família – era muito esquisito.

Seu maior prazer era visitar a prisão, o paiol de pólvora e a tesouraria várias vezes por dia e mesmo à noite, o que não lhe era difícil, visto que não conseguia dormir a não ser entre as quinze e as dezoito horas. Nenhum tratamento lhe havia restituído o sono, perdido após uma doença contraída na Indochina. Além disso, tinha um estranho cacoete. A intervalos regulares e frequentes, sua boca abria-se e fechava-se abocanhando o vento. E todas as vezes que a contração dos músculos bucais lhe permitia, gritava como um demente. Logo ganhou o apelido de *coumandan dajenje kloti*: "comandante boca-torta-que-grita". Alguns meses mais tarde, uma febre perniciosa o prostrou e foi repatriado com urgência para a metrópole.

Para sorte de minha família, ele foi substituído por um homem dotado de grandes qualidades humanas, o comandante de Courcelles. Este não tardou a receber o apelido de *denkelen-bourou*: "cornetim para filho único", porque tinha o hábito de tocar toda tarde, entre as quatorze e as vinte horas, um instrumento de sopro chamado cornetim. Seu *boy*[3] Ousmane Ouaga Traoré contava a todo mundo que o instrumento era de ouro maciço e havia sido forjado especialmente para o comandante por ferreiros-ourives franceses a pedido dos pais dele, nobres riquíssimos. Não podendo impedir o filho de partir para a colônia, haviam lhe oferecido esta lembrança para que pudesse tocar as músicas reservadas à grande nobreza francesa e cornetear sempre que seu coração transbordasse de nostalgia. "O instrumento de meu patrão", declarava a quem quisesse ouvir, "custou o equivalente a quinhentas belas novilhas, mais cinquenta garanhões puro-sangue do Sael!". Era sua maneira de aumentar a importância do patrão, ao mesmo tempo que a sua.

A reconhecida generosidade do comandante contribuía muito para tornar verossímeis essas afirmações.

A residência do comandante havia sido construída no alto de uma das colinas que se elevam a leste de Buguni. Chamavam-na *coumandan-koulo*: "a colina do comandante". Todo o vale que se estendia ao pé dessa colina pertencia ao grande chefe bambara Tiemokodian, ou melhor, estava sob sua autoridade tradicional de "mestre da terra", função ritual que o

---

3. *Boy*: palavra inglesa utilizada para designar os jovens empregados domésticos nativos na Ásia e na África. [N. da T.]

habilitava a realizar sacrifícios aos espíritos da terra, para que os homens pudessem explorá-la sem danos. Ali tinha sua própria plantação de milhete, milho e inhame.

Um pouco antes da chegada do comandante de Courcelles a Buguni, Kadidja pedira ao chefe Tiemokodian um lote de terra ao pé da colina, para ali construir habitações e fazer uma pequena plantação. Tiemokodian respondeu a minha mãe que a Terra-Mãe pertencia a Deus e aos ancestrais e que era por demais sagrada para pertencer a quem quer que fosse; não era possível ceder uma "propriedade". Por outro lado, nenhum "mestre da terra" podia proibir o uso a quem quisesse cultivar uma parcela inexplorada. Bastava "pagar o costume", que consistia em dez nozes-de-cola, um recipiente cheio de tabaco de mascar ou de inalar, sete côvados de tecido de algodão branco, um frango e um pedaço de sal-gema. Kadidja pagou o exigido, o que lhe deu direito de escolher o terreno que lhe convinha e, após a cerimônia ritual celebrada por Tiemokodian, também a explorá-lo, não a título de "propriedade", mas como uma espécie de usufruto.

Ela escolheu um terreno de dois hectares, a mais ou menos dois quilômetros da cidade, na encruzilhada das estradas que partiam a oeste em direção a Guiné, a noroeste em direção a Bamako e, ao sul, para a Costa do Marfim. Na época, a estrada para Bamako estava sendo alargada.

Na verdade, Kadidja tinha uma ideia na cabeça. Todas as caravanas de comerciantes diúlas[4] que iam e vinham entre a região do sal a nordeste e a região da noz-de-cola ao sul (atual Costa do Marfim) passavam por ali. Assim, seu projeto era construir nesse terreno não só habitações para uso familiar, mas também uma hospedaria onde os diúlas de passagem encontrassem pouso e alimento. Ela se abrira com Tiemokodian, que por sua vez havia submetido o projeto ao comandante "boca-torta-que-grita". Este dera sua autorização. Kadidja começou por mandar perfurar dois grandes poços no terreno, um para a família, o outro para os viajantes. Em seguida, mandou construir a hospedaria propriamente dita, que constava de algumas cabanas, pequenas casas e um galpão bem grande de cerca de vinte metros por cinco. Assim, os diúlas não precisariam se desviar do caminho para se abastecer, descansar ou dormir em Buguni. O povo de Buguni, sempre pronto a dar apelidos a tudo, batizou o local de *foulamousso-bougou*: "a aldeia da mulher fula", e mais tarde de *Kadidiabugu*: "a aldeia de Kadidja".

---

4. Diúla: grupo étnico que desenvolvia atividades comerciais e itinerantes.

Minha mãe havia pedido a uma mulher diúla de Buguni que ensinasse Batoma a fazer os bolos e o mingau de milhete de que os diúlas gostavam, sobretudo no desjejum. Batoma tornou-se tamanha especialista na matéria, que até ia vender seus bolos nos mercados da vizinhança.

Por seu lado, as mulheres dos guardas de circunscrição vinham pedir a minha mãe que lhes trançasse o cabelo. Kadidja acabou tornando-se uma confidente e conselheira respeitada.

Quando o comandante de Courcelles chegou a Buguni, encontrou a hospedaria em pleno funcionamento, borbulhante de atividade. Para sua surpresa, soube que o local havia sido fundado por uma mulher estranha à região, uma fula, que além disso era esposa de um detento! Desejoso de mais informações, requisitou o processo completo de Tidjani Thiam e o estudou com atenção. Concluiu que a verdade sobre o caso de Luta estava longe do que fora estabelecido pela instrução e que o julgamento também não acrescentara maiores esclarecimentos. Intrigado, mandou trazer Tidjani e Tierno Kounta a seu gabinete. Deparou-se com dois homens esgotados, com os membros enfraquecidos, meio cegos, as pálpebras piscando sob a luz do dia, a pele coberta de crostas de sujeira e feridas purulentas e exalando odor de latrina. Tierno Kounta, muito mais velho do que Tidjani e de constituição mais frágil, já não conseguia ficar em pé. Ambos exibiam uma barba de muitos meses.

O comandante de Courcelles mandou imediatamente tirar os dois prisioneiros do chamado *kaso-kolon* (prisão-poço) e transferi-los a uma cela normal. A seguir, encarregou o ajudante nativo do médico do posto de tratá-los até que recuperassem as forças. Kadidja, com a conivência dos guardas, enviava-lhes víveres regularmente.

Não se sabe por que, o comandante apaixonou-se pelo "caso Tidjani Thiam". Teria sido influenciado por um de seus *boys*, um tucolor do clã Ly, ligado ao clã Thiam por aliança, a quem Kadidja contara toda a história? Seja como for, como excelente jurista que era, esmiuçou o processo. Nele encontrou lacunas e mesmo um vício de forma no julgamento que condenara Tidjani e Tierno Kounta. Enviou um relatório às autoridades. Não sei o que se passou, mas no fim das contas o julgamento foi revisado por uma alta instância em Kayes, quartel-general da colônia do Alto Senegal e Níger. A pena de reclusão total foi transformada em pena de detenção comum. A permanência obrigatória em Buguni por um período de tempo indeterminado foi mantida, mas tratava-se de uma medida mais política do que judiciária, como viemos a saber mais tarde.

Tidjani e Tierno Kounta, finalmente de volta à luz do dia, foram autorizados a receber visitas de parentes e amigos na nova prisão. Apesar dos cuidados médicos e da boa comida, levaram muitos meses para se recuperar. Assim que recobraram a forma, foram obrigados ao trabalho forçado, ao qual os detentos tinham então de se submeter. O trabalho mais rude na época era a construção de uma estrada que atravessava a floresta desde a margem do rio até a grande estrada de Bamako: era um alargamento da trilha que os comerciantes diúlas provenientes de Bamako usavam para chegar a Buguni sem ter de fazer um desvio.

Depois de recuperar as forças, Tidjani Thiam mostrou-se um excepcional desmatador e lenhador. Era incansável! Feliz por se ver ao ar livre, desferia golpes de machado com braços poderosos, cantando belos poemas em árabe, particularmente o célebre *Bourda* do xeique Mohammed-el-Bushiri e *Safinatu as-Saada* de El Hadj Omar, compostos em honra do Profeta.

Tidjani colhia os frutos do aprendizado severo a que seu pai o havia submetido durante a juventude e que lhe tinha dado uma força e resistência fora do comum. Todos os príncipes africanos que durante o período colonial foram encarcerados em Buguni morreram, com exceção de meu pai Tidjani. O próprio Tierno Kounta não sobreviveria muito tempo. Cada vez que desferia um golpe de machado no tronco de uma árvore, Tidjani dizia: "Obrigado, meu pai! Eu pensava que você não me amava; não sabia que você me preparava para isto!". E abatia a árvore em tempo recorde!

Para acompanhar o progresso do trabalho o comandante de Courcelles não precisava ir até o local; bastava-lhe descer até o meio da colina e dirigir ao canteiro de obras as espessas lentes de seu possante binóculo. Parecia ter prazer em ver Tidjani, príncipe tucolor e antigo chefe de uma importante província, aceitar trabalhar mais duro do que um cativo e, ao que parece, com genuína alegria. No final das contas, de Courcelles constatou que era Tidjani quem praticamente dirigia os trabalhos e não o guarda de circunscrição, que passava a maior parte do tempo sentado à sombra de uma árvore, a bebericar sua cerveja de milhete.

Este guarda rabugento, que havia se autoapelidado *Gonfin yirijougou feere* (chimpanzé negro flor de uma árvore venenosa), não se levantava a não ser para chicotear à vontade e sem qualquer motivo válido o primeiro prisioneiro que passasse ao alcance de sua mão. "Minha língua e minha mão coçam", adorava dizer. "Ora, os prisioneiros são feitos para serem insultados e chicoteados." E, todas as vezes que dizia esta frase, avançava de cabeça baixa entre os prisioneiros, que espancava reiteradamente pela frente, direita e esquerda, proferindo mil insultos grosseiros. Quando se cansava de bater, colocava as duas mãos nos quadris, o chicote embaixo do braço, arrotando bem forte de vez em quando, para marcar sua condição de homem saciado e satisfeito, enquanto gritava aos prisioneiros em bambara: "Rezem à alma de seus ancestrais para que 'meu irmãozinho' (era assim que chamava o chicote), que veem preso aqui embaixo do braço não se mova, senão ele vai trabalhar em suas costas de criminosos como a *daba* trabalha as ervas daninhas dos campos. O comandante está lá longe, no alto da colina, de onde reina como uma grande águia, mas aqui no vale eu sou como o hipopótamo que devasta o arrozal. Aqui, sou eu quem comanda e não o comandante". E acrescentava, em seu "francês-africano" (chamado francês *forofifon naspa*): "*Vamus, trabaiem trabaiem! Sinão, seus porcu, eu, porqueru, vô dá lição!*".

Sem que Gonfin soubesse, o comandante de Courcelles mantinha sua discreta vigilância. Depois de muitos meses de trabalho, a estrada, de uns quinze quilômetros de extensão, estava quase terminada. Faltava só uma pequena ponte. Gonfin teve uma brilhante ideia: mandou trazer grandes caixas de embalagem vazias, cada uma das quais havia servido para transportar doze garrafas de bebida acomodadas em nichos de palha trançada. Distribuiu as caixas entre os prisioneiros e ordenou-lhes que as enchessem de terra e as levassem até a ponte. "Exijo", vociferava como se latisse, "que hoje mesmo, antes do pôr do sol, vocês terminem de aterrar completamente a ponte e bater a terra do chão". Carregou o fuzil com cinco balas e encostou-o numa árvore. "Ó, camarada peido-forte", disse ao fuzil, "você vai descansar aqui nesta árvore esperando que um prisioneiro imprudente me obrigue a usá-lo contra ele". E, virando-se para os prisioneiros, berrava: "Andem! Quero ver picareta, pá e enxada trabalhando como nas mãos de coveiros e as 'caixas de doze' se enchendo de terra... *Vamus, trabaiem, trabaiem! Sinão, seus porcu, eu, porqueru, vô dá lição!*".

Havia cerca de dez prisioneiros. Tidjani era um dos que trabalhavam com a pá e a picareta, enquanto Tierno Kounta estava entre os que carregavam as caixas na cabeça. Ora, cada uma dessas caixas bem cheia de terra não pesava menos de trinta a trinta e cinco quilos. Após algumas viagens, Tierno Kounta ficou tão esgotado que desabou no chão e sua caixa por pouco não lhe rachou o crânio. Gonfin saltou brandindo o chicote: "Espécie de macaco mirrado! Levante-se, pegue esta caixa já, ou você verá que as mãos de Gonfin não são moles..."

Tidjani, enxada na mão, correu para tentar impedir Gonfin de bater nesse homem idoso. "Gonfin", disse-lhe, "a caixa é muito pesada para um homem de mais de 60 anos. Deixe-o tomar fôlego..." Gonfin fechou o punho e cerrou os dentes. Os olhos saltando-lhe das órbitas, voltou-se para Tidjani que, com a pá na mão, esperava, calmo. "Você que podia se gabar de ainda não ter sido batizado pelo meu chicote vai ter de calar a boca. Tome!" E levantou o chicote. No momento em que ia descê-lo sobre Tidjani este aparou o golpe com o cabo da pá, agarrou rápido o chicote e arrancou-o das mãos de Gonfin. Louco de raiva, este atirou-se em direção a seu fuzil, mas Tidjani lançou-lhe a pá entre as pernas. Gonfin atrapalhou-se e caiu estendido a alguns metros da arma. Antes que tivesse tempo de perceber o que estava lhe acontecendo, Tidjani o tinha ultrapassado, pegara o fuzil e o apontava para seu rosto: "De pé! E as duas mãos na cabeça ou faço voar seus miolos com seu próprio fuzil. E você sabe que sou homem para isto..."

Os prisioneiros puseram-se a gritar, transtornados. O comandante de Courcelles, do alto de seu posto de observação, não tinha perdido nada da cena. Mandou sem demora cinco guardas para manter a ordem. Recomendou ao brigadista Toumani Kamara tomar o fuzil das mãos de Tidjani e esperar por ele no local.

Os guardas saíram correndo. Chegando ao local, não tiveram qualquer dificuldade em acalmar os prisioneiros, mas, quando Toumani Kamara pediu a Tidjani que lhe entregasse o fuzil, este se recusou. "Se tiver de entregar este fuzil", disse, "só o darei ao próprio comandante".

Kadidja foi avisada de que o marido havia se revoltado depois de tomar o fuzil e a cartucheira do chefe da vigilância. Sem perder tempo nem mesmo para cobrir a cabeça ou calçar os sapatos, lançou-se casa afora. Pés descalços, cabelos ao vento, correu ao canteiro de obras onde chegou quase ao mesmo tempo que o comandante. Precipitou-se em direção ao marido. Tremendo, os olhos esgazeados, este lhe disse: "Para trás, para trás, Kadidja! Saia daqui, vou acabar com esta vida de inferno e vergonha!".

Ela jogou-se sobre ele: "*Naaba! Naaba!* Você me fez vir aqui para evadir-se na morte como um covarde, me deixando nesta dificuldade, sozinha e à mercê de tudo? Se está decidido a morrer, atire primeiro em mim, para que eu não me torne uma miserável viúva depois de sua morte". Enquanto falava, Kadidja apertava-o com força para impedi-lo de agir.

O comandante de Courcelles aproximou-se: "Vamos, pobre Tidjani, dê-me este fuzil. Eu vi tudo, você não tem nada a temer".

De Courcelles ignorava que acabara de usar palavras que nunca cessaram de martelar os ouvidos de Tidjani desde que Charles de la Bretèche as tinha pronunciado na estrada de Luta. Foi como se tivesse usado uma fórmula mágica. Todo o furor apaziguado, como uma fera subjugada Tidjani aproximou-se dele. Instintivamente tomou posição de sentido, a mão direita na têmpora como havia visto os guardas, os atiradores e os *spahis* fazerem. Estendeu-lhe a arma e a cartucheira dizendo em francês: "Perdão *macumandan*..."

Por sua vez, Kadidja atirou-se aos pés do comandante de Courcelles, repetindo em francês "Perdão, perdão *macumandan*!", levando as duas mãos à cabeça em uma imitação desajeitada da saudação militar. O comandante sorriu. Levantou-a e encarregou o brigadista Toumani Kamara de levar todo mundo à residência oficial. Lá chegando, mandou conduzir Tidjani à prisão e hospitalizar Tierno Kounta, que estava visivelmente mal. A seguir, teve uma conversa particular com Gonfin. Quando este saiu do gabinete, o comandante mandou entrar Kadidja: "Volte a sua hospedaria", disse-lhe, "e nada tema. Nenhum mal será feito a seu marido".

Ao sair do gabinete Kadidja topou com Gonfin, que ficara imóvel diante da porta, como que congelado na posição de sentido. Os olhares se cruzaram. Kadidja nunca pôde esquecer a expressão que surpreendeu na face de Gonfin. Esse monstro, que chamava seu chicote de "irmãozinho" e "companheiro de viagem", parecia ter sido fulminado no local. No fim das contas, foi ele quem chegou à aldeia "revés da sorte" e à "rua da amargura"... O que teria se passado entre ele e o comandante? Nunca se soube. O fato é que durante oito dias inteiros ninguém viu Gonfin caminhando pelas ruas como era seu hábito, cambaleando, bêbado de cair, gritando como um demente que andasse sobre brasas. No nono dia, Fambougouri Diaguité, cavalariço do comandante, chegou às pressas a casa de Kadidja: "Adoce minha língua", disse, "para que ela lhe anuncie uma boa nova!" – era o jeito de um portador de novidades pedir um presente. Kadidja deu-lhe uma moeda de dez centavos, equivalente na época a oitenta cauris. Era o suficiente para comprar muitos doces e até mesmo alimentar uma pequena família por um dia.

Fambougouri enrolou com cuidado a moedinha de cobre vermelho em um pano, enfiou tudo no bolso do bubu e, olhando para Kadidja, contou-lhe finalmente a notícia: "Esta manhã", disse, "quando esperava o nascer do disco solar para honrá-lo, vi com meus próprios olhos, sim, com meus próprios olhos, o brigadista Toumani Kamara tirar Gonfin do prédio da prisão. A mulher de Gonfin esperava na porta com um burro carregado de bagagem. O brigadista Toumani deu a Gonfin um grande envelope. Gonfin o enfiou na bagagem e depois, com a mulher e o burro, pegou a estrada de Bamako. Eu os segui com os olhos até que o horizonte os engoliu. Eles partiram, levados como folhas mortas quando sopram os ventos anunciando a chuva. Tenho a impressão de que o comandante licenciou ou transferiu Gonfin. Como Koro Kazan tinha razão ao recitar o provérbio: 'Os pedaços de madeira podre do poço ruim acabam sempre por cair dentro dele!' (as consequências de uma má ação, cedo ou tarde recaem sobre o autor). Gonfin dizia ser a 'flor de uma árvore venenosa'! Então, que leve seus frutos para onde nem Deus terá compaixão dele. *Amîne*! (Amém!)".

Como verdadeira mulher fula que era, Kadidja soube controlar a alegria. Sem nada deixar transparecer no rosto, deu a Fambougouri uma segunda moeda de dez centavos e serviu-lhe uma cabaça cheia de um delicioso cuscuz de milhete regado ao leite fresco adoçado. A partir desse dia, Fambougouri passou a ser um dos informantes mais assíduos de Kadidja, cuja casa frequentava regularmente.

Mas voltemos a Tidjani. Em sua juventude, não só tinha aprendido a usar a pá, a picareta, o machado e a enxada de agricultor, e não era apenas (como se viu em Toïni) atirador emérito e grande cavaleiro, mas também sabia, coisa inusitada para o leitor ocidental, costurar e bordar à maneira dos mestiços árabes de Tombuctu. Nos países da África do oeste situados ao sul do Saara (região antes chamada de Bafur), os nobres tucolores e fulas não tinham direito de praticar os trabalhos manuais próprios das castas de artesãos[5] (forjaria, tecelagem, confecção de sapatos, trabalhos em madeira, etc.), mas

---

5. Castas: corporações hereditárias de profissões que sempre desempenharam um papel social e mesmo religioso muito importante na sociedade tradicional da savana. Distinguem-se de um lado os artesãos (ferreiros, tecelões, sapateiros, etc.) e, de outro, os "animadores públicos" (*diêli* em bambara, chamados de *griots* em francês: ver p. 11, nota 1). Os membros das "castas" (palavra pouco apropriada em razão do sentido que lhe é dado no Ocidente) chamam-se *nyamakala* em bambara, o que quer dizer "antídotos do *nyama*", força oculta inclusa em todas as coisas. Considerados como possuidores de poderes especiais, antigamente eram mais temidos e respeitados do que desprezados. Não podem, em nenhum caso, ser submetidos à escravidão e os nobres lhes devem presentes, consideração e sustento. Outrora, cada função artesanal correspondia a um caminho iniciático específico. Para conservar os conhecimentos secretos dentro da linhagem e não misturar "forças ocultas" diferentes, isto é, incompatíveis, os ramos de *nyamakala* praticavam a endogamia por meio de interdições sexuais e constituíram grupos hereditários fechados. Não há aqui nenhuma noção de "intocável" como na Índia, nem de inferioridade. O sentimento de superioridade manifestado por alguns em relação às classes de *nyamakala* apoiam-se na ignorância sobre as realidades sociológicas antigas, em que "não misturado" não significava desprezado.

lhes era permitido bordar e vender seu trabalho. O próprio Tierno Bokar era um exímio bordador. Mais tarde, eu também aprendi essa arte e cheguei a bordar à mão magníficos bubus que, hoje em dia, valeriam uma fortuna!

O fato é que o comandante de Courcelles tinha uma colcha feita de um tecido branco especial. Era uma lembrança de família a que ele se apegava como a uma relíquia sagrada. Um dia algum animalzinho, talvez um camundongo, roeu o centro desta colcha abrindo um enorme buraco vagamente circular. Como o comandante se lamentasse sem saber como consertar esse feio buraco, seu *boy* Ousmane Ouaga lhe sugeriu mostrar a colcha a Tidjani e pedir seu conselho.

Tidjani examinou a peça e pediu ao comandante que encomendasse três carretéis de seda: uma branca, uma vermelha e uma azul. Um mês mais tarde Tidjani tinha a sua disposição carretéis de seda de todas as cores, além de tudo o que era necessário a um alfaiate-bordador. Com uma tesoura arredondou o buraco para lhe dar forma regular e depois o fechou, executando um delicado trabalho em ponto de corrente. Quando terminou, bordou em toda a volta uma trança circular ornada com motivos nas cores da bandeira francesa. Esse bordado artístico realçou a beleza da colcha de forma totalmente inesperada, para grande satisfação do comandante.

Cada vez mais intrigado com a personalidade deste estranho prisioneiro, sem dúvida desejava conhecê-lo melhor, pois encarregou o brigadista Toumani Kamara de introduzir um "informante" em sua cela. Não se sabe qual foi o resultado, mas a verdade é que a boa vontade do comandante de Courcelles em relação a Tidjani não mudou.

Entrementes, a estrada que levava da cidade de Buguni até a residência oficial tinha sido terminada. Tidjani foi encarregado de plantar, de cada lado dessa bela estrada, mudas de paineiras que ele mesmo ia buscar uma a uma na *brousse*. Realizou um trabalho de titã. E, cinquenta e seis anos mais tarde, estas mesmas paineiras plantadas por Tidjani Thiam enquanto foi prisioneiro foram cortadas devido à idade por ordem de meu primo Ousmane Cissé, que depois da independência do Mali foi nomeado... comandante de circunscrição de Buguni! Ironia da História...

Logo Tidjani e Tierno Kounta haviam cumprido mais de um ano da pena. Excluindo-se o incidente com Gonfin, não haviam sido objeto de qualquer relatório desfavorável, nem da parte do administrador da prisão nem da parte dos guardas. O comandante de Courcelles ordenou que se dessem trabalhos mais leves aos dois prisioneiros. Tierno Kounta foi designado para acionar o *panka* (tela de ventilação) do tesoureiro da circunscrição. Quanto a Tidjani, ficou encarregado do jardim da residência oficial.

Com o passar do tempo, o comandante de Courcelles tornou-se um amigo. Kadidja passou a ter entrada livre na prisão. Durante o dia, Tidjani podia circular na cidade, mas sempre com correntes nos pés e em companhia de um guarda. Se quisesse, sem dúvida poderia passar as noites em casa, mas nunca recorreu a essa possibilidade. Ele só ia a Kadidiabugu (a "aldeia de Kadidja") depois de terminado o trabalho do dia. E às vinte e uma horas voltava à prisão.

Foi então que o governador William Ponty, fundador da famosa Escola Normal que leva seu nome na ilha de Goré, no Senegal, passou por Buguni durante uma de suas viagens. O *maître* e o cozinheiro que o acompanhavam a toda parte eram ambos tucolores, além de membros da confraria Tidjania, como Tidjani Thiam e toda a nossa família. Estes dois empregados domésticos, que jamais deixavam o governador, velavam pelo seu bem-estar e pela qualidade de sua comida, e eventualmente lhe serviam de fonte direta de informações. Kadidja entrou em contato com eles. Explicou-lhes todo o caso de Luta, e depois lhes enviou mil nozes-de-cola, leite e um bom cuscuz de milhete acompanhado de molho de carneiro. Os dois homens expuseram ao governador Ponty o caso de Tidjani Thiam e de seu velho companheiro. Solicitaram mesmo, para os dois prisioneiros, um indulto do resto da pena.

Ponty conhecia muito bem o rei Aguibou Tall. Dizia-se até que guardava um ressentimento tenaz contra ele, porque na época em que Aguibou desempenhara a função de primeiro conselheiro do coronel Archinard (antes de se tornar "rei" de Bandiagara), não teria demonstrado a menor consideração por ele, William Ponty, que não passava então de um pequeno secretário particular do conquistador francês.

Ponty pediu ao comandante de Courcelles sua avaliação sobre a conduta e o caráter de Tidjani Thiam e de seu companheiro. Como o relatório foi dos mais favoráveis, Ponty deu ordem de introduzir em favor dos dois detentos um pedido de indulto do restante das penas, por ocasião do 14 de julho seguinte[6].

Enquanto o processo percorria a via tortuosa da hierarquia administrativa, Kadidja soube da morte de seu irmão mais velho, Bokari Pâté, amigo

---
6. Data nacional francesa que comemora a Queda da Bastilha. [N. da T.]

de infância de Tidjani e de Tierno Bokar. Mesmo grávida de alguns meses, decidiu partir imediatamente para Bandiagara. Como seus negócios haviam prosperado, tinha feito uma boa economia, o que lhe permitiu comprar grandes quantidades de ricos tecidos e artigos diversos. Organizou tudo em dois bois de carga, acrescentou mantimentos e, aproveitando uma caravana que se dirigia a Bamako, pôs-se a caminho acompanhada de sua fiel Batoma.

Kadidja entrou em Bandiagara não como a mulher de um detento, mas como uma próspera mercadora voltando de viagem e carregada de raras riquezas. Distribuiu muitos tecidos e outros presentes aos parentes, aos amigos e aos notáveis da cidade.

Depois de prestar homenagem à memória do irmão, Kadidja resolveu as questões de herança. Foi fácil, pois os irmãos mais velhos Amadou e Bokari não tinham deixado filhos – como havia previsto o tio Eliyassa. De sua família, só restavam seu irmão mais jovem, Hammadoun, e sua irmã caçula, Sirandou, ambos chefes de associações importantes em Bandiagara.

Kadidja vendeu cerca de cinquenta bois para pagar a viagem de retorno. Começou por enviar a Buguni, num primeiro comboio, sua coesposa Diaraw Aguibou, filha de Aguibou Tall. Kadiatou Bokari Moussa, a primeira esposa, não fazia parte do grupo: antes de partir para seu longínquo exílio, Tidjani tinha oferecido a suas mulheres o divórcio e a liberdade; sua prima Kadiatou Bokari Moussa havia aceitado a oferta e escolhido recomeçar uma nova vida.

Além de Diaraw Aguibou, este primeiro comboio levava os três irmãos de Tidjani: Abdoul Thiam, Bokari Thiam e Débé Thiam, e também Gabdo Gouro, a esposa de Tierno Kounta, que partiu com o grupo para juntar-se ao marido.

Rumo a Buguni com minha mãe

Desta vez, Kadidja estava decidida a levar-me consigo para Buguni de qualquer maneira. Reuniu o conselho da família Hampâté Bâ, composto essencialmente por Beydari e os antigos cativos de meu pai, e expressou seu desejo. Beydari, mais uma vez, opôs-se com firmeza: "Nosso amo e pai Hampâté nos confiou a tutela destes dois meninos, Hammadoun e Amadou, e nos legou toda a sua fortuna. Consentimos em que você use essa fortuna como bem entender, mas não podemos deixar Amadou partir. Estamos ligados a nossos jovens amos como a nossa própria vida, e até mais. Está fora de questão deixá-los partir para outra família que não a do pai". É preciso dizer que Beydari e seus companheiros não gostavam nem um pouco dos Thiam, sobretudo depois que Tidjani Thiam me adotara oficialmente enquanto Hampâté ainda era vivo.

Kadidja manteve-se firme. Levou sua causa ao cádi Amadou Khalil invocando minha pouca idade (eu tinha quase 5 anos) e a longa separação que se seguiria. Foi este último argumento que o convenceu. O cádi, apoiando-se ao mesmo tempo nas leis muçulmanas e no costume africano que ditam, ambos, que uma criança permaneça com a mãe pelo menos até a idade de 7 anos, por fim deu razão a minha mãe e a autorizou a me levar com ela a Buguni, onde suas condições de vida eram agora muito favoráveis.

Obrigado a ceder, Beydari decidiu que a jovem Nassouni (que havia sido adotada e educada por meu pai, e era então chamada de Baya) nos acompanharia para cuidar exclusivamente de mim. Niélé já tinha muita idade para esta longa viagem; ela possuía sua própria família e, para falar a verdade, não sentia vontade nenhuma de deixar a concessão da família Hampâté onde sempre vivera.

Meu irmão mais velho Hammadoun, já com 7 anos, ficou em Bandiagara, onde se empenhava no estudo do Alcorão de maneira brilhante com Tierno Bokar. Minha mãe o confiou especialmente a Beydari e Niélé.

Kadidja passou mais ou menos dois meses em Bandiagara junto aos seus. Durante a estada, uma jovem fula chamada Koudi Ali, originária de Bankassi e prima afastada de minha mãe, foi dada em casamento por seus pais a Tierno Kounta. Minha mãe concordou em levá-la a Buguni. Todos a aconselhavam a desistir da viagem por causa de seu avançado estado de gravidez e esperar pelo parto em Bandiagara. Nada a convenceu! "Meu marido precisa de mim", respondia. "Deus me conduzirá para onde e como o desejar, mas meu lugar é em Buguni, junto a meu marido."

Por fim, tudo ficou pronto para a partida. Numa manhã do ano de 1905, ao primeiro canto do galo, o pequeno comboio, tendo à frente os bois de carga com as bagagens, pôs-se em marcha. Além de minha mãe e eu, iam Koudi Ali, prometida de Tierno Kounta, Batoma e a jovem Nassouni. Beydari e Abidi fizeram questão de nos acompanhar até Mopti, cidade situada na confluência dos rios Níger e Bani, a mais ou menos setenta quilômetros de Bandiagara. Ali devíamos tomar o barco para Kulikoro, cidade perto de Bamako. Durante todo o caminho, os dois alternavam-se carregando-me nos ombros.

Não tenho lembranças precisas deste primeiro período de minha vida. O mecanismo de minha memória só acordaria realmente graças a um acontecimento que ocorreu durante esta viagem e que contarei um pouco adiante. Até então, eu não tinha consciência do alcance real dos acontecimentos. Não percebia que deixara por muito tempo, talvez para sempre, a casa paterna onde tinha sido mimado como um pequeno rei, e todos aqueles que me haviam cercado com sua afeição.

É claro que estava contente por ter reencontrado minha mãe, mas acima de tudo me divertia muito viajar nos ombros de Beydari e de Abidi e descobrir o mundo novo que se descortinava diante de mim.

Em Mopti, minha mãe hospedou-se na casa de Tiébéssé, uma amiga de infância, onde costumava alojar-se todos os anos quando Anta N'Diobdi levava seu rebanho a Taykiri. A primeira providência de Kadidja foi fazer uma reserva para nosso grupo em uma chalana. Em seguida, comprou na cidade uma grande quantidade de objetos e artigos que sabia serem impossíveis de encontrar em Bamako e Buguni e com os quais esperava lucrar o dobro ou o triplo do preço.

Partimos uma manhã, muito cedo. Beydari e numerosos parentes nos acompanharam até a margem do rio, ao desembarcadouro Simon. Pela primeira vez em minha vida via-me diante de uma vasta extensão de água. Naquela época, a abundância de água no encontro dos dois rios era tanta que mal se podia distinguir a outra margem. Conheci também as sólidas pirogas de fabricação local e as grandes chalanas de madeira ou de ferro, que me pareciam imensas.

Não tenho lembrança de nosso embarque. Amarrado às costas de Nassouni, creio que adormeci antes de reparar em qualquer coisa. Quando acordei, o sol ia alto no céu. Navegávamos ao longo da margem direita do rio Níger, de onde mal se via a margem esquerda, distante quase um quilômetro e meio. Cruzávamos longas pirogas carregadas até a borda. Elas fendiam a água sob os golpes vigorosos dos remadores bozos, cujo amplo movimento de rara elegância acompanhava o ritmo de seu canto.

A batalha de Kadidja com o marinheiro-chefe

Nossa flotilha era composta por três grandes chalanas, barcos de fundo chato e sem ponte, que além do transporte de passageiros garantia à casa comercial Deves-et-Chaumet o transporte de mercadorias e produtos locais no rio Níger, entre Kulikoro (perto de Bamako) e Mopti. Cada embarcação contava com dez remadores e marinheiros.

Subíamos a correnteza, o que tornava nosso avanço muito lento. Durante uns oito dias, viajamos sem problemas. Nossos marinheiros evitavam parar nos portos das grandes cidades como Sansanding, Segu e Nyamina; com certeza, levavam muita mercadoria escondida e temiam o controle das autoridades.

A alguns dias de Kulikoro, última etapa fluvial antes de Bamako, explodiu uma violenta discussão entre minha mãe e o marinheiro-chefe de uma das três chalanas e que era também o chefe geral de todo o comboio. Os outros marinheiros o temiam e chamavam de "o patrão". A beleza de Koudi Ali e Nassouni, então na flor da idade, o levara a perder literalmente a cabeça. Ele as tinha importunado, uma após a outra. No fim, até havia tentado abusar de Nassouni que, por sorte, soubera se defender. Ao tomar conhecimento do incidente, minha mãe, indignada, protestou energicamente com o marinheiro responsável por nossa própria chalana; mas este, morto de medo do "patrão", que tinha fama de intratável, ficou quieto e não ousou interferir. Como não tivesse o hábito de deixar as coisas "por isso mesmo", aproveitando um momento em que a chalana do marinheiro-chefe estava próxima da nossa, Kadidja passou para a embarcação e intimou o libidinoso "patrão" a cessar suas importunações malsãs.

"Ah, é?", ele escarneceu, "pois eu lhe digo que se quiser terminar bem sua viagem, terá de me dar uma de suas jovens filhas, senão farei vocês viverem um verdadeiro inferno e não terão ninguém aqui para defendê-las!".

"Se você tem o hábito de abusar de mulheres em seu comboio", respondeu minha mãe, "saiba que minhas filhas não são esse tipo de mulher! Eu o aconselho a se moderar, ou pagará caro!".

Indignado por ser enfrentado por uma mulher diante de seus marinheiros, o "patrão" insultou grosseiramente minha mãe. Sem se perturbar, ela lhe devolveu todos os insultos, um por um. Tomado de fúria, o marinheiro-chefe, sem consideração por seu estado de gravidez avançada, esbofeteou-a com toda força. Ela cambaleou e com certeza teria caído no rio se um jovem marinheiro não a tivesse segurado a tempo pelo bubu. Recuperando o equilíbrio, minha mãe pegou um pote de barro ao alcance de sua mão e o atirou com toda força no peito do marinheiro-chefe. Antes que este pudesse se recobrar da surpresa, ela conseguiu voltar ao nosso barco.

Louco de raiva, o marinheiro-chefe pegou uma longa vara e assentou um violento golpe na cabeça de minha mãe, golpe este que foi amortecido pelo volume de seu penteado. Sem pensar duas vezes, minha mãe quebrou nosso cântaro de barro jogando-o no chão, pegou um bom caco bem afiado e arremessou-o no marinheiro-chefe com todas suas forças. O projétil atingiu-o em pleno flanco direito, cortando fundo a carne. O sangue correu. "Ah! Progenitura de pantera com leão", rugiu, "você me pagará este golpe mais caro do que pensa!". Então, debruçou-se para recolher a vara. Desta vez, minha mãe estava preparada. Pegou depressa um facão jogado por ali, que devia ter sido usado para limpar peixes. O marinheiro-chefe, que não havia reparado no rápido movimento de minha mãe, levantou a longa vara para desferir uma segunda pancada, mas, no momento em que ia atingi-la na cabeça, ela se desviou e com um golpe de facão cortou a vara. Atônito, o marinheiro-chefe contemplava o toco de vara que lhe restara na mão. Antes que se refizesse do susto, minha mãe atirou-lhe no peito outro caco do cântaro. Em seguida, quebrou o fogareiro de barro no qual as mulheres preparavam nosso alimento e amontoou os pedaços à sua frente. Cada vez que o adversário tentava atingi-la com uma nova vara, auxiliada por suas jovens filhas, ela lançava contra ele cacos bem afiados. Mesmo assim, ele conseguiu atingi-la e machucá-la várias vezes.

A briga durou bastante tempo. No entanto, nenhum marinheiro das três chalanas fez nada para defender minha mãe ou para tentar acalmar seu atacante. Sob o efeito de toda essa agitação, as duas chalanas jogavam com violência e tinham-se distanciado um pouco uma da outra. Cego de cólera, o marinheiro-chefe gritava como louco a seus remadores: "Aproximem o barco dessa mulher para que eu ponha fim a seus dias!".

Ele se preparava para saltar para nossa chalana, e quem sabe como as coisas teriam terminado quando, providencialmente, um marinheiro gritou: "Chalana do comandante!". Este grito imobilizou todo mundo. De fato, a mais ou menos um quilômetro de distância, distinguia-se o contorno de uma grande chalana arvorando uma bandeira tricolor. Impelida por numerosos remadores, ela avançava direta sobre nós. Era o comandante da circunscrição de Kulikoro em viagem de recenseamento.

O marinheiro-chefe deu ordem para desviar a fim de evitar a chalana do comandante. Mas não contava com a audácia e engenhosidade de Kadidja: ela mandou as três filhas, Koudi Ali, Batoma e Nassouni, gritarem por socorro como pessoas em perigo mortal. Até então, eu havia ficado na parte de trás do barco, onde minha mãe tinha mandado me colocar por medida de segurança, mas nesse momento corri para perto delas, fascinado pela aproximação do grande barco ornado com uma bandeira que flutuava ao vento. Instintivamente, misturei minha pequena voz à das mulheres. Kadidja amarrou um lenço branco na extremidade de uma vara e o agitava gritando: "Venha nos socorrer, estão nos matando!". Todos os marinheiros sentiram-se ameaçados. Suplicaram a Kadidja que se calasse. Por seu lado, o marinheiro-chefe tentava em vão abaixar a vara de Kadidja e seu lenço branco denunciador.

A grande embarcação aproximou-se. À frente, erguia-se a alta silhueta do comandante em seu belo uniforme, com um binóculo na mão. Tudo levava a crer que observava a cena há algum tempo. O comandante deu ordem de as três chalanas encostarem na margem direita do rio. O marinheiro-chefe não sabia onde se meter. Todo o entusiasmo e arrogância perdidos, engolida toda a crueldade, ele só tinha membros para tremer. "Trema bastante, mais que as folhas da palmeira ao vento!", gritou-lhe Kadidja. "Nunca mais você baterá na mulher de outro, ainda mais quando ela carrega uma criança no regaço e outra no ventre!"

Assim que o barco oficial encostou, o comandante saltou para nosso convés, seguido por quatro guardas de circunscrição armados com mosquetes. Viu Kadidja coberta de cortes e de sangue, o bubu rasgado e as tranças desfeitas. O interior da chalana estava repleto de cacos e objetos deslocados pelos choques das duas embarcações. "Todo mundo na margem!", gritaram os guardas em bambara, traduzindo as ordens do comandante. Descemos todos do barco. Ainda me vejo, agarrado ao bubu de minha mãe que me segurava pelo braço, olhando atento a cena, sobretudo o comandante, cuja aparição à frente de seu barco me parecera quase milagrosa.

Por intermédio do intérprete, o comandante fez perguntas. Minha mãe, ainda com lágrimas nos olhos, respondeu com voz calma e pausada, expondo os fatos de maneira precisa. Quando falou de Koudi Ali e de Nassouni, todos os olhares se voltaram para as duas jovens, que se mantinham pudicamente de olhos baixos. Eram duas senhoritas muito belas e encantadoras. Certamente, teria sido necessário ser um santo para resistir ao desejo que inspiravam. O comandante perguntou quem eram. "Koudi Ali é minha prima", respondeu minha mãe. "Esta aqui, Nassouni Hampâté, é minha serva-filha, assim como Batoma Sow, que também me acompanha." A seguir, pegou o salvo-conduto que recebera em Bandiagara e o entregou ao comandante.

Este passou a interrogar os marinheiros. Todos confirmaram as palavras de Kadidja e acusaram o patrão, que detestavam pela brutalidade e mau caráter.

"Dos trinta homens que aqui estão", exclamou o comandante, "por que nenhum tentou defender estas mulheres e esta criança contra o monstro violento que chamam de 'patrão' e que eu, a partir de agora, chamo de meu prisioneiro?".

"Nós estamos à mercê dele", responderam os marinheiros. "Ele despede quem quer e quando quer. Os brancos da casa comercial Deves-et-Chaumet depositam nele uma confiança ilimitada. Fazem tudo o que ele lhes diz. Para eles, o marinheiro-chefe tem sempre razão. Manda nos chicotear tanto por um sim quanto por um não. Ele é fisicamente mais forte do que nós e manda prender quem quer que ouse reclamar. Mas o tratamento que infligiu a esta mulher nos revoltou a tal ponto que, em segredo, havíamos combinado nos reunir para dar-lhe uma sova e denunciá-lo chegando a Kulikoro."

"Bando de covardes!", retrucou o comandante. "Quer dizer que vocês queriam esperar que fosse tarde demais para agir. Saibam que a lei francesa pune com rigor quem se nega a socorrer uma pessoa em perigo. Todos os trinta passarão três meses na prisão em Kulikoro e serão suspensos do trabalho por um mês. Quanto a seu terrível 'patrão', vou interrogá-lo mais. Sua vida agora depende da desta mulher grávida que ele cobriu de pancadas."

O interrogatório não foi longo. O homem era um monstro e já o tinha provado o suficiente, mas não se sabe por que fenômeno, assim que seus membros pararam de tremer, respondeu com calma às perguntas do comandante, sem procurar se desculpar. Reconheceu todas suas faltas e em seguida fez esta declaração espantosa, que com certeza interessaria à classe médica: "Eu não bebo, não fumo, não minto, nunca roubo, mas, ai de mim, minha grande doença é mulher. Quando vejo uma que me tenta, sou capaz de matar quem quer que se coloque entre mim e ela. Minha fúria pode durar até três dias. Como um furacão, destruo tudo em meu caminho até me deitar com essa mulher, ou até vomitar, ou sangrar pelo nariz..." E se pôs a gemer: "Eu sou doente, eu sou doente!".

Todos exclamaram: *Allâhu akbar*! (Deus é o maior!) – como costumam fazer os muçulmanos quando não conseguem entender um acontecimento. Quanto a mim, comecei a cantarolar sem parar, como uma litania, as últimas palavras do marinheiro-chefe: "Eu sou doente... Eu sou doente...", a ponto de minha mãe, irritada, ter de me bater várias vezes para me fazer calar.

O comandante escreveu alguma coisa em um papel. Dobrou-o, jogou em cima dele um pouco de cera vermelha que amassou com um lacre e deu-o à minha mãe, dizendo por meio do intérprete: "Quando chegar a Buguni, dê este papel ao comandante de circunscrição". Virou-se para Koudi Ali: "Se por uma razão ou outra sua prima não puder fazer o que pedi, você o fará em seu lugar". "Eu o farei", respondeu Koudi.

O comandante mandou atar os pulsos do marinheiro-chefe com um fio de ferro e o transferiu para sua própria chalana. Designou Bounâfou como marinheiro-chefe pelo resto da viagem e confiou-lhe outro papel para entregar ao diretor da casa Deves-et-Chaumet.

Assim terminou para minha mãe esta aventura movimentada que nos custou um dia inteiro de jejum forçado... e todos os nossos utensílios de cozinha de barro! Eu ouviria muitas vezes depois o relato dos acontecimentos deste dia memorável, porque ele se tornaria, com o título de "A briga de Kadidja com o marinheiro-chefe", um dos pratos prediletos de nossas contadoras de histórias familiares!

Finalmente, o barco chegou a seu destino, Kulikoro. Ainda era preciso pegar o trem para Bamako, a cerca de cinquenta quilômetros dali. Desta primeira viagem por estrada de ferro não guardei nenhuma lembrança, nem da cidade de Bamako. Chegando depois do pôr do sol, pegamos a estrada para Buguni na aurora do dia seguinte. Faltavam cerca de cento e sessenta quilômetros a percorrer.

O nascimento de meu irmãozinho

Minha mãe estava cada vez mais fatigada. Quando chegamos à grande aldeia bambara de Donngorna, quis repousar um pouco. Sem parentes nem amigos para alojá-la, foi se apresentar ao chefe da aldeia. Este nos ofereceu hospitalidade e nos acomodou em seu grande vestíbulo, que servia de sala de recepção para os hóspedes de passagem.

Minha mãe teria preferido dar à luz em sua casa em Buguni, mas, como se diz, "o desejo do homem não pode mudar os desígnios de Deus". Logo após nos instalarmos ela foi tomada por dores violentas. O rosto crispado, mordendo o lábio inferior, gemia, contorcia-se, massageava o ventre. Grossas gotas de suor lhe escorriam pela face. Depois, como não conseguisse ficar parada, pôs-se a andar pelo pátio, com as duas mãos nas costas. Apavorado, corri para socorrê-la, abraçando-lhe as pernas. "Dadda! Dadda![7] O que você tem? O que está acontecendo?" Ela me empurrou docemente em direção a Koudi Ali, que me segurou.

---
7. Dadda: apelido dado a Kadidja por meu irmão Hammadoun e adotado por todas as outras crianças.

Perguntei a Koudi o que fazia minha mãe sofrer. Quem a tinha feito adoecer? O que tinha feito inchar sua barriga a este ponto? "Sua mãe não está doente", me respondeu. "Ela tem na barriga um irmãozinho ou uma irmãzinha que logo vai dar a você."

"Por que ela segura as costas?" Antes que pudesse me responder, vi minha mãe cair de joelhos. Esta imagem de minha mãe de joelhos jamais se apagará de minha memória. Koudi levou-me embora dali. Louco de terror, eu me debatia como uma galinha prestes a ser degolada, mas ela me segurava com força.

O chefe da aldeia, avisado de que minha mãe estava em trabalho de parto, tinha mandado chamar uma mulher idosa para assisti-la. Ela trouxe um vaso de barro com água bem quente. De acordo com o costume, colocou no vaso cascas de árvore e uma bola de manteiga de carité, misturou tudo e deu para Kadidja beber; em seguida, começou a massagear-lhe as costas. Eu queria ficar para ver o que ia acontecer a minha mãe. Em vão! Koudi me passou a Nassouni, que me levou para a casa da mulher do chefe da aldeia. Esta, para me acalmar, me deu um punhado de amendoim fervido. "Você vai ganhar um irmãozinho ou uma irmãzinha", me disse sorrindo. "Precisa esperar aqui."

Eu ouvia Koudi repetir como uma litania: "Youssoufi! Youssoufi!". Mecanicamente, me pus a gritar também: "Youssoufi! Youssoufi!". Eu aprenderia mais tarde que Youssoufi (o profeta José) era o patrono das parturientes, e que a invocação de seu nome deveria facilitar o trabalho de parto.

Minha mãe não sofreu por muito tempo. Teria sido o efeito da decocção, das massagens, da graça de Youssoufi ou os três juntos? A verdade é que o parto durou menos de uma hora. De repente, ouvi vagidos de recém-nascido. Koudi me chamou: "Amkoullel, venha! Você tem um irmãozinho!".

Corri para junto de minha mãe. Ela já não sofria. Seu rosto estava sorridente. O grande ventre tinha desaparecido misteriosamente. Koudi segurava à sua frente um menino gordo de tez clara, testa alta e abundante cabeleira. O bebê, que parecia furioso, crispava o pequeno rosto e não parava de chorar. Koudi o acalmava com voz doce, chamando-o pelo belo nome tradicional que se dá a todos os recém-nascidos antes que recebam seu verdadeiro nome: "Oh, bem-aventurado Woussou-Woussou! Seja bem-vindo entre nós! Traga-nos longevidade, saúde e fortuna. Não chore, não chore, Woussou-Woussou! Você está em casa, em meio aos seus!".

E voltando-se para mim: "Amkoullel, aqui está o irmãozinho que sua mãe fez para você. Ele é seu".

"Por que chora? Ele não está feliz? Ele está com medo?" Antes de obter uma resposta, notei que meu irmãozinho ainda estava preso à placenta. "Koudi!", gritei, "por que meu irmãozinho tem um saco com ele? Para colocar o que dentro?".

Não me lembro da resposta de Koudi, porque nesse momento vi a velha voltar com uma faca e uma cabaça cheia de água. Também trazia num saco os presentes tradicionais que serviriam para lavar e massagear o bebê. Com um só golpe, cortou o cordão que ligava meu irmãozinho a seu saco esquisito e ofereceu os presentes a minha mãe: sabão, sal-gema, mel, manteiga de carité e manteiga de vaca. Minha mãe se preparou para lavar o bebê e massagear o pequeno corpo segundo o costume das mães africanas.

Ainda hoje me lembro nos mínimos detalhes de todo o filme desse acontecimento. Foi como se eu emergisse de um sono que até então me havia enevoado o espírito, me impedindo de discernir bem as coisas. Foi nesse dia, a partir do nascimento de meu irmãozinho, que tomei clara consciência de minha existência e do mundo que me rodeava. Minha memória se pôs em marcha e a partir de então não parou... O chefe da aldeia mandou à minha mãe o ancião da comunidade. Este veio acompanhado do "mestre da faca" da sociedade secreta Komo de Donngorna. Como ficaria sabendo mais tarde, Komo é uma antiga sociedade religiosa bambara reservada aos adultos e cujo deus, representado por uma máscara sagrada, também se chama Komo. Quanto ao "mestre da faca", ele é o imolador e com frequência o mestre iniciático desta sociedade.

O "mestre da faca" examinou atentamente o recém-nascido. Apalpou-lhe os ossos da cabeça começando pela nuca e terminando na fronte. Olhou os dedos e as palmas das mãos, os dedos e a sola dos pezinhos. Depois, saiu sem dizer nada.

Vestido com uma túnica amarela feita de tiras de algodão costuradas, o ancião apoiava-se em uma grande bengala recoberta de couro. Tinha um rabo de boi enfeitado com guizos de cobre preso no braço esquerdo. Mandou que lhe trouxessem uma cabaça com água límpida. Segurou-a com a mão direita e avançou até a soleira do vestíbulo onde estava minha mãe. Ali se agachou e disse, dirigindo-se ao recém-nascido: "O Njî Donngorna! (enviado de Donngorna!) Você nos chegou da parte Daquele que o enviou. Seja bem-vindo! Traga-nos uma nova alegria. Eis sua água, aceite-a em troca de nosso bem-estar e de nossa longevidade". Estendeu a cabaça com água para minha mãe. "Jogue algumas gotas na boca de seu filho", disse. Feito isto, acrescentou: "Nós ignoramos como o pai vai chamá-lo. Para nós, ele é Njî Donngorna, o enviado do céu aos habitantes de Donngorna".

Antes de sair da casa, o velho avisou as mulheres: "Jantem cedo esta noite e em seguida fechem-se dentro da casa. O deus Komo de Donngorna fará uma saída excepcional para saudar seu hóspede estrangeiro 'Njî Donngorna', mas as mulheres, crianças e todos os não iniciados no Komo não estão autorizados a vê-lo. Se o fizessem, arriscariam a vida. O Komo os mataria implacavelmente. Portanto, fiquem bem trancadas".

Depois que partiu, cada família ofereceu alguma coisa ao pequeno Njî Donngorna: uma galinha de boas-vindas, uma bola de carité enrolada em folhas úmidas para não derreter, uma medida de folhas de baobá amassadas, tamarindos, tomates, milhete, milho, etc. Como Donngorna era uma aldeia grande com cerca de setecentos habitantes, pode-se fazer uma ideia do volume de presentes oferecidos ao pequeno Njî Donngorna.

Mais tarde, o pregoeiro público percorreu as ruelas da aldeia anunciando que era preciso jantar cedo porque o deus Komo viria se exibir em honra do recém-nascido de Donngorna. Um jovem pastor fula, que nos acompanhou durante toda a estada, nos traduzia tudo.

"O que é o Komo?", perguntei a minha mãe. "Este deus não é um brinquedo para crianças!", disse ela como única resposta. Tive de me contentar.

Ao chegar a noite, soava o bater brando dos últimos pilões. De todos os lados chegavam bois, cabras e carneiros voltando dos pastos. Balidos e mugidos misturavam-se ao ladrar dos cães que perseguiam as cabras recalcitrantes. Jumentos impacientes, montados por meninos ou por homens cobertos de poeira, retornavam também à aldeia, balançando suavemente a cabeça da direita para a esquerda, ao ritmo da marcha, como que para tornar mais leve seu fardo. Nenhum deixava de zurrar com energia ao se aproximar de casa, com certeza para assinalar de modo amigável sua chegada do campo. O cacarejar de galos, que ressoava de tempos em tempos, parecia saudar os restos do sol morrendo no ocidente.

De um só golpe a escuridão encobriu as colinas que rodeavam Donngorna e que por um instante os últimos raios de sol haviam revestido de dourado. Despojadas de seus adornos, elas não pareciam mais que monstros disformes amontoados uns ao lado dos outros formando uma ondulação acidentada.

Após um jantar apressado, nosso anfitrião recolheu galinhas e cabritos. Minha mãe fechou-se conosco, servas e crianças, no vestíbulo. Instantes depois ouvimos ao longe o som de um berrante. Era a trompa do deus Komo que soava por trás de uma das colinas. No silêncio da noite, o eco amplificava o som a ponto de parecer surgir de todos os lados de uma vez. Um poderoso tantã logo veio misturar suas notas profundas, às quais juntou-se o ronco assustador de um *rhombe*[8]. As luzes apagavam-se em toda a concessão. Todos se escondiam nas sombras. Era preciso se fazer de morto, pois o deus Komo atacaria quem não fosse dos seus.

Minha mãe, deitada de lado em uma esteira, dava de mamar ao recém-nascido que, indiferente ao tumulto do mundo exterior, sugava guloso, os olhos fixos em seu rosto. Colei-me a ela, agarrando-me a suas costas.

Sobressaindo-se ao som dos instrumentos, elevou-se a bela voz do cantor do Komo. Sustentado por um coro, ele cantava em Bambara, língua que infelizmente eu ainda não compreendia. As vozes aproximaram-se. O alarido das trompas de chifre e os tantãs incomodaram os cães da aldeia. De todos os lados, puseram-se a lançar uivos de protesto, alguns longos e lúgubres, outros entrecortados como que se preparando para morder. Mas, com certeza, estes cães sabiam que o Komo não brinca, porque assim que o deus chegou ao meio da aldeia, calaram-se como por encanto e ficaram tão quietos como se tivessem sido enterrados no fundo dos celeiros de milhete.

O Komo percorreu as ruelas da aldeia lançando seu grito: *Han-han-han-han-han-haaan! n'fani'mba!*[9], cujo som ritmado, sustentado pelo som do agá longamente aspirado, parecia sair de suas entranhas. Durante toda a cerimônia o cantor do deus, portador da máscara sagrada, recitava esta litania, gravada tão fundo em minha memória que ainda a escuto.

Quando o Komo entrou no pátio da casa, pareceu-me que a terra ia se abrir. Por sorte minha mãe, que havia se sentado, me deitara em suas pernas e se debruçara sobre mim para proteger-me com o corpo. O Komo devia ser muito pesado, porque a terra tremia a cada um de seus passos. Ficou no pátio por um tempo que me pareceu uma eternidade. Em seu canto repetia sem cessar o nome que o ancião da aldeia havia dado a meu irmãozinho: Njî Donngorna. Ele proclamava, como soubemos mais tarde, que meu irmãozinho era um mensageiro da felicidade para toda a região situada entre os dois rios, o Níger e o Bani, num raio de três dias de marcha.

---

8. *Rhombe*: instrumento de música ritual formado por uma tabuinha de madeira amarrada a um cordão que o músico gira rapidamente produzindo som. [N. da T.]

9. Fórmula composta em parte de onomatopeias e representando uma espécie de evocação aos ancestrais.

Enfim, o deus afastou-se, levando consigo sua algazarra. Todo mundo relaxou e respirou como após a passagem de um violento furacão.

Não podíamos deixar a aldeia em menos de uma semana, devido a uma interdição que impedia todos os bebês de menos de 7 dias de cruzar o rio sagrado de Donngorna, que deveríamos atravessar para chegar a Buguni. Um chefe diúla, cliente de minha mãe, voltava de Bamako com sua caravana de jumentos carregados de sal que levava a Buguni. Minha mãe encarregou-o de dar notícias nossas a Tidjani e a nossos parentes na aldeia, mas pediu-lhe expressamente que não falasse nada sobre o nascimento de meu irmãozinho. Queria fazer uma surpresa ao marido.

Eu estava muito feliz por ter afinal um irmão. Até então, era eu o "pequeno" de meu irmão mais velho Hammadoun, que, em virtude da tradição, tinha todos os direitos sobre mim. Eu vivia muito contrariado por não ter um para mim. Foi o fim de minha frustração.

Acabamos ficando dez dias em Donngorna. Aproveitei esse tempo feliz para brincar com Bamoussa, filho do chefe da aldeia, que devia ter um ano a mais que eu. Ele andava completamente nu, levando a tiracolo um saco feito de tiras de algodão onde guardava tudo o que lhe caía nas mãos: ratos-do-mato capturados em armadilhas, gafanhotos, lagartos, frutas silvestres, etc. Aquilo tudo era bem diferente da minha vida de pequeno fula habituado a brincar entre bezerros, cabritos e cordeiros e a beber leite mamando nas cabras e ovelhas.

Achei as ocupações de meu amigo Bamoussa bem divertidas, apesar de um pouco repugnantes. Assim, contentava-me em comer as frutas e deixava-lhe os ratos, lagartos e gafanhotos que grelhava no fogo de gravetos e palha que eu ajudava a catar. Fazia parte de seus pertences uma enxada minúscula que usava para cavar, uma pequena faca, uma machadinha e, para acender o fogo, um isqueiro africano composto de duas peças: uma pedrinha e um ferro para riscar. Com uma provisão de iscas de fibras de paineira, produzia fogo à vontade. A *brousse* era seu restaurante preferido. E era ali que almoçava muitas vezes. Algumas pessoas talvez se surpreendam por um menino tão pequeno (ele devia ter cerca de 6 anos) ser capaz de fazer tantas coisas. É que as crianças africanas eram extremamente precoces; na maioria das vezes, suas brincadeiras consistiam em imitar o trabalho dos adultos que, aliás, ajudavam desde cedo. Bamoussa não era exceção.

Quando chegou o décimo dia, vi que carregavam os bois. Era a partida. Uma surda contrariedade invadiu meu coração. Eu não tinha vontade de deixar Donngorna, onde Bamoussa tinha acabado de me ensinar a montar o dócil jumento de seu pai. Teria preferido ficar e aproveitar ainda mais todos esses novos prazeres, mas tinha de escolher: ou ficava em Donngorna, ou seguia minha mãe e meu irmãozinho cuja chegada me deixara tão orgulhoso e feliz...

Não quis partir deixando Bamoussa de mãos vazias. Sem pedir permissão a minha mãe, dei-lhe de presente meu mais belo bubu adamascado. Bamoussa e seus pais nem podiam acreditar nos próprios olhos. Um bubu bordado, feito de algodão fino de *toubab*! Nunca uma criança de Donngorna havia recebido um presente tão luxuoso. Para eles, eu só podia ser filho de um grande rei e não de um presidiário.

Por seu lado, também sem pedir autorização aos pais, Bamoussa me deu o objeto mais precioso que um menino bambara poderia possuir naquela época: seu *flé*, pequena flauta com dois furos ao longo do tubo, que era ao mesmo tempo um instrumento para tocar e para pedir socorro, e que todo meninote levava preso ao pescoço.

Tirando seu *flé*, ele o atou em meu pescoço com certa cerimônia infantil que comoveu nossos respectivos pais. Era o melhor testemunho do vínculo que nos unia. Ele não falava fula e eu não compreendia bambara e só podíamos trocar gestos como os surdos-mudos, mas isto não havia comprometido em nada o calor de nossa terna amizade.

Minha mãe deu a ordem de partida. Meu irmãozinho fora acomodado em uma cabaça bem forrada de tecidos macios, que Batoma levava na cabeça, tal qual um dia Niélé me havia transportado logo após meu nascimento.

Qual não foi a agradável surpresa de minha mãe quando viu aproximar-se uma delegação de notáveis de Donngorna trazendo-nos três burros carregados de víveres e condimentos, dois jovens para conduzi-los e uma jovem para ajudar Batoma a carregar a cabaça contendo meu irmãozinho! Depois disso, os notáveis de Donngorna nunca deixaram de nos enviar, todo ano depois da colheita, três burros carregados de víveres para o "Mensageiro da fortuna", durante todo o tempo em que vivemos em Buguni.

O comboio espalhou-se pela estrada. Toda Donngorna tinha vindo dar adeus a seu pequeno Mensageiro e acompanhá-lo até o rio sagrado.

Bamoussa caminhou a meu lado até o rio. Lá chegando, fui colocado sobre um dos bois. Não pude conter as lágrimas. Tampouco Bamoussa.

Um pai acorrentado

Depois de um dia e meio de marcha chegamos enfim a Kadidiabugu, a "aldeia de Kadidja". Todo o pessoal da casa nos deu parabéns. Um bom banho e um pouco de repouso foram bem-vindos, sobretudo para minha mãe. Como de costume, Tidjani só deveria chegar à noite, depois de terminado seu dia de trabalho. Reunimo-nos todos no pátio para esperá-lo. Eu nunca o tinha visto, mas sabia que apesar da oposição de todos os seus ele tinha me escolhido como filho primogênito e até me designado como seu sucessor. Portanto, devia me amar muito. Estava feliz por conhecer meu novo pai e o aguardava com impaciência.

Por fim ele apareceu à entrada do pátio, acompanhado por um guarda de circunscrição. Tinha os pés acorrentados. Vendo sua mulher de pé com o filho recém-nascido nos braços e a mim a seu lado, ficou imóvel; depois, desajeitadamente, com os passos dificultados pela corrente que lhe travava os pés, avançou em nossa direção. Este espetáculo me causou um grande choque. Virei para minha mãe: "Dadda, quem pôs os ferros nos pés de *Naaba*?".

"Os *toubabs* da França", respondeu-me. Meu coração se encheu de cólera contra os malvados *toubabs*. Havia um machado no chão a alguns passos de distância. Corri, peguei-o e precipitei-me na direção de meu pai para tentar quebrar a corrente e as argolas que prendiam seus tornozelos. Com delicadeza, o guarda que o escoltava tirou o machado de minhas mãos. Tinha lágrimas nos olhos, assim como Tidjani. "Quando for grande, vingarei meu pai!", exclamei.

À parte este pequeno incidente, esta foi uma noite de alegria na família. Todos os parentes e amigos de Buguni vieram cumprimentar minha mãe e desejar uma vida longa e feliz a meu irmãozinho.

Assim que ficaram a sós, minha mãe deu a Tidjani a carta do comandante de Kulikoro, para ser entregue ao comandante de Buguni. Quando ela explicou a meu pai como e por que este papel se encontrava em suas mãos, ele chorou como uma criança e mordeu o indicador até a segunda falange.

"Ó, Poullo, Poullo!", exclamou, "é na ausência do elefante que se podem recolher seus excrementos!" (em outras palavras: há coisas que só se fazem quando o principal interessado está ausente).

Kadidja apressou-se a acalmá-lo: "Quando Deus vinga um homem, este não tem o direito de guardar seja o que for em seu coração. O que você desejava desde minha partida, senão me rever com boa saúde? Ora, eis-me aqui de volta com seus dois filhos: este que tem um nome, Amadou, e este a quem você dará um e que o povo de Donngorna já batizou de Njî Donngorna. Agradeçamos a Deus por sua proteção. E amanhã cedo, quando entregar este papel ao comandante, diga-lhe que os golpes que recebi do marinheiro-chefe não me machucaram. Dei à luz sem problemas e meu filho foi bem-vindo. Ele está bem. Por isso, retiro a queixa e peço que meu agressor seja libertado".

Meu pai, apaziguado, pegou o papel e voltou à prisão acompanhado de seu guarda.

Koudi Ali foi levada à casa de Mamadou Thiam, primo de Tidjani, onde ficou morando até o dia de seu casamento com Tierno Kounta.

No dia seguinte pela manhã, Tidjani apresentou-se no gabinete do comandante de Courcelles para entregar-lhe o documento. Antes que pudesse dizer uma palavra, o comandante, auxiliado pelo intérprete, o interpelou: "Ah, aqui está você, Tidjani! Aproxime-se! Tenho uma notícia muito ruim para lhe dar". Mas, ao mesmo tempo, um grande sorriso lhe iluminava o rosto. Como de hábito, Tidjani ouviu essas palavras sem se perturbar.

"De meu lado", disse, "vim dizer ao comandante que minha mulher, que partiu daqui grávida, voltou com boa saúde. Ela me deu um belo menino. Seu parto transcorreu sem problemas, se bem que se tenha temido por sua vida e pela do menino, pois foi atacada por um marinheiro furioso durante a viagem. O comandante de Kulikoro, que assistiu à cena, prendeu o agressor. Ele o mantém na prisão, esperando saber as consequências dos golpes sofridos por minha mulher. Aqui está, meu comandante, a carta que ele lhe escreveu. Atesto que minha esposa e meu filho passam bem e que minha mulher deseja retirar a queixa que o comandante de Kulikoro fez em seu nome".

O comandante de Courcelles leu o papel: "Será feito o necessário", disse-lhe. Depois, bem refestelado na cadeira, dirigiu-se novamente a meu pai com seu estranho sorriso. "Tenho pena de não ter, como os antigos árabes, um astrolábio para medir a situação do sol neste momento. Mas seja qual for sua posição, posso lhe afirmar que este dia lhe é favorável. Sua esposa lhe deu um filho e eu acabei de receber, pelo correio da manhã, uma carta comunicando o indulto do resto de sua pena. A partir deste momento, Tierno Kounta Cissé e você estão livres! Porém, não devem sair de Buguni até nova ordem. Vocês não são mais prisioneiros, mas continuam em residência vigiada dentro da circunscrição de Buguni." Meu pai permaneceu imperturbável. "Tidjani!", surpreendeu-se o comandante, "diga-me, por que nem má notícia nem mau tratamento são capazes de mexer com você?".

"Meu comandante, não é possível me anunciarem uma notícia mais grave do que aquela que o destino me consignou quando nasci, ao dizer: 'Você entrou numa existência da qual não sairá vivo, não importa o que faça'. E nenhuma força humana poderá me aprisionar tão firmemente nesta terra quanto meu próprio túmulo. É por isso que não há má notícia que possa me entristecer deveras. Aprendi a ver a morte chegar com a mesma calma com que vejo cair a noite quando finda o dia. Toda manhã, ao acordar, considero-me um prisioneiro em *sursis*. Mas nem por isso sou pessimista, meu comandante, e não ficaria nem um pouco surpreso se, um dia, me tornasse de novo o grande chefe que já fui. A vida é um drama que é preciso viver com serenidade."

A esta altura da vida, Tidjani tinha aprendido a dominar tão bem a alegria quanto a cólera. Recebia da mesma forma tanto o bem quanto o mal com que se deparava. Atribuía ambos a Deus e aceitava da vida tanto o doce quanto o amargo. Esta filosofia, que havia adquirido em Bandiagara junto a seu mestre Tierno Amadou Tapsîrou Bâ (também mestre de Tierno Bokar), sem dúvida lhe dera forças para resistir, sem se deixar abater, às terríveis provas que balizaram sua existência e que poderiam, qualquer uma delas, transtornar o cérebro mais equilibrado...

Libertos, meu pai e Tierno Kounta voltaram juntos no mesmo dia a Kadidiabugu com seus pertences, que se limitavam a bem poucas coisas. O primeiro ato de meu pai foi fixar uma data comum para as cerimônias de imposição de nome a meu irmão e de casamento de Tierno Kounta e Koudi Ali. A dupla festa foi celebrada com a participação de todos os funcionários nativos de Buguni. Cada um trouxe seu presente. As duas cerimônias foram presididas por Moustapha Dembélé, "monitor de ensino" com quem meu pai, apesar da idade, aprendia a ler e escrever em francês. Tiemokodian, o grande chefe bambara de Buguni, enviou uma delegação composta dos notáveis de seu séquito e uma montanha de presentes. Minha mãe mandou preparar vários pratos e um suntuoso cuscuz de carneiro, com o qual todos se regalaram.

Meu pai deu a meu irmão o nome de Cheik Mohammed el Ghaali, em homenagem ao mestre com quem El Hadj Omar passara muitos anos em Medina, na Arábia, e que o havia investido na função de califa geral da Tidjaniya para a África negra.

A notícia da liberação de Tidjani Thiam espalhou-se por toda Macina. A maior parte de seus amigos e companheiros de idade de Bandiagara aproveitou a ocasião para visitá-lo em Buguni. O primeiro a chegar foi Koullel, o amigo de sempre, acompanhado por Tidjani Daw e Abdallah Kolâdo, eles também mestres em numerosas esferas tradicionais, e muitos outros. Todos se hospedaram em Kadidiabugu. Minha mãe, que já havia trazido sua coesposa Diaraw Aguibou, os três irmãos de Tidjani e Gabdo Gouro, primeira mulher de Tierno Kounta, desta vez convidou o célebre guitarrista Ali Diêli Kouyaté, *griot* pessoal de Tidjani, e os serviçais mais próximos deste último: Sambourou, Kolâdo, Bolâli e Salmana, além de sua serva favorita que sempre lhe servia as refeições, a doce Yabara. Os irmãos de Tidjani ficaram um tempo conosco, mas afinal Tidjani os mandou de volta a Bandiagara para cuidar dos demais parentes.

Assim, a família viu-se parcialmente reunida em Buguni. Uma verdadeira pequena corte não tardou a se reconstituir em torno de meu pai. Era menos numerosa e menos brilhante que a de Luta, mas, na opinião de todos, por obra de minha mãe era mais organizada, mais bem alimentada e de convívio mais agradável. Todas as noites o pátio da casa se enchia de fulas, de tucolores e de bambaras que vinham ouvir cantar o *griot* Ali Diêli ou escutar Koullel, mestre do "grande falar" fula. Era preciso alimentar toda essa gente, mas, graças a Deus, minha mãe sabia ganhar dinheiro. Sua hospedaria-restaurante ia às mil maravilhas e suas diversas atividades comerciais prosperavam. Kadidja e os irmãos não tinham jurado, outrora, que fariam Tidjani recuperar a corte perdida em Luta?

Mais de vinte pessoas faziam as três refeições diárias na casa. A hospitalidade de minha mãe era tal que a gente de Buguni comentava: "A refeição de Tidjani Thiam se faz até na rua", maneira de dizer que a casa estava sempre cheia. Nunca minha mãe havia merecido tanto o apelido de *Debbo diom timba*: mulher de calças!

Tidjani retomara sua antiga profissão de alfaite-bordador. Paralelamente, graças a sua cultura islâmica e árabe, desempenhava mais ou menos o papel de marabu para o povo de Buguni. A região, pouco islamizada, contava com poucos muçulmanos qualificados e muito menos sábios; assim, todo dia víamos os diúlas muçulmanos virem pedir orações e conselhos a meu pai, que logo se tornou um guia religioso.

Uma brasa que não queima

Algum tempo depois de nosso retorno a Buguni, o comandante de Courcelles, que fazia uma ronda de recenseamento, passou por nossa casa. Eu tinha ouvido dizer que os brancos-brancos (como chamávamos os europeus em oposição aos brancos-negros, ou africanos europeizados) eram "filhos do fogo" e que o tom claro de sua pele se devia a serem portadores de uma brasa ardente. Não os chamávamos os "pele de fogo"? Os africanos os tinham batizado assim porque observaram que os europeus ficavam vermelhos quando contrariados; mas eu estava persuadido de que eles queimavam. Mordido pela curiosidade, pedi a Nassouni que me escondesse entre os panos de seu bubu. Todos desfilavam diante do comandante, que escrevia os nomes num grande registro. Quando chegou a vez de Nassouni, bem escondido por trás dela, estendi devagarinho a mão direita para o lado. O mais levemente que pude, coloquei a ponta do indicador sobre a mão esquerda do comandante, que repousava na beira da mesa. Ao contrário do que esperava, não senti nenhuma queimadura. Fiquei muito decepcionado. A partir daí, para mim, o branco passou a ser "uma brasa que não queima". Para dizer a verdade, escondido atrás do bubu de Nassouni, não tinha visto grande coisa do comandante; apenas a mão. Nosso verdadeiro encontro se daria um pouco mais tarde.

Meu irmãozinho Mohammed el Ghaali (pronuncia-se Raali) desabrochava a cada dia. Eu adorava tomar conta dele, fazer-lhe cócegas nas bochechas, nos pequenos braços roliços, no ventre redondo, e ouvir suas explosões de riso. Algumas vezes o levava para passear fora de casa. Um dia, estávamos brincando à beira da estrada quando vi surgir diante de nós um branco-branco vestindo uma roupa extraordinária, acompanhado de dois auxiliares brancos-negros: um guarda de circunscrição e um intérprete. Os brancos, dizia-se, eram feiticeiros poderosos que emitiam forças maléficas e era melhor não permanecer muito tempo em sua companhia. Mas naquela situação era impossível fugir; estávamos encurralados. Peguei meu irmãozinho e coloquei-o entre as pernas para protegê-lo do "mau olhado" que emanava do branco-branco e de seus companheiros brancos-negros, que só podiam ser seus cúmplices, como a coruja que, todos sabem, acompanha por toda parte o feiticeiro. Com voz soluçante e com toda a força de meus pulmões chamei minha mãe, Allah e o profeta Muhammad.

O branco-branco falava com os companheiros numa língua misteriosa e, cada vez que parava, os brancos-negros repetiam invariável e incansavelmente: "Sim, *macumandan*! Sim, *macumandan*!". Estas palavras gravaram-se de imediato em meu espírito. Só podia ser um *moolorgol*, uma fórmula mágica para exorcizar o mal vindo do branco-branco. Mecanicamente me pus a repeti-la também, para afastar de mim e de meu irmão a calamidade que nos ameaçava. Estava convencido de que havíamos caído na armadilha do diabo e a fórmula misteriosa nos protegeria. Ai de mim, em vez de afastar o branco-branco, ela o atraiu para nós como o ímã atrai o ferro! Meu irmão, inconsciente do perigo, sorria e estendia inocente os bracinhos para o branco-branco, batendo as mãos no chão de vez em quando, num gesto de alegre impaciência. O branco-branco, encantado, debruçou-se e acariciou-lhe a cabeça, as bochechas e o queixo. Este gesto, claramente mais paternal do que diabólico, me acalmou. Controlei-me. Minha curiosidade inata levou a melhor e pus-me a examinar o branco-branco em detalhe.

Sua roupa era de uma alvura notável, mas ao invés de flutuar deixando o ar circular livre em torno do corpo como as roupas africanas, desenhava o contorno exato das formas do branco, como uma carapaça de proteção. Uma velha lenda que eu tinha ouvido, que remontava à época da chegada dos brancos por via marítima, me veio à mente. Os brancos, dizia-se então, eram "filhos d'água", seres aquáticos que viviam em grandes cidades no fundo do mar. Tinham como aliados djins rebeldes que o profeta Salomão outrora havia lançado às profundezas do oceano e proibido de morar na terra para sempre. Esses djins fabricavam para eles objetos maravilhosos em suas oficinas. De tempos em tempos, esses "filhos d'água" saíam de seu reino aquático, depositavam alguns de seus objetos maravilhosos na margem, recolhiam as oferendas das populações e desapareciam.[10]

"Essa roupa prova que os brancos-brancos são 'filhos d'água'", disse a mim mesmo. "São uma espécie de lagostins gigantes com forma humana, e como todo lagostim que se preze devem ter uma carapaça, por mais leve que seja." Reconfortado por esta lógica, examinava todos os detalhes da leve carapaça do branco-branco, cuja imagem se gravou em minha memória como numa película fotográfica. Compunha-se de três partes: uma para a cabeça, uma para o tronco e uma para os membros.

A carapaça da cabeça tinha o formato de uma cabaça cortada na diagonal. Era pintada com um material branco parecido ao que as mulheres africanas fazem pilando ossos de animais e com o qual recobrem os dedos para

---

10. De fato, esta foi a forma inicial de relacionamento entre os negros das florestas próximas ao litoral e os primeiros navegadores europeus.

melhor girar os fusos de fiar. A cabeça do branco-branco dentro da carapaça me fez pensar na de *Koumba joubbel*, a umbreta, um pássaro pernalta da África tropical, mas a cabeça do *Koumba joubbel* era mais bem encaixada e altivamente jogada para trás. Veio-me à mente uma ideia malvada da qual, aliás, me arrependeria mais tarde, quando conheci melhor o meu branco-branco: desejei que um malvado geco, lagarto considerado imundo pela tradição a ponto de ser chamado de *geddel Allâh* (o inimigo de Deus), viesse instalar-se na carapaça da cabeça para desalinhar as longas mechas de sua cabeleira. Esta ideia deu-me vontade de rir.

A carapaça do tronco era sabiamente construída. Tinha dois braços, dois lábios verticais que se juntavam no meio do corpo e quatro bolsos superpostos, dois a dois. No lábio esquerdo da carapaça havia cinco fendas parecidas a pálpebras semicerradas. No lábio direito estavam fixados cinco botões dourados bem bojudos que o branco-branco tinha passado pelas cinco fendas. Havia ainda dois botões dourados sobre os ombros e um em cada bolso.

Quanto à carapaça dos membros inferiores, era a mais estranha: descia até o tornozelo ao longo das pernas que encerrava, bem apertadas. Os pés estavam escondidos em sapatos pretos fechados, que reluziam como ébano bem polido. É claro que estes sapatos não se pareciam em nada aos dos negros, habitantes normais da terra firme.

Na face, o branco-branco apresentava um pequeno bigode cujos pelos abundantes evocavam a crina aparada de um potro. A barba, de comprimento médio, estava muito bem penteada.

Enquanto eu o observava, o branco-branco debruçou-se sobre mim para pegar meu irmão nos braços. Seu corpo exalou um vapor desconhecido. Se bem que este odor não fosse um fedor propriamente dito, me pegou pela garganta e quase vomitei. Tive a convicção de que o branco-branco ia me enfeitiçar com um incenso mágico que emanava de seu próprio corpo. Aproveitando que ele estava ocupado com meu irmãozinho, disparei a toda em direção a casa, pedindo socorro a minha mãe: "Dadda! Dadda! O branco-branco pegou Mohammed el Ghaali e soprou um vapor de seu incenso mágico em mim! Eu tentei soprar pela boca, mas não consegui; o branco-branco fechou minha garganta com um feitiço. Dadda, venha depressa! Venha salvar meu irmãozinho e traga um banho purificante para eu não morrer!". Enquanto corria para minha mãe berrando, o branco-branco, com meu irmãozinho nos braços, seguia meus passos, acompanhado por seus dois auxiliares brancos-negros.

Alertada por meus gritos, minha mãe chegou logo, mas apesar de sua presença reconfortante não tive coragem de parar. Corri até a casa, onde fui me esconder atrás do catre instalado nos fundos. Ali desalojei sem querer uma galinha que chocava seus ovos. Furiosa, com as penas eriçadas pelo instinto maternal, saltou sobre mim desferindo uma série de bicadas. Não sei como me vi de novo no pátio com o corpo enfeitado por algumas penas deixadas pela adversária, provavelmente para me obrigar a lembrar nosso encontro. Fiquei muito envergonhado por ter sido vencido e escorraçado da casa materna por uma galinha. Era preciso que o branco-branco tivesse jogado sobre mim um feitiço muito forte para que me acontecesse tal desgraça e ainda por cima dentro da casa de minha mãe, onde tinha ido me refugiar contra sua magia!

De repente, vi minha mãe entrar no pátio com meu irmão nos braços, seguida do branco-branco e de seus acólitos. Isto não me surpreendeu. Minha mãe, eu sabia, era bem capaz de subjugar até os diabos europeus. Para que o branco-branco e seus companheiros a seguissem assim, dóceis como ovelhas mansas no pasto, com certeza ela havia reduzido a nada seus poderes maléficos!

Ao chegar ao meio do pátio, o branco-branco virou-se para mim. Perguntou, pelo intérprete, por que eu tinha fugido sem me preocupar com o que poderia acontecer com meu irmãozinho. Estupefato, não soube o que responder. Mordiscando os lábios, abaixei a cabeça muito envergonhado. O branco-branco disse então que não sabia que Tidjani Thiam tinha filhos tão bonitos. Falou que se chamava comandante de Courcelles e que pertencia, na França, a um clã muito antigo de chefes e que todos os seus ancestrais, numa certa época que chamou "Revolução", tinham sido destituídos de seus postos como Tidjani. Alguns membros de sua família tinham sido até mesmo executados e outros enviados à prisão após terem os bens confiscados. Assim, ele compreendia Tidjani e sentia-se próximo dele!

À medida que o branco-branco falava, fui me acalmando. Cheguei a sentir nascer certa simpatia em meu coração. Ele já não me assustava e me arrependi sinceramente de ter desejado que um horrível geco fosse se aninhar em sua cabeça para desalinhar-lhe os cabelos. Tive o impulso de pedir perdão por este mau pensamento, mas o medo de ser severamente punido por minha mãe me reteve. Com efeito, ela não parava de nos recomendar: "Lutem se for preciso, mas nunca tenham maus pensamentos contra quem quer que seja. Allah não o quer e as regras da nobreza fula (*n'dimaakou*) o reprovam".

Depois de conversar por um momento com minha mãe, o comandante dirigiu-se a mim outra vez. "Seu irmão é meu Grande Amigo", disse. "Quanto a você, é apenas meu amigo, porque fugiu de mim. Um verdadeiro nobre morre, mas nunca foge."

Como tinha visto o guarda fazer quando falava com o comandante, coloquei-me desajeitadamente em posição de sentido e disse "Sim, *macumandan*!" e acrescentei em fula: "Sou nobre de pai e mãe. Nunca mais fugirei diante de um branco-branco, mesmo que ele não se chame de Courcelles. Eu lhe peço, faça de mim um Grande Amigo, porque não posso ser menos do que meu irmãozinho. Senão Binta Diafara não vai mais me querer como marido". (Binta Diafara, uma amiga de minha mãe, era filha do grande cavaleiro Diafara Aïssata, famoso por sua coragem e temeridade. Eu lhe tinha dito que queria me casar com ela. Para me agradar, ela havia prometido guardar-se para mim até que eu crescesse. Eu me considerava seu cavaleiro andante.)

De Courcelles caiu na risada ao escutar a tradução do intérprete. Acariciou minha cabeça e elevou-me sem mais à classe de Grande Amigo, como meu irmão.

Estas foram as circunstâncias de meu primeiro encontro verdadeiro com um branco-branco pertencente a uma raça de homens de que até então não gostava por rancor, pelo que tinham feito a meu pai, Tidjani. Quando partiu, perguntei a minha mãe: "Dadda, o comandante de Courcelles não é um *toubab*?".

"Sim", ela me disse, "mas é um bom *toubab*". Esta resposta me perturbou. Tinha decidido odiar todos os *toubabs*. Mas, como podia detestar esse comandante tão gentil, sobre quem havia ouvido dizer que tinha feito de tudo para libertar meu pai? Aprendia, pela primeira vez, que as realidades deste mundo nunca são inteiramente boas nem inteiramente ruins, e que é preciso saber discernir e evitar qualquer julgamento preconcebido.

De Courcelles amava os cavalos e a caça. Ora, meu pai não só era excelente cavaleiro, como um dos melhores atiradores de Buguni – que era, ademais, uma região com tradição de bons caçadores – e hábil rastreador de animais selvagens e de caça pesada. Duas caçadas juntos bastaram para convencer o comandante de que tinha encontrado o companheiro que procurava.

O comandante de Courcelles nos amava, sem cálculos nem segundas intenções. Nós também o amávamos e, nele, seu país, ao qual dedicava verdadeira devoção. Não nos repugnava mais, em casa, falar da França e dos franceses. Não os maldizíamos mais. Um dia, falando da França, meu pai nos disse: "O reino da França tem duas cabeças; uma é muito boa e a outra muito ruim". Não entendi na época o que ele queria dizer. Só mais tarde, com a experiência e maior conhecimento das pessoas e das coisas, aprendi a fazer a diferença entre o povo da França e o comportamento de alguns de seus representantes além de suas fronteiras, sobretudo nas colônias. Seria isto o que ele quis dizer?

Eu começava a me entediar o dia inteiro em casa, sem outro companheiro para brincar além de meu irmãozinho. Claro, nós nos entendíamos como leite e cuscuz e ele partilhava de bom grado comigo as guloseimas que o comandante lhe trazia todos os domingos pela manhã. Mas era muito pequeno e a companhia de crianças de minha idade me fazia falta. Um dia, minha mãe levou-me à cidade para visitar nossos primos Galo Bâ e Mamadou Thiam. O primeiro tinha dois filhos de minha idade, Mamadou e Issiaka, e o segundo, uma menininha, Kadjalli. Era o que eu precisava. A partir desse dia, todas as manhãs, depois de tomar meu desjejum, ia ao encontro deles. Um menino bambara, Sirman Koné, não tardou a juntar-se a nosso pequeno grupo.

Foi nessa época que meus pequenos companheiros de brincadeiras e eu nos afiliamos à sociedade bambara de iniciação infantil Tiebleni. Como morávamos em pleno ambiente bambara, essa afiliação era indispensável, ou teria sido impossível frequentar meus companheiros de Buguni que faziam parte, todos eles, dessas associações. Teríamos sido obrigados a ficar fechados em casa toda vez que a máscara sagrada do Komo[11] saísse de seu refúgio para percorrer as ruas por ocasião das festas ou das cerimônias. Para as crianças muçulmanas, esta era uma afiliação apenas formal. Ensinavam-nos os segredos do ritual, os sinais de reconhecimento, alguns pequenos contos, mas nada mais. Existia também (provavelmente desde o tempo do império Mandê [Mali] fundado no século XIII por Soundiata Keïta) a prática de uma afiliação formal ao Komo para os adultos muçulmanos que viviam na região bambara, a fim de que não ficassem isolados da comunidade. Eram dispensados de sacrificar às imagens, não comiam os alimentos dos sacrifícios, não bebiam álcool e não assistiam às cerimônias, mas ao menos também não eram obrigados a se fechar durante as saídas do Komo. Estas

---

11. Komo: uma das sociedades iniciáticas bambaras mais importantes do Mali, reservada aos adultos circuncisos. Antes da circuncisão, a criança começa a fazer parte das sociedades infantis Tiebleni e depois N'Tomo. Quando é iniciada na sociedade Komo, recebe de seus mestres ensinamentos de base que serão aprofundados durante sua vida. A palavra *komo* designa ao mesmo tempo a confraria, o saber que lhe é próprio, seu deus (ou melhor, uma das forças sagradas que operam no Universo) e a máscara sagrada que é seu suporte. A iniciação do Komo reúne as principais etnias do antigo Mali: bambaras, mandês, senufos, etc. (entre os senufos da Costa do Marfim, *komo* tornou-se *poro*).

relações de boa vizinhança e de aceitação mútua repousavam na tolerância religiosa da África tradicional animista, que aceitava todas as formas de práticas religiosas ou mágico-religiosas e que, por isso, não conheceu guerras de religião.

Tidjani era um muçulmano fervoroso e convicto, cujo exemplo suscitou em Buguni e em outros lugares muitas conversões. Mas isto não o impedia de ser tolerante ao extremo. Para ele, minha filiação às iniciações infantis bambaras era uma ocasião a mais para me instruir. Desde essa época aprendi a aceitar as pessoas tais como eram, africanas ou europeias, sem deixar de ser plenamente eu mesmo. Este respeito e esta escuta do outro, seja ele quem for ou de onde vier, desde que estejamos bem enraizados em nossa própria fé e identidade, seriam, mais tarde, uma das maiores lições que recebi de Tierno Bokar.

A morte de minha primeira infância

Quando cheguei à idade de 7 anos, uma noite, depois do jantar, meu pai me chamou. Ele me disse: "Esta será a noite da morte de sua primeira infância. Até agora, sua primeira infância lhe dava liberdade total. Ela lhe dava direitos sem impor qualquer dever, nem mesmo o de servir e adorar a Deus. A partir desta noite, você entra em sua grande infância. Terá certos deveres, a começar pelo de frequentar a escola corânica. Aprenderá a ler e a memorizar os textos do livro sagrado, o Alcorão, a que chamamos também Mãe dos Livros".

Naquela noite não consegui dormir. Estava perturbado por estas palavras misteriosas: "morte de minha primeira infância". O que poderia significar aquilo? Quando os homens morrem, faz-se um buraco no chão onde são colocados sob a terra, como os grãos dos cereais. Meu pai ia enterrar minha "pequena infância"? Eu sabia que o milhete, o milho e o amendoim que enfiávamos na terra reapareciam sob forma de talos novos, mas nunca tinha visto nem ouvido falar que um homem, como um cereal, tivesse germinado e crescido para fora de seu túmulo. O que aconteceria com minha primeira infância? Germinaria em algo novo? Acabei por adormecer, a cabeça cheia de questões insolúveis. Tive um sonho, o primeiro do qual guardo uma lembrança viva: eu me via num cemitério onde, de todos os túmulos, saíam bustos de homens.

Na manhã seguinte minha mãe acordou-me cedo. Me fez tomar um banho. Enquanto ela me lavava, tive vontade de contar-lhe meu sonho, mas, não sei por que, hesitava. Afinal, não disse nada. Depois do banho, vestiu-me com um bubu branco e foi pegar duas pequenas cabaças, uma cheia de leite de cabra e a outra, de bolinhos de farinha de milhete cozidos no vapor.

Meu pai veio me buscar e levou-me pela mão, através de Kadidiabugu, até a casa de Tierno Kounta. Minha mãe nos seguia com as duas cabaças. Chegando à entrada da casa, meu pai pronunciou a saudação muçulmana: *As-salaam aleikum*! (Que a paz esteja convosco!) Reconhecendo a voz de Tidjani, Tierno Kounta saiu e disse: *Wa aleikum essalaam*! (E convosco também!) *Bissimillâhi! Bissimillâhi*! (Bem-vindo em nome de Deus!)

Enquanto Tierno Kounta e meu pai trocavam as longas litanias de saudação de costume, Koudi Ali estendeu no chão diante da casa uma esteira decorada de Macina sobre a qual colocou uma bela pele de carneiro. A um sinal de Tierno Kounta, meu pai sentou-se nela. Colocou-me a seu lado e minha mãe sentou-se do outro. "Tierno Kounta", disse meu pai, "nossa visita pela manhã tão cedo não significa nada de desagradável".

"Que bom que seja assim! Recebo sua visita de braços abertos."

"Nosso filho Amadou chegou a seu sétimo ano. Nós o trazemos a você para que lhe ensine o Alcorão como exige a lei muçulmana." Minha mãe estendeu-lhe as duas pequenas cabaças: "Eis aqui os alimentos exigidos pela tradição: o leite de cabra e os bolinhos de milhete".

Tierno Kounta pegou as duas cabaças, colocou-as ao lado de sua pele de oração e entrou em casa. Quando voltou, trazia na mão direita uma prancheta de madeira e, na esquerda, uma pequena gamela cheia de areia fina na qual tinha encaixado solidamente uma tigelinha de tinta preta (fabricada com carvão de madeira e goma arábica) e alguns talos de junco talhados em forma de haste para escrever. Colocou estes objetos no chão e, virando-se para o leste, com as palmas das mãos abertas, recitou a *al fatiha*, primeira surata do Alcorão, intitulada "a abertura", texto ritual de base do Islã. Verteu um pouco de tinta e de leite de cabra numa pequena cabaça, molhou uma haste de junco na mistura e escreveu na prancheta um longo texto do Alcorão. Em seguida, lavou a prancheta com o leite, recolheu cuidadosamente esse leite misturado à tinta e molhou nessa mistura os três bolinhos de farinha de milhete que me deu para comer. Depois me fez beber três goles da mistura. O gosto era melhor do que eu esperava.

Após essa pequena cerimônia, Tierno Kounta me fez repetir a *shahada*, isto é, a dupla profissão de fé muçulmana: *Ach-hadu a lâ ilâha illa Allâh* (testemunho que não há outro deus além de Deus[12]) *oua Muhammad rassul--Alláh* (e que Muhammad é o enviado de Deus). Ele recebia assim minha conversão ao islamismo, conversão que eu poderia renovar com plena consciência em minha maioridade.

Pegou de novo a prancheta e escreveu sete letras do alfabeto corânico. Em seguida, me fez sentar sobre os calcanhares na posição muçulmana tradicional, o peso do corpo quase todo apoiado sobre o pé esquerdo. Mandou segurar a prancheta de maneira que a parte de cima repousasse sobre o antebraço esquerdo e a parte de baixo sobre a coxa direita. Com o indicador direito eu devia desenhar cada uma das sete letras que ele havia traçado em caracteres grandes. Eu estava ritualmente preparado para receber o ensinamento do livro sagrado.

Com respeito religioso Tierno Kounta acompanhou com o indicador direito cada uma das sete letras corânicas, pronunciando todas as vezes o nome que os fulas lhes haviam dado. Estas sete letras eram as que compõem a fórmula corânica *Bismillâh* (em nome de Deus), que encontramos no início de todas as suratas do Alcorão e que os muçulmanos pronunciam antes de cada gesto ou ato importante de sua vida.

Sete vezes Tierno Kounta repetiu-me a lição e sete vezes eu a repeti depois dele, após o que despediu meus pais. Eu devia permanecer num canto de seu pátio e repetir quatrocentas e oito vezes a lição, seguindo as letras com o dedo. Isto me tomou cerca de duas horas. Quando terminei, Tierno Kounta mandou-me encostar a prancheta numa parede do interior de sua casa e ir para a minha. O dia seguinte era quinta-feira, dia tradicional de feriado escolar; assim, eu só devia voltar na sexta-feira. Arrumei com cuidado minha prancheta e voltei saltitando para a casa de meus pais, cantarolando durante todo o percurso uma canção bem ritmada e um pouco trocista sobre o mestre, que todas as crianças fulas muçulmanas aprendem muito antes de iniciar a escola corânica.

Feliz por ter sido liberado, estava ao mesmo tempo impressionado com a encenação que havia acompanhado esta primeira lição. Uma vez em casa, orgulhoso de saber minha primeira lição, passei a atormentar todo mundo

---

12. Na fórmula *lá ilâha illa Allâh* (não há outro deus além de Deus), as duas palavras árabes, *ilâha* (deus, divindade) e *Allâh* (lit. "O-Deus"), têm a mesma raiz, mas evocam dimensões diferentes. A tradução mais concisa e exata seria: "Não há deus além *Do* Deus" (e não, como se lê às vezes: "Não há outro Deus senão Allah", o que introduz duas palavras de línguas diferentes opondo-se entre si, permitindo somente uma interpretação de exclusão muito limitadora).

cantando-a aos berros. Foi preciso nada menos que a intervenção de meu pai para que me calasse.

Depois que *Naaba* me falara da morte da minha primeira infância, tomei-me de uma exagerada importância, sobretudo porque a partir daí minha mãe me dera grande liberdade. Ela não mais me proibia ir sozinho à cidade de Buguni. Meus pequenos companheiros Mamadou, Issiaka e Sirman vinham me buscar às quartas-feiras ao meio-dia. Como o dia seguinte era livre, às vezes eu dormia na casa deles e passávamos assim dois dias inteiros correndo na *brousse* e no bosque dos arredores. Logo formamos um grupo de verdadeiros diabretes caçadores impenitentes de ratos e lagartos e incorrigíveis gatunos de hortas. Eu tinha o cuidado de não levar para casa meu saque, em geral constituído de passarinhos, animaizinhos variados e pequenos legumes roubados, porque meus pais não deixariam de me dar uma boa sova. Nenhum dos dois gostava de ver maltratar os animais e nunca teriam me perdoado o menor furto.

Danfo Siné, o tocador de dan

O grande chefe bambara Tiemokodian, protetor de minha mãe desde sua chegada à região, tornou-se amigo de Tidjani. Toda vez que ia cumprimentar o comandante de Courcelles – o que fazia quase diariamente – não deixava de passar por nossa casa para desejar um bom dia à família. Vinha sempre acompanhado de um grupo de servos, cortesãos e amigos entre os quais às vezes aparecia um homem que sentíamos ser diferente dos outros. De estatura e peso médios, tinha o rosto bem redondo e o nariz achatado, o que não o embelezava nem um pouco, mas seus olhos eram tão expressivos e seu olhar tão penetrante que quase chegava a assustar. Uma espécie de força misteriosa emanava desse homem. Como fiquei sabendo mais tarde, tratava-se de um "homem de conhecimento" bambara, um *doma*, ou seja, um "grande entendido". Este termo, por falta de expressão mais adequada, com frequência é traduzido como "tradicionalista", no sentido de "sábio em matéria de conhecimentos tradicionais". Existem *domas* para cada ramo de conhecimento, mas ele era um *doma* completo. Possuía todas as informações de seu tempo em relação à história, às ciências humanas, religiosas, simbólicas e iniciáticas, às ciências naturais (botânica, farmacopeia, mineralogia), sem falar de mitos, contos, lendas, provérbios, etc. Era também um fabuloso contador de histórias. Foi dele que ouvi pela primeira vez numerosos contos e lendas bambaras e fulas da região do Wassulu, onde estas duas etnias convivem de maneira muito próxima.

Poeta, grande "mestre da palavra", era célebre em toda a região que se estende de Sikasso e Bamako. Mas, acima de tudo, era um eminente mestre de iniciação do Komo, um "mestre da faca" (isto é, um sacrificador ritual, instrutor e necessariamente ferreiro) e um dos mais célebres cantores do Komo que se conheceram na região.

Em certas aldeias, a máscara do Komo só podia sair em sua presença. Quando conheceu meu pai, acabara de completar seu setênio de Korojouba, uma das mais graduadas escolas iniciáticas dos bambaras e dos senufos da savana do Sudão[13] ocidental. O termo *korojouba* significa "o grande tronco da coisa", em outras palavras, "o grande tronco do conhecimento". Na época, o centro da escola estava situado na circunscrição de Buguni.

Chamavam-no Danfo Siné, quer dizer, "Siné, o tocador de *dan*", porque nunca largava seu *dan*, uma espécie de alaúde de cinco cordas confeccionado com a metade de uma cabaça grande. Ele o tocava com um virtuosismo extraordinário, mas não era um músico qualquer: quando dedilhava as cordas de seu *dan*, declamando certos encantamentos que tinham o poder de fazê-lo entrar em transe, podia prever o futuro com uma exatidão que assombrava todos os habitantes do lugar e até das regiões próximas, já que suas previsões logo eram divulgadas muito longe, até as margens do rio Baulé.

Entre outras coisas, predisse com um ano de antecedência que os cavaleiros do reino de Kenedugu invadiriam M'Pegnasso, Bolona e as aldeias vizinhas. Predisse que o país de Tengrela seria incendiado por quatro chefes de guerra vindos de Sikasso e previu a derrota de Samory Touré. Quanto a meu pai, ele o informou sobre a morte próxima do rei Aguibou Tall e sua liberdade definitiva, acontecimentos que se realizaram tal como anunciado.

Danfo Siné deslocava-se pela região com um grupo de neófitos que estava formando. Em Buguni, realizava uma sessão de cantos e danças quase todas as noites. Exibia-se não apenas para distrair a população e muito menos para tirar algum proveito, porque o que apresentava não era o que se pode chamar exatamente de profano. Suas danças eram rituais, seus cantos, muitas vezes inspirados e as sessões, sempre ricas de ensinamentos.

Músico virtuoso, alcançava o que bem entendia não só com as mãos, mas também com a voz. Podia fazer tremer o auditório imitando o rugir

---

13. A palavra Sudão originou-se do árabe *Bilad-al-Sudan*, "o país dos negros", e designa uma zona climática da África, intermediária entre o Sael e a região equatorial, caracterizada pela passagem, do norte ao sul, da estepe à savana. [N. da T.]

de um leão em fúria, ou niná-lo, reproduzindo sozinho um coro inteiro de pássaros-trombeta. Sabia coaxar como sapo ou urrar como um elefante. Não conheço um grito de animal ou um som de instrumento musical que não fosse capaz de imitar. E, quando dançava, era de fazer ciúmes até ao avestruz--macho, rei dos dançarinos da *brousse* quando faz a corte à amada. Flexível como uma liana, não havia acrobacia que lhe fosse impossível.

Esse homem extraordinário tomou-se de afeição por mim. Conhecendo-me numa idade na qual meu cérebro, como dizia, "ainda era uma argila moldável", colocava-me sempre a seu lado quando falava e às vezes me levava, com autorização de meus pais, para assistir a suas apresentações ao ar livre. Tratava-se com frequência de sessões de cantos e danças, retraçando simbolicamente as diferentes fases da criação do mundo por Maa n'gala, o Deus supremo, criador de todas as coisas[14]. Tomando seu *dan*, Danfo Siné começava a tocar, os olhos fechados, sem pronunciar palavra. Os dedos voavam nas cordas do instrumento. Pouco a pouco, seu rosto cobria-se de brilhantes gotículas reluzentes e ele parava de tocar. Então, como um mergulhador que volta à superfície depois de muito tempo sob águas profundas, expirava ruidosamente o ar dos pulmões, pegava de novo o *dan* e declamava um canto de palavras herméticas evocando o mistério da criação a partir da unidade primordial. Neste canto, quando substituía a interjeição *Ee Kelen*! (O Um!) pelo nome divino Maa n'gala, caía em transe e vaticinava. Também acontecia de ele realizar, em público, todo tipo de prodígios muito impressionantes, cuja lembrança às vezes agitava minhas noites.

Quase sempre os grandes serões ocorriam no pátio da casa de meus pais, onde se reuniam os melhores contadores de histórias, poetas, músicos e tradicionalistas tanto fulas quanto bambaras e onde se destacavam, sem contestação, Koullel e Danfo Siné. Minha família já falava com fluência o bambara; os recém-chegados também não tardaram a aprendê-lo. Quanto a

---

14. Todas as religiões africanas que conheço se referem a um deus supremo único, fonte de toda a existência. Para os bambaras, é Maa n'gala, o "mestre de tudo", "mestre incriado e infinito", "aquele que tudo pode", "a grande profundeza insondável", "a única coisa impossível de conhecer" (para citar só alguns dos 266 nomes...). Para os fulas é Guéno, "o Eterno", sem começo nem fim; é o Amma dos dogons, o Wounnam dos mossis, o Olorum dos iorubas, etc. Mas os homens consideram este ser supremo muito distante para lhe dirigir seus pedidos. Preferem passar por intermediários: os deuses (que nada mais são do que aspectos ou manifestações específicas da grande força divina primordial, a *Sé* dos bambaras) e sobretudo os ancestrais, considerados muito eficazes. Sobre este assunto, cf. meu artigo "A Tradição Viva" em *História geral da África*, vol. I, Ática/Unesco, São Paulo, 1980; *Aspects de la Civilisation Africaine*, Présence Africaine, Paris, 1972 e "Njeddo dewal" em *Contes Initiatiques Peuls*, Stock, Paris, 1994.

Danfo Siné, havia aprendido o fula na região de Wassulu, onde bambaras e fulas conviviam muito próximos.

Em minha primeira infância eu já tinha ouvido muitos relatos ligados à história de minha família tanto paterna quanto materna, e conhecia os contos e historietas que se contavam às crianças. Mas, ali, descobri o mundo maravilhoso dos mitos e dos grandes contos fantásticos cujo significado iniciático só me seria revelado mais tarde, a embriaguez das epopeias relatando os feitos notáveis dos heróis de nossa história e o encanto das grandes sessões musicais e poéticas em que os participantes rivalizavam na improvisação.

Por ocasião de algumas dessas festas, Danfo Siné trazia dançarinos mascarados pertencentes à grande escola iniciática Korojouba, da qual era um grande mestre. Mas existia outro tipo de dançarinos que eu preferia a todos: aqueles a quem chamávamos *hammoulé*. Isentos pela tradição, como os *korojouba*, de todas as nossas convenções de decoro, eles anarquizavam os costumes, diziam tudo de través e faziam tudo ao contrário, com brincadeiras que alegravam a assistência. Se por um lado eu temia um pouco Danfo Siné, em compensação, os *korojouba* e os *hammoulé* me divertiam. Ao vê-los, chegava a esquecer minhas lições da escola corânica...

Perguntaram-me um dia quando é que eu tinha começado a recolher as tradições orais. Respondi que na verdade jamais cessara de fazê-lo desde muito jovem, já que tive oportunidade de nascer e crescer num meio que era uma espécie de escola permanente de tudo que se relacionasse à história e às tradições africanas.

Tudo que eu escutava à noite no pátio de meus pais, transmitia no dia seguinte a meus pequenos companheiros de brincadeiras, forjando assim minhas primeiras armas de contador de histórias. Mas eu só viria a fazê-lo de maneira sistemática alguns anos mais tarde, quando retornamos a Bandiagara e fundei minha primeira associação (*waaldé*), que chegou a agrupar setenta meninos de minha idade.

O fim do velho mestre

Meu mestre Tierno Kounta, esgotado pela prisão e o trabalho forçado, não conseguia se recuperar do cansaço e privações que havia sofrido. Não tinha mais condições de me proporcionar uma formação consistente. Depois de ter aprendido as letras do alfabeto corânico e seus respectivos nomes em fula, eu mal era capaz de ler um conjunto de letras ou soletrar palavras.

As forças o abandonavam pouco a pouco. A cada dia seu apetite diminuía. Definhava a olhos vistos. Sua memória dos homens e das coisas pulverizava-se. Já muito enfraquecido, recebeu o golpe de graça com a notícia brusca da morte de sua única filha, Fanta, que amava com ternura e que fora "raptada" por um militar francês.

Fanta Kounta Cissé tinha sido uma das moças mais bonitas de Bandiagara. Vinte filhos de grandes famílias tucolores foram seus pretendentes e pediram oficialmente sua mão em casamento. A competição, que custou muito ouro e cabeças de gado, durou um ano inteiro. Por fim, Badara Thiam, irmão mais moço de Tidjani Thiam, ganhou de seus rivais, mas sua trágica morte em Toïni pôs fim, ao menos por um tempo, a qualquer projeto de casamento de Fanta. Foi então que o comandante militar baseado nos domínios do rei Aguibou Tall, o capitão Alphonse, viu Fanta Kounta. Ignoro como as coisas se passaram; o fato é que se apaixonou perdidamente pela jovem e usou do direito do mais forte, conforme a prática dos altos funcionários coloniais, para fazer de Fanta Kounta sua "esposa colonial".

Indignados e humilhados, os jovens tucolores pretendentes de Fanta conspiraram para assassinar o capitão Alphonse. Rumores chegaram aos ouvidos do rei Aguibou. Para evitar uma tragédia, este escreveu a seu amigo, o coronel Archinard, que se encontrava em Paris, pedindo-lhe que interviesse junto às autoridades para afastar o mais rápido possível de Bandiagara o capitão Alphonse.

Era costume na época que, ao mudar de posto, os administradores ou militares coloniais abandonassem no local as mulheres que haviam tomado na região, com ou sem "casamento colonial" – com frequência, eles as legavam ao sucessor. O rei Aguibou contava com este costume para recuperar Fanta e apaziguar os ânimos. Mas o capitão Alphonse era uma exceção à regra. Não havia desposado Fanta para satisfazer um desejo passageiro, mas porque a amava de verdade. Assim, quando chegou a ordem de Paris transferindo-o para Lobi-Gaua, levou Fanta consigo, para grande cólera dos jovens tucolores de Bandiagara. No dia em que soube do acontecido, Tierno Kounta Cissé já era prisioneiro. A partir daí desenvolveu um rancor tenaz contra todos os franceses, não sem certa razão; primeiro porque o jogaram na prisão e depois por terem raptado sua filha.

Enquanto um mal insidioso minava meu velho mestre em Buguni, uma febre perniciosa acometeu Fanta em seu primeiro parto em Lobi-Gaua, levando-a em vinte e quatro horas. O capitão Alphonse, louco de dor, quase se suicidou; aliás, foi repatriado pouco depois para a França por razões de saúde. Ele telegrafou ao comandante da circunscrição de Buguni e a Tierno Kounta para comunicar-lhes a triste notícia.

Uma tarde, o carteiro entrou no pátio com um papel azul na mão. Tierno Kounta acabara de me dar a lição. Eu tinha me refugiado na sombra de sua casa onde balbuciava com preguiça as palavras que ele havia acabado de escrever penosamente em minha prancheta. O carteiro estendeu-lhe o telegrama: "Papel azul urgente de Gaua". Tierno Kounta chamou meu pai, mas este, cujo francês ainda era rudimentar, preferiu convocar com urgência o "monitor de ensino", Moustapha Dembélé.

Ao chegar, ele leu o conteúdo do papel azul e disse em fula: "Fanta Kounta morreu ontem pela manhã em Gaua. O capitão Alphonse deve voltar à França. Ele pede que a mãe de Fanta vá buscar os pertences de sua filha."

De repente, ouvi uma explosão de gritos agudos vindos das duas esposas de Tierno Kounta. Saí da casa correndo e vi Gabdo Gouro, mãe de Fanta, rolar pelo chão gemendo. Ela improvisou imediatamente um poema cantado onde exprimia sua dor, à maneira tradicional das mulheres fulas, lançando a intervalos regulares o longo grito dos fulas quando estão desesperados[15]: *Mi héli yooyooo! Mi héli!* (eu estou destruída, ó Héli Yooyo!) Era uma recordação do país original de Héli e Yooyo, o paraíso perdido onde, na aurora dos tempos, os fulas viviam felizes e protegidos de todos os males da existência, antes de se dispersarem pelos quatro cantos da África. Eis algumas partes deste poema, que ouvi muitas vezes depois, pois as pessoas de minha família logo o memorizaram:

> *Mi héli yooyooo, mi héli!*
> Ó, Deus, o que foi que eu fiz, o que disse contra ti?
> Ó céu, desce à terra
> que acabou de engolir minha filha,
> e dela arranca minha Fanta,
> meu ouro, minha esperança, minha razão de viver!
> Ai de mim, a terra a engoliu...
> [...]
> *Mi héli yooyooo, mi héli!*
> Por que não fiquei surda
> para não ouvir uma notícia tão terrível,

---
15. Hoje, não ouvimos mais esta encantação a não ser na região da Curva do Níger. As grandes lamentações poéticas improvisadas de antigamente desapareceram quase por completo.

uma notícia que como uma faca afiada
arranca minhas sete vísceras?
Mi héli yooyooo, mi héli!
Ó, sábado de infortúnio,
iluminado por um sol de dor!
Ó sábado de repetição![16]
Sua noite vai me cobrir com uma sombra
tão densa quanto a escuridão das entranhas da terra
onde repousa minha Fanta!
[...]

Seu lamento, entremeado dos longos gritos de desespero *Mi héli yooyooo...*, era de cortar o coração. O velho Tierno Kounta, petrificado pela notícia, acabou tendo uma síncope. Meu pai tentou reanimá-lo, mas em vão.

"*Naaba*, quem bateu em meu mestre?", perguntei. "Ninguém lhe bateu, ele está doente."

Chamado com urgência, o ajudante do médico, Baba Tabouré, examinou Tierno Kounta e declarou que não havia ocorrido uma parada cardíaca. Com uma massagem respiratória, conseguiu reanimá-lo. Mas, no momento em que começava a voltar a si, Tierno Kounta foi tomado por uma violenta contração. Um som desarticulado escapou de seu peito. Suspirou com força e lançou um jato vermelho de sangue pela boca. Fiquei com um medo terrível! Era a primeira vez que via alguém vomitar sangue.

O ancião foi transportado para a casa da primeira esposa, Gabdo Gouro. Deitaram-no em seu *tara*, cama de madeira encimada por um colchão de palha, e o cobriram com uma manta branca. Ouvi minha mãe dizer a sua co-esposa Diaraw Aguibou: "Tierno Kounta não sobreviverá à filha; ele a amava demais. A notícia partiu-lhe o coração".

Toda a família rodeava o moribundo. Ninguém tinha me afastado. Eu me compadecia do estado de meu mestre, que achava bem triste, mas, bem no fundo, minha *nafs*, minha alma secreta, sussurrava docemente: "Daqui por diante você estará livre para brincar todo dia com Sirman e seus outros companheiros. A doença de Tierno Kounta significa liberdade para você..."

Trouxeram Danfo Siné. Ele espalhou pelo chão na cabeceira do doente uma camada de areia fina e nela imprimiu signos que estudou por muito tem-

---

16. *Sábado de repetição*: a tradição diz que as coisas que acontecem num sábado em geral se repetem.

po. Mordiscando o lábio inferior, balançou pensativo a cabeça e olhou longamente meu pai; então se levantou e o levou para fora. Passado um tempo, Batoma veio dizer discretamente a minha mãe: "*Naaba* disse que Danfo Siné não dá mais do que duas semanas de vida a Tierno Kounta, três no máximo; mas é preciso esconder esta má notícia de suas mulheres".

Minha mãe esforçou-se por acalmar as esposas de Tierno Kounta com palavras de conforto e esperança.

Durante algum tempo as coisas prosseguiram normalmente na casa, sem entusiasmo. As mulheres de Tierno Kounta, para melhor dar assistência ao marido, pararam de chorar. Elas esqueceram um pouco Fanta, que podia, enfim, dormir tranquila em seu túmulo. Não se diz que as lágrimas e os gritos impedem ao defunto dormir em paz e estorvam sua ascenção, lembrando-lhe os apegos e emoções dos quais tem de se liberar? Por isso é que se aconselha, entre os muçulmanos, a não rezar com lágrimas para alguém que faleceu, mas com um coração cheio de paz, amor e confiança.

Os cuidados e remédios dispensados por Danfo Siné não surtiram efeito. Meu pai foi à casa do comandante de Courcelles para informá-lo do estado de saúde de seu companheiro. "Um curandeiro branco deve passar amanhã por Buguni", disse o comandante. "Pedirei que vá visitar e tratar seu doente." No dia seguinte, no final da manhã, o branco se apresentou em nossa casa. Para recebê-lo, levantamos e ajeitamos Tierno Kounta, que sentamos na cama com as costas apoiadas em almofadas, sustentado pela mulher.

O "curandeiro branco" era o segundo *toubab* que eu podia observar de perto. Seus gestos, que em nada se pareciam aos de nossos curandeiros tradicionais, me encheram de espanto. Primeiro examinou as mãos, os olhos, a língua, as orelhas e os pés do doente. Em seguida, colocou-lhe uma toalha nas costas. Pousou a mão esquerda bem aberta sobre a toalha e com o indicador direito dobrado batia de leve sobre a mão, ao mesmo tempo em que a deslocava em todos os sentidos sobre as costas do doente. Pediu a Tierno Kounta que respirasse fundo muitas vezes e mandou-o tossir. Escutou atento. A seguir deitou-o de costas, apalpou-lhe o ventre e o fez dobrar e desdobrar as pernas várias vezes.

Em silêncio, olhou longamente o doente, como que perdido em seus pensamentos; a seguir levantou-se e deu à família alguns medicamentos, explicando como deveriam ser ministrados. Ao sair da casa ele me viu de pé atrás de meu pai, de onde tinha assistido a toda a cena. Passou-me a mão na cabeça várias vezes, levantou-me o queixo e mergulhou seus olhos coloridos nos meus. Sorriu e não pude me impedir de retribuir. Afinal ele partiu, não sem antes lançar um derradeiro olhar sobre Tierno Kounta, que tentou, sem sucesso, levantar a mão direita para bater continência, como os africanos estavam habituados a fazer toda vez que encontravam um branco.

Durante toda a semana o estado de Tierno Kounta ficou estável. Na sexta-feira, quando meu pai foi à cidade participar da prece coletiva, pediu aos fiéis que rezassem por esse homem que tinha sido um recitador do Alcorão à porta de Tidjani Tall, primeiro rei de Bandiagara, depois cádi da província de Luta e companheiro de desgraça nos dias de infortúnio e sofrimento.

A noite de sexta para sábado foi muito penosa; as duas esposas de Tierno Kounta não puderam pregar os olhos. No sábado pela manhã, por volta das nove horas, Gabdo Gouro veio correndo a nossa casa, os cabelos desfeitos, os olhos vermelhos e os lábios ressecados pela falta de sono. Com voz rouca de tanto chorar chamou meu pai: "Ó *Naaba*! Venha logo ver Tierno Kounta. Não reconheço mais a expressão de seu rosto. Ele fala numa língua ininteligível para mim e Koudi. Ele só olha para o teto".

Meu pai e minha mãe saíram correndo atrás de Gabdo. Segui-os discretamente. Deitado em uma esteira no meio da sala, meu velho mestre abria e fechava os dedos, que pareciam querer pegar alguma coisa. Começou a produzir um som com a garganta como se estivesse gargarejando mansamente. Meu pai sentou-se a seu lado na esteira, com as pernas esticadas. Levantou com cuidado a cabeça do ancião e a pousou sobre suas pernas. Então recitou por ele, como se faz para os moribundos que não podem falar, a *shahada*: *Lâ ilâha illa Allâh, oua Muhammad rassul-Allâh* (não há outro deus além de Deus e Muhammad é seu enviado). A respiração de Tierno Kounta pareceu interromper-se. Abriu a boca e gemeu ainda mais fundo. Os olhos pareciam querer saltar das órbitas. Seu peito estufou, depois afundou de uma vez. Com um último suspiro dos pulmões, o ancião acabava de entregar sua alma.

Meu pai fechou-lhe a boca, que ficara entreaberta como se sua alma tivesse querido escapar do corpo por ali, e lhe abaixou as pálpebras. Declamou então em voz alta a *shahada*, que não havia cessado de recitar em voz baixa durante a agonia de Tierno Kounta, tão curta e suave quanto uma agonia pode ser. Vi duas grossas lágrimas escorrerem pelas faces de meu pai. Elas foram se perder entre os pelos de sua barba.

Assim que ouviu meu pai pronunciar em voz alta a *shahada*, Gabdo deu um pulo e saltou no ar como que projetada por uma mola. Caindo pesadamente no chão, rolou na poeira gritando sua dor. Passado um momento, mais calma, lamentou-se baixinho. Então, como no dia em que soube da morte da filha, sua voz, meio chorando, meio cantando, elevou-se num novo dilacerante lamento fula:

> Ó, sábado de repetição maldito, ei-lo pontual ao encontro!
> Fanta não lhe bastou, queria também Tierno Kounta.
> *Mi héli, yooyooo, mi héli!*
> Ó, Kounta, por que você respondeu
> ao apelo daquela que levou sua filha?
> [...]
> Nós, suas viúvas, nos tornamos
> dois recipientes sem tampa,
> dois corpos sem alento,
> duas portas sem batente,
> dois jardins sem água.
> *Mi héli yoyooo, mi héli!*

Minha mãe, que também chorava, enxugou-lhe as lágrimas. Tomou Gabdo nos braços e a embalou docemente, instando-a a dominar sua dor: "Console-se, Ó Inna Fanta (mãe de Fanta). Volte a seu Senhor, você está se distanciando. Ser muçulmana é saber aceitar os desígnios de Deus e sofrer com coragem a prova sem blasfemar. Tierno Kounta e sua filha responderam ao apelo de seu Senhor. Quando chegar a hora, responderemos ao mesmo apelo e partiremos nas mesmas condições que nossos antecessores. Tierno Kounta e Fanta não são os primeiros a partir e não serão os últimos. Deixe seu esposo e sua filha irem em paz. Você esquece que as lágrimas e os gritos atrapalham a alma do defunto em sua ascenção a Deus e incomodam os anjos que o acompanham?" E acrescentou: "Tierno Kounta não as deixa sós. A família de Tidjani e a minha sempre estarão com as duas, para o melhor e para o pior. E, mesmo se Deus não nos desse mais do que uma espiga de milho e dez cauris, nós os partilharíamos com vocês".

Um pouco mais tarde começaram a afluir as visitas da cidade. Todas as mulheres exclamavam ao chegar: *Mi héli yooyooo, mi héli!* Então lançavam-se sobre Gabdo ou minha mãe, que estava abraçada a ela. Era difícil determinar quem dizia as palavras mais comoventes para louvar o defunto. Os homens eram acolhidos por Bokari Thiam, meio-irmão de Tidjani, que nos visitava. Koullel e dois ou três homens da casa encarregaram-se de cavar o túmulo.

Meu pai, auxiliado por alguns serviçais, fincou uma série de estacas no pátio nas quais amarrou esteiras para fazer uma espécie de galpão. O corpo de Tierno Kounta foi carregado para lá. No pátio, as mulheres esquentaram água. Verteram o líquido quente em grandes cabaças que foram levadas para trás das esteiras onde Ibrahima Sawané, o lavador de corpos, procedia, com meu pai, ao preparo funerário de Tierno Kounta.

Ninguém prestava atenção em mim. Fingindo brincar, eu observava tudo e não perdia de vista nenhum dos gestos. Tinha vontade de ver o que acontecia atrás das esteiras, mas temia muito meu pai para me arriscar.

Finalmente, o corpo de Tierno Kounta, em suas vestes mortuárias e envolvido em uma esteira de folhas de palmeira, apareceu carregado pelos homens. A multidão murmurou uma litania composta de fórmulas corânicas: "Deus é o maior! Somente nele há abrigo e força! A Ele pertencemos e a Ele retornaremos! Que Ele seja exaltado, que seja feita sua vontade! *Amîne!*".

O corpo foi deixado no meio do pátio, diante do imã. Todos os homens se levantaram e, colocando-se atrás dele, entoaram a oração dos mortos. As mulheres, que haviam parado de chorar, ficaram sentadas em silêncio. Terminada a oração, alguns homens levantaram o corpo e o levaram até o túmulo que tinha sido aberto a mais ou menos quinhentos metros dali.

Eu queria seguir o cortejo, mas Sambouru, o principal servo de Tidjani, me afugentou. Pus-me a chorar baixinho. Meu tio Bokari Thiam, que passava por ali, perguntou o que eu tinha. "Eu quero acompanhar meu mestre Tierno Kounta como todo mundo", disse-lhe entre dois soluços, "mas Sambourou não deixou". Meu tio fulminou Sambourou com um olhar severo e debruçando-se sobre mim disse: "Dê-me a mão e venha comigo. Sambourou é um tolo".

E levou-me com ele até a borda do buraco onde Tierno Kounta ia ser enterrado. Dois homens estavam na cova principal, que chamamos de "túmulo-mãe". Receberam delicadamente o corpo e o colocaram num nicho lateral cavado na parede leste da cova e que chamamos de "túmulo-filho". Tierno Kounta foi deitado sobre o lado direito, o rosto virado para Meca; sua face foi em parte descoberta para colocar-lhe na boca, de acordo com o costume, algumas folhas verdes de jujubeira, símbolo da imortalidade.

Ao cavar o túmulo, a primeira e a última pá de terra foram colocadas de lado. Após instalar o corpo jogaram sobre ele a primeira pá de terra, depois a última, de maneira que aquilo que estava em cima ficasse embaixo e o que estava embaixo ficasse em cima. Depois encheram a cova.

Fechado o túmulo, meu pai traçou sobre o montículo, em árabe, as letras que compõem o nome de Fâtima bint Assadin, a mãe de Ali, primo e genro do Profeta, que foi o quarto califa do Islã. Segundo a tradição, as onze letras deste nome teriam a virtude de tornar a terra mais leve sobre o corpo do defunto e fortalecer seu coração frente aos anjos interrogadores Mounkari e Nâkir.

Os presentes sentaram-se em torno do túmulo e declamaram onze vezes a 112ª surata do Alcorão intitulada *Ikhlass* (a purificação), que se costuma recitar para os mortos. A seguir, voltaram ao pátio. Meu pai agradeceu a todas as pessoas e liberou-as, depois de ter o cuidado de pedir que os credores e devedores de Tierno Kounta se apresentassem no decorrer do dia, ou o mais tardar nos sete dias seguintes.

Todos voltaram para casa. Assim terminou o funeral de meu mestre Tierno Kounta Cissé, que Deus lhe seja misericordioso!

As duas viúvas desfizeram o penteado, tiraram as joias e se enfeiaram ao máximo. Durante sete dias permaneceram completamente isoladas, depois do que recomeçaram a cuidar de suas coisas, mas mantendo a vestimenta de viúva. No total, o luto delas durou cento e trinta dias.

O primeiro nascimento que eu havia testemunhado tinha sido o de meu irmãozinho Mohammed el Ghaali e o primeiro casamento, o de Koudi Ali. O falecimento de meu mestre Tierno Kounta foi meu primeiro encontro com a morte.

Depois do falecimento de Tierno Kounta, fiquei sem mestre de escola corânica; passei então apenas a revisar um pouco minhas lições. Na falta de um marabu capaz de continuar minha formação, meu pai Tidjani Thiam começou a me dar aulas. Infelizmente, acostumado a ser implacável consigo próprio, foi muito duro comigo e, a bem dizer, pouco eficaz: quase conseguiu fazer com que eu deixasse de gostar de estudar. Minha mãe, presa às regras de pudor fulas que proibiam demonstrar qualquer sentimento em relação aos próprios filhos, não podia reclamar com o marido. Assim, foi Diaraw Aguibou, sua coesposa, quem o fez. Ela defendeu com energia minha causa e conseguiu que meu pai renunciasse às lições enquanto esperava encontrar um bom mestre para mim, o que só se daria em nosso retorno a Bandiagara, quando fui confiado a Tierno Bokar.

Liberado, eu aproveitava para ir brincar com meus companheirinhos, mas também passava muito tempo com Koullel, que dava prosseguimento a minha educação fula e tradicional, e com Danfo Siné, que muitas vezes vinha me buscar para levar-me com ele.

Mais ou menos nessa época meu pai me submeteu a uma prova de coragem muito típica de seu sistema de educação. Eu devia ter entre 7 e 8 anos. Uma noite, depois do jantar, quando a escuridão já havia caído, ele me chamou. Deu-me um pacote que me mandou levar e entregar depressa, em mãos, a seu primo Mamadou Thiam, que morava na cidade de Buguni. Sabendo que o primo me convidaria a passar a noite lá, acrescentou: "Você me trará a resposta dele".

Percorrer em plena noite os dois quilômetros que separavam nossa casa de Buguni e voltar não era pouca coisa para um meninote de minha idade. Como era seu hábito, minha mãe não disse nada, mas sua coesposa indignou-se: "Mas que ideia, enviar uma criança em plena noite até Buguni!".

Naaba respondeu simplesmente: "Ele irá". E fez uma oração especial para mim.

Levando meu pacote, saí saltitando na noite pela estrada de Buguni. Sobressaltava-me a cada barulho, às vezes me arrepiava, mas estava convicto de que a oração de meu pai me protegeria contra qualquer perigo. E ia em frente... Além das mudas de paineiras que Tidjani havia plantado ao longo do caminho quando ainda prisioneiro, havia outras árvores, já grandes, povoadas de morcegos. Aquela era justamente a hora em que esses animais híbridos, aves pelas asas, cachorros pela cabeça e mais ou menos vampiros por reputação, saíam para procurar comida para os filhotes num incessante vaivém. O barulho de asas batendo na escuridão era impressionante; mas vivíamos de tal maneira inseridos na natureza que nenhum animal, mesmo os mais estranhos, podia nos aterrorizar a ponto de nos paralisar. É verdade que eu sentia medo físico e meu corpo tremia, mas meu espírito estava tranquilo. Mesmo assim, foram dois longos quilômetros.

Chegando a Buguni, levei o pacote a Mamadou Thiam, que me felicitou e me deu um frasco cheio de doces de todas as cores. Como lhe expliquei que precisava voltar imediatamente, me encarregou de agradecer a meu pai pelo pacote e me abençoou, ele também, para minha viagem de volta.

Voltei sem problemas a Kadidiabugu. As luzes ainda brilhavam. Entrei na casa de meu pai e o encontrei rezando. Minha tia Diaraw Aguibou me disse: "Vá se deitar; você o verá amanhã".

"De maneira nenhuma", respondi, "tenho de prestar contas de minha missão". E lá fiquei, em pé, esperando que *Naaba* terminasse de desfiar suas contas de rezar *tidjani* ou *wird*, quer dizer, a longa série de fórmulas e repetições do nome de Deus que todos os membros da confraria Tidjaniya devem recitar toda noite. Enquanto não terminasse a parte principal das orações deste exercício ele não devia falar, mexer-se, nem mesmo virar a cabeça. A espera durou quase uma hora. Quando terminou, me aproximei: "*Naaba*", disse-lhe, "entreguei seu pacote a meu pai Mamadou Thiam; ele lhe agradece".

Ele me olhou longamente: "Desde a época de Luta", disse (foi a primeira vez que o ouvi falar de Luta), "ninguém havia se comportado desta maneira comigo: esperar até que eu não estivesse mais ocupado para me prestar contas".

Mandou que eu fosse dormir. Eu estava muito contente comigo mesmo.

À sombra das grandes árvores

Diaraw Aguibou, que eu chamava *gogo* Diaraw (tia Diaraw), costumava sofrer de um reumatismo poliarticular muito grave, e toda vez que tinha uma crise tornava-se insuportável. Para minha mãe, com quem não se entendia, ela era como um espinho na garganta. O curioso é que, apesar de não suportar minha mãe desde o casamento, ela me amava de verdade e me defendia toda vez que achava que estava sendo maltratado. Suas brigas intempestivas e cotidianas com minha mãe não a impediam de vir à noite reclamar imperiosamente "Me dê minha criança!" e me arrancar de Kadidja, que se contentava em responder: "Está bem, Tall! Pegue sua criança, mas amanhã voltaremos à luta!". Diaraw me levava então para sua casa, me enchia de guloseimas e contava histórias maravilhosas ou anedotas sobre a vida do rei, seu pai. Foi ela também, devo dizer, umas das grandes fontes de informações e ensinamentos de minha primeira infância, em particular sobre tudo o que concerne ao reinado de Aguibou Tall.

Entre as histórias que me contou, citarei uma que, creio, permite compreender melhor a personalidade do rei Aguibou. Se ele foi muitas vezes implacável em seus rancores e vinganças, também deu provas de sabedoria em sua maneira de governar.

Um dia, um estrangeiro de passagem que o rei tinha recebido em Bandiagara, em reconhecimento, quis adverti-lo sobre um complô urdido contra ele e que tinha descoberto por acaso. Confiou-lhe em segredo os nomes de vinte conspiradores, todos notáveis da cidade. Como agradecimento, o rei ofertou a este informante inesperado e gratuito um belíssimo bubu de Tombuctu bordado à moda árabe.

Depois que o homem partiu, um de seus cortesãos exclamou: "*Fama!* (rei!) Você tem nesse estrangeiro um verdadeiro amigo!".

"Não nego", respondeu o rei, "que um estrangeiro seja capaz de amizade, mas se um amigo, seja ele quem for, estrangeiro ou não, tenta fazer com que eu mate os meus ou os afaste de mim, então eu o considero mais perigoso do que um inimigo declarado!".

Pouco tempo depois, houve uma grande assembleia que reuniu todos os notáveis tucolores. O rei aproveitou a ocasião para dizer-lhes: "Ó, povo de Futa! Fui informado por um amigo que não é deste país, mas é muito vigilante, que vocês estão urdindo um complô contra mim. Parece que desejam minha destituição ou minha morte. Este amigo me aconselhou a liquidar os mentores e forneceu seus nomes. Se eu não ouvisse nada além de meu egoísmo e meu desejo de permanecer no comando do reino, sacrificaria estes vinte notáveis sem hesitar! Muitos chefes já o fizeram antes de mim e muitos o farão depois de mim. Mas nasci chefe, tenho o hábito do comando. A pompa dos tantãs e o elogio dos aduladores não me envolvem a ponto de me fazer perder todas as medidas. Os riscos que todo chefe corre neste mundo vil não me perturbam a ponto de cometer conscientemente um crime. Sei de uma coisa e quero que vocês também, meus irmãos, a saibam: 'no país onde as audiências se dão à sombra das grandes árvores, o rei que lhes corta os galhos verá seu conselho sentado ao sol'. Matar um ser indefeso é fácil; mas é a arte do carrasco. A arte real consiste em deixar viver e fazer prosperar, o que nem sempre é fácil".

Enfim a liberdade!

Haviam se passado mais ou menos quatro anos desde o exílio de Tidjani. Nem prisioneiro nem verdadeiramente livre, ele não podia ultrapassar os limites da circunscrição de Buguni. Minha mãe fizera várias viagens a Bamako, de onde trazia produtos africanos locais e mercadorias de fabricação europeia que revendia com lucro. Graças a suas diversas atividades comerciais e ao bom funcionamento da hospedaria, e graças também ao trabalho de alfaiate-bordador de meu pai, toda a família – toda a "corte", eu deveria dizer, porque Deus sabe quantas pessoas moravam em nossa casa! – vivia na abundância.

Entrementes o comandante de Courcelles, a quem tanto devíamos, precisou deixar Buguni. Nós o vimos partir com certa tristeza. Como presente de despedida ele me deu um verdadeiro tesouro: três grossos catálogos ilustrados da Manufatura de armas e bicicletas de Saint-Etienne. Meus pequenos companheiros vinham frequentemente passar o dia em casa para folhear as páginas cobertas de maravilhas, mas não eram os únicos; muitos adultos também gostavam de contemplar as belas imagens coloridas que os faziam sonhar. As bicicletas, as armas e as ferramentas mecânicas os fascinavam de modo especial.

Em uma manhã de 1908, meu irmão Mohammed el Ghaali brincava no pátio, sentado na areia. De repente, ele se pôs a cantarolar: "Ó Deus! Faça com que meu pai seja libertado hoje... hoje mesmo... hoje mesmo..." e repetia incansavelmente seu pequeno refrão. Minha mãe chamou a atenção de sua coesposa para o que seu filho dizia.

"As crianças pequenas são muitas vezes os mensageiros de Deus", disse Diaraw Aguibou, "ouvi meu pai dizer isso mais de uma vez".

Na mesma tarde, por volta das dezessete horas, o ordenança do novo comandante de circunscrição desceu correndo a colina onde estava o palácio da residência oficial, até a encosta que dominava nossa concessão. "Tidjani Thiam! Tidjani Thiam!", gritou. "Venha logo, o comandante quer vê-lo. Largue tudo, não o faça esperar!" Meu pai, que tinha muito respeito pela autoridade, voou como um bólido. A família inteira ficou numa inquietação mortal. O que estaria acontecendo? O *Naaba* seria preso outra vez?

Ao chegar à casa do comandante, meu pai foi recebido com um sorriso. "Tidjani Thiam", disse-lhe o comandante, "seu sogro Aguibou Tall, ex-rei de Bandiagara, acaba de morrer. A partir de hoje você está livre para voltar a Bandiagara ou fixar-se onde quiser. Posso lhe dizer agora que na época de seu julgamento foi decretada uma proibição política secreta, determinando Buguni como sua residência obrigatória enquanto vivesse o antigo rei Aguibou Tall. É por isso que mesmo após a revisão do processo você foi mantido aqui sob vigilância. Esta medida, que decidimos não lhe revelar, foi inspirada pelo medo de você atentar contra a vida do *Fama* se retornasse a Bandiagara".

"Eu lhe agradeço pela boa nova, meu comandante, mas permita-me dizer que fui retido aqui durante quatro anos por nada. Eu sou muçulmano. Não tenho direito de assassinar nem mesmo um inimigo, sobretudo se for um parente próximo. Além do mais, Aguibou Tall não era só meu sogro, mas também filho de El Hadj Omar, meu patrono espiritual, e eu jamais lhe faria qualquer mal; permiti até que me condenassem sem me defender para não acusá-lo. Estou estupefato com as intenções que me atribuíram. Mas, na verdade, aqui na terra aprendi às minhas próprias custas que a injustiça humana é e permanecerá insaciável. Eu não aprovo esta condição, mas a aceito."

Mais ou menos uma hora após sua partida meu pai voltou a casa, o rosto mais grave do que alegre. Era hábito dele sorrir quando tudo ia mal e franzir o cenho quando a alegria enchia seu coração. Seria uma disciplina adquirida para não se deixar exasperar pelas circunstâncias, fossem elas boas ou más? Vendo sua expressão, todos os que haviam ficado no pátio a esperá-lo foram tomados pela angústia. Minha mãe estava ocupada dentro de sua casa. Diaraw Aguibou correu até lá: "Poullo! Poullo!", exclamou, "seu homem voltou com uma cara horrível. Entrou direto na casa sem falar com ninguém. Venha logo, só você consegue fazê-lo falar!". Minha mãe correu para fora da casa, quase me derrubando ao passar. Eu a segui.

Ela entrou na casa de meu pai, que encontrou instalado em sua pele de oração, desfiando suas mil contas de rezar. Esgueirei-me por trás dela. Vendo-me, *Naaba* pegou-me pela mão, me fez sentar a seu lado e se pôs a acariciar minha cabeça com a mão esquerda. Quando terminou a reza, minha mãe perguntou o que havia acontecido. "O sol acabou de se pôr", disse ele, "está na hora da prece de *maghreb*. Rendamos primeiro homenagem a Deus; depois falaremos sobre o que o comandante disse".

Sua pele de oração foi levada para o pátio. Como de costume, toda a família alinhou-se atrás dele para celebrar a quarta oração do dia, uma das mais solenes do Islã, chamada "prece do poente". Quando as últimas saudações e bênçãos foram pronunciadas, aproveitando que estávamos todos sentados comportadamente a sua volta e sem desanuviar o semblante, *Naaba* nos disse: "Hoje, mais do que ontem, devemos dar testemunho de nosso reconhecimento a Deus. O dia em que eu, prisioneiro, deixei Bandiagara, ignorava para onde me levavam e qual a sorte que estava reservada a Tierno Kounta e a mim mesmo. Na morte de meu fiel companheiro, perguntei-me se um dia também iria deitar-me a seu lado. Ninguém sabia quanto tempo eu ficaria retido em Buguni. Pois hoje o comandante acabou de anunciar que o sol de minha detenção se poria ao mesmo tempo que o sol deste dia bendito que estamos vivendo. Somos livres para partir para Bandiagara amanhã cedo se quisermos..."

Foi uma explosão de gritos, uma efusão de abraços e lágrimas compartilhados, entremeados de exclamações piedosas: *Hamdulilláh!* (graças a Deus, louvado seja Deus!) *Allâhu akbar!* (Deus é o maior!) As palavras de meu irmãozinho naquela mesma manhã foram lembradas. Meu pai manteve-se longamente em silêncio, sem dúvida para dar tempo aos corações de se esvaziarem do excesso de emoção. Acreditando que não havia mais nada a ser dito, Diaraw Aguibou saiu da concessão correndo em direção a Buguni, cantando a altos brados: "Dia feliz, dia bendito!..." Queria ser a primeira a anunciar a boa nova a Mamadou Thiam. Meu pai nada fez para impedi-la. Ele retomou seu discurso: "Está escrito no livro sagrado: 'A felicidade é vizinha da desgraça' (XIV, 5/6). Se estamos felizes por ter encontrado nossa liberdade, será necessário também nos prepararmos para suportar um grande luto. Diaraw partiu como uma flecha, cantando, sem saber que nossa alegria é trespassada de uma grande dor: soube que seu pai, o *Fama* Aguibou Tall, está morto".

À palavra "morto", o grande grito dos fulas *Yooyooo... mi héli yooyooo!...* elevou-se como uma só voz no ar e ecoou. Um pouco depois, quando Mamadou Thiam e toda sua família chegaram correndo com Diaraw à frente, não entenderam o porquê dos gritos e do choro onde esperavam encontrar só manifestações de alegria. Batoma foi jogar-se aos pés de Diaraw. A face banhada em lágrimas, entre dois soluços disse: "Ó filha de Aguibou! Chore, rasgue suas roupas, desmanche suas tranças, você é órfã de pai..."

"Eu, órfã de pai?", fez Diaraw. "Como é possível?" Assim que percebeu a verdade, lançou por sua vez o lúgubre grito *Yooyooo...* e correu para os braços do marido.

Ora, a doença reumática congênita de Diaraw tinha a particularidade de desencadear crises tão violentas à menor contrariedade, que sob o efeito da dor ela era capaz de se jogar no fogo ou no fundo de um poço. Tornava-se mais terrível que um animal raivoso. Aliás, era por isso que, na medida do possível, não a deixavam sozinha.

A crise foi imediata. De tanto balançar a cabeça com movimentos desordenados, suas tranças se desfizeram. Após alguns minutos ficou com aparência de louca. Os cabelos hirsutos, os olhos esgazeados, dava pena de ver. Levaram-na para seu quarto, onde conseguiram dominá-la amarrando-a firmemente à madeira da cama. Reunida em torno da casa a família passou, como se diz, uma "noite sem fogo no fogão"; quer dizer, uma noite em que não se prepara nada para comer. Os fulas e os tucolores de Buguni, avisados do luto de Diaraw Aguibou e de sua doença, acorreram à Kadidiabugu trazendo comida para todos; mas, à exceção de meu irmãozinho e de mim mesmo, ninguém comeu nada naquela noite.

Diaraw foi torturada pelo sofrimento a noite inteira. Tidjani e Kadidja ficaram a seu lado. Pela manhã, ela se acalmou um pouco. A crise havia passado, mas foi preciso uma boa semana para que se restabelecesse.

A família fez os preparativos para a partida. Numa bela manhã de 1908, deixando para trás todos os fulas, tucolores e bambaras de Buguni que vieram lhe dar adeus, uma verdadeira caravana se pôs em movimento, sem intenção de retorno, rumo a Bandiagara.

O retorno a Bandiagara

Não guardei nenhuma lembrança das peripécias de nossa viagem de volta. Teria sido uma espécie de sono de meu espírito, um acesso de amnésia infantil? Não sei. Em contrapartida, lembro-me com perfeição da chegada a Dukombo, a sete quilômetros de Bandiagara. Como o costume exigia que o retorno a uma cidade só se realizasse ao pôr do sol, acampamos sob o grande abrigo dos dogons construído à entrada daquela aldeia. Um mensageiro foi enviado a Bandiagara para anunciar nossa chegada à cidade. Meu irmão mais velho, Hammadoun Hampâté, por demais impaciente, tomou a estrada e veio correndo juntar-se a nós em Dukombo no meio da tarde.

Pode-se imaginar a alegria de minha mãe ao rever seu primogênito, belo como um anjo, o semblante radiante, ali, diante dela. Era um menino crescido, de 11, 12 anos. Cumprimentou toda a família e depois beijou afetuosamente nosso irmãozinho. Fizeram-me ir em sua direção. Eu havia guardado poucas lembranças de nossa vida em comum em Bandiagara e o olhava com certa desconfiança, vendo nele um rival para monopolizar minha mãe, que eu já tinha dificuldade em dividir com meu irmão Mohammed el Ghaali. Mas meu irmão mais velho era tão bonito, tão sorridente, que mesmo antes de falar me conquistou; joguei-me em seus braços e caímos na risada, para grande satisfação de nossa mãe.

Carregando-me nos ombros, levou-me ao rio Yaamé, que vem de Bandiagara e passa por Dukombo antes de ir desembocar no Níger. Brincamos um tempo de quicar pedrinhas na água, e depois meu irmão foi colher frutos de jujubeira com os quais encheu meus bolsos. Ele estava bem contente por ver-me ligado a ele como se nunca tivéssemos nos separado.

Quando o sol começou a se pôr, Sambourou veio nos buscar para partir. Todos os membros da caravana, grandes e pequenos, vestiram seus mais belos trajes. A cerca de quatro quilômetros da cidade, uma grande delegação de parentes e amigos nos esperava. Depois das intermináveis saudações e boas-vindas, o cortejo pôs-se em marcha e chegamos enfim a Bandiagara, exatamente quando o sol acabava de se pôr.

Tidjani dirigiu-se com sua comitiva para a concessão da família onde ainda vivia sua mãe, a velha Yaye Diawarra. Kadidja, para quem não havia aposentos nessa casa, foi com Batoma e Nassouni, os três filhos e o irmão caçula Hammadoun Pâté para a concessão de seu pai Pâté Poullo.

A cidade inteira não falava de outra coisa a não ser do retorno inesperado de Tidjani Thiam, de seu bom aspecto e do porte de sua caravana. Perguntavam-se até se ele estivera mesmo na cadeia.

No dia seguinte, conforme exigiam as regras e a cortesia, Tidjani foi à residência oficial da circunscrição para cumprimentar o novo comandante (que substituíra Charles de la Bretèche), apresentar seus documentos de viagem e declarar seu desejo de morar em Bandiagara entre os seus. O comandante recusou-se a recebê-lo. Mandou-lhe dizer por seu adjunto que ficasse em Bandiagara bem sossegado, sem se fazer notar, para seu próprio bem. Sensível como uma lesma à qual se tocam as antenas, meu pai recebeu muito mal esse recado. Deu-se conta com amargura de que havia sido caluniado junto ao novo comandante, sem dúvida pelos mesmos que tudo haviam feito para provocar sua destituição e condenação e mesmo sua morte.

Mas era necessário organizar nossa nova vida. Tidjani mandou construir em sua concessão uma casa confortável de vários cômodos para minha mãe e pediu que ela se mudasse para lá. Ela quis levar-me consigo, mas Beydari Hampâté, Abidi, Niélé e Nassouni opuseram-se categoricamente. "Amadou não é mais uma criança de pouca idade que não pode ser separada da mãe", arguiu Beydari. "Nós estamos aqui e representamos sua família paterna para onde ele deve voltar. Não podemos deixá-lo para sempre com Tidjani. Já basta que tenha ficado em Buguni durante todos estes anos porque era pequeno e a lei religiosa autorizava a mãe a ficar com ele; mas agora deve reunir-se à família paterna. Seu lugar é conosco, o que não o impedirá de ir vê-los quando quiser."

A lei muçulmana e o costume davam mais direitos à família paterna do que à materna sobre um menino acima de 7 anos. Portanto, Beydari Hampâté, designado por meu pai para sucedê-lo como chefe da família, tinha mais direito sobre mim do que meu pai adotivo Tidjani. Minha mãe fez um novo apelo ao conselho de anciãos, mas desta vez não obteve ganho de causa. Em razão de minha idade, o conselho decidiu que doravante eu viveria com minha família paterna. Abstive-me de dizer qualquer coisa durante todo o episódio, mas no fundo, um tanto traumatizado pelas lições do Alcorão por demais severas de Tidjani, estava com muita vontade de ficar com Beydari e Niélé na velha casa paterna onde, não importa quais fossem minhas travessuras, tinha a certeza de encontrar sempre doçura e indulgência. Aliás, este arranjo se revelou dos mais agradáveis para mim, pois, com a liberdade de que gozam as crianças africanas, na prática dividia-me à vontade entre as duas casas.

Em seu retorno, Tidjani havia encontrado pastos sem gado e parentes sem recursos morando em casas deterioradas. Minha mãe já não tinha muitos bens depois das despesas de viagem para uma caravana tão grande, mas vendeu uma parte do que lhe restava para restaurar a concessão do marido a fim de que ele pudesse levar uma vida digna de seu nome e de seu berço, como lhe havia prometido. Em seguida, retomou suas atividades comerciais.

Alguns meses mais tarde, como se tivesse ficado viva somente para ter a alegria de rever o filho, com o coração satisfeito a velha Yaye Diawarra entregou a alma a Deus.

Antes de partir para o exílio, Tidjani havia proposto devolver a liberdade às três esposas. Apenas a primeira, sua prima Kadiatou Bokari Moussa, tinha aceitado a oferta e mandara proclamar o divórcio. Casou-se depois com um comerciante fula, Mamadou Bâ, de quem teve um filho. Infelizmente, seu marido faleceu logo a seguir. Quando Tidjani voltou a Bandiagara encontrou-a só, criando a filha de ambos, Dikoré, e o menino de Mamadou Bâ. Naquela época, na África, era impensável abandonar uma mulher tal qual uma folha ao vento, sobretudo se tinha filhos, o que a condenaria à miséria ou a viver às custas de sua própria família – geralmente, um dos irmãos. A solução clássica consistia em integrá-la, via casamento, em um novo lar onde recuperasse seus direitos legítimos de esposa, e seus filhos, um pai. Assim, o casamento desempenhava para as mulheres viúvas ou divorciadas um papel de proteção social. Após uma reunião do conselho de família, se ninguém houvesse pedido a mulher em casamento, costumava-se encarregar um primo ou um parente que ainda não tivesse as quatro esposas autorizadas pela lei islâmica de desposá-la (nas sociedades africanas tradicionais, as viúvas casam-se em geral com um dos irmãos do falecido marido).

Tidjani, na qualidade de ex-marido de Kadiatou e pai de sua filhinha, decidiu retomá-la como esposa. Depois de obter a permissão de Diaraw Aguibou e de Kadidja, casou-se de novo com Kadiatou Bokari Moussa, e a reintegrou a sua casa.

O dia de uma criança

Assim que nossa vida retomou seu ritmo normal, minha mãe, de comum acordo com Tidjani e Beydari, levou-me à casa de Tierno Bokar para dar prosseguimento aos estudos iniciados em Buguni com Tierno Kounta Cissé.

Tierno Bokar acabara de abrir em Bandiagara uma pequena escola corânica que contava então com apenas dois alunos: meu irmão mais velho Hammadoun e a pequena Dikoré, filha de Kadiatou Bokari Moussa. Tornei-me o terceiro aluno. Chamavam-nos "as três pedras do fogão da escola de Tierno", em alusão a três pedras do fogão da cozinha africana onde se apoia a panela. Mais tarde, muitos outros alunos vieram juntar-se a nós.

Tierno Bokar, que tinha cuidado de mim em meus primeiros anos, representava tanto um pai quanto um mestre; mas naquela época, na verdade, eu estava mais interessado em brincar com meus pequenos companheiros do que na escola e nos estudos, sobretudo depois de reencontrar um amigo de minha primeira infância, e que seria o amigo de toda uma vida: Daouda Maïga.

Meus dias não variavam muito. Niélé me acordava antes do nascer do sol. Lavava o rosto, fazia minha prece da manhã e corria para a escola onde me esperava minha prancheta, ainda com o texto corânico inscrito no dia anterior. Eu me instalava em um canto e o recitava em voz alta para aprendê-lo de cor. Todos os alunos declamavam sua lição aos berros sem se importarem com os outros, numa algazarra indescritível, que curiosamente não atrapalhava ninguém. Por volta das sete horas, se tivesse aprendido bem o texto, pegava a prancheta e ia ter com Tierno. De hábito, ele ficava no vestíbulo de sua casa, e raras vezes em seu quarto. "*Moodi!*" (mestre), eu lhe dizia, "aprendi minha lição". Agachava-me a seu lado e recitava o texto. Se ele ficasse satisfeito, eu podia lavar a prancheta para inscrever novos versículos, cujo modelo ele me dava. Caso contrário, conservava a lição da véspera e a revisava até o dia seguinte, mas então me atrasava um dia sobre o prazo de que dispunha para terminar o aprendizado do Alcorão – prazo que era tradicionalmente de sete anos, sete meses e sete dias, embora alguns alunos dotados, como meu irmão mais velho Hammadoun, terminassem muito antes. Cada lição não aprendida era punida por Tierno com alguns leves golpes de cipó, ou um castigo mais doloroso: um puxão de orelha. Mas isso me parecia bem suave perto do tratamento que havia experimentado em Buguni com meu pai Tidjani e, sem dúvida, comparado aos castigos de grande número de mestres de escolas corânicas da época.

Depois de copiar o novo texto, eu o apresentava a Tierno. Ele o corrigia e o lia em voz alta, enquanto eu o acompanhava com a ponta do indicador. Voltando a meu canto, o repetia dez ou quinze vezes, o que me ocupava até as oito horas da manhã. Então, Tierno me dava permissão de voltar para casa.

Ao chegar a casa, Niélé me servia o desjejum: restos requentados do jantar da noite anterior, bolinhos de arroz com molho, sonhos ao leite fresco ou ainda cozido de milhete ao leite talhado. Eu pendurava com cuidado o bubu que tinha vestido para ir à escola, me instalava e comia com apetite. Uma vez satisfeito, tirava toda a roupa e, completamente nu como todos os meus pequenos companheiros, corria à procura de Daouda Maïga para brincar com ele fora da cidade. É o Islã que exige vestir as crianças, não a tradição africana, que só requer vestimenta após a circuncisão.

Até meu retorno a Bandiagara, Daouda Maïga, apesar de mais moço do que meu irmão Hammadoun, tinha se ligado a ele; meu irmão era o chefe da associação de jovens (*waaldé*) mais importante da cidade, que reunia crianças de sete bairros de Bandiagara. Mas desde que encontrou em mim um companheiro de sua idade para brincar, Daouda não me largou mais. A partir daí, formamos um par de amigos inseparáveis, ainda mais que nossas famílias eram próximas: a mãe de Daouda era amiga de infância e colega de associação de minha mãe e nossas casas ficavam na mesma viela. Alunos assíduos da escola da *brousse*, Daouda e eu éramos, acima de tudo, incorrigíveis pequenos caçadores de animais e gatunos de hortas, o que me valeu às vezes, da parte de Tierno Bokar, alguns golpes de contas de rezar nas costas.

Nus como minhocas, corríamos até às margens do rio Yaamé armados de um longo talo de milhete com um nó corrediço na extremidade, que fazíamos com crina de cavalo. Era o que usávamos para capturar gecos, pequenos lagartos achatados que correm nos muros e tetos durante a noite, graças às patas aderentes e cujo grito gutural se considerava maléfico. Não era preciso mais nada para condenar à morte o infeliz animalzinho, já que, segundo a crença popular, matar um geco dava sorte! Era então com a consciência tranquila, e armados com nosso longo talo de laço, que íamos caçá-los no fundo de suas tocas. Também não poupávamos camundongos, ratos, ou *margoulliats*, outro tipo de lagarto de belas escamas coloridas. Depois, como para nos purificar, nos banhávamos no rio.

Se outros companheiros estivessem conosco, organizávamos uma luta, encorajados pelos adultos de passagem. De constituição franzina como a maioria das crianças fulas, eu era um dos menos fortes entre meus companheiros, mas manejava com destreza o bastão e não tinha medo dos golpes. Sem bastão, era uma presa fácil, mas, quando o empunhava, todos me respeitavam, e tornava-me um pequeno terror! Daouda, bem proporcionado, era mais forte que eu e mais bem dotado para o corpo a corpo. Dono de um gênio folgazão e brincalhão, não procurava briga, mas lutava com coragem quando se via no meio de uma.

Também jogávamos frequentemente *télé*, jogo que tem certa semelhança com o golfe; bate-se em uma bola com um bastão, não para colocá-la em um buraco, mas para atingir um alvo, e cada equipe tenta impedir a outra de marcar pontos.

Por volta do meio-dia retornávamos para casa, juntos ou em separado, para almoçar com nossas famílias. Logo porém nos reencontrávamos depois do almoço para ir colher, atrás da aldeia, talos de milhete que amarrávamos em dois feixes e levávamos à escola corânica. No final do dia, eram usados para fazer uma grande fogueira no centro do pátio de Tierno. Quando caía a noite, os "alunos maiores" estudavam as lições à sua luz, porque havia cursos noturnos para os que queriam tornar-se hafizes ao terminar seus estudos, isto é, saber o Alcorão inteiro de cor – o que as famílias celebravam com uma festa. Assim, os jovens aprendiam a escrever e recitar o texto inteiro do livro sagrado sem um erro, apesar de não lhe compreender o sentido; somente aqueles que mais tarde aprendessem o árabe poderiam entender seu significado.

Para nós, meninos, o curso recomeçava às quatorze horas. Amontoados à sombra da parede da casa do mestre, aprendíamos a lição que teríamos de recitar no dia seguinte. Em torno das dezesseis horas, após a prece do meio da tarde, estávamos livres. Corríamos até nossa casa para deixar as roupas e íamos brincar.

À tarde, tínhamos o hábito de ir ao rio encontrar as tropas de burros ou de cabras que voltavam dos pastos. Eu gostava em especial da tropa pertencente a Malaw Wâki, um gordo comerciante hauçá estabelecido em Bandiagara e que vinha com alguns guardiães. Cada um de nós pegava um burro e o cavalgava do rio até a concessão de Malaw Wâki. Minha montaria favorita era um burrico pequeno, muito manso, que gostava de fazer trotar cutucando-o com o calcanhar. Uma tarde, farto sem dúvida desse tratamento cotidiano, o burrinho decidiu me pregar uma peça. Esperou tranquilo que estivesse bem instalado em suas costas e, sem aviso prévio, escoiceou com tanta violência que me jogou rolando na poeira a dois metros dele. Em seguida partiu a galope, zurrando sonoramente, como para melhor zombar de mim. Levantei-me bastante contundido, mas sobretudo mortalmente vexado. Passei a ter horror não só de burros como também dos burriqueiros, que afinal não tinham me feito nada. Cortei relações com eles.

Voltei a atenção aos rebanhos de cabras vigiados por Séga, um velho pastor quase cego. Quando chegava a hora da ordenha, ele segurava uma cabra contra seu corpo, prendendo-lhe uma pata com a perna dobrada na altura da virilha e a ordenhava com a mão direita. O leite brilhava na cabaça que segurava na mão esquerda. Se por acaso a cabra se desvencilhasse bruscamente entornando a cabaça, os meninos rolavam de tanto rir e pulavam de alegria, o que lhes valia uma saraivada de injúrias porque, como todo pastor que se preza, o velho Séga tinha a boca amarga e bem provida de injúrias. Assim que ele ficava concentrado na ordenha, eu me esgueirava por entre o rebanho, agarrava uma cabra e mamava. O velho Séga, impossibilitado por sua posição de me perseguir, desfiava um rosário de maldições salpicadas de insultos de todos os tipos. Eu lhe dava o troco e um pouco mais e, satisfeito, fugia correndo. Esta diversão durou certo tempo, até que me interessei por outra coisa.

Como todas as crianças da cidade, eu devia voltar para casa, impreterivelmente, ao pôr do sol, antes da chamada à prece do poente (*maghreb*). O crepúsculo, sobretudo o momento preciso em que o sol lança suas últimas flechas de luz ao ser tragado pelo desconhecido, sempre foi considerado um momento ambíguo e perigoso, no qual forças obscuras são subitamente liberadas. Na antiga tradição fula, o sol simboliza o olho de Guéno, o Eterno, o Deus supremo. Quando este olho se abre, a luz se derrama sobre o mundo e permite aos homens dedicar-se a seus afazeres; os gênios do mal, feiticeiros, vampiros ou amaldiçoadores, escondem-se em seus respectivos refúgios, enquanto os diabretes e duendes se enterram em abrigos secretos. Mas, quando esse olho benigno se fecha e a escuridão invade a terra, o pintinho, amedrontado, se refugia sob as asas da galinha, o bezerro e o cordeiro se encolhem contra a mãe, as mulheres colocam os bebês nas costas ou no regaço para proteger seu "duplo" contra os vampiros sugadores de sangue; os insetos zunem e os animais noturnos da alta *brousse* começam a lançar milhares de urros que animam a noite.

É a hora em que as mães devem esconjurar o mau-olhado da noite. Niélé nunca deixava de queimar ervas especiais em brasas ardentes antes do pôr do sol.

Enquanto a fumaça se elevava em espirais ela cantava uma litania tradicional de esconjuro em fula, mantendo-me a seu lado. Assim que a fumaça se dissipava, ela me deixava ir.

Os excrementos dos brancos e a aldeia de lixo

Toda quarta-feira à tarde, quinta-feira inteira e sexta-feira pela manhã não íamos à escola! Estávamos livres. Sozinhos ou com outros pequenos companheiros que se juntavam a nós, Daouda e eu aproveitávamos para dedicar-nos a nossas atividades habituais na *brousse* ou nas margens do Yaamé: colher frutas selvagens, caçar animaizinhos ou pescar peixes que grelhávamos ali mesmo e com os quais nos regalávamos, e sobretudo levar para a beira do rio a terra das tocas de cupins, que usávamos como argila para moldar brinquedos ou pequenos personagens. Mas logo iríamos nos aventurar em terreno muito mais perigoso.

Naquela época, entre as vinte e nove circunscrições administrativas que formavam o Alto Senegal e Níger, Bandiagara era uma das mais importantes, senão pelo número de habitantes, pelo menos por sua situação política e econômica e densidade de população europeia. A cidade abrigava um batalhão, o que implicava a presença de uma administração militar compreendendo dez oficiais e suboficiais franceses, e uma administração civil compreendendo um comandante de circunscrição, um adjunto do comandante e seis ou sete funcionários civis franceses. Isto mostra a importância da presença francesa na cidade quando comparada a Buguni, onde havia só um comandante de circunscrição, alguns empregados e guardas.

Tudo que dizia respeito de perto ou de longe aos brancos e seus assuntos, inclusive seu lixo, era tabu para os negros. Não devíamos tocá-lo e nem mesmo olhá-lo! Ora, um dia, ouvi o sapateiro Ali Gomni, amigo de meu tio materno Hammadoun Pâté, declarar que os excrementos dos brancos, contrariamente aos dos africanos, eram tão negros quanto sua pele era branca. Passei de imediato esta estranha informação a meus pequenos companheiros. Seguiu-se uma discussão tão violenta que quase chegamos às vias de fato. Daouda e eu, como sempre, tínhamos a mesma opinião, mas Hammadoun Boïnarou e Mamadou Gorel opuseram-se violentamente a nós.

"Está certo", diziam, "às vezes podemos mentir, mas ao menos a mentira tem de ficar dentro dos limites das possibilidades! Uma mentira que quer chegar ao céu acaba por cair no nariz do mentiroso!".

Daouda e eu estávamos muito magoados com as críticas insultantes de nossos companheiros. A única maneira de fazê-los calar era irmos verificar por nós mesmos a veracidade dos fatos e, em seguida, exigir um acerto de contas com nossos contestatários. Pairava uma séria revoada de bastões no ar...

O bairro dos brancos ficava à margem esquerda do Yaamé e o dos nativos de Bandiagara, à margem direita. Uma grande ponte de pedra separava as duas aglomerações. O bairro dos brancos era chamado *Sinci*, quer dizer, "instaurado". Ali viviam apenas os brancos e seus principais auxiliares nativos: os guardas de circunscrição (funcionários da segurança da administração civil encarregados da polícia) e os atiradores (militares nativos encarregados da defesa territorial). Os atiradores estavam sob o comando de um capitão secundado por um tenente, dois subtenentes e quatro sargentos europeus, além de dois primeiros-sargentos, quatro sargentos e oito cabos nativos. Quanto aos funcionários civis nativos e os empregados domésticos dos brancos (*boys*, cozinheiros e outros), deviam voltar toda noite à margem direita do Yaamé.

Sinci era estreitamente vigiado: o bairro civil, por guardas de circunscrição e o bairro militar, por atiradores, duas categorias de africanos bem domesticados e treinados como cães de guarda ferozes. Os nativos que se aventuravam a Sinci sem serem oficialmente convidados arriscavam-se à prisão, ou, no mínimo, a serem açoitados. Ora, não era possível encontrar excrementos de brancos a não ser em Sinci, e Daouda e eu queríamos, a qualquer preço, verificar a cor com nossos próprios olhos. Ficou logo decidido: iríamos a Sinci, ao covil da fera, acontecesse o que acontecesse! Se nossos pais tivessem sabido de nossa intenção, com certeza nos teriam proibido, impedindo-nos de sair de casa; mas nosso segredo foi bem guardado.

Uma manhã bem cedo, Daouda e eu nos vimos saltitando a caminho do rio Yaamé. Para passarmos despercebidos, o atravessamos a oeste, bem longe da ponte. Chegando ao outro lado, entramos por uma vereda ladeada à esquerda pelo cemitério dos brancos – florido como um jardim! – e à direita pela pista de corridas de cavalos, o que nos fez desembocar na estrada que levava à cidade de Dimbolo. Logo no início da estrada enveredamos pela *brousse* que limita com a face sul de Sinci, atrás do bairro residencial. Um bosquezinho erguia-se a uns duzentos metros da cidade. Escondidos pelo mato alto, aproximamo-nos e tomamos posição de maneira a explorar o local, quando um acontecimento inesperado veio facilitar nossa empreitada. Uma fila de prisioneiros acorrentados se aproximou, cada um com um balde na cabeça.

Escoltados por um guarda de circunscrição armado, seguiram em direção a um grande buraco que se avistava um pouco mais adiante. O vento que soprava em nossa direção trouxe até nossas narinas um odor revelador que não tinha nada a ver com o cheiro agradável da cozinha dos brancos. Olhamo-nos pasmados: "Mas são os excrementos dos brancos que os prisioneiros estão transportando!". E, de fato, vimos os prisioneiros esvaziarem, um a um, o conteúdo de seus baldes (como faziam todo dia) no grande buraco feito especialmente para receber os excrementos dos brancos, talvez preciosos demais para serem misturados aos dos negros.

Mesmo observando a cena de longe, depressa nos convencemos de que os brancos fazem "mole" e "preto". Era a prova de que tínhamos razão, mas não era suficiente; precisávamos levar uma evidência para convencer nossos companheiros recalcitrantes. Assim que a fila de prisioneiros se afastou do local, saímos com cautela de nosso esconderijo. Agachados, aproximamo-nos do buraco nauseabundo. Coisa curiosa, os excrementos estavam misturados a uma quantidade incrível de papel, a ponto de nos perguntarmos por um momento se os brancos não cag... papel também. Daouda e eu discutimos animadamente esta questão, mas não era hora de nos demorarmos. Achamos um jornal jogado por ali e empacotamos o melhor possível um pouco do "corpo de delito" para levá-lo à cidade.

Justo quando saíamos dali, Daouda viu, um pouco mais adiante, várias "aldeias de lixo", ou seja, grandes quantidades de lixo doméstico espalhado atrás do muro do bairro residencial. Levados pela curiosidade, fomos examiná-lo. Para nossa surpresa, descobrimos uma mina de tesouros! Os brancos jogavam fora todo tipo de objetos preciosos: caixas de fósforos vazias, latas de ferro de vários tamanhos, frascos e garrafas de todas as cores, papéis dourados e prateados, pedaços de tecidos de todas as cores, talheres desaparelhados ou quebrados (inclusive facas, que fortuna inesperada!), cacos de louça lindamente decorados, panelas velhas, navalhas com o cabo quebrado, fogareiros com chaminés rachadas, pranchetas, pregos, carretéis vazios, tocos de lápis, aros de óculos e, sobretudo, catálogos ilustrados; entre outros, aquele da Manufatura de armas e bicicletas de Saint-Etienne que, em Buguni, me tinha valido certa fama entre meus companheiros. Pegamos o que dava para carregar nos braços, decididos a voltar outras vezes para completar nossa coleção. Assim, com nosso saque, voltamos triunfantes a Bandiagara.

Depois de verificar com os próprios olhos a cor de nossa "evidência", nossos companheiros foram obrigados a admitir que tínhamos falado a verdade. Daouda e eu propusemos então duas possibilidades: desculpas, ou a bastonada. Eles nos pediram desculpas... No mesmo dia, todas as crianças do bairro ficaram a par: "Amkoullel e Daouda trouxeram de Sinci excremento dos brancos! Vá ver, é negro como carvão!".

Depois disso, Daouda e eu retornamos com frequência a Sinci para recolher novos tesouros nas "aldeias de lixo", criando assim, sem nos darmos conta, um verdadeiro museu de lixo doméstico dos brancos. Nossa coleção foi instalada na casa de Daouda, onde sua mãe Moïre tinha liberado para nós a metade de um galpão.

Na volta de cada expedição, fazíamos uma alegre triagem de nosso saque. Toda essa tralha exótica era classificada, limpa e arrumada segundo nosso gosto. Os pedaços de tecido, por exemplo, serviam para confeccionar as roupas de nossos pequenos bonecos de argila que Daouda, excelente escultor, criava com suas mãos: pequenos soldados super-realistas, personagens de diferentes classes sociais, e também cabras, vacas, cavalos, etc.

Brincávamos com esses bonecos de argila reproduzindo cenas reais ou imaginárias da vida em Bandiagara: soldados perfilados para o desfile de 14 de julho, corridas de cavalos, recepções do comandante a chefes nativos... O falecido rei Aguibou Tall e seu valente filho primogênito Alfa Maki Tall (que o havia sucedido como chefe tradicional dos tucolores de Bandiagara) ocupavam lugar de honra. Nós garantíamos os diálogos: Daouda ficava com o papel do rei e eu com o do príncipe. Os grandes imãs de Bandiagara e os marabus importantes (incluindo Tierno Bokar) tampouco eram esquecidos.

Às vezes nosso companheiro Afo Dianou, de caráter mesquinho e muito briguento, vinha brincar conosco, mas isto sempre terminava em conflito. Como era muito mais forte que nós, não tínhamos chance de derrotá-lo; em geral, nossos bastões eram suficientes para mantê-lo a uma distância segura, mas, se por acaso os tivéssemos esquecido, nosso companheiro tinha prazer em desmanchar nossa instalação, quebrar algumas figuras e sobretudo roubá-las, o que invariavelmente provocava uma briga feroz da qual ele sempre saía vencedor. Só nos restava, sob o efeito de uma raiva impotente, rasgar nossos bubus, para grande indignação de nossas mães.

Nessa época, Daouda e eu éramos os únicos a ter coragem de aventurar-nos a Sinci. A expedição não era isenta de riscos. De tempos em tempos, topávamos com os guardas de circunscrição, que nos perseguiam sem piedade. E, se conseguiam nos deitar a mão, levávamos uma boa sova... Mais de uma vez, Daouda e eu fomos surrados e presos pelos guardas por termos ousado remexer na fossa dos brancos. Só éramos soltos após uma chuva inclemente de cascudos; mas nada podia nos fazer renunciar à prática de nosso esporte favorito. Só muito mais tarde, com mais idade, desistimos de remexer na "aldeia de lixo" dos brancos como galinhas chocas ciscando detritos em busca de algo com que alimentar seus pintinhos.

Surge minha primeira associação

Nosso museu, único no gênero, tornou-se ponto de encontro de numerosos meninos do bairro. De tanto levá-los para banhar-se, à colheita, à pilhagem de hortas, de tanto organizar corridas com eles, danças ao luar e sessões de récitas de contos, Daouda e eu acabamos por agrupar a nossa volta um pequeno grupo decidido a nos seguir a qualquer canto, até mesmo, às vezes, contra a vontade dos pais. Havia chegado o momento de criar nossa primeira associação de idade, ou *waaldé*. No início, éramos onze membros fundadores, cujos nomes aqui estão, seguidos do apelido amistoso ou travesso que usávamos entre nós: Daouda Maïga, dito Kinel (narizinho); Mamadou Diallo, dito Gorel (bonzinho); Seydou Sow, dito Kellel (tapinha); Amadou Sy, dito Dioddal (mal-encaixado); Afo Dianou, dito N'Goïre (glande do pênis); Hammel, dito Bagabouss (desajeitado); Oumar Goumal, dito Nattungal (preguiçoso); Madani Maki, dito Gorbel (anão); Mouctar Kaou, dito Polongal (grande prego); Bori Hamman, dito Tiaw-Tiaw (perturbado); e, enfim, Amadou Hampâté, dito Amkoullel (pequeno Koullel).

Meus companheiros decidiram me escolher como chefe. Isto não tinha nada de surpreendente, já que todos os membros de minha família eram ou tinham sido chefes de associação. Meu pai, Hampâté, após sua reabilitação pelo rei Tidjani Tall, fundou a primeira *waaldé* de jovens fulas de Bandiagara por volta de 1870; minha mãe Kadidja Pâté, seu irmão mais velho Amadou Pâté, seu irmão mais moço Hammadoun Pâté, sua irmã caçula Sirandou Pâté e até Beydari, nosso tutor, eram todos chefes de suas respectivas associações, o que, na época, lhes conferia grande poder.

Era preciso fazer reconhecer nossa *waaldé* e lhe dar vida oficial. O primeiro passo consistia em ligar-nos a uma associação mais antiga. O costume exigia que toda associação mais nova fosse apadrinhada por uma associação mais velha que desempenhava o papel de conselheira e, se necessário, de protetora. Nossa escolha recaiu naturalmente sobre a *waaldé* de meu irmão mais velho Hammadoun.

Também era necessário eleger um "pai", que seria nosso *mawdo*, espécie de presidente de honra sempre escolhido em uma associação de adultos e que, por tradição, exercia o papel de conselheiro, representante oficial, e eventualmente de defensor em caso de dificuldades com a população. Escolhemos Ali Gomni, da casta dos sapateiros, amigo de meu tio materno Hammadoun Pâté e membro de sua associação. Moïre Koumba, mãe de Daouda Maïga, convidou-o de nossa parte. Depois de algumas reticências de praxe, ele aceitou e marcou a data de nossa primeira reunião solene, na qual deveríamos eleger os dirigentes e definir o regulamento interno da *waaldé*. Toda associação era organizada segundo uma hierarquia que reproduzia a sociedade da aldeia ou da comunidade. Além do *mawdo*, ancião e presidente de honra externo à associação, deveria haver um chefe (*amîrou*), um ou vários vice-chefes (*diokko*), um juiz ou cádi (*alkaali*), um ou vários comissários de disciplina ou acusadores públicos (*moutassibi*) e, enfim, um ou mais *griots* para desempenhar o papel de emissários ou porta-vozes.

Chegado o dia, quando estávamos todos reunidos no pátio, Ali Gomni tomou a palavra: "Antes de mais nada", disse, "é preciso dar à *waaldé* um cabeça, dirigentes e também um nome para tirá-la do anonimato. Quem vocês querem designar como chefe?".

"Nosso chefe naturalmente designado é Amkoullel", responderam os companheiros. "As associações da metade de Bandiagara têm à frente um membro de sua família. Se ele se mostrar digno, nós o seguiremos e combateremos por ele. Mas, se ele se fizer de idiota, nós o açoitaremos até mijar sangue e ninguém nos fará peidar de medo por isso!"

Desta maneira, fui eleito chefe e a *waaldé* recebeu o nome de "*waaldé* de Amkoullel". Repetindo a exclamação tradicional dos adultos em suas grandes assembleias oficiais, todos gritaram: *Allâhu townu dîna!* (Que Deus eleve muito alto a comunidade!)

O resto da reunião se desenrolou sem incidentes, a não ser por alguns companheiros que tentaram se opor à designação de Daouda Maïga como cádi (juiz). Por razões relativas ao nascimento, esses companheiros teriam preferido ver nomeado cádi um Diallo, um Cissé, um Sow ou um Dicko. Nosso ancião (*mawdo*) Ali Gomni, que era o mestre de Daouda na arte da sapataria, tomou sua defesa. Ressaltou que o velho Modibo Koumba, mestre da mãe de Daouda e considerado avô deste último, tinha sido cádi da poderosa associação fundada nos primeiros anos do reino de Bandiagara por Amadou Ali Thiam (pai de Tidjani Thiam), antes de se tornar chefe da província de Luta.

Ora, em seu tempo, esta *waaldé* havia sido tão poderosa quanto a de Noumoussa Dioubaïrou, um dos generais do rei, e reunia os filhos mais valentes e nobres do reino tucolor de Bandiagara.

Na posição de chefe, minha opinião prevalecia. Visto que eu não concebia qualquer diferença social entre mim e Daouda, dei-lhe meu apoio. Assim, ele foi aceito como cádi, apesar das reclamações desses poucos companheiros, que, na verdade, teriam gostado de ficar com o posto para si próprios. Mamadou Diallo, chamado Mamadou Gorel (o bonzinho), foi eleito segundo chefe. Madani Maki e Mouctar Kaou, filhos de *griots*, foram nomeados *griots* de nossa associação. Ficavam encarregados de convocar as reuniões e receber as cotizações, sendo eles próprios isentos. Transmitiriam as notícias e seriam os mensageiros plenipotenciários entre nossa *waaldé* e as outras associações da cidade. Em suma, desempenhariam o papel de porta-vozes e intermediários, exatamente como os *griots* adultos no seio da sociedade africana da época. Todas as outras crianças *griots* da *waaldé* tinham obrigação de ajudá-los em sua tarefa quando necessário.

Bori Hamman tornou-se nosso *moutassibi*, isto é, nosso bisbilhoteiro. O *moutassibi* era a ovelha negra de todas as associações. Espécie de detetive e comissário da moral, era encarregado de velar em todas as ocasiões pelo respeito aos regulamentos, e de denunciar todo ato de indisciplina ou falta de decoro. Afo Dianou, um *dîmadjo* (cativo da casa), por seu status familiar foi designado segundo *moutassibi*, assistente de Bori Hamman.

Uma vez instituído este conselho, elaboramos os regulamentos internos, mais ou menos semelhantes aos de todas as outras associações. As infrações eram julgadas em primeira instância pelo cádi; o contraventor podia apelar ao chefe e depois, num terceiro estágio, à assembleia geral presidida pelo ancião. As penas previstas eram progressivas. Consistiam, nas infrações mais leves, em pagamentos em cauris ou em noz-de-cola; ser jogado no lago vestido, ou ser molhado por cabaças cheias de água. Para os delitos muito graves, a pena podia ser de uma a dez chicotadas, exclusão temporária ou definitiva.

As sessões deviam ser presididas pelo chefe, assistido pelo segundo chefe e pelo cádi. As reuniões plenárias eram semanais na estação seca e mensais durante a estação das chuvas, chamada "invernagem". Também podia haver reuniões extraordinárias decididas pelo chefe e anunciadas pelos *griots*.

Devidamente constituída, nossa *waaldé* podia começar a funcionar. Todos os meninos mais jovens da *waaldé* de meu irmão mais velho vieram engrossar a nossa, mais adequada à idade deles. Com o tempo, ela se tornou muito importante. Mais tarde, em 1912, depois de absorver uma associação rival de outro bairro, chegaria a ter setenta meninos vindos de todas as camadas sociais e etnias de Bandiagara.

Alguns leitores ocidentais talvez fiquem espantados com o fato de meninos com uma média de idade entre dez e doze anos poderem fazer reuniões tão regulamentadas e com tal linguagem. É que tudo o que fazíamos tendia a imitar o comportamento dos adultos, e, desde nossa mais tenra idade, o meio em que estávamos mergulhados era o do verbo. Não havia reunião, discussão ou assembleia de justiça (salvo as assembleias de guerra ou as reuniões de sociedades secretas) a que não assistíssemos, com a condição de que nos mantivéssemos comportados e silenciosos. A linguagem de então era floreada, exuberante, cheia de imagens evocadoras, e as crianças, que não guardavam as orelhas nem a língua no bolso, não tinham a menor dificuldade em reproduzi-la; na verdade, eu até simplifiquei os discursos para não desconcertar demais o leitor. As regras também eram tomadas emprestadas ao mundo dos adultos. A vida dos meninos nas associações de idade constituía assim um verdadeiro aprendizado da vida coletiva e das responsabilidades, sob o olhar discreto mas vigilante dos mais velhos que as apadrinhavam.

O punhado de arroz

Como todas as crianças da época, eu gozava de grande liberdade, principalmente depois que passei a dirigir uma *waaldé*. Fazia minhas refeições onde bem entendia: na casa paterna com Beydari, meu irmão mais velho Hammadoun e Niélé, na casa de Tidjani, ou ainda na casa da mãe de Daouda. Mas, na maioria das vezes, jantava na casa de meu pai Tidjani, onde podia encontrar minha mãe, Koullel e todos os que animavam os serões.

Fazíamos a refeição em dois grupos separados: o dos homens e o das mulheres. Os hóspedes importantes eram servidos à parte, a menos que expressassem o desejo de comer com todo mundo. Com certa regularidade, alguns pratos eram reservados para serem enviados a parentes, amigos ou pessoas que se desejava prestigiar. A tradição exigia que uma família abastada sempre separasse uma refeição para um pobre, que uma mulher casada mandasse um prato à família e que os filhos enviassem um a seus pais.

Na casa de Tidjani, a serva encarregada das refeições era sempre a doce Yabara. Ela instalava as esteiras no grande salão onde queimava incenso para purificar o ambiente. Quando os pratos estavam prontos, arrumava-os sobre as esteiras e chamava Tidjani: "*Naaba*, a refeição está servida!". "Chame os convivas", respondia meu pai. Yabara chamava então todos os homens e meninos da casa. Só Tidjani tinha lugar reservado, marcado por uma pele de carneiro costurada sobre uma peça de couro decorada e enfeitada de belas franjas. Assim que ele se sentava, Yabara lhe levava uma grande cabaça com água, sabão e uma toalha. Ele lavava com cuidado as mãos e, a seguir, a cabaça circulava entre os convivas.

Tidjani era sempre o primeiro a se servir. Punha no prato um punhado de comida e convidava os outros a fazerem o mesmo dizendo "*Bissimilláhi*" (Em nome de Deus). E todos começavam a comer. O chefe da família era sempre o primeiro a lavar as mãos e a comer para dar o exemplo; acabada a refeição, lavava as mãos e se levantava por último, para que todos tivessem tempo suficiente de saciar-se.

Durante a refeição, as crianças estavam sujeitas a uma disciplina rigorosa. Quem a quebrava era punido, de acordo com a gravidade da falta, por um olhar severo, uma batida de ventarola na cabeça, um tapa, ou mesmo a ordem de retirar-se pura e simplesmente e ficar sem comer até a refeição seguinte. Devíamos observar sete regras categóricas:

– Não falar;
– Manter os olhos baixos durante toda a refeição;
– Comer no espaço diante de si (não mexer a torto e a direito no grande prato comum);
– Não pegar um novo punhado de comida antes de haver terminado o anterior;
– Segurar a borda do prato com a mão esquerda;
– Evitar toda precipitação ao pegar a comida com a mão direita;
– Não se servir dos pedaços de carne colocados no centro do grande prato. As crianças deviam se contentar em pegar punhados de cereais (milhete, arroz ou outro) bem regados com molho; só no final da refeição é que recebiam uma boa porção de carne considerada como um presente ou recompensa.

Toda essa disciplina não visava torturar inutilmente a criança, mas ensinar-lhe a arte de viver. Manter os olhos baixos em presença de um adulto, sobretudo dos pais – isto é, dos tios e amigos do pai – era aprender a se dominar e a resistir à curiosidade. Comer diante de si era aprender a contentar-se com o que se tem. Não falar servia para aprender a controlar a língua e praticar o silêncio: é preciso saber onde e quando falar. Não pegar um novo punhado de comida antes de haver terminado o anterior ensinava a dar prova de moderação. Segurar a borda do prato com a mão esquerda era um gesto de educação que ensinava a humildade. Evitar se precipitar sobre a comida era aprender a paciência. Enfim, esperar receber a carne ao final da refeição e não se servir sozinho conduziam ao controle do apetite e da gula.

De fato, mesmo para os adultos, a refeição correspondia antigamente – e ainda hoje em algumas famílias tradicionais – a todo um ritual. No Islã, assim como na tradição africana, o alimento era sagrado e supunha-se que o grande prato comum, símbolo de comunhão, contivesse no centro um foco de benção divina.

Tidjani notou um dia que a maioria das crianças se levantava antes de estar plenamente satisfeita de cereais e se apressava em estender a mão para receber sua ração de carne, com medo de ver os melhores pedaços sumirem antes de sua vez. Compreendeu logo nossa manobra. A partir desse dia, decidiu adiantar a cada criança sua parte de carne. Devíamos colocá-la à esquerda e esperar o fim da refeição para comê-la.

Na época, a base da alimentação em Bandiagara era o milhete. Como o arroz não se cultivava em nossa região, um prato desse cereal representava um grande luxo, oferecido só por ocasião de grandes festas. "O arroz é um alimento de rei", dizia um provérbio das montanhas de Bandiagara. Mas, graças às posses de minha mãe, em nossa casa comia-se arroz duas vezes por mês, e mais tarde passou a ser servido toda sexta-feira. Nestes dias, eu não lavava as mãos depois da refeição. Corria para a rua e procurava um amigo. Quando encontrava um, escondia a mão direita atrás das costas e dizia: "Adivinhe o que comi hoje no almoço em casa?". Como ele hesitasse, eu colava a mão em seu nariz: "O que é?". E ele se maravilhava: "É arroz! Ah! É arroz!". Inchado de orgulho como um sapo, eu estourava de rir: "Isto, isto não se chama arroz, mas cereal dos reis!", dizia, antes de partir à procura de outro amigo para esfregar-lhe a mão no nariz.

Certa manhã, meu companheiro Abdallâh veio brincar comigo no vestíbulo da concessão de Tidjani. Quando chegou a hora do almoço, ele se levantou para ir embora. Eu o segurei. "Não, fique comigo, minha mãe preparou arroz hoje." "Oh! Se eu pudesse comer um bocadinho seria o menino mais feliz de Bandiagara", disse. "Mas nunca teria coragem de comer no salão de seu pai; seus cativos com certeza me bateriam por tanta ousadia. Que eu venha brincar com você no vestíbulo ainda passa, mas comer com seu pai, isto, jamais!" Eu respondi: "Bem, quando Yabara vier me chamar para o almoço, fique aqui e espere até eu voltar".

Ao chamado de Yabara, fui para o salão. Comi o mais rápido possível. No momento de me levantar, peguei um punhado de arroz e tentei esconder a mão debaixo do bubu. Meu gesto não escapou a meu pai. "Se não está satisfeito, por que se levanta? E, se não tem mais fome, o que vai fazer com esse punhado de arroz? É uma quantidade suficiente para uma viagem!" Sem saber o que dizer, comecei a tremer. Sentia sempre um medo exagerado diante de *Naaba*, que não brincava com seus filhos. "Está bem, então vá embora com seu punhado de arroz." Contente como um condenado à morte inesperadamente absolvido, saí quase correndo ao encontro de Abdallâh. Estendi-lhe o punhado de arroz. Ele o aspirou e depois o comeu com deleite. Mal havia terminado seu último bocado quando Sambourou, que meu pai tinha mandado me seguir discretamente para ver a quem eu destinava o arroz, apareceu na entrada do vestíbulo. Como que impelido por uma mola, Abdallâh levantou-se e fugiu; disparei atrás dele sem pensar e só voltei para casa tarde da noite, depois do jantar. Meu pai me aguardava no vestíbulo. Tentei me esgueirar sem ser visto, mas ele me pegou. Eu esperava no mínimo uma palmada, mas ele se contentou em dizer: "Por que não o convidou para almoçar? E por que vocês dois fugiram quando viram Sambourou?".

"*Naaba*", gaguejei, "eu o convidei, mas ele não ousou comer com você. E, quando viu Sambourou, achou que vinha para bater nele e fugiu. Eu o segui sem refletir e depois fiquei com medo de voltar para jantar".

Meu pai caiu na risada. "A partir de amanhã, haverá um prato especial reservado para você. Convide quem quiser para partilhá-lo."

Foi então que minha mãe mandou construir uma casa bem grande para mim e meus companheiros. Ali podíamos nos reunir, fazer as refeições e até dormir. Nós a chamávamos de *walamarou*, "o dormitório da associação". Foi a partir deste momento que comecei mesmo a formar um círculo de pessoas a meu redor e a desempenhar meu papel de chefe de *waaldé*.

Na escola dos mestres da palavra

Depois de jantarmos, juntos ou separados, Daouda, meus companheiros e eu às vezes nos reuníamos na grande praça de Kérétel, onde rapazes e moças de vários bairros de Bandiagara se encontravam à noite para conversar, cantar ou dançar à luz da lua. Gostávamos de dançar com as meninas da *waaldé* dirigida por Maraïma Jeïdani e eu já começava a pensar em "emparelhar" nossa *waaldé* com a dela, como era permitido pelo costume, por meio de um tipo de casamento simbólico entre as duas associações.

Na primavera, íamos à noite a Kérétel para ver os lutadores, escutar os *griots* músicos, ouvir contos, epopeias e poemas. Se um jovem estivesse em verve poética, ia lá cantar suas improvisações. Nós as aprendíamos de cor e, se fossem belas, já no dia seguinte espalhavam-se por toda a cidade. Este era um aspecto desta grande escola oral tradicional em que a educação popular era ministrada no dia a dia.

Muitas vezes eu ficava na casa de meu pai Tidjani após o jantar para assistir aos serões. Para as crianças, estes serões eram verdadeiras escolas vivas, porque um mestre contador de histórias africano não se limitava a narrá-las, mas podia também ensinar sobre numerosos outros assuntos, em especial quando se tratava de tradicionalistas consagrados como Koullel, seu mestre Modibo Koumba ou Danfo Siné de Buguni. Tais homens eram capazes de abordar quase todos os campos do conhecimento da época, porque um "conhecedor" nunca era um especialista no sentido moderno da palavra mas, mais precisamente, uma espécie de generalista. O conhecimento não era compartimentado. O mesmo ancião (no sentido africano da palavra, isto é, *aquele que conhece*, mesmo se nem todos os seus cabelos são brancos) podia ter conhecimentos profundos sobre religião ou história, como também ciências naturais ou humanas de todo tipo. Era um conhecimento mais ou menos global segundo a competência de cada um, uma espécie de "ciência da vida"; vida, considerada aqui como uma unidade em que tudo é interligado, interdependente e interativo; em que o material e o espiritual nunca estão dissociados. E o ensinamento nunca era sistemático, mas deixado ao sabor das circunstâncias, segundo os momentos favoráveis ou a atenção do auditório.

O fato de nunca ter tido uma escrita jamais privou a África de ter um passado, uma história e uma cultura. Como diria muito mais tarde meu mestre Tierno Bokar: "A escrita é uma coisa, e o saber, outra. A escrita é a fotografia do saber, mas não o saber em si. O saber é uma luz que existe no homem. É a herança de tudo aquilo que nossos ancestrais puderam conhecer e que se encontra latente em tudo o que nos transmitiram, assim como o baobá já existe em potencial em sua semente".

Às vezes, Koullel trazia seu mestre Modibo Koumba às sessões. Este, contemporâneo de El Hadj Omar, esclareceu-nos muito sobre os acontecimentos daquela época, da qual havia participado ativamente. Foi dos dois que ouvi pela primeira vez certas interpretações de grandes contos iniciáticos fulas que eu publicaria mais tarde, e que sob aparência agradável e recreativa encobrem profundos ensinamentos. Colegas de Koullel, também tradicionalistas em várias áreas, frequentemente o acompanhavam. Quando um deles falava, um guitarrista o acompanhava em surdina. Muitas vezes era Ali Diêli Kouyaté, o *griot* pessoal de Tidjani; mas outros *griots* cantores, músicos ou genealogistas também vinham animar estes serões, em que a música e a poesia sempre estavam presentes.

Neste aparente caos aprendíamos e retínhamos muitas coisas, sem dificuldade e com grande prazer, porque tudo era muito vivo e divertido. "Instruir brincando" sempre foi um grande princípio dos antigos mestres malineses. Mais do que tudo, o meio familiar era para mim uma grande escola permanente; a escola dos mestres da palavra.

Como em Buguni, sentado em um canto do pátio perto de Koullel, silencioso como cabia a toda criança no meio de adultos, eu não perdia uma migalha de tudo que ouvia. Foi lá que, mesmo antes de saber escrever, aprendi a tudo armazenar em minha mente, já bastante exercitada pela técnica de memorização auditiva da escola corânica. Fosse qual fosse a extensão de um conto ou de um relato, eu o gravava em sua totalidade e no dia seguinte, ou alguns dias depois, o repetia tal e qual a meus companheiros de associação. Daouda Maïga, Afo Dianou, Mamadou Gorel e alguns outros que também costumavam assistir a estes serões me serviam de garantia.

Foi nesta época que meu apelido Amkoullel tomou verdadeiramente o sentido de "pequeno Koullel" e começou a me valer certo prestígio entre os meninos da cidade. A isto juntava-se a generosidade de meus pais, que nos abrigavam, alimentavam e satisfaziam a todas as nossas necessidades, o que não deixou de contribuir para consolidar minha autoridade sobre meus companheiros.

Recolhíamo-nos a nossos respectivos leitos por volta das vinte e três horas, exaustos mas felizes, o que não nos impedia de acordar ao amanhecer para iniciar um novo dia bem intenso.

A horta de Sinali

As crianças de Bandiagara, como todas as crianças das grandes cidades, eram conhecidas por sua turbulência. Eram verdadeiros capetas, garotos espirituosos, trocistas, travessos, mas intrépidos e generosos. Daouda e eu adorávamos desafiá-los a correr riscos e a mostrar quem era o mais corajoso. Não só lhes tínhamos ensinado a assaltar a "aldeia de lixo" de Sinci, mas os levávamos a pilhar a horta das pessoas com fama de malvadas ou poderosas, como o cabo reformado Sinali, Fabéré o *sofa* (antigo guerreiro dos exércitos reais) ou mesmo o comandante de circunscrição. Durante as chuvas de invernagem, saqueávamos as plantações de milhete dos dogons. Daouda era mais audacioso que eu. Assim que nos encontrávamos bem no meio da plantação de milhete devastando os talos açucarados, ele adorava explodir em risadas. Eu morria de medo de que seu riso atraísse a atenção dos dogons e, com efeito, mais de uma vez fomos surpreendidos e perseguidos. Mas, graças a Deus, éramos velozes como gazelas e nunca nos pegavam. Na época, as depredações cometidas pelas crianças eram toleradas. As vítimas contentavam-se em dar uma sova naqueles que eram apanhados.

Uma de nossas aventuras, no entanto, por pouco não acabou mal: foi o saque da horta de Sinali, um dos atiradores que foram parar em Bandiagara depois de ter ajudado os franceses a conquistar o país. O pobre Sinali não tinha ganhado nada em seu prolongado contato com os militares franceses para os quais, no entanto, havia sido uma espécie de pau para toda obra. A opinião pública, talvez com exagero, via nele um tipo tosco capaz até de beber sangue.

Seus treze anos de serviço no exército colonial não lhe tinham proporcionado nenhum galão, mas havia sido tão bem treinado que entrar em posição de sentido e bater continência a quem quer que aparecesse em sua casa tinha se tornado um reflexo automático. Haviam-no apelidado de *bi-gardabou* (de *garde-à-vous*)[1] e *Hammadi gardabou* (filho mais velho do *garde-à-vous*).

Permanecera como atirador de segunda classe quase até o fim da carreira, o que o mortificava profundamente. Depois de se reengajar várias vezes, afinal conseguiu os três galões[2] de cabo que ornavam a manga de sua velha jaqueta cáqui, que não deixava de vestir quando ia encontrar-se com um funcionário, sobretudo um "branco-branco", um francês puro da França. A jaqueta tinha ficado muito apertada, mas ele não se importava.

---

1. *Garde-à-vous*: posição de sentido. [N. da T.]

2. Três galões: galões em V invertido, pregados nas mangas do uniforme, indicando a graduação. [N. da T.]

Quando lidava com interlocutores que ignoravam tudo sobre questões militares, vangloriava-se de seus três galões, chegando a declarar que eram superiores aos que se colocam mais abaixo na manga! Um dia em que estava contando suas façanhas em uma roda de desocupados apareceu Dianou, um cabeça quente de nosso bairro, pai de nosso companheiro Afo Dianou.

"Ei, Sinali!", falou. "Você pode nos dizer por que seus pretensos galões são menores que os galões inferiores e por que têm o cu para cima? Olhem, meus amigos, acreditem em mim, Sinali está levando vocês na conversa! Querem saber o que ele fez no exército durante seus treze anos de cativeiro? Eu vou dizer:

– Um: ficar em posição de sentido o dia inteiro.

– Dois: bater continência para todo mundo apertando bem a bunda para não peidar de medo e Deus sabe quantas vezes isto lhe aconteceu!

– Três: correr, deitar-se no chão, levantar-se e saltar obstáculos espalhados numa pista.

– Quatro: pegar todos os dias sua ração de um punhado de milhete, uma pitada de sal, bastante pimenta vermelha e um pedaço de carne.

E, como Sinali nunca fez outra coisa além disso, ao fim do contrato os franceses, muito espertos, colaram discretamente em sua manga três pequenos galões em forma de patas de avestruz e com o cu virado para cima."

Espumando de raiva, o velho soldado atirou-se sobre Dianou. Mas este era duro como ferro temperado; recebeu Sinali nos braços, segurou-o com força mantendo-o suspenso como se fosse uma palha e se pôs a gritar bem alto: "Onde tem uma boa pedra chata para que eu possa esmagar este velho imprestável cativo dos francesinhos?".

As pessoas acorreram a tempo de os separar. As crianças do bairro, nem é preciso dizer, não tinham perdido nada da cena.

De vez em quando, com alguns companheiros, divertíamo-nos em repetir a cena chamada "Dianou-Sinali". Não sei como Sinali ficou sabendo. O fato é que espionou nosso pequeno grupo com a paciência de um caçador de feras selvagens, e um belo dia acabou por nos surpreender em plena ação no vestíbulo de uma casa da cidade. Armado com um chicote de cipó trançado bem firme, precipitou-se sobre nós: "Gestações de meninas desavergonhadas", urrava, "vou ensiná-los a não zombar de Sinali e insultá-lo!". E, com toda a brutalidade que lhe era natural, fez chover sobre nós golpes que nos arrancaram a pele. Lembrando-se com certeza de que o pontapé no traseiro era particularmente apreciado entre os atiradores de seu tempo, ele nos gratificou com generosidade. Cobertos de sangue, chorando e gritando como pequenos colonizadores brancos, dispersamo-nos como uma revoada de pardais amedrontados.

Ora, ao contrário do que havia afirmado Dianou, durante seus treze anos de serviço Sinali não tinha se contentado em fazer exercícios físicos e peidar cada vez que um oficial francês subalterno passava; tinha aprendido a jardinagem e, de volta à vida civil, colocara seus conhecimentos conscienciosamente em prática. Após as chuvas de invernagem, quando as águas começavam a baixar, preparava no leito do rio Yaamé uma horta cuja beleza só era superada pelos jardins dos funcionários brancos do posto militar, ou pelo do chefe Alfa Maki Tall (filho do falecido rei Aguibou Tall), conservado pelo *sofa* Fabéré. Naquele ano, quando as chuvas cessaram e as águas do Yaamé baixaram, Sinali, como sempre, fez sua horta. Plantou vegetais europeus e muitos legumes locais: tomates, batatas doces, abóboras, quiabos, cabaças comestíveis, melões, etc.

Daouda Maïga veio me propor vingar-nos de Sinali saqueando sua horta. "Tenho medo de Sinali", admiti.

"Então você não é um puro filho de fula!", respondeu. "Bem, eu, Daouda Maïga, me vingarei de Sinali! Mamadou Gorel e Afo Dianou virão comigo. E direi a Maïrama Jeïdani que você é um covarde!"

O fato de ter pronunciado o nome de Mamadou Gorel, meu concorrente na *waaldé*, e o de Maïrama Jeïdani, a dirigente da associação de meninas diante de quem eu fazia questão de brilhar, acabou com minhas dúvidas e hesitações. "Além disso", disse a mim mesmo, "Afo Dianou, cujo pai é o terror de Sinali, estará conosco. Portanto, Sinali pensará duas vezes antes de repetir o tratamento que nos infligiu".

Organizamos um plano de ação. Antes de mais nada era preciso que Sinali se acostumasse a nos ver zanzar perto de sua horta. Daouda Maïga, Afo Dianou e eu, em nossos feriados escolares semanais (isto é, quarta-feira depois do meio-dia, quinta-feira e sexta-feira pela manhã), passamos a caçar lagartos e outros pequenos répteis habitantes das pedras que cobriam a margem do Yaamé, na frente da horta. Depois da caçada, descíamos para nos banhar no rio. Assim, Sinali não estranhava nossa presença.

Logo sua horta estava verdejante. Havia chegado o momento de agir. Nossa expedição seria composta por Daouda Maïga, Afo Dianou e eu. O encontro ficou marcado para a noite de quarta para quinta-feira seguinte; como não tínhamos aula na quinta-feira, em caso de necessidade poderíamos nos esconder o dia inteiro na *brousse*.

Na quarta-feira à noite, depois do jantar, Afo Dianou e Daouda vieram me buscar. Sem chamar a atenção, fomos até o Yaamé. Infelizmente para nós, um magnífico luar iluminava a paisagem. Algumas mulheres, por demais ocupadas durante o dia para se afastarem de casa, aproveitavam a linda noite para encher seus cântaros e refrescar-se na água do rio, delicadamente perfumada pelas raízes de vetiver que cresciam nas margens. Elas conversavam, cantavam, corriam perseguindo-se entre alegres risadas. Desviando-se para evitá-las, nosso pequeno grupo esgueirou-se no maior silêncio possível por trás dos arbustos e afinal chegou diante da horta rodeada por uma cerca viva de galhos espinhosos. Afo Dianou murmurou: "Precisamos ter certeza de que Sinali não está escondido por aí. Esperem que vou espiar". Deu a volta no jardim, mas não viu vivalma. Teve até a audácia de jogar pedras. Como nada se moveu, concluiu que Sinali tinha voltado para a aldeia. "O velho crocodilo voltou para casa", nos disse. "Vamos antes que volte, atraído pela algazarra das mulheres." Ele era bem capaz disso, pensamos, acostumado aos plantões e às rondas noturnas no exército.

Um de nós devia ficar à espreita para avisar os outros em caso de perigo. Como todos queriam participar do saque, foi preciso tirar a sorte. Afo Dianou foi o sorteado.

Para entrar na horta, ainda era preciso afastar os arbustos espinhosos. Isto levou tempo e nos valeu belos arranhões mas, afinal, Daouda e eu penetramos no lugar proibido. Era mesmo uma horta magnífica, mas pouco nos importava. Animados pela raiva que nos inspirava a lembrança da surra de alguns meses atrás, nós a devastamos sem remorso, arrancando, amassando, pisoteando até o último tomate, como macacos enlouquecidos soltos em um milharal. Antes de partir, abrimos uma parte da cerca viva na esperança marota de que alguma cabra ou burro errante fosse por ali pastar ao amanhecer, desviando de nós eventuais suspeitas.

Na manhã seguinte, quando Sinali descobriu sua horta devastada, sua única esperança destruída, não estávamos lá para assistir à cena, mas imaginávamos sem dificuldade sua cólera e a enxurrada de insultos que devia ter lançado aos céus! Para nosso azar, descobriu pegadas de crianças no chão. Deduziu que só crianças que tivessem tido algum envolvimento com ele poderiam ter praticado tal devastação e tinha seus palpites de quem fossem. Conhecendo a mentalidade dos nativos de Bandiagara, não nos acusou de imediato, mas visitou cada uma das casas como se tivesse ido desejar um cordial bom dia a nossos pais. Na verdade, pretendia nos surpreender, esperando que ao vê-lo nos traíssemos com alguma reação comprometedora, o que facilitaria sua acusação. Não adiantou nada, porque Daouda, Afo Dianou e eu não havíamos voltado para casa; tínhamos ido terminar a noite em nossa *walamarou*, o dormitório coletivo que minha mãe mandara construir para nós.

Quando Sinali chegou a casa de Moïre Modi Koumba, a mãe de Daouda, e ali também não encontrou nenhum de nós, não conseguiu se conter e explodiu: "Seu filho e seus companheiros entraram esta noite na minha horta! Eles a destruíram por completo! Por isso é que não ousaram voltar para casa esta noite! Mas hei de ajustar as contas assim que caírem em minhas mãos e isto não vai demorar!".

Moïre, como todos os pais das crianças que haviam apanhado de Sinali, só esperava o momento de dar-lhe o troco. "Ah, claro, você é um mestre em brutalidade", replicou, "um homem habituado a chicotear crianças. Mas se o que você quer é briga, vai ter guerra, e uma guerra que o fará esquecer sua horta. Seu velho atirador desprezível, coração de pedra, pulmão de ferro! Não contente de ter surrado nossos filhos que brincavam inocentes, você vem aqui, coberto de andrajos, com uma calça velha mais cheia de remendos do que de tecido e um velho barrete fedorento da época do general Faidherbe, para tentar me fazer engolir uma tartaruga...[3] Não sei o que dirão os outros pais, mas eu aviso: se tocar em um fio de cabelo de Daouda, eu partirei sua cabeça com um golpe do meu pilão. Seu 'treze-anos-de-serviço-militar-sem-galões'! Se não sair já daqui, vou chamar Dianou. Ele sabe quanto você pesa. Mas, desta vez, se ele o suspender no ar, serei eu a mostrar a pedra chata onde ele o esmagará até fazer seus ossos furarem sua carne!".

Cego de cólera, Sinali quis bater em Moïre. Por sorte, nosso *mawdo* Ali Gomni e Kaou Daouda, ambos companheiros de meu tio materno Hammadoun Pâté, que trabalhavam perto dali em sua sapataria, haviam sido alertados pela gritaria. Chegaram depressa e ameaçaram jogar Sinali na rua se não partisse de espontânea vontade e matá-lo se ousasse tocar em Moïre.

Obrigado a se retirar contra a vontade, Sinali foi direto à casa do *sofa* Fabéré, jardineiro do chefe Alfa Maki Tall. Contou-lhe sua desgraça, sublinhando os riscos que corriam todas as hortas de Bandiagara, em particular a do próprio Fabéré, se os saqueadores não fossem desmascarados e punidos com severidade. Fabéré se convenceu e encarregou-se de trazer Alfa Maki Tall para a causa de Sinali, causa que agora considerava sua.

Durante toda a manhã daquela movimentada quinta-feira, Afo Dianou,

---

3. Engolir uma tartaruga: equivalente ao nosso "engolir sapos"; em francês, *avaler une tortue*. [N. da T.]

Daouda e eu ficamos na *brousse* colhendo frutas e desalojando passarinhos dos ninhos, e fomos até a "aldeia de lixo" dos brancos de Sinci. Por volta do meio-dia, carregados de frutas silvestres, objetos variados e argila para modelagem, voltamos para a cidade risonhos e cobertos de suor, mas na verdade bastante inquietos sobre a sorte que nos esperava. Fomos primeiro a casa de Moïre, a mãe de Daouda. Ela nos contou em detalhes a briga com Sinali e depois pediu para dizermos, sob promessa de segredo, se, sim ou não, éramos os autores da devastação na horta do velho atirador. Afo Dianou, que às vezes dava prova de uma ingenuidade extraordinária, exclamou: "Mãe Moïre, não podemos dizer nada! Nós três juramos sobre as almas de nossos ancestrais nunca admitir que somos os autores do saque na horta de Sinali!"

Moïre nos olhou com severidade: "Vocês cometeram uma má ação", nos disse, "mas Sinali recebeu o que sua maldade atraiu. Agora, escutem bem; vocês não devem nunca, nem que sejam açoitados, admitir que são os culpados. Se forem interrogados, dirão que passaram a noite no dormitório. Acrescentarão que foram dormir cedo porque queriam sair de madrugada para a *brousse* a fim de fazer sua colheita e ir até Sinci procurar seus pequenos objetos. Entenderam?".

Os três balançamos a cabeça de baixo para cima, o que significa "sim".

Por seu lado, Fabéré havia passado o assunto para o chefe Alfa Maki Tall, que convocou Sinali para saber dos detalhes. Sinali deu-lhe os nomes de todas as crianças que tinha surrado no vestíbulo: Daouda, Maïga, Mamadou Gorel, Madani Maki, Abdallâh, Afo Dianou e Amkoullel. Alfa Maki Tall encarregou o *sofa* Koniba Kondala, chefe de nosso bairro, de proceder à investigação para descobrir o que havíamos feito na noite de quarta para quinta-feira. Este último soube que Madani Maki, neto de Kaou Diallo, o grande *griot* de Alfa Maki Tall, havia passado a noite com o avô na própria concessão do chefe e que de lá não tinha saído; as esposas de Alfa Maki Tall assim afirmaram. Mamadou Gorel estava ausente de Bandiagara. Abdallâh estava doente há três dias. Quanto a nós três, Koniba Kondala tinha ouvido dizer que havíamos passado a noite em nosso dormitório com a intenção de sair no dia seguinte bem cedo para a *brousse*, como de hábito.

Ao prestar contas ao chefe dos resultados de sua investigação, Koniba Kondala não deixou de referir-se à brutalidade com que Sinali nos havia tratado e à violenta sova a que nos havia submetido por termos encenado nossa pequena comédia às suas custas. Alfa Maki Tall era afável por natureza e gostava acima de tudo de ações cavalheirescas. Tocado sem dúvida por nossa determinação, declarou a Koniba Kondala: "Diga a Sinali que faça uma estimativa do estrago em sua horta. Vou indenizá-lo. Diga-lhe que estou contente por meus meninos, que ainda cheiram a leite materno, terem provado que não deixam uma afronta sem vingança. Se fossem mais velhos, estou certo de que não teriam se escondido para fazer um ajuste de contas com Sinali. Enfim, dê a ele este conselho de minha parte: que vigie sua horta como nunca, porque o que viu não foi mais que o começo. Isto durará duas ou três estações. É um costume infantil que se instaurou aqui desde os tempos de Tidjani Tall, o primeiro rei de Bandiagara".

E, dito e feito: durante três estações tentamos sem descanso penetrar na horta de Sinali ou enterrar espinhos em seu caminho. Mas, qual um cérbero, Sinali vigiava. A qualquer hora que chegássemos, dia e noite, lá estava ele. E assim que nos via perseguia-nos freneticamente, o que arrancava gritos de zombaria das mulheres que passavam carregando água: "Eh! Vejam Sinali metido com as crianças! Ei, Sinali! Pare! Pare!".

Faltou pouco para deixarmos o pobre Sinali completamente louco. Ele chegou ao ponto em que a simples visão de uma criança, mesmo na cidade, o fazia perder as estribeiras. Não conseguia conter-se e a perseguia, lançando-lhe punhados de terra e injúrias. Era visto gesticulando e falando sozinho na rua, resmungando frases sem sentido sobre as crianças e seus pais. Um belo dia, não me lembro mais como nem por que, paramos de atormentar Sinali, o velho atirador com três galões.

Valentins e Valentinas

Nossa *waaldé* aumentava cada vez mais, mas continuava uma *waaldé* "solteira". Para considerar-se completa, faltava-lhe emparelhar-se, de acordo com o costume, a uma associação de garotas da mesma faixa etária, de quem nos tornaríamos uma espécie de cavaleiros andantes e protetores oficiais, enquanto elas seriam nossas "damas do coração" platônicas. Para usar um termo utilizado por alguns etnólogos franceses, seriam nossas "Valentinas" e nós, seus "Valentins". (Que eu saiba, este costume, que remonta a um passado longínquo, existia em toda a África subsaariana.)

Por volta de 1911 (não posso garantir com exatidão as datas dos acontecimentos dessa época), decidi submeter esta proposta a votação e convoquei uma reunião plenária. A sessão ocorreu depois do jantar, em noite de lua cheia. Era uma dessas noites africanas em que homens e animais, felizes por serem banhados por tão suave luz, gostam de prolongar um pouco a vigília. De tempos em tempos ressoavam cantos, palmas ritmando passos de dançarinos, gritos de crianças, ladrar de cães; em suma, todo o concerto de sons alegres e agradáveis ligados, em minha lembrança, aos belos serões de minha infância em Bandiagara.

Nessa noite, a lua derramava sobre os muros cinzentos e ruelas serpenteantes uma luz leitosa de tal claridade que seria possível distinguir uma agulha no chão. A escuridão, vencida, tinha se refugiado nas fendas das portas e dos vestíbulos. Nos muros, só restavam as sombras escuras projetadas pelas calhas protuberantes parecidas a bocas negras ou buracos misteriosos.

Avisados com dois dias de antecedência pelos moutassibi e os *griots*, meus companheiros estavam a minha espera. Os moutassibi sempre chegavam primeiro para conferir a identidade dos participantes e anotar o nome dos eventuais retardatários e ausentes, que eram multados. As brincadeiras de costume entre companheiros corriam livres até o chefe declarar o início da sessão, o que só podia ocorrer na presença do cádi.

À minha chegada, o moutassibi Bori Hamman disse em voz alta: "Amîrou warî!" (O chefe chegou!). Todos os presentes exclamaram em coro: "Bissimillâhi amîrou!" (Bem-vindo, chefe!). Sentei-me confortavelmente no chão, com as pernas cruzadas. Mamadou Gorel, chefe adjunto, veio colocar-se a minha direita e Daouda Maïga, cádi, a minha esquerda. O peito inflado com certo sentimento de importância, exclamei: "Waaldé joodiim!" (A waaldé está sentada!), equivalente ao tradicional: "Está aberta a sessão!" das assembleias ocidentais.

Afo Dianou, o moutassibi adjunto, vociferou "Soukoumek!", interjeição um tanto vulgar que significa literalmente "Fechem-nas!". Este plural designa as duas portas principais de saída do corpo, a de cima e a de baixo. Quando o silêncio foi total, Bori Hamman, o moutassibi principal, virou-se em minha direção e disse: "Nós o escutamos, chefe".

Fui direto ao assunto da reunião: "Ó, associados! O encontro desta noite tem por objetivo submeter a vocês uma ideia que concebi. Espero que ela se torne também de vocês. Examinem-na, vejam se vale a pena e digam se estão de acordo em realizá-la. Como sabem, nossa waaldé não tem uma associação feminina para servir-lhe de esposa. Ela ainda é celibatária. Isto não pode continuar assim. De todas as waaldés de meninas de nossa idade, a que foi criada por Maïrama Jeïdani me parece a mais indicada para se tornar nossa sócia. Ela já foi solicitada por três associações de meninos rivais da nossa e com as quais temos contas a ajustar. Nossa proposta será mais uma, mas não é esta perspectiva que nos fará recuar. Tem a palavra agora o cádi".

"Eu gosto desta ideia", declarou Daouda Maïga, "e peço que todos os que sejam a favor gritem: Allâhu townu dîna! (Que Deus eleve muito alto a comunidade!)".

"Por que ir ao outro lado da cidade para encontrarmos Valentinas?", perguntou nosso companheiro Amadou Sy. "Não podemos encontrar nada mais perto?"

"Amadou Sy", respondeu Gorko Mawdo, "você está dizendo isto levado por um ressentimento que eu conheço..."

"Mentiroso de lábios finos como a lâmina de uma navalha!", explodiu Amadou Sy. "Que injúria sofri da qual guardei lembrança desagradável? Por quem, onde e quando foi pronunciada? Além disso, tenho jeito de um menino que se pode insultar sem consequências?"

Tive de intervir e mandar os dois brigões se calarem sob pena de pagar uma multa. Amadou Sy virou-se para mim: "Chefe, jamais permitirei a Gorko Mawdo, este filho de tecelão cambaio e dos mais desajeitados, me ofender em plena reunião!".

"Cádi!", exclamou nosso moutassibi adjunto Afo Dianou, "cito Amadou Sy por ter sido o primeiro a insultar Gorko Mawdo referindo-se ao pai dele!".

"A citação foi ouvida", fez Daouda Maïga.

No decorrer da sessão, aconteceram cinco ou seis confrontos do mesmo gênero, logo assinalados pelo moutassibi. Finalmente, minha proposta foi aceita e encarregaram-me de dar início às primeiras providências para o emparelhamento. Amadou Sy e os outros encrenqueiros foram julgados e condenados a pagar multas de noz-de-cola por indisciplina e grosseria durante a reunião.

No dia seguinte ao encontro, fui até a casa de nosso mawdo Ali Gomni para pedir que começasse as negociações de costume junto a Martou Nawma, anciã e presidente de honra da waaldé de Maïrama Jeïdani. Ali Gomni apresentou nosso pedido, que reforçou com um presente de cem nozes-de-cola, pago de seu próprio bolso. Martou Nawma recebeu as colas, o que já equivalia a uma aceitação implícita.

"Pessoalmente, não tenho motivos para recusar a waaldé de Amkoullel", disse. "Sou amiga e companheira de idade de Kadidja, e portanto Amkoullel é meu filho. Mas, não faço segredo, a waaldé de Maïrama Jeïdani é muito solicitada. Já registrou três pedidos. O seu é o quarto. O costume, você sabe, dita que as meninas decidam sozinhas; não devo influenciá-las em nada. Mas, se vierem pedir minha opinião, eu já sei o que recomendarei: será a waaldé de Amkoullel, nem é preciso dizer."

Para aumentar nossas chances, Ali Gomni aconselhou-me a levar meus companheiros para brincar e dançar com as garotas sempre que possível, procurar agradá-las e ser-lhes úteis de todas as maneiras.

Nessa mesma noite, convoquei uma reunião extraordinária de todos os nossos companheiros para informá-los do resultado das negociações e dos conselhos de nosso mawdo. Propus organizar sem demora um grande evento com festejos e danças, para o qual se coletou uma subscrição denominada "de galanteio", com contribuição mínima de quarenta cauris. Graças à ajuda de todos os pais, juntamos oito mil cauris e quatrocentas nozes-de-cola, o que nos permitiu organizar para as meninas uma grande festa chamada "da generosidade". Nossos adversários viriam disputar conosco as honras reservadas aos maiores doadores.

A festa ocorreu alguns dias depois. A noite foi animada por *griots* guitarristas-cantores e *griots* genealogistas-panegiristas ligados às famílias. Para abrir a festa, os *griots* cantaram louvores a Maïrama Jeïdani e sua família. Em honra à jovem, os chefes das três associações rivais da nossa deram aos *griots*, como era costume, grandes quantidades de noz-de-cola e cauris. Usando um porta-voz, como convém a qualquer chefe que se preze, declarei por intermédio de nosso moutassibi Bori Hamman que não só oferecia aos *griots* uma soma bem mais alta em honra a Maïrama, mas que também acrescentava, para as pessoas de casta ligadas às famílias das meninas, a doação de um carneiro e o valor dos condimentos para preparar um bom assado. Dei o toque final oferecendo aos *griots* mais um presente substancial, desta vez em honra a todas as companheiras de Maïrama. Nossos rivais não haviam pensado nas outras meninas nem nas pessoas da casta de suas famílias. Meu anúncio foi recebido com gritos entusiasmados dos *griots* que improvisaram de imediato louvores em minha honra e em honra de minha família. Continuaram assim a noite inteira, cantando louvores a uns e outros da maneira tradicional.

O consenso popular acabara de aprovar a candidatura de nossa waaldé, mas ainda não havíamos obtido a decisão das jovens; ainda não éramos seus Valentins oficiais. Nessa espera, meus companheiros iam todas as noites, em pequenos grupos, vigiar para que ninguém fosse se engraçar com nossas futuras Valentinas. De acordo com a tradição, tínhamos nos tornado responsáveis por sua virtude e devíamos defendê-las e ajudá-las em todas as circunstâncias. Montávamos guarda armados de bastões e de chicotes feitos de cipós flexíveis. Mas é óbvio que, na mesma medida em que queríamos desencorajar nossos rivais, estes estavam decididos a vingar-se – o que tentaram fazer um pouco mais tarde.

Quis a sorte que Maïrama Jeïdani, que como chefe de sua waaldé estava destinada a tornar-se minha Valentina conforme a tradição, se ligasse sinceramente a mim. Ela era uma xarife (descendente direta do Profeta por parte de pai) pertencente a uma família de mestiços árabes de Tombuctu, e gozava de grande reputação de santidade. E, o que não era nada mau, era particularmente bonita, charmosa e dotada de forte personalidade. Quanto a sua segunda, Aye Abbassi, não tinha olhos senão para Daouda Maïga, de quem gostava muito. Como estas duas jovens lideravam as outras, nossa vitória estava garantida.

Nossos rivais compreenderam bem depressa que ali não havia lugar para eles. Nossa waaldé não só era mais bem provida, como contava com mais meninos belicosos e bem treinados. Algumas escaramuças de que nossos adversários saíram derrotados provaram que não éramos do tipo que abre mão de uma conquista...

Um mês depois daquela noitada memorável, as companheiras de Maïrama Jeïdani tomaram sua decisão; escolheram-nos como seus Valentins. Martou Nawma, a presidente de honra, avisou nosso mawdo Ali Gomni. O costume determinava que os garotos enviassem às meninas um dote de casamento simbólico: dois cestos de milhete, um cesto de arroz, um carneiro bem gordo, dois mil cauris e mil nozes-de-cola. Minha mãe pagou tudo.

Com estes presentes, nossas Valentinas prepararam um grande cuscuz e nos convidaram a comer e dançar com elas. Naquela noite, foram distribuídos pratos de comida por toda a cidade para anunciar o casamento de nossas associações.

Na noite seguinte realizou-se uma reunião geral das garotas e garotos na casa de Martou Nawma com a presença de Ali Gomni. Nossos dois presidentes de honra procederam ao emparelhamento oficial dos meninos e meninas. De acordo com o costume, cada garoto dirigente foi declarado Valentim de uma garota dirigente. Tornei-me, portanto, o Valentim de Maïrama Jeïdani; Daouda Maïga, o de Aye Abassi e assim por diante. Para os membros não dirigentes das duas associações, cada menina recebeu seu Valentim por sorteio. No início, as meninas eram mais numerosas que os meninos e nossos presidentes chegaram a pensar que elas poderiam ser coletivamente Valentinas de toda nossa waaldé, mas novas e entusiásticas adesões masculinas logo vieram restabelecer o equilíbrio. Cada menino queria sua própria Valentina, mesmo pequena e feia, a fim de ter alguém a quem cortejar, servir, proteger e por quem ser responsável. De fato, se a tradição permitia ao Valentim brincar galantemente com sua Valentina – hoje em dia diríamos flertar –, era com a condição expressa de respeitar sua castidade. Podia cantar a beleza de sua Valentina em poemas, gabar-lhe as virtudes e méritos, dedicar-lhe suas proezas, consagrar-lhe uma noite poética e musical em companhia de um *griot*, mas a comunidade o responsabilizava pessoalmente pela pureza da jovem até o casamento dela. Era uma questão de honra para ele e para toda a sua família.

Como os casamentos ficavam acertados desde a infância entre primos e primas, era muito raro que um Valentim pudesse desposar sua Valentina (o que se chamava "colocar mel no leite"). Sua honra e glória consistia em conduzir sua "dama" virgem até o dia do casamento.

Dizia-se: "Ele pode morrer de fome ao lado de um prato delicioso sem tocá-lo". Mestre de seus instintos, ele se consagrava como digno de confiança e tornava-se, por direito, o melhor amigo do casal.

É claro que eu não poderia garantir a virtude de todos os Valentins e Valentinas através dos séculos, mas tenho certeza de que durante minha juventude, em Bandiagara, jamais se ouviu falar de um só caso em que um Valentim não tivesse respeitado a honra de sua Valentina – e, considerando-se o costume, se isto acontecesse, com certeza se saberia!

A vitória de nossa associação sobre as outras no emparelhamento com as garotas, além de prosperidade e alguns lances de brilho, teve a consequência natural de acender os ciúmes de muitos, que acabaram por tornar-se inimigos a serem enfrentados, como se verá mais adiante. Enquanto isso, assim que éramos dispensados do curso da escola corânica, não pensávamos senão em nos divertir e brilhar aos olhos de nossas Valentinas. Sessões de mímica e de narração de histórias representavam ocasiões especiais para isso.

Kadidja e Tidjani: o drama

Dividindo-me entre minhas duas famílias pelas quais era igualmente mimado; entre meu irmão mais velho Hammadoun e meu irmãozinho Mohammed el Ghaali, de quem era protetor; entre meus mestres Tierno Bokar e Koullel, que me davam, cada um dentro de sua respectiva área, tudo aquilo que poderia enriquecer o espírito de uma criança; e entre meus companheiros e nossas encantadoras Valentinas, eu era um dos meninos mais felizes de

Bandiagara, a cidade onde as crianças eram pequenos reis. Um drama súbito veio desequilibrar tudo isto.

As mulheres tucolores Tall e Thiam da família de Tidjani, incluindo esposas e parentes, não tinham perdoado Kadidja por ter introduzido como "primeiro filho" seu pimpolho fula, mesmo havendo sido a última a entrar no seio da família, e, principalmente, por ter se tornado a grande dona da casa, graças a seu empenho no trabalho e à afeição que lhe dedicava Tidjani. Como a velha Yaye Diawarra não estava mais presente para defender Kadidja, as mulheres retomaram as hostilidades, esperando o momento favorável para desfechar um golpe mortal. Esta ocasião apresentou-se com a partida de Tidjani para Tombuctu, para uma longa estada de negócios.

Faman N'Diaye, a anciã entre os parentes de Tidjani, aproveitou-se dessa ausência para montar uma verdadeira trama contra minha mãe. Segura do apoio de todos os membros femininos da família, foi procurá-la. "Nós todas, parentes próximas ou esposas de Tidjani", disse, "já a suportamos o suficiente. Decidimos que, se seu marido não a repudiasse, todas nós nos separaríamos dele. Falamos com ele antes que partisse e ele concordou em divorciar-se de você, mas não ousou dizer-lhe cara a cara. Foi por isso que me encarregou de comunicar a você sua decisão. A partir deste instante, seu lugar e o de seu filho Amadou Hampâté não é mais nesta casa. Faça como deve fazer toda mulher repudiada: pegue suas coisas, leve com você seu filho nascido de outro leito e volte para a casa de seu pai ou para a casa do pai de seu filho. Saudações!".

Sem responder o que quer que fosse, Kadidja juntou suas coisas e voltou para a casa de sua família. Faman N'Diaye clamou vitória. Não é que, na primeira tentativa e sem dificuldade, ela havia vencido esta mulher fula que até então nenhum homem, nenhuma desgraça tinha conseguido abater?

Ela escreveu uma longa carta em árabe a Tidjani anunciando que, após decisão unânime de todos os membros femininos da família, Kadidja fora repudiada, havia aceito o divórcio e deixado a concessão marital para voltar à casa paterna. Infelizmente, Tidjani, tão corajoso diante da adversidade, era muito fraco diante dos seus. Ao invés de protestar, demorou-se demais em Tombuctu com seus negócios, pensando que tudo não passaria de um incidente e que o tempo arranjaria as coisas. Pouco dotado para a diplomacia, como já se viu, cometeu o erro de nada dizer a Kadidja, nem diretamente, nem por intermediário.

Profundamente magoada, minha mãe decidiu deixar Bandiagara para sempre. Vendeu algumas cabeças de gado de seu rebanho e organizou a viagem, levando consigo meu irmãozinho Mohammed el Ghaali, sua fiel Batoma e uns poucos servos. Como meu irmão mais velho Hammadoun Pâté e eu estávamos sob a tutela de nossa família paterna, minha mãe foi obrigada a nos deixar em Bandiagara aos cuidados de nosso tio materno Hammadoun Pâté e nossa tia Sirandou Pâté. Confiou-nos a Tierno Bokar para continuar nossa formação moral e religiosa e partiu para Mopti. Por infelicidade, mal ela chegou abateu-se a desgraça: meu querido e sorridente irmãozinho, então com 6 ou 7 anos, pegou rubéola e morreu.

Avisado, Tidjani acorreu depressa a Mopti. Encontrou minha mãe preparando-se para partir para Bamako, o mais longe possível de Bandiagara, em busca de um pouco de paz. Ela tinha necessidade de acalmar os nervos abalados – muito mais abalados, aliás, pelo silêncio do esposo e a morte do filho do que pela conduta das parentes de Tidjani. Estas não haviam poupado esforços desde o início de seu casamento para humilhá-la e destruí-la, e Kadidja sempre as enfrentava; mas os últimos acontecimentos tinham sido demais para ela.

"Como é que você pode partir para Bamako sem minha autorização, sendo minha mulher?", perguntou Tidjani. "Não", respondeu Kadidja. "Suas mulheres, todas filhas de reis, estão em Bandiagara. Quanto a mim, filha do pastor Pâté Poullo, eu era sua mulher-serva e agora sou divorciada. O prazo já prescreveu; portanto, sou livre. Até o laço que nos unia se rompeu: era seu filho Cheik Mohammed el Ghaali. Você acabou de ver seu túmulo… Amanhã parto para Bamako. Desejo-lhe uma vida longa e feliz com suas esposas e a dona de sua família, Faman N'Diaye, que tem o direito de desposar suas mulheres e de repudiá-las em seu lugar e por sua conta!"

Tidjani tentou o impossível para fazer Kadidja voltar atrás em sua decisão, mas ela não quis ouvir mais nada. No mesmo dia, ele foi procurar o marabu Alfa Oumarou Hammadi Sanfouldé para pedir que interviesse junto a minha mãe. Mas, quando o marabu se apresentou no dia seguinte em seu alojamento, soube que ela tinha partido bem cedo a bordo de um vapor, em direção a Bamako.

Desesperado, Tidjani voltou a Bandiagara. À sua chegada, os parentes próximos reuniram-se para saudá-lo, liderados por Faman N'Diaye. Esta, confiante na ascendência que exercia sobre Tidjani por seu direito como mais velha, tinha assumido toda a responsabilidade moral pelo repúdio a Kadidja; quando algumas de suas companheiras se inquietaram com a possível reação de Tidjani, ela lhes respondeu: "É assunto meu!".

Ela deu as boas-vindas a Tidjani, mas, assim que tentou falar de Kadidja ele a interrompeu: "Vocês todas agiram segundo a própria paixão. Não me deem nenhuma explicação, vão explicar-se com 'seu Tidjani'. Eu não sou mais nada para vocês. Vocês não querem saber de Kadidja porque têm ciúmes. Eu era uma árvore sob a qual vocês repousavam, dormiam e acordavam para comer os frutos; mas o que vocês deliberadamente decidiram ignorar é que Kadidja era a seiva vivificante da árvore que eu sou. Pode uma árvore viver sem sua seiva? Eu não posso viver sem Kadidja. Portanto, na semana que vem vou juntar-me a minha mulher, aquela que sabe enfrentar soldados e escuridão, que sabe usar seu sangue e seu suor para que eu coma e faça vocês comerem.

Saiam de minha frente! Inventem um Tidjani que lhes aprouver! O homem é feito de lama, não é o que dizem? Pois bem, vocês encontrarão bastante no grande charco de Bilal Samba Lâna, em Bandiagara. Sirvam-se. Vocês se arrogaram direitos que nem Deus se permite: pronunciar o divórcio entre um homem e sua esposa!".

Para consternação da família, Tidjani começou a liquidar todos os seus negócios em Bandiagara. Quando tudo ficou em ordem e os recursos da família foram assegurados, despediu-se de Tierno Bokar e, por sua vez, deixou a cidade. Foi primeiro para Mopti e depois para Bamako, onde se encontrou com Kadidja. Ele conseguiu obter seu perdão. Como o casamento não tinha sido dissolvido legalmente, retomaram a vida em comum. A partir daí, livres de toda complicação de família, viveram felizes lado a lado até o fim da vida.

Tidjani havia deixado Bandiagara sem remorso porque, excluindo-se o grupo de parentes e de amigos fiéis com quem se dava, desde seu retorno de Buguni a sociedade tucolor não o tratava como convinha à classe a que pertencia, e ele sofria em silêncio. Assim, decidiu refazer a vida em outro lugar, o que conseguiu em Kati, pequena cidade de guarnição militar perto de Bamako e onde seu lar se enriqueceu com três novos filhos.

Em Kati, Kadidja retomou suas atividades comerciais – que, aliás, a levariam de tempos em tempos a Bandiagara – e Tidjani, seus trabalhos de marabu e alfaiate-bordador, aos quais iria acrescentar um pequeno comércio de produtos muito procurados por causa da proximidade do campo militar. Reuni-me a eles em 1915, ao fugir da escola francesa...

E foi assim que meu pai adotivo, Tidjani (Amadou Ali) Thiam, tirou os pés dos estribos de prata da chefia de Luta para pousá-los, sem complexo, sobre o pedal de uma máquina de costura, em frente a uma banca de mercadorias onde balas, fósforos, açúcar e biscoitos coexistiam ao lado do "azul Guimet"[4].

---

4. "Azul Guimet": de Jean-Baptiste Guimet, químico francês que por volta de 1827 sintetizou o

Ele vendia um pouco de tudo excluindo licor e vinho, proibidos pelo Alcorão, e tabaco, do qual um bom adepto da Tidjaniya nem chegaria perto!

A circuncisão de meu irmão Hammadoun

A partida de Kadidja foi um golpe doloroso para Hammadoun e para mim, mas meu irmão mais velho talvez tenha sido o mais atingido. Privado de nossa mãe durante os longos anos de exílio em Buguni, apegou-se muito a ela quando a reencontrou. Como eu, vivia na casa paterna com Beydari, Niélé e os outros companheiros, mas visitava Kadidja todos os dias e frequentemente comia ou dormia na casa dela. O vazio deixado pela partida de nossa mãe e a morte de nosso pequeno irmão aproximou-o ainda mais de mim. Na escola corânica ou em casa, estávamos sempre juntos e, se eu não estivesse passando a noite com meus companheiros de associação, ele dava um jeito de dormir ao meu lado. Acabaram por nos chamar de "fios da mesma coberta". A afeição que nos ligava ajudou-nos muito a atravessar este momento difícil.

Não íamos mais à concessão de Tidjani, da qual tínhamos sido excluídos. De qualquer maneira, o pátio dessa casa, que tantas vezes havia vibrado à noite ao ritmo de cantos, poemas e guitarras, e onde haviam ecoado os relatos dos grandes feitos do passado, este pátio onde nos havíamos embriagado com a magia do Verbo, tinha se tornado tristemente silencioso. Mas Koullel continuava presente; vinha me buscar para levar-me às sessões que organizava aqui e ali com seus amigos e colegas. Minha formação tradicional, portanto, não foi interrompida. E, além disso, sempre havia as noitadas na praça de Kérétel, verdadeiro coração noturno da cidade, onde o espetáculo era permanente...

Passado algum tempo, nossa atenção foi atraída por um importante acontecimento, que varreu todas as outras preocupações: a circuncisão de Hammadoun.

Depois do batismo (cerimônia de imposição do nome), a circuncisão é a segunda cerimônia pública da vida de um homem, sendo o casamento a terceira. Como o batismo, ela causa muitas despesas. Auxiliada pelos parentes e amigos, a família prepara-se muito tempo antes para a ocasião. Depois da colheita, quando os celeiros estão cheios e os ventos começam a soprar, os anciões da aldeia ou do bairro reúnem-se para organizar a cerimônia.

Em geral, as crianças a serem circuncidadas têm entre 7 e 14 anos. Para os

---

azul-ultramarino, cor muito usada até hoje na África para tingimento de tecidos e especialmente apreciada pelos fulas. [N. da R.]

Imagem e Memória

As imagens reproduzidas neste livro integram o CD-ROM *Atlas du Patrimoine* (1895-1930) *Cartes postales d'Afrique de l'ouest*, editado pelo programa "Mémoire du Monde" da Unesco, numa produção da Association IMAGES & MÉMOIRES.

Para mais informações sobre imagens da África, acessar:

http://www.imagesetmemoires.com/index2.html
http://home.planet.nl/~kreke003/homfra.htm
http://www.unesco.org/webworld/mdm/visite/cartpafr/fr/present1.html
http://www.au-senegal.com/-Cartes-postales-anciennes-.html?lang=fr

Mulheres fula das margens do rio Bani. (Fortier/CGF 1907)

"Meus longínquos ancestrais paternos aí chegaram por volta do fim do século XV. Instalaram-se na margem direita do Bani (afluente do Níger), entre Djenné e Mopti, na região denominada Fakala, ou 'para todos', pois os fulas ali coabitaram com diversas etnias locais: bambara, marka, bozo, somono, dogon, etc." (p. 21)

Região de Mopti – Rebanho nas margens do rio Níger. (Fortier/CGF 1906-1907)

"No momento de meu nascimento, minha avó Anta N'Diobdi encontrava-se em Taykiri (um lugar perto de Mopti, a cerca de setenta quilômetros de Bandiagara) para onde acompanhara seu rebanho em transumância." (p. 51)

Bandiagara – Recolhimento de imposto in natura (tecidos de algodão). (Fortier/CGF 1906-1907)

"Todo ano, era dever dos chefes de província (transformados em chefes de cantão depois da reforma administrativa e da destituição do rei) coletar o imposto cobrado das populações para os cofres da administração colonial. Fazia parte do cargo." (p. 62)

Trompa de Guerra ou sirene de alarme dos Samos. (Pères Blancs 1920-1925)

"Ao ouvirem Tombo Tougouri entoar a plenos pulmões o canto de guerra, os samos levantaram-se como um só homem para libertá-lo [...]" (p. 64)

34. Afrique Occidentale — SOUDAN — BANDIAGARA
Maison du Fama Aguibou, roi du Macina

Bandiagara – Palácio do Fama Aguibou, ex-rei do Macina. (Fortier/CGF 1906-1907)

"Acompanhado de alguns notáveis, o rei Aguibou Tall dirigiu-se enfim ao palácio e entregou o relatório de Tidjani Thiam ao comandante de circunscrição." (p. 65)

Sobre o rio Níger Nyamina. (Fortier/CGF 1906-1907)

"Nossos marinheiros evitavam parar nos portos das grandes cidades como Sansanding, Segu e Nyamina [...]" (p. 114)

Na aldeia crianças aprendendo a ler o Alcorão. (Fortier/CGF 1900-1903, 1915-1921)

"Quando cheguei à idade de 7 anos, uma noite, depois do jantar, meu pai me chamou. Ele me disse: [...] 'A partir desta noite, você entra em sua grande infância. Terá certos deveres, a começar pelo de freqüentar a escola corânica. Aprenderá a ler e a memorizar os textos do livro sagrado, o Alcorão, a que chamamos também Mãe dos Livros'." (p. 135)

Floresta de Baobás. (Fortier/CGF 1908-1909)

"O saber é uma luz que existe no homem. É a herança de tudo aquilo que nossos ancestrais puderam conhecer e que se encontra latente em tudo o que nos transmitiram, assim como o baobá já existe em potencial em sua semente." (p. 175)

Aldeia sobre o rio Níger. (Fortier/CGF 1906-1907)

"De longe em longe, viam-se aldeias que pareciam formar ilhotas de argila ocre ou cinza na superfície das águas. Quase sempre escondidas por pequenos bosques de delgados *rôniers* de palmas em tufos espessos e encrespados como redes emaranhadas, as ilhotas dominavam um oceano de verdura [...]" (p. 245)

Djenné – Residência de um Notável. (Fortier/CGF 1906-1907)

"[...] em seguida apareceram as casas avarandadas da cidade, com seus característicos desenhos decorativos de beleza excepcional e cercadas de folhagens verdejantes." (p. 245)

411. Afrique Occidentale - SOUDAN - DJENNÉ
Petit cimetière au centre de la Ville

Collection Générale Fortier, Dakar

Djenné Pequeno cemitério no centro da cidade. (Fortier/CGF 1906-1907)

"Pequenos cemitérios pontilhavam a cidade. Ali estavam sepultados santos, que eram invocados, mas, tanto dentro de seus muros como do lado de fora, também havia antigos locais sagrados pagãos onde algumas pessoas ainda continuavam a fazer sacrifícios, como o muro da virgem Tapama ou o bosque sagrado de Toula-Heela, esidência do grande gênio Tummelew, senhor da terra e protetor da região." (p. 250)

> 1278 Afrique Occidentale - Samory - Dioula Soudanais
> Devenu un puissant Almamy, ennemi de la France
> Capturé en 1898

Samory Diola sudanês. Tornou-se um poderoso Almamy, inimigo da França. Capturado em 1898. (Fortier/CGF 1907)

"Em minha família, vivia um velho *spahi* aposentado, Mamadou Daouda, que tinha participado das campanhas do exército francês contra o *almamy* Samory." (p. 263)

O "Mage", barco a vapor no rio Níger. (Fortier/CGF 1906-1907)

"O Sr. M'Bodje esperava tomar o barco *Le Mage* (nome de um famoso explorador), cuja partida estava prevista para as treze horas, mas antes disso era preciso visar os documentos na residência oficial da circunscrição." (p. 277)

Bamako – Uma rua. (Fortier/CGF 1906-1907)

"Desde 1908, Bamako era a capital do Alto Senegal e Níger e, como tal, residência do governador do território." (p. 284)

Atiradores sudaneses em Kati. (Fortier/CGF 1906-1907)

"Até a ocupação pelos europeus, Kati não passava de um pequeno povoado notável pela fertilidade de suas terras, bem irrigadas pelas águas de um rio perene que serpenteava pelo fundo do vale antes de ir desembocar no Níger, em Bamako. Os franceses aí fizeram um posto militar que foi crescendo em importância, a ponto de se tornar sede do segundo regimento de atiradores senegaleses." (p. 289)

Mademba-Si, Fama de Sansanding - Rendeu grandes serviços na época da ocupação do Sudão. (Fortier/CGF 1906-1907)

"[...] Mademba Sy não era um rei comum. [...] Muito chegado ao coronel Archinard, tinha auxiliado a penetração francesa na região a seu lado, implantando linhas de telégrafos a cada conquista. Foi ele que instalou a linha de telégrafo ligando Kayes a Bamako, a fuziladas, por assim dizer, dadas as condições particularmente difíceis e perigosas na época pelos frequentes ataques de que ela era alvo.

Para recompensá-lo por seus bons e leais serviços, o coronel Archinard lhe outorgara o estado de Sansanding e, 'em nome da República Francesa', o nomeara rei desse estado [...] Foi assim que, de simples empregado do correio, Mademba Sy passou a rei do estado de Sansanding. Seguro do apoio incondicional dos franceses, exerceu sobre os súditos um poder tão absoluto que foi chamado de 'o faraó do Arco do Níger'." (p. 302-303)

7. École de BAMAKO

Escola Profissional de Bamako. (Mali 1920-1922)

"A Escola Regional de Bamako, situada na praça da República, era dirigida pelo Sr. Séga Diallo, professor diplomado pela Escola Normal, cuja severidade só era comparável a sua competência pedagógica sem par, alvo da admiração de todos os professores europeus [...]" (p. 317)

263. Afrique Occidentale - SOUDAN — BAMAKO - Le Marché

Bamako o mercado. (Fortier/CGF 1906-1907)

"Das onze às catorze horas, estávamos livres. Ia comprar no mercado ou na loja Maurer um pedaço de pão por dez centavos e uma lata de sardinha por cinqüenta. Era esse meu almoço." (p. 318)

Uma rua de Gorée Escola Normal W. Ponty. (Barthés et Lesieur 1900-1901)

"A Escola Profissional de Bamako (onde, como em todas as outras escolas, o uso das línguas maternas era banido e punido) preparava os alunos, num ciclo de dois anos, para o concurso de admissão em uma das grandes escolas do governo geral da A.O.F. situadas em Goré, de onde sairiam professores, auxiliares nativos da administração colonial e médicos assistentes. Assim, a ilha de Goré, que na época do tráfico negreiro servira de porto de embarque de milhões de infelizes para a outra margem do grande 'lago salgado', tornou-se, por uma destas viradas irônicas do destino, um cadinho onde iriam se formar, para melhor servir aos interesses da França em suas colônias, as elites negras que em sua maior parte trabalhariam mais tarde pela libertação e a independência de seus países." (p. 334)

Mesquita às margens do rio Níger. (Fortier/CGF 1906-1907)

352. Afrique Occidentale - SOUDAN — Les bords du Niger - Le Bara-Isa à Saraféré

As margens do rio Níger – O Bara-Isa em Sarafere. (Fortier/CGF 1906-1907)

Afrique Occidentale ~ SOUDAN
316. Marché dans un village (Nyamina)

Collection Générale Fortier, Dakar

Mercado numa aldeia – **Nyamina.** (Fortier/CGF 1906-1907)

bambaras, a idade ideal é 21 anos, isto é, no final do primeiro ciclo de três vezes 7 anos. Mas, na verdade, costuma ocorrer muito mais cedo, sobretudo quando a criança se sente pronta e o pede, não querendo mais ser tratada zombeteiramente pelos outros de bilakoro (incircunciso), termo que constitui a mais grave ofensa para um adulto, pois equivale a dizer que ele não é um homem.

Os fulas da brousse gostam de que o futuro circunciso já tenha dado prova de coragem, por exemplo, libertando um bezerro levado por uma hiena, uma pantera, ou mesmo um leão.

No Islã, a circuncisão do menino é realizada no sétimo dia após o nascimento, ao mesmo tempo que a cerimônia de batismo. Os fulas convertidos ao Islã adiam a operação até os 7 anos, às vezes até mais.

Naquele ano, em Bandiagara, a colheita dos campos de milhete terminara; os animais que tinham partido em transumância para as zonas mais úmidas estavam de volta à região das falésias, onde já existiam água e pasto suficientes para alimentá-los; os rebanhos de minha família, conduzidos por nosso "pastor chefe" Allaye Boubu (que fora pastor de meu avô Pâté Poullo), voltaram a Bandiagara. Era a abundância.

Em um conselho de família presidido por Beydari Hampâté, decidiu-se organizar a circuncisão de Hammadoun. Assim que a notícia foi levada ao conhecimento de Boudeji Bâ, o ancião dos Bâ de Bandiagara, este se opôs a que eu fosse circuncidado ao mesmo tempo que meu irmão. "Isto seria uma violação do costume", explicou. "Os meninos circuncisos ao mesmo tempo tornam-se 'companheiros' para toda a vida, independentemente da idade, hierarquia ou posição social, e gozam de uma liberdade de comportamento total uns com os outros. Isto iria de encontro ao dever de obediência e serviço que um irmão mais jovem deve ao mais velho, sobretudo do mesmo pai e mãe."

Assim, minha circuncisão foi adiada para dali a dois anos. Hammadoun, muito decepcionado, pediu que pelo menos me permitissem ficar a seu lado na qualidade de parente. "Não posso ficar longe do meu irmão", disse, "e ele não pode ficar longe de mim".

Argumentou tão bem em causa própria que me permitiram ficar ao seu lado, não durante a operação, nem na primeira semana de retiro ou isolamento total dos circuncisos, mas durante as duas semanas seguintes de isolamento na brousse.

Uns quinze meninos do bairro deviam ser circuncisos ao mesmo tempo. Como de costume, a cerimônia seria precedida por uma grande festa que duraria a noite inteira, do pôr do sol ao amanhecer. Todos os parentes e amigos da família foram avisados. Os preparativos para a festa levaram bem um mês. Minha mãe, que vivia então em Kati, estava muito longe para chegar a tempo. Mandou vender dez touros de dez anos de seu rebanho para ajudar Beydari Hampâté nas despesas. Sua irmã menor, nossa tia Sirandou Pâté, forneceu as cabaças cujos cacos serviriam para fabricar uma espécie de castanhola destinada aos futuros circuncisos. Nosso tio materno Hammadoun Pâté – nossa "mãe masculina" segundo a tradição – estaria presente para cuidar de tudo.

Enfim, a grande noite chegou. Após um verdadeiro banquete, os servos espalharam os tantãs de água (instrumentos que consistem em uma grande cabaça cheia de água sobre a qual se emborca outras menores para criar uma ressonância profunda) tocados por tamborileiros e tamborileiras para marcar o ritmo das danças e cantos. Os futuros circuncisos deviam dormir num quarto comum (walamarou) e só juntar-se à assistência ao amanhecer.

Beydari havia chamado cinco *griots* genealogistas-cantores: três homens e duas mulheres. Uma delas era a célebre *griote* Lenngui, uma das únicas a possuir voz delicada e possante tanto nos agudos quanto nos graves. Comparado ao dela, o canto dos outros *griots* parecia monótono. Como conhecia muito bem a família da qual descendia meu pai Hampâté, ela era a mais indicada para cantar nossa genealogia e as proezas de nossos ancestrais.

A assistência formou um grande círculo em torno dos *griots*. Alguns começaram a tocar e a declamar louvores. Na verdade, Lenngui conduzia a sessão. Durante toda a noite ela cantou, alternando melodias de pastores e cantos nupciais, canções de guerra e de amor, músicas épicas e nostálgicas. Os tamborileiros marcavam o compasso. Batendo palmas em ritmos alternados, a multidão mantinha a cadência. De vez em quando, um *griot* genealogista levantava-se e entrava no círculo. Balançando um pouco o corpo e a cabeça para a frente e para trás à maneira dos fulas, dava a volta na roda. Começando pelas onomatopeias de costume, cantava a melodia do tema musical tradicional que escolhera, lenta ou rápida, alegre ou triste, e a multidão a repetia em coro. Então iniciava sua tirada improvisada sobre essa melodia.

Depois de cada canto, um parente de um dos jovens entrava no círculo e ali, contrariando o costume nesta única circunstância, sem escrúpulo nem modéstia pronunciava palavras valorizando sua própria família a fim de estimular o orgulho do garoto. De fato, nossa tradição proíbe aos nobres elogiarem a si próprios ou a seus ancestrais; eles sempre mantêm linguagem e gestos extremamente reservados, a não ser nessas festas de circuncisão e na véspera da partida para a guerra. Em qualquer outra circunstância, devem calar-se: os *griots* falam por eles.

"Esta é uma noite importante para os meus", cantava Allaye Boubou, nosso pastor chefe, cujo filho Ali seria circuncidado no dia seguinte. "É a véspera de um dia solene, um dia de coragem em que os medrosos envergonharão seu pai e mãe. Amanhã, meu filho Ali Allaye sentirá o gume da faca afiada. Se chorar, morrerei de vergonha; se não se mover, serei coberto de glória!"

Em seguida, distribuiu presentes aos *griots* e voltou a seu lugar. Tias, tios, irmãos mais velhos e parentes sucederam-se no círculo, cantando, dançando e cobrindo de presentes os *griots*, pessoas de casta e cativos da casa. A festa durou a noite inteira. Ao amanhecer, um bom número de pais e mães sentiram-se tomados pela inquietação ante a ideia da prova a que seus filhos seriam submetidos, e da vergonha sempre possível: "Se nosso filho chorar, com que cara ficaremos?".

Ao primeiro canto do galo, quando a aurora ainda não passava de uma vaga e longínqua promessa, os futuros circuncisos foram trazidos para o pátio. Chegaram em fila indiana, encabeçada por meu irmão Hammadoun, que, como chefe de waaldé, tinha sido designado para ser o primeiro.

Quando os jovens chegaram ao pátio, Lenngui dedicou-lhes uma arenga cantada, destinada a estimular-lhes a coragem:

Ó, jovens meninos, sejam bravos!
Não se comportem como garanhões desconfiados.
Logo sua carne conhecerá
o corte da faca afiada.
O ferro fará esguichar seu sangue vermelho,
mas que ele não faça correr suas lágrimas!
[...]
Quando o ferreiro cortar, brinquem com ele!
Batam levemente em sua têmpora
para puni-lo pela ousadia de tocar
um membro que deveria ter respeitado
como o de seu próprio pai.
E para mostrar que não têm medo,
digam-lhe para recomeçar!
[...]

Amanhã, provem que são viris,
e a comunidade reconhecerá sua maioridade!

Cada parente levantava-se para encorajar o futuro circunciso e prometia-lhe que, se suportasse a prova sem se mexer, ganharia uma ou várias vacas leiteiras que constituiriam o começo de seu pequeno rebanho pessoal.

Os jovens, por sua vez, entravam no círculo esboçando passos de dança. Os *griots* os incitavam: "Primeiro filho de seu pai, você tem medo da terra? Se não tem medo, salte, dance, bata os pés, para que eu veja seus calcanhares levantarem a poeira!".

Quando o céu começou a clarear, sempre em fila indiana, os jovens foram levados até as margens do Yaamé. Atravessaram o rio. Cada menino, acompanhado por um parente-testemunha, levava o tijolo de terra que lhe serviria de assento durante a operação. As mulheres e as crianças não participavam do cortejo.

Ao chegar aos pés de duas grandes acácias que tinham abrigado com sua sombra muitas gerações de circuncisos, cada menino sentou-se em seu tijolo, dando as costas ao levante. Bougala, o ferreiro circuncisor, pediu que abrissem as pernas afastando-as ao máximo. Como meu irmão Hammadoun era o primeiro a ser operado, Bougala veio postar-se diante dele. Abriu uma noz-de-cola ao meio e colocou cada metade entre os molares no fundo da boca de meu irmão, uma à direita e a outra à esquerda, para poder conferir a marca dos dentes, índice de sua coragem. Pegando o membro, puxou o prepúcio empurrando a glande para trás tanto quanto possível e em seguida amarrou firmemente a base do prepúcio com um pedaço de linha, pondo a carne da glande fora do alcance da lâmina. Pegou então a faca, olhou para meu irmão e disse: "Hammadoun, filho de Hampâté Bâ, você vai ser o primeiro a verter sangue como preço por sua admissão ao mundo dos adultos. Você será um homem e lhe cabe provar que é digno disto. Desvie os olhos para que eu corte aquilo que o mantinha entre os meninos incircuncisos".

"Ó, velho pai Bougala", respondeu Hammadoun, "você gostaria de que eu desse as costas no dia de meu primeiro encontro com o ferro? O que você diria de mim? Não sou eu, hoje, o chefe que deve conduzir seus companheiros? Wallaye! (Por Deus!) É sob meus olhos bem abertos que eu quero vê-lo cortar este prepúcio que retém prisioneira minha maioridade e me mantém entre as crianças. Corte, ó, velho pai; corte mesmo!".

Bougala sorriu e, com um golpe hábil e rápido, pronunciando a fórmula muçulmana "Bismillâhi errahman errahimi" (Em nome de Deus, o Clemente, o Misericordioso), cortou com precisão o prepúcio de Hammadoun. Este caiu na risada, levou a mão direita à face do velho ferreiro como que para esbofeteá-lo, cuspiu as duas nozes de cola e exclamou: "Filla fa fillo Bandiagara!" (Recomece [e que dure] até fazer a volta de Bandiagara!). "Recomece, velho pai, eu lhe ordeno!" e pôs-se a cantar com voz clara o lema de Bandiagara.

O velho Bougala apresentou o prepúcio de Hammadoun aos parentes e as duas metades de noz-de-cola nas quais seus dentes não haviam imprimido nada mais que uma ligeira marca. "Koulou diam! Hourra!", exclamou. "O filho de Hampâté atravessou o rio da prova a nado apesar dos crocodilos!" E prosseguiu operando os outros meninos, que faziam questão de imitar a atitude de Hammadoun.

Enquanto se desenrolava a operação, os parentes dos garotos tinham construído um grande alpendre sob as duas acácias. Os circuncisos aí se instalaram sob o controle de seu bawo (vigilante), em geral um membro da casta de tecelões e encarregado, entre outras coisas, de lhes ensinar os "cantos dos circuncisos" durante as três semanas de isolamento – isolamento que, entre os bambaras e os dogons, dura três meses.

Depois da operação, todos os prepúcios foram enterrados. Na antiga tradição africana, o prepúcio é considerado um símbolo de feminilidade, na medida em que recobre o pênis e o envolve em uma espécie de obscuridade, pois tudo o que é feminino, materno e germinativo se realiza e se desenvolve no segredo da escuridão de lugares fechados, seja dentro da mulher ou no seio da Mãe-Terra. Uma vez despido de sua marca feminina original, que reencontrará mais tarde em sua companheira, espera-se que o menino se torne o suporte de uma "força" exclusivamente masculina.

No decorrer da primeira semana, os circuncisos se empanturravam de comida como carneiros na engorda, mas só deviam evacuar depois das principais refeições. Dormiam de costas, com as pernas abertas. Ao primeiro canto do galo, seu bawo os acordava. Acendia-se uma grande fogueira ao redor da qual andavam em círculo, retomando em coro os cantos especiais que lhes eram ensinados, marcando o ritmo com as castanholas. O conjunto formava um coro muito harmonioso entre os fulas e mais ainda entre os dogons. Durante a primeira semana, o membro operado ficava envolto num emplastro medicinal, que formava uma crosta bem espessa.

Na noite do sétimo para o oitavo dia, os circuncisos fulas saíam do isolamento e as mulheres e crianças já podiam se aproximar. Foi neste momento que pude enfim juntar-me a Hammadoun, de quem a partir de então não me afastava mais do que um passo, comendo, dormindo e passeando com ele. Devo as informações de todos os acontecimentos precedentes em parte a Hammadoun, mas também a meu tio Hammadoun Pâté, que de tão orgulhoso da atitude de meu irmão não parava de contar, pelo menos nas rodas masculinas, os detalhes desse grande dia.

Naquela noite, depois do jantar, mandaram os circuncisos sentar-se formando um círculo. *Griotes* convidadas para a ocasião puseram-se a cantar, acompanhadas de alguns músicos. Cada um dos meninos se levantava e executava, da melhor maneira possível, a dança ritmada chamada dippal, da qual fazia parte a batida do pé no chão; depois cedia o lugar ao seguinte. Antes disso, o bawo tinha lavado o membro ferido com água e sabão e em seguida o besuntara com uma camada de manteiga de vaca para começar a amolecer o emplastro. Esquecendo por um momento a dor, levados pelo ritmo os meninos dançavam e batiam os pés no chão. Mais tarde, mortos de cansaço, voltavam ao dormitório que ficava um pouco afastado, nos arredores da cidade. Precisavam repousar para o dia seguinte, o grande dia do banho ritual e da primeira lavagem da ferida.

Na aurora do oitavo dia, os circuncisos dirigiam-se ao rio. Lá chegando, entravam na água, posicionando-se de maneira que a correnteza, ao fluir, limpasse a ferida e liberasse pouco a pouco o emplastro. Mais tarde voltavam à margem e se deitavam de costas na areia, onde permaneciam estendidos mais ou menos até as dez horas.

Os idosos ou o ferreiro tentavam retirar o que restava do emplastro. Se a manteiga aplicada na véspera e a imersão na água não tivessem amolecido suficientemente a crosta de pó e sangue coagulado, uma intervenção se fazia necessária. Esta prova era muito mais dolorosa do que o corte do prepúcio. Felizmente, neste estágio não se exigia mais dos meninos uma impassibilidade acima de suas forças, mas os mais corajosos eram sempre louvados e se falava deles até no fundo de todas as casas. Quando tudo terminava, faziam-se curativos mais leves. Por volta das onze horas, bem lavados, bem limpos e visivelmente mais à vontade, os circuncisos voltavam ao alpendre ao pé das duas acácias.

O almoço do oitavo dia era um verdadeiro banquete. Depois de saciados, os meninos faziam a sesta e, por volta das quinze horas, restabelecidos de sua provação, em companhia do bawo e de alguns anciões, iniciavam um longo passeio na alta brousse, que se repetia todos os dias. Durante essas caminhadas, recebiam dos anciões versados no conhecimento dos vegetais, minerais e da fauna local, ensinamentos de todo tipo sobre o que se poderia chamar de "as ciências da natureza".

Todos estes ensinamentos fundavam-se em exemplos concretos fáceis de as crianças compreenderem. Algumas cenas que observavam propiciavam aprofundamentos: uma árvore abrindo os galhos em direção ao espaço permitia explicar como tudo, no Universo, se diversificava a partir da unidade; um formigueiro ou um cupinzeiro oferecia a ocasião de falar sobre as virtudes da solidariedade e das regras da vida social. A partir de cada exemplo, de cada experiência vivida, o bawo e os anciões ensinavam aos meninos como se comportarem na vida e as regras a respeitar em relação à natureza, aos semelhantes e a si mesmos. Eles os ensinavam a ser homens.

Toda noite depois do jantar, contadores de histórias e *griots* animavam o serão, alternando contos e crônicas históricas divertidas e gloriosas, entremeadas das façanhas de nossos grandes homens. E, nesse momento, não importava a hora: os olhos ficavam bem abertos e ninguém adormecia!

A partir do começo da segunda semana, os circuncisos consagravam a manhã a uma espécie de coleta entre os passantes na beira do caminho que levava à cidade. Os mantimentos e os cauris recebidos serviriam para organizar a grande refeição de separação dos rapazes.

Na terceira semana, a ferida já estava quase curada. Os meninos adquiriam o direito de entrar na cidade para entregar-se a uma verdadeira pilhagem de aves. Já pela manhã, armados de varas e tocando castanholas, invadiam os bairros e caçavam todas as galinhas e seres alados que ciscavam pelas ruelas, perseguindo-os até dentro dos pátios, onde tinham direito de entrar impunemente. Assim que se escutava a algazarra anunciando a chegada dos jovens saqueadores, todos tentavam trancar suas aves até que a tempestade tivesse passado. Mas tente prender um exército de galinhas habituadas a ciscar em liberdade em tudo quanto é canto! Só se escutavam nas ruelas os guinchos esganiçados de galinhas enlouquecidas, os gemidos agudos das velhas que viam desaparecer suas melhores poedeiras e os gritos excitados dos moleques da cidade, contentes por servirem de batedores para os circuncisos. E todas as manhãs a cidade ressoava de novo com esta cacofonia alegre e juvenil.

Enfim chegava o vigésimo segundo dia! Logo cedo, o grupo de meninos ia tomar seu último banho no rio. Enquanto isto, o alpendre que os abrigara perto das duas acácias era desmontado e seus restos, dispostos em três montes separados onde se jogavam todos os objetos usados pelos circuncisos (salvo as roupas, que por tradição ficavam para o ferreiro que os operara). Tudo então era queimado. Quando os garotos voltavam do banho, deviam saltar as três fogueiras, cujas chamas já haviam perdido um pouco da violência, mas ainda eram de tamanho respeitável. Era sua última prova, mas nem por isso a menos perigosa.

Depois disto, voltavam ao dormitório. Ao chegarem, encontravam uma grande cabaça para cada um, contendo um enxoval novo completo: um par de calças bufantes, um tourti e um bubu, um barrete branco "cabeça de caimão" (ou barrete frígio, chapéu tradicional dos homens adultos de todos os países da zona mandê[5]), uma echarpe bordada, um par de sapatos ou de botas, um sabre ou uma bela bengala, ornamentos ou, conforme a tradição local, amuletos. Vestindo essas belas roupas de festa, entravam na cidade e iam de porta em porta agradecer a parentes e amigos por tudo o que lhes haviam prodigalizado durante três semanas. Aqueles cuja ferida ainda não estava cicatrizada ficavam em casa para continuar o tratamento. Estas visitas duravam vários dias. Entre os fulas, os jovens se contentavam em agradecer; já entre os dogons as visitas eram acompanhadas de cantos e danças.

Durante onze dias, os rapazes ainda ficavam juntos e continuavam a partilhar o mesmo dormitório; depois, todos voltavam para casa e retomavam as ocupações correspondentes a sua idade, só que agora com o status de homens. Ao perder o prepúcio, o menino perdia o direito de andar nu. Seu membro viril, a partir de então consagrado como agente da reprodução humana, e portanto receptáculo de uma força sagrada, não mais devia ser exposto aos olhos de todos.

Um poderoso laço de camaradagem, de fraternidade mesmo, acrescido do dever de assistência mútua para toda a vida, criava-se entre os circuncisos da mesma turma. Adquiriam entre si direitos análogos aos que se dão nas chamadas "relações jocosas" ou sanankounya (dendirakou em fula). Como havia dito o velho Boudjedi Bâ, independentemente da idade e classe social, eles podiam gracejar e zombar uns dos outros, inclusive de maneira rude, em público,

---

5. Zona mandê: área compreendendo os atuais Senegal, Guiné, Gâmbia e Mali, onde vivem principalmente populações das etnias malinquê, bambara, soninquê e diúla, que falam línguas do ramo níger-congo (família nigero-cordofaniana). [N. da T.]

sem que isto levasse a nenhuma consequência; também podiam banhar-se nus juntos no mesmo local, utilizar a cavalgadura um do outro sem aviso prévio, sentar-se nas camas uns dos outros (atitude muito inconveniente para qualquer outra pessoa) e, enfim, mostrar-se galantes nas palavras com as esposas de seus condiscípulos (como na relação de sanankounya entre cunhados e cunhadas), sem que esta atitude se tornasse motivo de suspeita para o marido, a menos que houvesse prova patente de desonra conjugal, o que, aliás, custaria ao culpado ser banido por todos os seus companheiros, ou seja, seus concidadãos, no caso de o marido ainda não lhe ter trespassado o corpo com uma lança!

O grande combate

Depois do emparelhamento com nossas Valentinas, nenhum menino estranho a nossa associação tinha direito de se engraçar com elas. Toda infração a esta regra era automaticamente punida com uma avalanche de golpes de bastão ou de chicote de cipó; mas o incidente às vezes podia levar duas associações rivais a um combate generalizado. Preparado nos mínimos detalhes, era declarado oficialmente e realizado de acordo com regras precisas sob o controle dos mais velhos. Foi o que nos aconteceu no final de 1911.

Uma noite, surpreendemos um grupo de garotos do bairro de Gan'ngal instalados nas esteiras que nossas legítimas Valentinas tinham preparado para nós. Haviam convidado as meninas a juntar-se a eles, sem porém receber mais do que recusas irônicas. À nossa chegada, estavam trocando ofensas com elas. Nosso moutassibi Afo Dianou, que era também nosso grande campeão de luta, adiantou-se: "Quem são vocês para virem sentar-se em nossas esteiras e importunar nossas Valentinas?".

"Somos do bairro de Gan'ngal."

"O chefe da waaldé está com vocês?"

"Por quê? Não somos crescidos o suficiente para passear sozinhos à procura de 'colares de cintura'[6] para apalpar e curvas para acariciar? Caímos aqui no meio destas lindas garotas de formas roliças, de cintura fina cingida de pérolas tilintando com graça, parecidas a potrancas soltas no pasto. Ficamos com vontade de brincar com elas e, como estas esteiras desocupadas convidavam nossos traseiros ao repouso, nós nos instalamos."

Aproximei-me também: "Foi seu chefe quem os autorizou a violar nossa

---

6. Colares de cintura: colares de pequenas pérolas (galli) que as mulheres usam em torno da cintura.

área para uma conversa cheia de sem-vergonhices com nossas companheiras?". Sem lhes dar tempo de responder, elevei o tom: "Vamos, levantem-se! Sacudam rápido o pano de seus bubus e virem-se para que vejamos a curvatura de seus calcanhares e a envergadura de suas costas. Vão dizer a seu chefe que nos mande suas desculpas, senão amanhã à noite, assim que a lua sair, enviarei dois *griots*. O que dirão virá de minha boca. Será uma mensagem curta mas bem direta. Falo em nome de todos os meus companheiros".

Quando um chefe de waaldé dá uma ordem a delinquentes dentro dos seus direitos, estes devem obedecê-la sob pena de levar uma surra de bastão na mesma hora. Nossos rivais resmungaram mas saíram, para grande satisfação de nossas Valentinas, que saudaram a partida com uma salva de risos zombeteiros.

Orgulhosos, fomos nos instalar em nossas esteiras. As meninas vieram juntar-se a nós. Nossa conversa habitual, entremeada de jogos, risos e histórias, continuou até tarde da noite. Meus amigos e eu decidíramos nos reunir depois da seção apesar da hora, a fim de discutir os termos da mensagem a ser enviada no dia seguinte a Si Tangara, chefe da waaldé de Gan'ngal. Já era noite avançada quando fomos para a cama.

No dia seguinte, nosso *griot* Mouctar Kaou e outros três companheiros, incluindo Afo Dianou, foram procurar Si Tangara. Apenas Mouctar Kaou, na qualidade de porta-voz, podia apresentar nossa mensagem e falar; seus companheiros só participavam como testemunhas. Assim que se viu diante de Si Tangara, Mouctar Kaoul tomou a palavra. "Eu, Mouctar, filho de Kaou Diêli Sissoko, venho da parte de Amkoullel, filho de Hampâté Bâ, chefe da waaldé do bairro de Deendé Bôdi, perguntar a Si Tangara, chefe da waaldé do bairro Gan'ngal, o que segue:

– Primeiro: Si Tangara está a par da violação cometida na noite passada por membros de sua waaldé?

– Segundo: se ele não está a par, nós o pomos ao corrente e esperamos uma promessa firme de reparação como exige o costume.

– Terceiro: se ele está a par, esperamos a explicação e a justificativa de qual era sua intenção ao praticar esta ação.

– Quarto: informamos Si Tangara e os seus que a waaldé dos mais jovens de Deendé Bôdi não aprecia lengalengas longas como muitos dias de marcha, e ainda menos palavrório de trama obscura tingida no 'leite de carvão'. Nossa waaldé é comandada por Amkoullel, um puro fula 'orelhas vermelhas', descendente dos Hamsalah do Fakala e de Alfa Samba Fouta Bâ, que foi general do exército de Cheikou Amadou. Transmiti a mensagem. Depois de nós, Amkoullel não enviará mais ninguém para falar-lhe, Si Tangara."

Por sua vez, Si Tangara tomou a palavra: "Eu, Si Tangara, descendente dos Tangara, chefes da região de Pêmaye, declaro ter escutado só com o ouvido esquerdo, pois o direito se recusou a obedecer, as palavras que Amkoullel encarregou você, Mouctar Kaou, da tribo dos *griots* trovadores, bufões sem-vergonha, pedintes atrevidos, faladores descarados, de vir miar como um gato leproso em meus ouvidos. Volte e diga a seu chefe que eu não estava a par da bela excursão de meus companheiros. Mas não fiquei nem um pouco zangado e esta noite mesmo, antes que o sono ponha as línguas a mercê dos dentes, eu lhes darei, não o conselho, mas a ordem de repetir o feito. Diga a Amkoullel que Maïrama Jeïdani, Aye Abbassi, Mouminatou Oumarou, Aïssata Demba, Aminata Mâli e todas as suas companheiras são jovens potrancas bonitas demais para que o prado onde pastam seja interditado aos garanhões de primeira linha que somos, meus companheiros e eu. Acho que minhas palavras são claras como a água da rocha e percutiram suficientemente no pequeno tamborim interno de sua orelha de burro de carga. Deixe que minhas palavras penetrem no mais fundo de sua compreensão e se instalem como uma galinha chocando seus ovos no ninho".

Não satisfeito com essa saída afrontosa, Si Tangara gritou a seu moutassibi: "Ei, Bila Hambarké! Traga-me aquilo que devo enviar a Amkoullel por intermédio de seu desajeitado *griot*".

Bila Hambarké eclipsou-se. Reapareceu um minuto depois, trazendo um caco de cabaça contendo um cauri com a borda rachada; portanto, sem valor, como uma nota de dinheiro sem numeração. "Tome, pegue!", fez Si Tangara com desprezo. "É tudo o que devo a Amkoullel como reparação. Leve a ele de minha parte e diga-lhe que o ofereço de coração."

À visão infamante do cauri rachado em um pedaço de cabaça, Afo Dianou perdeu por completo o controle dos nervos, já de hábito tão facilmente irritáveis. Esquecendo as instruções de manter-se em silêncio, e seu papel de simples testemunha, explodiu: "Ó, Si Tangara! Para agir desta maneira, é preciso que você seja a progenitura de um casal de adúlteros, ou de uma união cuja benção foi celebrada pelo próprio El Waswass, o filho mais desavergonhado de Satã, o lapidado". E levantou seu bastão na posição ameaçadora de quem está prestes a dar um golpe ou a defender-se.

Mouctar Kaou, que não tinha se movido, chamou-o de volta à ordem em voz baixa: "Ei, Afo Dianou, você não tinha necessidade de vir comer no meu prato falando em meu lugar. Tenho uma boca bem larga para isto e minhas faculdades masticatórias não estão em pane. Pare de me roubar a palavra. Em nome de nosso chefe, ordeno que fique tão mudo quanto as dunas do deserto. Nosso único dever é exercitar bem a memória para repetir todas as palavras de Si Tangara, que se vangloria de ser um bambara puro-sangue mas tem a linguagem de um animal de rapina".

Voltando-se para Si Tangara, disse em voz alta: "Mesmo não passando de um *griot*, sinto vergonha por você, Si Tangara; você, cujo nome Si significa em bambara sete coisas: carité, cabelo ou pelo, natureza, moer, passar a noite, muito e idade. Ora, percebo que você não é um Si 'carité', esta árvore que fornece manteiga saborosa, e muito menos um Si 'natureza'; você é, isto sim, um Si no sentido de 'moer', porque Amkoullel vai moê-lo e arrancá-lo de seu caminho como se arranca um 'cabelo' ou um 'pelo supérfluo'. Si quer dizer 'passar a noite'? Espere só até que Amkoullel o faça passar a pior noite de sua vida desgraçada. Quanto a Si significando 'muito', diga a si mesmo que a partir de hoje você encontrará em seu caminho muito mais espinhos do que frutas comestíveis. Enfim, Si quer dizer 'idade'. Pois muito bem, você logo saberá que, se Amkoullel e você têm a mesma idade, os dois são muito diferentes por nascimento, conhecimentos e destino!".

Após esta réplica veemente e um tanto ditirâmbica – mas os filhos de *griots*, como os filhos de chefes, não sugavam a arte da palavra já no seio? –, Mouctar Kaou arrancou das mãos de Bila Hambarké o presente insultuoso que me era destinado. "Si quer dizer 'natureza'?", acrescentou ainda. "Pois bem, Amkoullel saberá a natureza desta mensagem e Si Tangara logo conhecerá, às próprias custas, a natureza de Amkoullel!" Após lançar esta última flecha, tomou o caminho de volta seguido de seus companheiros-testemunhas.

Quando chegaram a nosso local de encontro, traziam o rosto tenso e a voz apagada. Diante de todos os companheiros, Mouctar tirou do bolso do bubu o caco de cabaça e o cauri rachado.

"Estivemos com Si Tangara", disse. "Nós o encontramos cercado dos membros de sua waaldé. Ele nos acolheu de maneira hostil e desdenhosa. Depois de ter me escutado, como ele próprio disse, 'com o ouvido esquerdo' e respondido com insultos, mandou este presente simbólico para você e me encarregou de transmitir sua mensagem." E Mouctar Kaou transmitiu fielmente todas as palavras de Si Tangara.

Fiquei como que petrificado. "Um cauri desbeiçado, em um caco de cabaça!" Não consegui dizer mais nada. Num piscar de olhos, o sangue me subiu à cabeça e percorreu todo o meu corpo. Um formigamento me atravessou, desde a planta dos pés até o alto da cabeça. Minha vista turvou-se. Eu não distinguia nada além de uma escuridão trespassada de milhares de pontinhos brilhantes. Quis falar, mas minha voz prendeu-se na garganta.

Enquanto me sentia assim, paralisado, meus companheiros entregavam-se à mais completa indignação. Daouda Maïga e Mamadou Gorel maldiziam e praguejavam como atiradores. Suas exclamações trouxeram-me de volta à realidade e recuperei a voz: "Nenhum insulto teria sido pior do que este que Si Tangara acaba de nos fazer. Ele merece uma grande saraivada de golpes de bastão, ou até de facas".

Minhas palavras, sem dúvida excessivas, desencadearam uma gritaria de aprovação tão violenta que fiquei um pouco assustado. Era preciso acalmar meus amigos. Lembrei-me dos conselhos de minha mãe: "Um bom chefe de waaldé sempre deve mostrar-se paciente e conciliador. Não deve encorajar a briga, mas, se for inevitável, também não deve recuar. E no combate, se combate houver, nunca deve fugir, não importa o número e a violência dos golpes que receber. A única ferida incurável para um chefe", acrescentou, "é fugir diante do inimigo". Imbuído destes ensinamentos, esforçava-me sempre por chegar à conciliação, mas, quando era preciso, aceitava os desafios e, se entrava na briga, ia até o fim.

De imediato, precisava dizer alguma coisa para acalmar meus companheiros e evitar que partissem para uma represália cega. Fiz sinal de que queria falar. Todos se calaram. "Nós lutaremos com a waaldé de Si Tangara", declarei, "e por três motivos: um, para lavar a ofensa que nos fez, obrigando-o a insultar-se a si mesmo quando for vencido; dois, para defender nossa imagem perante as Valentinas e não perdê-las; três, para desencorajar todos os que possam querer nos afrontar no futuro por qualquer motivo".

Os gritos de aprovação de meus companheiros, ainda que entusiastas, já eram menos inquietantes. Decidi-me por um combate dentro das regras, com declaração oficial. Encarreguei Mouctar Kaou e seus companheiros de voltarem de imediato a Si Tangara com a seguinte mensagem: "Eu, Amkoullel, e todos os meus companheiros recebemos o presente que Si Tangara e todos os seus amigos nos enviaram. Não somos cachorros para responder a seus latidos com outros e, para nós, Si Tangara e seu bando não passam de cães de rabo desmesurado. Todavia, em conformidade ao costume, nós os convidamos a um combate dentro das regras. Nós lhes deixamos a escolha de suas testemunhas e das nossas entre os mais velhos de outras waaldés e a decisão do dia e do lugar do encontro".

Si Tangara escolheu como data a quinta-feira seguinte. Recusou-se a escolher testemunhas para nós, mas indicou as suas: Mouda Diourou e Nouhoun Allahadji, que faziam parte da waaldé de meu irmão mais velho Hammadoun. Deixou-nos escolher o local do encontro. Optei por um pequeno vale a oeste da cidade, na margem esquerda do Yaamé, perto do campo de tiro militar, entre as dunas vermelhas e o bosque de acácias, e designei nossas testemunhas: Allaye Gombel e meu irmão mais velho Hammadoun.

Tínhamos três dias inteiros para nos preparar. Quando a quinta-feira chegou, logo após o desjejum, meus companheiros partiram em pequenos grupos para não chamar a atenção dos adultos e dos pais residentes na cidade. Estávamos armados de correias trançadas flexíveis e de bastões de emergência.

Uma vez no local, nossas respectivas testemunhas nos alinharam face a face. O costume ditava que o combate começasse por um corpo a corpo entre os chefes antes de se transformar em briga generalizada. Nouhoun Allahadji declarou em voz alta: "A palavra está com o campo do 'desafiante'". Saí das fileiras. "Si Tangara!", chamei. "Foi você mesmo que me mandou palavras podres, acompanhadas de um cauri desbeiçado em um pedaço de cabaça?"

"Sim, fui eu quem fez o que você acabou de dizer. E respondo a seu chamado para provar que você ainda tem de se haver comigo."

"Então, saia das fileiras e repita o que disse para que eu o trate como o burriqueiro trata seu burrico, filho de uma burra estúpida!"

Si Tangara lançou-se em minha direção brandindo sua longa correia de cipó. Acertou-me um violento golpe no lado direito, que consegui amortecer com o bastão. O barulho foi mais forte que a dor. A extremidade de seu cipó, porém, atingira meu flanco, que ficou marcado por um vergão de sangue. Para encorajar meus companheiros e sobretudo para lhes esconder a verdade, eu fanfarronava: "Eh!, Si Tangara, que falta de mira! Você quis chicotear como seu pai e errou o golpe. Receba agora algo que vai rasgar sua carne de porco!".

Levantei a mão direita armada com o cipó. Si Tangara, acreditando que eu ia bater em seu lado esquerdo, que estava a meu alcance, cobriu-o rápido com os braços. Como um relâmpago, passei a correia habilmente para a mão esquerda que eu sabia usar bem e fustiguei seu flanco direito com tanta violência que suas pernas vacilaram.

Ele era muito mais forte que eu. Num corpo a corpo, teria me derrubado em questão de minutos, e ele sabia bem disso. Superando a dor, saltou sobre mim com a evidente intenção de me agarrar e derrubar para me cobrir de socos; contando apenas com a força de seus braços, ele tinha deixado cair, imprudentemente, o bastão e o cipó. Mas eu previra seu movimento. Ágil como um macaco graças a minha leveza, dei um pulo para trás apoiando-me sobre o lado esquerdo de tal maneira que no momento em que ele caía sobre mim pude desfechar-lhe um violento golpe de bastão na tíbia da perna direita. A dor foi tão viva que ele caiu. Neutralizei-o desfechando uma série de golpes de bastão em seus antebraços, com os quais ele tentava em vão se proteger.

Quando seus companheiros o viram em situação tão ruim, caíram sobre mim, mas meus companheiros só estavam esperando por isso para entrar na briga. A luta tornou-se generalizada e cega. Afo Dianou, atarracado e socado, Mamadou Gorel, que além de excelente lutador e hábil com o bastão possuía uma agilidade incomparável, e o sólido Daouda Maïga, tinham recebido ordens de me cobrir e de atacar qualquer inimigo que tentasse me agarrar para um corpo a corpo.

Si Tangara tinha se levantado, mas eu desferia sobre ele tal chuva de golpes que ele não conseguia retomar a vantagem. Eu batia nele com todas as minhas forças, sem conseguir, porém, arrancar-lhe um só grito ou pedido de socorro, o que teria concretizado minha vitória. Eu o havia vencido com certeza, mas não tinha conseguido subjugá-lo nem obrigá-lo a pedir perdão. Apesar de machucado e coberto de sangue, ele permanecia magnífico. Admirei sua coragem e tirei uma lição para mim.

Afo Dianou, louco de raiva diante de sua resistência, gritou-lhe: "Ó, filho de banmana (bambara), eu sou seu homem!".

E avançou na direção de Si Tangara, que eu soltei. Este, que conhecia a força física e a brutalidade de Afo Dianou, tomou rapidamente o bastão de um de seus companheiros. Ora, eu sabia que, se Afo Dianou era o homem do corpo a corpo, não era o do bastão ou do cipó, armas que eu dominava melhor que ele. Aproveitando o movimento de Si Tangara, interpus-me e acertei-lhe o flanco. Mas ele havia recuperado as forças. Voltando-se, conseguiu atingir-me com uma paulada tão forte na têmpora que abriu meu couro cabeludo. O sangue esguichou e me cegou, impossibilitando-me de agir. Com certeza Si Tangara teria tido sua revanche neste momento se Daouda Maïga, jogando-se entre nós, não tivesse desferido uma avalanche de socos que o neutralizou. Afo Dianou, passando por trás, segurou-o pela cintura com os braços possantes e levantou-o. O bastão de Si Tangara caiu-lhe das mãos. Seus braços, amortecidos por meus golpes de bastão, não tinham mais força suficiente para safar-se do abraço de Afo Dianou. Este, prendendo o pescoço de Si Tangara sob o braço esquerdo, com um rápido movimento de quadril jogou-o no chão e caiu sobre ele com todo o seu peso. Estava prestes a demolir seu rosto a socos, quando enfim Si Tangara pronunciou as palavras tão esperadas: Aan jey! (é sua; isto é: a vitória é sua.) Era a fórmula de pedido de paz, com a qual declarava estar fora de combate.

Imediatamente, os árbitros dos dois lados intervieram para interromper a luta. Bastante machucados na briga generalizada, metade dos companheiros de Si Tangara havia fugido correndo, escondendo-se atrás das dunas vermelhas ou no bosque de acácias; outros tinham atravessado o rio e voltado para Bandiagara. Havíamos vencido, mas a um preço elevado: muitos dos nossos tinham sido seriamente feridos.

Levamos Si Tangara como nosso prisioneiro até a beira da lagoa onde vivia o caimão sagrado de Bandiagara, que todo mundo chamava de Mamma Bandiagara (o ancestral de Bandiagara[7]).

"Jure pelo caimão sagrado que você nunca mais nos provocará", disse-lhe, "e que não se aliará a outra waaldé para nos combater. Em compensação, estamos prontos a fazer a fusão com sua waaldé. Juntos, podemos constituir uma força temível, capaz de fazer frente a todas as waaldés rivais dos quarteirões do norte".

Si Tangara declarou bravamente não poder fazer nada sem o consentimento de seus companheiros. Pediu um prazo de três dias para consultá-los. As testemunhas nos declararam vencedores, mas concederam a Si Tangara o prazo pedido.

Três dias depois, na hora combinada, Si Tangara e seus companheiros apresentaram-se na lagoa, morada do caimão-ancestral. Meus amigos e eu os esperávamos. Nossas respectivas testemunhas também estavam lá; haviam decidido que, se a waaldé de Si Tangara aceitasse fundir-se com a nossa, a exigência do juramento cairia por si só, mas nossas duas associações deveriam jurar fidelidade mútua e seus membros se reconheceriam como irmãos com igualdade de direitos e deveres.

---

7. Animal tutelar (*dassiri* em bambara), testemunha de uma longínqua aliança sagrada entre o ancestral fundador de uma aldeia e o primeiro habitante animal do lugar, ou o gênio do lugar encarnado neste animal. Aqui, o caimão sagrado é chamado de ancestral, não no sentido de filiação (não é um "totem"), mas por ser o habitante mais antigo do lugar.

Como os companheiros de Si Tangara tinham aceitado a fusão, juramos fidelidade recíproca nos seguintes termos: "Nós, membros das associações dos mais jovens dos bairros de Deendé Bôdi e Gan'ngal, juramos pelas águas do Yaamé de Bandiagara que nos uniremos e que formaremos daqui por diante uma só waaldé, cujos membros serão como irmãos saídos das mesmas entranhas. Ó, caimão-ancestral de Bandiagara, seja testemunha de nossa aliança! Se um de nós violar o juramento, você, ó caimão-ancestral, proíba-lhe o acesso ao Yaamé para que ele nunca mais possa se banhar, que suas águas lhe provoquem cólicas, que ele não possa mais pescar e, se o fizer, que seus peixes lhe deem lepra! E se mesmo assim ele for, ó, caimão-ancestral, mande seu filho malvado Ngoudda-de-rabo-curto e de longas mandíbulas guarnecidas de dentes pontiagudos e venenosos engolir a perna dele. Ó, caimão-ancestral, faça-o em defesa da palavra empenhada! Uma boca sem palavra é uma rainha sem coroa".

Desta maneira, nossas associações fundiram-se. Si Tangara foi eleito vice-chefe de nossa nova waaldé, substituindo Mamadou Gorel, que se tornou segundo vice-chefe. A partir desse dia, nossa waaldé passou a contar com os melhores lutadores, açoitadores e manejadores de bastão de toda a cidade de Bandiagara. Alcançou o número impressionante de sessenta e dois membros. Nenhuma outra waaldé de nossa idade podia nos vencer. Logo a cidade nos atribuiu o título pouco lisonjeiro de Bonndé ounanndé: "aquilo que foi mal pilado", alusão a um cuscuz de milhete ao qual se tivessem acrescentado substâncias amargas ou picantes. Devo admitir que nossas pilhagens às hortas dos notáveis ou dos militares algumas vezes causavam tanto estrago quanto a passagem de um bando de ratos ou uma invasão de gafanhotos, e que nem os magníficos tomates do jardim do comandante de circunscrição escaparam a nossos saques...

A escola dos brancos

O recrutamento

Enquanto passava dias felizes entre a escola corânica, meu irmão mais velho e meus companheiros de associação, aconteceu algo que traria uma grande mudança em minha vida. Na verdade, toda vez que minha vida começava a desenrolar-se numa bela reta, o destino parecia divertir-se em dar-lhe um piparote para jogá-la em direção totalmente oposta, alternando períodos de boa e má sorte. Isto começou bem antes de meu nascimento, com meu pai Hampâté, que deveria ter herdado (e seus filhos depois dele) a chefia de um território no Fakala e que acabou, único sobrevivente de toda a sua família, como refugiado anônimo no fundo de um açougue. Reabilitado pelo próprio rei que havia mandado massacrar todos os seus, morreu cedo demais para que eu o conhecesse de verdade, e o destino fez de mim um pequeno órfão de 3 anos. Um rico e nobre chefe de província casa-se com minha mãe e me adota como filho e herdeiro presumível, fazendo pairar sobre minha cabeça o turbante dos chefes de Luta? Pois sim! Vamos todos para o exílio e torno-me filho de um condenado. Quando, de volta a Bandiagara, a vida parecia afinal retomar seu curso normal, sou brutalmente arrancado de minhas ocupações tradicionais que sem dúvida me teriam conduzido a uma carreira clássica de marabu-professor, para ser enviado à força à "escola dos brancos", considerada então pela grande maioria dos muçulmanos como o caminho mais rápido para o inferno!

Na época, os comandantes de circunscrição tinham três áreas a suprir por meio da escola: o setor público (professores, funcionários subalternos da administração colonial, médicos auxiliares, etc.), para onde iam os melhores alunos; o setor militar, porque se desejava que os atiradores, *spahis* e *goumiers* tivessem conhecimento básico do francês; e o setor doméstico, que herdava os alunos menos dotados. A cota anual a ser fornecida para os dois primeiros setores era estabelecida pelo governador do território; os comandantes de circunscrição executavam a "encomenda" indicando aos chefes de cantão e aos chefes tradicionais quantas crianças era necessário requisitar para a escola.

Foi assim que num belo dia do ano de 1912, mais para o final do ano escolar, o comandante de circunscrição de Bandiagara, Camille Maillet, deu ordem ao chefe tradicional da cidade, Alfa Maki Tall, filho do antigo rei Aguibou Tall, de enviar-lhe dois meninos de boa família, com menos de 18 anos, para completar a cota da Escola Primária de Bandiagara.

Alfa Maki Tall convocou os chefes dos dezoito bairros de Bandiagara e perguntou-lhes que área devia fornecer os alunos daquela vez. Koniba Kondala, chefe de nosso bairro de Deendé Bôdi, bateu na testa com a ponta dos dedos, maneira tradicional de declarar sem palavras: "É minha vez, que maçada".

Para esclarecer melhor a situação, preciso explicar quem era Koniba Kondala. Nascido em Kondala, uma aldeia do Fakala, região de meus ancestrais paternos, Koniba Kondala era, na verdade, um antigo *dîmadjo* da família de Alfa Samba Fouta Bâ, um de meus tios-avós paternos, que fora general do exército e chefe de província na época do Império Fula de Macina, sob o reinado de Cheikou Amadou. Quando o rei Tidjani Tall, sobrinho de El Hadj Omar, invadiu a região, tomou a aldeia de Kondala e dizimou toda a minha família paterna, Koniba reuniu os tucolores e rendeu-se ao rei. Tornou-se assim uma espécie de "cativo voluntário" ao mesmo tempo que informante, algo muito útil nesse período de guerra e represálias em relação a todos os antigos notáveis do país.

Em seu tempo, o rei Tidjani Tall utilizou os serviços de Koniba Kondala sem lhe dar, porém, um lugar importante em seu séquito. Não sei como ele foi parar mais tarde na corte do rei Aguibou Tall, nem qual o papel que desempenhou; o fato é que na época de Alfa Maki Tall, Koniba Kondala era o chefe de nosso bairro.

Havia algum tempo, nosso tutor Beydari tornara-se seu desafeto. Beydari, como sabemos, tinha aprendido com meu pai e o velho Allamodio a profissão de açougueiro e se dedicava ao comércio de carne. Isto lhe permitia sustentar nossa casa. Não só sustentava meu irmão Hammadoun e a mim, mas também a si próprio, sua família e as famílias de seus companheiros, antigos cativos de meu pai, que tinham se casado e viviam todos na concessão da família. Ora, Koniba Kondala habituara-se a servir-se de graça no açougue de Beydari, levando sempre os melhores pedaços. Um dia, cansado de ver seus melhores cortes e os pernis de carneiro mais apetitosos volatizarem-se a troco de nada, Beydari segurou a mão de Koniba em cima do balcão no momento em que este ia apoderar-se da melhor peça. "Visto que você não conhece limites", disse-lhe, "sou forçado a estabelecê-los. A partir de hoje, não levará daqui nem um pedacinho de carne sem pagar. Vá roubar em outro lugar".

Koniba Kondala foi obrigado a aceitar, mas jurou fazer com que Beydari pagasse caro a recusa. E a partir daí ficou à espreita, pronto a usar o primeiro pretexto para vingar-se. A tão sonhada ocasião apareceu quando recebeu ordem de requisitar dois meninos para a escola dos brancos. Que mal pior poderia causar a Beydari, a não ser tirar-lhe no mesmo dia os dois pequenos órfãos que adorava para enviá-los à escola dos "comedores de porcos"? E que vingança contra a família de seus antigos amos do Fakala! Além disso, teria a imensa satisfação de colocar Beydari em situação difícil. Não duvidava de que este faria tudo para tentar subtrair ao menos um de nós ao destino que nos aguardava e, para tanto, só tinha duas possibilidades: ajoelhar-se diante dele, Koniba Kondala, para suplicar a liberação de pelo menos um dos filhos de Hampâté em troca do fornecimento diário gratuito dos melhores pedaços de carne de seu açougue, ou suplicar ao professor da escola ou ao intérprete que riscasse o nome de um dos meninos da lista de alunos, o que custaria uma fortuna acima de suas posses. Em ambos os casos, pensava, Beydari seria obrigado a humilhar-se sem ao menos a certeza de obter resultado.

A bem da verdade, devo admitir que eu também tinha contribuído para alimentar a raiva de Koniba Kondala contra nós. Ele cuidava com carinho de uma bela horta onde espalhara fetiches protetores, um mais assustador que o outro, e dos quais todo mundo sentia medo. Ora, um dia, com meus companheiros da *waaldé*, roubamos e destruímos todos os fetiches antes de saquear alegremente a horta, conforme nosso hábito. E ele bem sabia quem era o responsável por esse delito...

Pode-se imaginar com que júbilo, assim que terminou a reunião, Koniba Kondala correu até a casa de Beydari para anunciar-lhe, radiante, que seus dois pupilos Hammadoun Hampâté e Amadou Hampâté tinham sido designados para frequentar a escola dos brancos.

"Que a vontade de Deus seja feita; como agrada a Deus, que assim seja!", retrucou, tranquilo, Beydari.

Esta era a última resposta que Koniba esperava! A decepção estampou-se-lhe no rosto. Frustrado ao ver gorar a bela cena que imaginara, não pôde impedir-se de exclamar: "Já que é assim, tanto pior para seus pequenos amos! O que aprenderão na escola dos brancos os fará renegar sua fé; tornar-se-ão ímpios e patifes, serão banidos de sua sociedade!".

Beydari nem se deu ao trabalho de responder. Mais e mais frustrado, Koniba rosnou: "Onde é que eles estão?", persuadido de que Beydari não lhe diria e que teria assim uma ocasião de ser cruel.

Sem perder a calma, Beydari respondeu: "Hoje, eles estão na escola corânica de Alfa Ali".

Koniba Kondala saiu como um furacão rumo à casa do velho mestre Alfa Ali, com quem Tierno Bokar havia nos deixado antes de partir para uma pequena viagem. Hammadoun e eu estávamos sentados sob o alpendre do pátio, estudando nossas respectivas lições sob a direção de um mestre auxiliar. Alfa Ali encontrava-se no interior da casa.

Assim que Koniba apareceu, como num reflexo automático, todos recitaram a fórmula corânica utilizada quando acontece uma desgraça: "Na verdade pertencemos a Deus e a Ele retornamos". O fato de Koniba dirigir-se a alguém era visto como o anúncio inevitável de uma desgraça, porque ele só procurava as pessoas com o fim de requisitá-las para algum trabalho forçado, para o exército ou para a escola. O menor mal que podia causar era requisitar animais de carga para o transporte quase gratuito – ou muito mal pago! – do pessoal ou do material da administração colonial civil ou militar, quando não para as grandes sociedades comerciais francesas da área, caso em que a prestação de serviço pela população era considerada como "contribuição ao desenvolvimento da colônia".

Koniba era alto, de proporções enormes. Tudo nele era duro e abundante. Tinha sido apelidado de "o leão negro de olhos vermelhos", imagem eloquente quando se sabe que o leão negro é sempre um devorador de homens. Sem a menor consideração por Ammoussa, o monitor que nos ministrava as lições, Koniba intimou meu irmão e a mim a segui-lo. Alguém tinha ido alertar o velho mestre Alfa Ali, que veio correndo. Este indignou-se: "É a primeira vez que vejo recrutarem para a escola dois irmãos do mesmo pai e da mesma mãe ao mesmo tempo. O que está acontecendo, Koniba Kondala?".

"Ei, você, marabu!", zombou Koniba. "Talvez isto não tenha sido escrito no Alcorão, mas aprenda que aqui embaixo a força vale mais que o direito. Se a força lhe cortar uma falange e você achar injusto, ela lhe cortará a mão, depois o braço inteiro e apesar disto os dias e as noites não deixarão de se suceder, os casais de se acasalar, o vento de soprar, os rios de correr e as plantas de crescer. Ajuste direito seu turbante e volte a seus livros, suas pranchetas e hastes de junco!"

Por seu turno, o velho mestre pronunciou a frase de esconjuro e depois dirigiu-se a nós: "Sigam-no, crianças, e que Deus lhes faça justiça".

Koniba Kondala deu uma gargalhada: "Quando o *toubab* manda, Deus fecha os olhos e permite. Não perca seu tempo gastando saliva".

Hammadoun e eu, que já tínhamos visto Koniba Kondala muitas vezes brigando com Beydari, ficamos com medo de segui-lo. Fomos arrastando as pernas. Chegando à curva de uma ruela, fugimos correndo para o mercado onde Beydari tinha sua loja. Vendo-nos escapar, Koniba Kondala compreendeu logo aonde íamos e veio nos encontrar logo depois, espumando de raiva, transbordando de insultos e ameaças. Tentou nos agarrar, mas Beydari, que também tinha um tamanho impressionante, se interpôs, brandindo seu grande facão de fio duplo. Um pensamento muito malvado atravessou meu espírito: desejei que Beydari abrisse o ventre de Koniba Kondala como fazia com seus animais de corte; mas a ideia de que ele seria preso com as pesadas correntes barulhentas nos pés como meu pai Tidjani afugentou este pensamento de minha cabeça! Bem no fundo, uma vozinha me sussurrava: "Se Beydari for para a prisão, quem cuidará da família?". Meu medo foi tão grande que, tomado por uma reação nervosa inconsciente, gritei: "Não, Beydari não irá para a prisão!".

"Sim, com certeza Beydari irá para a prisão!", retrucou maldosamente Koniba Kondala; e empurrou-nos, a meu irmão e a mim, proibindo Beydari de nos acompanhar. Fez-nos tomar o caminho que levava à casa do chefe Alfa Maki Tall.

"Vamos, mais depressa!", exclamou. "Vocês me tomam por um camaleão, primo-irmão de seu pai, para arrastar os pés dessa maneira? Se não apressarem o passo, levarão bofetadas tão fortes que todos os seus ancestrais se virarão no túmulo para saber o que aconteceu com seus pimpolhos."

"Aonde está nos levando?", ousou perguntar Hammadoun.

"Para onde vocês merecem ir, ao chiqueiro dos *toubabs*! Vocês serão transformados em porcos ou, melhor ainda, em lenha destinada a alimentar o fogo do inferno!" E foi assim que, sob uma saraivada de insultos e ameaças, chegamos ao palácio do chefe, com a alma tomada pela angústia de condenados à morte.

O vestíbulo estava repleto de serviçais e de visitantes esperando para serem recebidos. Koniba Kondala, que gozava de entrada livre na casa de Alfa Maki Tall, conduziu-nos diretamente ao pátio interior. Lá, confiou-nos a um *sofa* que montava guarda, recomendando-lhe que ficasse de olho porque éramos bem capazes de fugir. Deixando-nos sob sua vigilância, subiu a escada que levava ao primeiro andar. Instantes depois desceu, precedido pelo chefe Alfa Maki Tall. Assim que este nos viu, virou-se para Kondala: "Como! Mas estes meninos não são os filhos de Kadidja Pâté?".

"Sim *Fama*, são bem seus dois filhos", disse Koniba Kondala. "E você quer que eu mande à escola no mesmo dia dois irmãos do mesmo pai e da mesma mãe?"

"*Fama*, estes dois meninos não são como os outros: são os únicos descendentes masculinos dos Hamsalah e de Alfa Samba Fouta Bâ, por Tayrou Hammadoun, Bôri Hammadoun e Houdou Hammadoun; ora, essa família é aquela que um dia Cheikou Amadou, o rei dos fulas de Macina, disse ser o ouro do Fakala, e que, se seus membros pudessem ser semeados como o milhete, ele os teria plantado para que, em cada geração, nunca faltasse um representante deles no Arco do Níger. Estes meninos são os últimos descendentes de uma família inimiga da sua."

O *Fama* foi sentar-se em um estrado recoberto de panos bordados. Cortesãos, *sofas*, serviçais e visitantes em bubus de gala cercaram o estrado. Voltou-se para nós: "Aproximem-se, meus filhos". Instintivamente, senti que este homem não queria nos fazer mal. "Dos dois", continuou, "quem está mais adiantado nos estudos do Alcorão?"

Achei graça na pergunta. Imagine perguntar, "entre um asno e um puro-sangue, qual é o mais rápido?". Comparado a meu irmão Hammadoun eu era, do ponto de vista intelectual, como um jumento em relação a um corcel bem treinado. Sob todos os pontos de vista, meu irmão Hammadoun constituía uma obra de arte da natureza: o menino mais bonito de toda Bandiagara, sem ter a altura de um lutador, era dotado de tal força física que nenhum companheiro jamais conseguira derrubá-lo, a ponto de ser chamado "o rijo". Quanto a sua memória prodigiosa, com onze anos de idade já tinha decorado todo o Alcorão. Quando Koniba veio nos recrutar, meu irmão estava lendo o livro santo pela segunda vez, enquanto eu ainda patinhava na primeira metade.

Depois de explicarmos a Alfa Maki Tall a que nível cada um de nós tinha chegado, o chefe dirigiu-se a meu irmão: "Volte para casa e a seus estudos", disse-lhe. "E desta vez, quando terminar a segunda leitura do Alcorão, serei eu quem pagará a sua *walîma*, seu banquete de festa."

Hammadoun agradeceu ao chefe e partiu, o coração pesado por me deixar só.

Alfa Maki Tall chamou um serviçal: "Vá dizer a minha esposa Ta-Selli que mande vir meu filho Madani".

Enquanto esperávamos Madani, que pensei ser um grande dignitário do palácio, uma *griote* ricamente vestida entrou no pátio, com os lóbulos das orelhas pesados por um par de enormes brincos de ouro torcido e as bordas dos pavilhões delicadamente adornadas com aneizinhos preciosos. Levantando o braço para fazer tilintar seus numerosos braceletes, declamou, com voz alta e possante em uma nota contínua, o nome dos Tall como saudação e, em seguida, entoou um canto glorificando a epopeia tucolor. De repente, calou-se. Madani acabava de chegar. Para minha grande surpresa, vi um menino de 7 anos. Vestindo um belo bubu de tecido negro da Guiné, tinha o lado direito da cabeça ornado por uma grossa trança e o resto raspado, como era costume para os meninos Tall até a circuncisão.

Levaram-no até o pai. Ignorando o que este queria ou por que havia sido chamado, o meninote tremia inteiro. Alfa Maki Tall dirigiu-se a Koniba Kondala: "Já que o comandante exige dois alunos de boa família", disse, "eis aqui meu filho Madani. Ele substituirá Hammadoun Hampâté, que está dispensado. Leve meu filho junto com Amadou ao comandante e diga-lhe que se quiser liberar um deles eu lhe peço, por razões de família, que não libere um sem o outro. Quero que compartilhem da mesma sorte. Ele me entenderá".

Koniba Kondala ficou fora de si. Perdendo toda noção de medida e decoro, exclamou: "Ó, *Fama*, proteja seu filho! Faça Hammadoun Hampâté voltar e mande-o com o irmão menor para a escola dos brancos! Não lhes dê a oportunidade de se enobrecerem com os estudos corânicos. Estes descendentes dos Hamsalah tornar-se-iam grandes marabus, seriam personalidades e fariam o prestígio religioso da família!".

Alfa Maki zangou-se: "Pai Koniba!", trovejou. "Saiba que, para mim, o passado é o passado. Não pretendo, e a moral islâmica me proíbe, fazer recair sobre os netos o erro de seus ancestrais. Nunca mais me lembre o que se passou entre nós e nossos irmãos muçulmanos de Macina. Somos todos *Halpoular*, homens de língua fula. Nada tenho contra estas crianças. Eles nasceram em Bandiagara como alguns de meus filhos e os seus. Têm os mesmos direitos e deveres diante de Deus. São como viajantes que tomaram a mesma piroga, desfrutam da mesma paisagem e correm os mesmos perigos."

Kaou Diêli, o ancião e grande marabu-*griot* da corte do rei Aguibou Tall (e avô de nosso companheiro Mouctar Kaou), que se tornara conselheiro do chefe Alfa Maki Tall, estava presente.

"Ó Koniba Kondala!", exclamou. "Pare de encomendar o vento quando nós encomendamos a água para apagar nosso incêndio. Vá, leve Madani Alfa Maki e Amadou Hampâté e repita ao comandante, sem acréscimo nem diminuição, tudo que o *Fama* mandou você dizer. O melhor dos servidores é aquele que para no limite que lhe é traçado e transmite fielmente aquilo que foi encarregado de dizer. O intempestivo nunca é um bom auxiliar."

Koniba Kondala, visivelmente envergonhado por ter sido repreendido em público por aquele a quem tentava agradar, agarrou-me pelo braço com brutalidade e me empurrou à sua frente enquanto sussurrava com sua voz mais respeitosa e doce a Madani: "Venha *Maké*, meu senhor! Siga-me..."

Quando penso no que certos Tall fizeram a minha família, lembro-me do comportamento tão nobre de um Tall como Alfa Maki e digo a mim mesmo que é preciso fechar os olhos para os defeitos dos homens e aceitar deles o que têm de bom. Aquilo que é bom nos é comum; quanto às esquisitices, todos temos as nossas e eu também tenho as minhas. Até hoje sou grato a Alfa Maki pela grandeza de seu gesto, e sua imagem benevolente ficou em minha memória.

Bastou tomarmos o caminho para a residência do comandante de circunscrição e a tempestade que crescia em Koniba Kondala contra mim desabou. Enquanto eu trotava o melhor que podia atrás dele, tomando cuidado para que os dedos de meus pés não topassem com seus calcanhares rugosos como terra barrenta depois do recuo das águas, o velho *dimadjo* ligou bem alto seu volumoso repertório chulo. Fez chover sobre minha raça, meus parentes e sobre mim os piores insultos, tratou-me de pequena víbora criada por um caimão vermelho zarolho, de agourento nascido de um leão desdentado e uma tigresa sem presas nem garras, e mais algumas grosserias que nem saberia citar. "Espécie de filho de crocodilo sem dentes!", fulminava-me. "Por sua causa, um descendente direto de El Hadj Omar será enviado à escola dos comedores de porcos. Que desgraça!"

Durante todo o caminho não fez mais que me maldizer e me despachar para o inferno. Eu recebia todos esses insultos sem reação aparente, tão inerte quanto uma parede de pau a pique absorvendo em silêncio os raios tórridos do sol do meio-dia, mas, por dentro, cada palavra me rasgava e queimava o coração. Mais de uma vez, quase perdi o fôlego de tanta indignação.

O comandante e a moeda de cem *sous*[1]

Enfim, chegamos à ponte que atravessava o Yaamé, a uns oitocentos metros da residência do comandante. "Oh! Deus!", Koniba continuava a lamentar-se, "por causa deste maldito filho de Hampâté, ele próprio maldito, o meu principezinho Tall, ao invés de fazer longos estudos do Alcorão para tornar-se um grande marabu, está sendo mandado à escola dos bigodudos bebedores de vinho misturado com leite de porca!". E, dando-me um piparote na cabeça, empurrou-me para a frente, exalando toda sorte de ressentimento em uma última maldição: "Que Deus o mande ao sétimo abismo de seu inferno fétido!".

À saída da ponte, continuamos pela bela estrada que levava às escadas da residência oficial. Bem compactada por mãos humanas graças às "prestações de serviço" obrigatórias a que era submetida a população, era ladeada por grandes *flamboyants*, árvores assim chamadas por suas belas flores vermelhas[2] e procuradas por sua sombra refrescante. Em torno da residência, grupos de visitantes estavam sentados sob as árvores ou à sombra dos muros; esperavam que o gabinete do comandante abrisse as portas e que o intérprete lhes fizesse sinal de se aproximarem. Toda essa gente falava em voz baixa. Ninguém ousava elevar a voz nem rir alto. Sem dúvida, o comandante de circunscrição, mais temível que uma fera, não podia ser perturbado em seu sono.

Ao que parece, aqui Koniba Kondala também fazia parte dos privilegiados, porque subiu sem hesitar e sem problemas os poucos degraus que levavam à varanda diante do gabinete do comandante. Sempre seguido por Madani, acertei o passo com ele e fui sentar-me a seu lado no chão, no fundo da varanda.

Um homem parecia vigiar o local. Num vaivém incessante, caminhava ao longo da varanda com visível orgulho de seu belo uniforme: a cabeça enfeitada com um grande barrete vermelho tão brilhante quanto as flores do *flamboyant*, vestia paletó azul-marinho, calças brancas, perneiras azuis e sandálias amarelas de puro couro da França. Tinha a cintura vistosamente cingida por um largo cinto amarelo de fecho prateado. Tive certeza de que era o persona-

---

1. *Sou*: antigamente, moeda de cobre ou bronze que valia 1/20 de libra. Com a instituição do franco como unidade monetária francesa a partir de 1803, a palavra *sou* passou a designar a moeda de 5 cêntimos de franco. Cem *sous* equivaleriam portanto a 5 francos. [N. da T.]

2. *Flamboyant*: flamejante, em francês. [N. da T.]

gem mais importante da residência depois do comandante!

Minutos depois, percebi meu erro. Um africano corpulento, trajando um luxuoso bubu branco bordado bem engomado, calçando botas enfeitadas, portando um capacete colonial em muito bom estado e os dedos repletos de enormes anéis de prata, subiu os degraus da varanda com passo majestoso e tranquilo. Mal pisou na varanda e o homem com o barrete vermelho tomou posição de sentido, bateu continência de maneira impecável e correu para pegar seu capacete e pendurá-lo num cabideiro. O homem de bubu bordado sentou-se numa cadeira junto do gabinete do comandante. Ao menor ruído, como se uma mola o ejetasse, levantava-se e lançava um olhar furtivo para dentro do gabinete. Compreendi mais tarde que se tratava do intérprete, o "boca-de-resposta" do comandante e mais importante que o personagem anterior, na realidade um ordenança.

Assim que o homem do bubu tomou seu lugar na cadeira, surgiu um terceiro personagem que subiu os degraus com passos tranquilos como o intérprete. Usava o uniforme dos "brancos-negros": paletó de linho branco justo, camisa branca, calças de lã cor chocolate, sapatos de verniz de ponta e meias pretas, tudo encimado por um capacete colonial quase novo.

O ordenança tomou outra vez posição de sentido, bateu continência ao novo personagem, correu para pegar seu capacete e pendurá-lo ao lado do capacete do intérprete. Depois, sempre correndo, foi abrir a porta de uma sala no corredor em frente à do comandante. O "branco-negro" de paletó branco (fiquei sabendo mais tarde que era o assistente do secretário do comandante) apertou rapidamente a mão do intérprete e entrou no gabinete, sem dar a mínima atenção a Koniba Kondala e menos ainda a nós, meninos que o acompanhavam.

Este mundo de todo novo me fez mergulhar na perplexidade. "Que casa é esta onde todo mundo fala por mímica e anda na ponta dos pés? Qual é o papel exato de cada um?" De repente, no interior do edifício, passos firmes ressoaram no chão de tijolo queimado. O ruído se aproximou. No gabinete do comandante alguém moveu uma cadeira, tossicou várias vezes, pigarreou e assoou o nariz ruidosamente. Uma voz forte chamou: "Ordenança!".

"Sim, *macumandan*!", respondeu o ordenança, precipitando-se em direção ao gabinete no qual entrara o comandante, vindo do interior da casa. Parou diante da porta, bateu continência e ficou congelado nesta posição como uma estátua de bronze.

Lá dentro, o comandante disse alguma coisa. Antes que o ordenança respondesse, o intérprete saltou da cadeira como se tivesse sido atacado por um escorpião e voou para a porta. "Eu aqui, *macumandan*!", exclamou. Ficou escutando um momento, depois virou-se para Koniba Kondala e lhe disse em bambara: "O comandante quer que lhe apresente os dois novos alunos".

De passagem, o ordenança não deixou de fazer seu pequeno comentário maldoso: "Apresse-se, Koniba Kondala! Os brancos são da raça 'vamos, depressa-depressa.'", disse. "O passo 'vamos, rápido-rápido', leva à aldeia 'pescoço-quebrado'", respondeu entredentes Koniba Kondala.

Ele nos empurrou para a frente e todos, inclusive o intérprete, nos encontramos no interior do gabinete do grande comandante de circunscrição de Bandiagara, Camille Maillet. Observei-o com atenção; uma longa risca lhe partia ao meio os cabelos pretos bem penteados e achatados contra o crânio e tinha o rosto enfeitado por uma barba bem cheia que acompanhava às mil maravilhas um bigode de pontas torcidas como cauda de escorpião. Vestia paletó de colarinho alto de tecido branco, fechado por cinco botões do mais belo efeito e guarnecido de quatro bolsos, dois no alto e dois embaixo, também com botões dourados. No total, contando os das dragonas, somei onze botões dourados. As calças e meias eram brancas, mas, curiosamente, usava sapatos pretos.

O velho Koniba nos apresentou, repetindo palavra por palavra a proposta de Alfa Maki Tall, sem omitir o pedido no qual este último solicitava ao comandante reservar a seu filho a mesma sorte que a minha. O intérprete traduziu sua declaração.

Enquanto escutava, o comandante acariciava suavemente a barba e fixava o pequeno Madani com ar pensativo. Este último, perturbado, não sabia mais onde pousar o olhar e girava os olhos em todas as direções. "Você está feliz por ir à escola?", perguntou-lhe o comandante por meio do intérprete.

"Não, prefiro morrer a ir à escola", replicou Madani. "Quero voltar para minha casa, para perto de minha mãe. Eu não gosto da escola e a escola também não gosta de mim!"

"Mas seu pai e eu queremos que você vá à escola", explicou o comandante. "Lá você aprenderá a ler, escrever e falar francês, esta bela língua que todo filho de chefe deve conhecer porque ela permite adquirir poder e riqueza."

"Meu pai e minha mãe querem que eu vá à escola corânica e não à escola dos brancos!", gemeu o pequeno Madani. E, sem mais, jogou-se no chão soluçando e contorcendo-se, rasgou o bubu e gritou agudamente: "*Yaa-yaa-yaaye*! Mande-me de volta a minha mãe! *Yaaye*! Quero voltar para a escola corânica!".

"Mas você poderá ir à escola corânica toda quinta-feira, todo domingo e também pela manhã cedo", tentou explicar o comandante. Perda de tempo. Madani continuava a rolar pelo chão, chorando.

Provavelmente desanimado, o comandante fixou os grandes olhos cinzentos em mim. Mais curioso do que intimidado, sustentei seu olhar, observando o belo nariz reto, as sobrancelhas, os lábios finos, a testa alta e as grandes orelhas. Talvez intrigado com minha atitude, me interrogou: "Quem é você?".

"Eu sou eu mesmo." Ele caiu na risada. "Certo, mas como você se chama e como se chamam seu pai e sua mãe?"

"Eu me chamo Amadou Hampâté. Meus pais, porque tenho dois, chamam-se Hampâté Bâ e Tidjani Amadou Ali Thiam. Minha mãe chama-se Kadidja Pâté Diallo."

"E como é que você tem dois pais quando todas as outras crianças só têm um?"

"Não sei, mas é assim e estou muito feliz, porque perdi um, Hampâté, e me sobrou outro, Tidjani. Se só tivesse tido Hampâté, agora não teria pai. E então, a quem chamaria papai?"

Ao ouvir a tradução do intérprete, o comandante riu tanto que jogou a cadeira para trás batendo nos braços dela com as mãos. Ora, quando o comandante ria, o intérprete também ria e, quando o intérprete ria, o ordenança e todos os outros também riam. Assim, todo mundo se pôs a rir na sala menos eu que me mantive sério, e Madani que continuou a chorar.

Acalmando-se, o comandante prosseguiu: "Você quer ir à escola para aprender a ler, a escrever e falar francês que é uma língua de chefe, uma língua que faz adquirir poder e riqueza?".

Respondi com firmeza: "Sim, papai comandante! Eu lhe suplico por Deus e seu Profeta Muhammad, não me mande embora, fique comigo e me mande para sua escola o mais rápido possível!"

O comandante ficou bem confuso com esta resposta tão inesperada de uma criança negra, sobretudo nesta região profundamente muçulmana. Como deixar de surpreender-se ao ver um menino rolar no chão e gemer para não ir e outro suplicar que o enviasse à escola? "Por que, meu pequeno, você quer tanto ir à escola, ao contrário de todas as crianças de Bandiagara?"

"Intérprete, diga ao comandante que perdi duas vezes a oportunidade de ser chefe: uma vez como filho de Hampâté e outra como filho de Tidjani. Ora, este último me disse que a oportunidade sempre se apresenta três vezes antes de desaparecer para sempre. O comandante me dá a terceira chance de me tornar chefe e eu não quero perdê-la como perdi as duas primeiras. É por isso que quero ir à escola."

"E por que você quer se tornar chefe? O que fará depois?", perguntou o comandante. "Primeiro, quero aprender a língua do comandante para poder falar diretamente com ele, sem passar por um intérprete. Depois, eu gostaria de me tornar chefe para poder quebrar a cara de Koniba Kondala, este antigo cativo de minha família que, por ser enviado pelo comandante, se permite cobrir de insultos toda a minha família. Na casa do meu pai Hampâté tenho nove *rïmaibé* que poderiam, se não tivessem medo do comandante, fazer Koniba Kondala engolir a língua junto com a úvula! Koniba Kondala se toma por um comandante. Queria enviar meu irmão e a mim, juntos, à escola. Foi o *Fama* que se opôs; ele mandou seu próprio filho Madani no lugar de meu irmão. Além disso, Koniba odeia meu irmão mais velho Beydari Hampâté porque este não o deixa mais levar os melhores pedaços de carne sem pagar. É por isso que quero ser chefe; para escapar dos insultos e intrigas de Koniba Kondala e para poder falar direto com o comandante."

Virando-me na direção do velho *dïmadjo*, apontei-o com o dedo: "Koniba Kondala! Se algum dia eu me tornar chefe, a primeira coisa que farei será açoitá-lo, seu palerma malvado! Você pagará por ter insultado meu pai e minha mãe desde a casa de Alfa Maki até a ponte, e tudo porque me responsabiliza pelo envio de Madani à escola dos *toubabs*, estes *toubabs* que você chama de 'bigodudos bebedores de vinho misturado ao leite de porca' e que, segundo você, vão nos tornar uns ímpios destinados ao inferno!".

Tendo enfim desabafado o coração, calei-me. À medida que o intérprete traduzia este longo discurso, vi crescer a cólera do comandante. No fim, furioso como um demônio, bateu a mão com força na mesa e começou a gritar tão alto que fiquei com medo. Temendo ter dito alguma besteira, procurei um lugar onde me esconder, mas logo me tranquilizei, vendo o intérprete, com o rosto enfurecido, virar-se, não em minha direção mas na de Koniba Kondala, exclamando: "Maldito seja, seu velho imbecil! O comandante vai fazer você pagar caro por esta atitude com uma criança de doze anos que, para seu azar, não guarda a língua no bolso, e também pelas palavras insultuosas que proferiu contra a França".

Neste ponto, armado com seu chicote, o ordenança invadiu o gabinete sem ter sido convidado, visivelmente pronto para bater. Na certa alertado pelo tom das vozes, deve ter pensado que golpes e bofetadas pairavam no ar e se preparou para bater, o que, é claro, fazia parte de suas atribuições. Compreendi então que este homem, que eu tinha tomado por uma alta personalidade, não passava de um subalterno treinado para correr, abrir portas, tomar posição de sentido por um sim e por um não, e pronto a usar o chicote em qualquer um assim que o comandante desse ordem. Em resumo, era o executor incondicional dos serviços penosos do grande chefe branco.

A súbita entrada do ordenança teve o efeito de acalmar um pouco o comandante. "Por que", perguntou a Koniba Kondala, "você insultou e maltratou esta criança indefesa, quando só o que tinha a fazer era trazê-la aqui? Espécie de velho hipócrita! Você nos jura amor e fidelidade quando estamos presentes e nos trata de bebedores de vinho misturado ao leite de porca pelas costas. Tenho vontade de lhe mandar servir um copo dessa bebida, para você saber do que fala…"

A estas últimas palavras, Koniba Kondala levou as duas mãos à cabeça em sinal de desespero, depois inclinou-se profundamente com os dois braços nas costas, na atitude tradicional de súplica e pediu perdão: "Ó, intérprete", gemeu, "diga ao comandante que sou o mais desgraçado dos homens. Cometi uma falta grave. Peço mil vezes perdão ao comandante. Que ele me ponha na prisão, que mande me açoitar, mas eu suplico, que não me sirva o copo que quer me fazer beber! Juro por Deus, por seu Profeta, pelos anjos que carregam o trono divino, pelos dois anjos que interrogam os defuntos em seus túmulos, pelos dois anjos guardiões dos sete paraísos e dos sete infernos, que nunca mais maltratarei qualquer pessoa e muito menos falarei mal dos meus papais e mamães *toubabs*!".

O rosto crispado, deformado pela mímica e caretas, revelava com eloquência a que ponto estava transtornado com a ideia de ser obrigado, talvez sob ameaça do açoite ou da baioneta do sentinela, a beber um copo de vinho misturado ao leite de porca! Felizmente para ele, o comandante Maillet não era um "mata-negro". Quem sabe comovido pelo sincero pavor do pobre homem, ele se contentou em ameaçá-lo com a ponta do lápis: "Se algum dia alguém vier reclamar contra você, ou me apontar um erro seu, você terá de se haver comigo. Não só um copo, mas três copos desta bebida lhe farei tomar e depois o mandarei apodrecer na prisão em Buguni!".

A menção de Buguni suscitava em mim dois tipos de lembranças: umas agradáveis, porque evocavam os anos de minha primeira infância, outras penosas, porque me lembravam a prisão de meu pai. Revi em pensamento Tidjani chegando ao pátio, os pés presos a pesadas correntes, cansado de ter quebrado pedras nas estradas, derrubado árvores com machado ou cortado lenha o dia inteiro. É claro que desejei ardentemente açoitar Koniba Kondala um dia, mas não desejei de verdade que fosse para Buguni e nem vê-lo beber álcool com leite de porca!

O comandante dirigiu-se a mim: "Quanto a você, meu pequeno amigo, todo domingo à tarde virá a minha quadra de tênis pegar as bolas que se perdem nas redondezas". Abrindo a gaveta da escrivaninha, tirou uma moeda brilhante de prata de cem *sous* que me estendeu. "Pegue", disse, "vá comprar uma camisa, um par de calças, um barrete vermelho e chinelos para se endomingar. Quero que vá bem vestido e bem limpo à quadra de tênis".

Koniba Kondala arregalou seus grandes olhos. Naquela época, cem *sous* eram uma fortuna, representavam o preço de uma bela novilha! Curioso, olhei a moeda de perto. Nela via-se um homem, uma mulher e uma criança, os três nus. Que coisa estranha! Era um símbolo? Um fetiche? Eu tinha ouvido os fulas dizerem: "Aquele que se apega a estas moedas desnuda a própria alma". Enquanto isto, o comandante rabiscou alguns sinais em um pedaço de papel. Ele o entregou a Koniba Kondala e disse em voz seca: "Agora, leve estas duas crianças ao mestre da escola".

Saindo da residência oficial, tomamos o caminho que levava à escola. Este também passava pela margem esquerda do Yaamé, como o bairro de Sinci, mas um pouco mais longe. No caminho, certamente seduzido pelos meus cem sous de boa prata, Koniba me disse com voz doce, em tom de reprovação amigável: "Eu estava gracejando com você, como é meu direito como *dîmadjo* e avô[3], mas você não entendeu minha brincadeira e maldosamente me 'entregou' ao comandante. Você é um pequeno amo malvado, um mau filho de fula! Para provar que continuo sendo seu cativo disposto a servi-lo e aos seus, deixe que eu leve sua moeda de prata. Eu a entregarei a Beydari Hampâté. Não gostaria que a deixasse cair, nem que um aluno mais velho do que você a roubasse.

"Que é isso, Koniba Kondala!", respondi caindo na risada. "Se pedir minha moeda de novo, irei já dizer ao comandante que você quer tomar meu presente."

"Ah!", vociferou. "O pequeno roedor herda de seus parentes os dentes

---

3. A classe de "cativos da casa" (*rïmaibé*, singular - *dîmadjo*) gozava tradicionalmente de total liberdade de palavra, gestos e comportamento. Ademais, por sua idade, Koniba Kondala inseria-se na classe dos "avós", que tinham o direito de brincar livremente com seus netos.

longos, pontiagudos e afiados. Deixe-me em paz!"

A partir daí e pelo resto do caminho, ficou calado.

E foi assim que fui recrutado para a escola e recebi minha primeira moeda de prata.

A primeira aula

Não havia uma construção especial para a escola. As aulas eram ministradas em um velho alpendre da cocheira real transformado em pátio coberto. Ao chegarmos, o mestre dava aula aos vinte e três alunos de sua classe. Tratava-se de um "monitor de ensino primário nativo", quer dizer, formado pela Escola Profissional de Bamako (apenas os diplomados pela Escola Normal de Goré, no Senegal, tinham direito ao título de professor). Chamava-se Sr. Moulaye Haïdara. Era um mestiço mouro de uma família xarife de Sokolo, ao norte de Segu. Vendo-nos chegar, interrompeu a aula. Koniba Kondala entregou-lhe a mensagem do comandante e nos apresentou. Depois partiu sem demora, como se temesse que minha língua muito comprida lhe causasse algum novo problema mesmo ali.

Madani e eu estávamos em pé diante do mestre. Este abriu um grande livro de registro, mais comprido do que largo, e nele inscreveu cuidadosamente nossos nomes. Depois perguntou-nos, em nossa língua, qual era a profissão de nossos pais. Madani respondeu que seu pai era chefe. Eu, sem saber o que dizer, dei como profissão de meu pai a de Beydari Hampâté, isto é, açougueiro. O Sr. Moulaye Haïdara virou-se para os alunos e disse em voz alta em francês, apontando-me com o dedo: "Amadou é um açougueiro. Repitam!".

Os alunos repetiram em coro: "Amadou é um açougueiro".

"Outra vez", disse o mestre. Os alunos repetiram juntos e depois um de cada vez: "Amadou é um açougueiro".

Esta foi a primeira frase que aprendi e memorizei na língua francesa.

O mestre levantou-se e conduziu-nos à última fileira da classe. Fez-me sentar no penúltimo lugar e Madani no último, mandando-nos cruzar os braços comportadamente sobre a mesa. Perdi-me em reflexões. Por que tinha sido colocado na frente de Madani, filho do chefe da região, e por que Daye Konaré, um de seus cativos, estava sentado na primeira fileira? Era talvez um engano? Passado um momento, levantei-me para ceder meu lugar a Madani.

"Quem o mandou trocar de lugar?", exclamou o mestre em bambara.

Levantei-me e respondi na mesma língua, por sinal falada pela maioria das crianças: "Madani é meu príncipe, senhor. Não posso sentar-me à sua frente".

"Aqui sou eu quem determina os lugares. Ninguém pode escolher. Você entende?", perguntou o mestre. "Entendo, senhor."

"Voltem aos lugares que eu indiquei. Aqui não há príncipes nem súditos. É preciso deixar tudo isso fora daqui, do outro lado do rio."

Estas palavras me marcaram a fundo. Como era possível? Em nossas associações éramos todos iguais; mesmo assim, nossas respectivas funções refletiam mais ou menos as classes a que pertencíamos e ninguém tinha vergonha disso. Aqui, de acordo com o mestre, não havia mais diferenças. Tentei imaginar um mundo onde não existissem nem reis nem súditos, portanto sem comando, sem castas de artesãos e *griots*, enfim, sem desigualdades de qualquer espécie. Não consegui.

O Sr. Moulaye Haïdara retomou a lição. Naquele dia, os alunos deviam aprender e recitar de cor um texto que o mestre enunciava bem distintamente em francês, palavra por palavra, e em seguida frase por frase. Os alunos repetiam cada palavra, depois cada frase, primeiro todos em coro, em seguida um de cada vez. Isto durou uma meia hora. O mestre pediu então que cada um recitasse o texto sozinho e que a classe o repetisse em coro como se o aluno tivesse se tornado o mestre. Eu escutava com atenção e repetia as palavras com os outros, mesmo sem compreender o sentido. Minha memória auditiva, como a de todo bom aluno da escola corânica, estava treinada para este tipo de ginástica, habituados que éramos a decorar páginas inteiras do livro sagrado sem compreender-lhe o sentido. Este simples exercício de memória não apresentava qualquer dificuldade para mim, ainda mais que, com meu desejo de aprender o mais depressa possível a língua de "meu amigo comandante", punha naquilo todo o meu ardor.

A lição durou boa parte da manhã. Eu tinha tido tempo mais que suficiente para decorá-la. Quando o vigésimo terceiro aluno havia terminado de recitá-la gaguejando um pouco, e toda a classe a tinha repetido em coro depois dele, levantei-me. O mestre pôs-se a rir: "Você não. Sente-se".

"Senhor, tudo o que meus companheiros acabaram de dizer eu posso recitar". Ele parou de rir. "Você guardou tudo?", indagou. "Sim", respondi. "Então, recite para eu ouvir."

Todas as cabeças viraram-se em minha direção, olhos atentos, ouvidos espichados. Seguro de minha memória, comecei a recitar em voz monocórdica e cantarolante, como tinha ouvido os alunos fazerem, o texto da lição que lembro até hoje: "Meu caderno é parecido com meu livro... mas é menos grosso... ele é mais fino... ele é retangular... Sua capa não é feita de papelão... é uma folha grossa colorida... Meu caderno tem trinta e duas páginas..."[4]

"*Kaa koo Jeydani*!", exclamou o mestre (quer dizer: "Milagre de Abd el-Kader el Djilâni!", grande santo muçulmano dos primeiros séculos do Islã, famoso por seus milagres).

Muito satisfeito, pegou-me pela mão e me fez subir no estrado. Falou por muito tempo aos alunos em francês me mostrando, mas nunca fiquei sabendo o que disse. À noite, na saída da aula, deu-me um belo álbum de figuras, um barrete vermelho com um pompom azul e uma bandeirinha com as cores francesas.

Na manhã seguinte, levou-me à casa do tesoureiro da circunscrição, o Sr. Delestré, antigo primeiro-sargento do exército colonial aposentado, versado nos quadros civis na qualidade de encarregado dos Assuntos Africanos. Era sua atribuição, entre outras coisas, anotar em uma lista os nomes dos bons alunos sem recursos a serem recomendados para uma bolsa mensal de três francos, pagos a sua família. Considerado órfão de pai, fui aceito sem dificuldades. O tesoureiro escreveu meu nome em sua lista.

Na época destes acontecimentos, minha mãe se encontrava em Bandiagara. Ela vinha de tempos em tempos para nos ver, a meu irmão, a mim e ao resto da família, e também para ficar de olho na gestão de seu rebanho. Como não era mulher de fazer viagens improdutivas, aproveitava para trazer a Bandiagara artigos bambaras de Kati que revendia, e levava para Kati especialidades do Macina que eram muito apreciadas.

Estava tranquilamente instalada no pátio da casa familiar quando viu chegar Beydari suando, carregando seus mais de cem quilos o mais rápido que podia e o decoro lhe permitia, porque correr era impróprio, senão ridículo, para um adulto. Vinha anunciar-lhe o sequestro de que tínhamos sido vítimas, Hammadoun e eu, por parte de Koniba Kondala, que nos havia requisitado para a escola dos brancos. Um pouco mais tarde, por sua vez, chegou meu irmão Hammadoun. Explicou que tinha sido dispensado graças à intervenção do chefe Alfa Maki Tall, mas que eu tinha ficado; ele não sabia mais nada.

---

4. Este texto figura no primeiro *Livret de lecture du français pour les écoliers noirs* (Cartilha de francês para os alunos negros), de Jean-Louis Monod.

Quando a questão era informar-se, minha mãe sempre tinha recursos. Pouco depois, já sabia tudo o que acontecera: a atitude generosa de Alfa Maki Tall, minha passagem pelo gabinete do comandante e minha chegada à escola com o pequeno Madani.

Para ela, a solução era simples. Como era comum na época entre as famílias abastadas, ela se dispôs a pagar um "resgate" por minha saída da escola a qualquer preço. As transações deste gênero passavam-se entre os pais, de um lado, e o intérprete e o mestre-escola de outro – os dois últimos repartiam o preço do "resgate". Havia vários motivos possíveis para exclusão: doença física ou mental, indisciplina e algumas outras que não lembro. O intérprete submetia o motivo para a exclusão ao comandante, que em geral a aprovava sem dificuldade, porque nunca colocava em dúvida as declarações do diretor da escola e sobretudo do seu intérprete: como bons brancos-negros que eram, quer dizer, negros europeizados, estavam automaticamente acima de qualquer suspeita!

Minha mãe escolheu como motivo a "indisciplina", considerando os outros degradantes. Minha reputação de chefe de uma associação de setenta meninos atrevidos e as pilhagens a que me dedicava com regularidade com meus companheiros justificavam amplamente a escolha. Minha mãe só precisava agora vender cabeças de gado em número suficiente e procurar o intérprete e o mestre-escola para propor-lhes meu "resgate". Antes disso, foi à casa de meu mestre Tierno Bokar, que era um pouco mentor espiritual de toda a família.

Colocou-o a par do que havia acontecido comigo e a seguir deixou explodir sua indignação: "Amadou jamais irá a essa escola de brancos onde vão transformá-lo em um infiel! Eu me oporei por todos os meios! Vou resgatá-lo e, se preciso, venderei a metade de meu rebanho!".

Tierno a acalmou: "Por que o fato de ir à escola tornaria Amadou um infiel? O próprio Profeta disse: 'O conhecimento de alguma coisa, seja ela qual for, é preferível a sua ignorância'; e também: 'Procure o conhecimento do berço ao túmulo, nem que seja na China!' Kadidja, minha irmã, não se interponha entre Amadou e seu Senhor. Aquele que o criou está mais informado do que nós sobre seu destino, deixe Amadou em suas mãos. Que Ele o coloque onde quiser e disponha dele como quiser. Se Ele decidir que Amadou não deve se instruir na escola francesa, aconteça o que acontecer Amadou voltará; e se Ele decidir que a escola é seu caminho, Amadou o seguirá. Peço-lhe, minha irmã, não resgate Amadou e não o impeça de ir à escola dos brancos. Guarde seus touros para outro uso".

Minha mãe teve de curvar-se, porque todos na família confiavam no julgamento de Tierno. E foi assim que, por causa do triplo efeito do rancor de Koniba Kondala, da sabedoria de meu mestre e sem dúvida da vontade divina, a linha de meu destino mudou nesse dia. Afastou-me do caminho já traçado que deveria me levar à carreira de marabu-professor (acrescida, sem dúvida, de uma atividade de alfaiate-bordador como meu pai Tidjani e o próprio Tierno Bokar) para me empurrar em direção a uma nova via que ninguém, na época, sabia aonde me levaria.

A partir daí, todo dia, pela manhã cedo, eu tomava o caminho da escola, que ficava a mais ou menos dois quilômetros de casa. Levava uma sacola de tecido a tiracolo contendo meus novos tesouros: cadernos, livros, minha lousa, um lindo suporte de madeira branca da França munido de uma pena *sergent-major*[5], lápis, giz, duas borrachas (uma para tinta e outra para grafite) um mata-borrão, um pião com sua cordinha, uma pequena faca e um saquinho preparado por Niélé contendo guloseimas: amendoim, batata doce, etc.

Chegava à escola por volta das seis horas e quarenta e cinco minutos. Quando faltavam cinco minutos para as sete horas, a um sinal do mestre, o aluno Mintikono Koulibaly (cujo nome significa "aquele a quem não se espera") apressava-se em direção a uma longa placa de metal suspensa em uma viga, que servia de sino.

Pegando uma barra de ferro que ficava perto da placa, Mintikono – que os alunos haviam apelidado de "o pequeno hipo", ou seja, "o pequeno hipopótamo", por causa de sua corpulência – infligia à placa, como que para castigá-la por algum delito que só ele conhecia, três golpes vigorosos. Havia monopolizado o sino e atacava qualquer um que se permitisse tocá-lo em seu lugar ou apenas encostasse na placa bem-amada, que os meninos chamavam maliciosamente de "a amante de Mintikono". Nem mesmo o mestre podia fazer alguma coisa a respeito...

Aos primeiros toques do sino, os alunos, que corriam, gritavam, riam e davam cambalhotas no pátio como um bando de jovens macacos soltos numa plantação de amendoim, cessavam todo movimento e voltavam-se na direção do mestre. "Em fila!", gritava ele. As crianças corriam e formavam duas filas impecáveis de cada lado da grande porta. "Braços estendidos!", ordenava o mestre. Todos estendiam o braço direito na horizontal colocando-o no ombro direito do menino em frente. Quando o mestre gritava "Firme!", abaixá-

---

5. *Sergent-major*: primeiro-sargento de infantaria, encarregado da contabilidade da companhia. Nome de uma marca de penas metálicas para a escrita. [N. da R.]

vamos o braço ao longo do corpo e, com as palmas abertas e em fila indiana, entrávamos na classe onde cada um ia para seu lugar e sentava-se em silêncio, os braços cruzados sobre a mesa.

O Sr. Moulaye Haïdara subia no estrado e ia sentar-se na escrivaninha. Abria o grande livro de registro e fazia a chamada marcando os nomes; terminada esta pequena cerimônia cotidiana, começava a aula. A classe era separada em duas partes: uma primeira divisão composta dos alunos mais avançados e uma segunda divisão com os que ainda estavam no aprendizado da leitura e da escrita. Os primeiros faziam seus deveres enquanto o mestre se dedicava aos outros.

Habituado há muito tempo a transcrever minhas lições corânicas numa prancheta de madeira, em um mês já tinha decorado todo o alfabeto e era capaz de escrevê-lo corretamente. Ao final do segundo mês, conhecia bem as sílabas. Meu método de aprendizagem era muito eficaz: ensurdecia todos na casa declamando a altos brados séries de palavras com a mesma consonância, tais como: a casa, a mata, a faca, um sapo, o gato, um caco... um canto, um ponto... ou ainda: que, o que, é você... elevando e arrastando a voz no artigo ou na primeira sílaba, como faziam os alunos. Para que todos, inclusive os vizinhos, pudessem apreciar devidamente meus novos conhecimentos, chegava mesmo a me empoleirar no telhado, de onde lançava a plenos pulmões este novo tipo de litania, a ponto de deixar atordoado até o paciente Beydari!

Não saberia descrever por que processo os novos alunos logo aprendiam a falar o francês, porque o mestre não traduzia para a língua local absolutamente nada das lições que ministrava. A não ser em algum caso especial, estávamos proibidos de falar as línguas maternas na escola, e quem fosse pego em flagrante delito via-se paramentado com um cartaz infamante que chamávamos "símbolo".

O principal método era o da "linguagem em ação". Cada aluno devia dizer em voz alta as palavras (ensinadas no início pelo mestre) que descreviam seus gestos e sua ação naquele momento. Rudimentares no princípio, com o tempo as frases tornavam-se mais ricas e complexas. O mestre, por exemplo, mandava um menino ao quadro-negro. Levantando-se, o menino gaguejava com voz cantante e arrastada: "O mestre me manda ir ao quadro-negro... Eu me levanto... Cruzo os braços no peito... Eu saio do banco... Eu me dirijo ao quadro-negro... Eu me aproximo do estrado sobre o qual está a escrivaninha do mestre... Eu subo no estrado... Eu pego o pano molhado com a mão esquerda e um pedaço de giz branco com a mão direita... Eu limpo o quadro-

-negro... Eu escuto o mestre... Ele me dita uma frase... Eu tento escrevê-la sem erros... O mestre corrige meu ditado... Ele está satisfeito... Ele me afaga a cabeça... Eu estou contente... O mestre me manda voltar para meu lugar... Eu volto orgulhoso...", etc.

Graças a este método, levei pouco tempo para conseguir me exprimir em francês. Isto não tem nada de espantoso quando se pensa que a maior parte das crianças africanas, vivendo geralmente em ambientes onde coabitavam diversas comunidades étnicas (em Bandiagara havia fulas, bambaras, dogons, hauçás...), já eram mais ou menos poliglotas e habituadas a absorver uma nova língua com tanta facilidade quanto uma esponja se embebe de líquido. Na falta de método, bastava-lhes passar algum tempo no meio de uma etnia estrangeira para aprender a língua – o que aliás, ocorre até hoje. Muitos adultos considerados "analfabetos" pelos padrões ocidentais falavam quatro ou cinco línguas, e raramente menos que duas ou três; o próprio Tierno Bokar falava sete. Acrescentava-se, às vezes, o árabe e, na época, o francês – este último falado muitas vezes, é verdade, no estilo espirituoso dos atiradores, e chamado *forofifon naspa*.

Mas, como sempre, havia exceções. Dois de nossos companheiros, um bambara e um dogon, que não estavam acostumados, como a maioria dos meninos fulas e tucolores, ao aprendizado mnemotécnico intensivo das escolas corânicas, e também um pouco lerdos de espírito, tinham a maior dificuldade em assimilar os ensinamentos do mestre. Um dia, este, depois de explicar uma lição, pediu que cada aluno escolhesse e conjugasse um verbo no presente do indicativo. Alguns melhor, outros pior, todos o fizeram. Quando chegou a vez de nosso companheiro bambara Moussa P., este levantou-se rápido:

"Você encontrou um verbo para conjugar?", perguntou-lhe o mestre. "Sim, senhor", disse. "E qual é o verbo? Você já escolheu?"

"O verbo... o verbo... cabinar!" O Sr. Moulaye Haïdara arregalou os olhos e abriu a boca. "Ah, sim?", disse. "Bem, então conjugue este verbo na primeira pessoa do singular, no presente do indicativo e no futuro."

Todo orgulhoso, Moussa pôs-se a recitar: "Eu cabino, tu cabinas, ele cabina, nós cabinamos, vós cabinais, eles cabinam!"

O mestre, que não era dos mais pacientes e tinha os nervos facilmente inflamáveis, começou a mordiscar o lábio inferior, sinal evidente de cólera, e a triturar a correia que tinha na mão. Moussa não via nada. Muito contente, passou para o futuro: "Eu cabinarei, tu cabinarás..." O mestre saltou sobre ele: "Com certeza, tu cabinarás!".

E passou a açoitá-lo com tanta força com a correia que o pobre Moussa, sob o impacto da emoção, sujou as calças e se pôs a gemer: "*Yaa-yaa-Yaaye...* Senhor! Eu cabinei! *Wallaye* (por Deus!) eu cabinei!".

O outro companheiro, um dogon chamado Sagou K., teve de recitar um dia, como todos os alunos, uma frase dita pelo mestre. Esta frase era a seguinte: "O corpo humano é composto de três partes: cabeça, tronco e membros". Quando chegou sua vez, Sagou, que tinha muita dificuldade em reter as palavras em francês, improvisou e cantarolou, em um francês fonético aproximativo: "U copumã (corpo humano) écumpô (é composto) trepati: a cabeça, azorelha, e... *fopa*!". Como não conseguia lembrar-se da palavra "boca", ele tinha inventado uma espécie de onomatopeia a partir do verbo "assoprar" que, para ele, evocava boca. O Sr. Moulaye Haïdara o fez recomeçar várias vezes, mas o coitado não conseguia chegar ao fim da frase sem se sair com a sempiterna *fopa*. O mestre estava fora de si. Desnecessário dizer que Sagou teve direito, ele também, a um sólido corretivo.

Por sorte, também havia ocasiões de relaxamento. Uma manhã, após a pequena cerimônia da chamada, o mestre escreveu no quadro-negro a data e em seguida disse uma máxima em francês, que enunciou lentamente em voz alta: "Nem o celeiro e nem a mansarda se enchem com tagarelice". Assim que pronunciou a "tagarelice"[6], todos os alunos que falavam bambara – ou seja, a maior parte da classe – caíram na gargalhada: "Hee! Hee! Senhor, senhor!". Surpreso e zangado, o mestre disse: "Do que vocês estão rindo, bando de imbecis?".

Daye Konaré, o aluno favorito por duas razões (era o primeiro da classe além de irmão mais novo do *boy* que trabalhava como "mordomo" na casa do governador da colônia), foi o primeiro a se recompor. "Perdão, senhor, mas as duas últimas palavras que o senhor falou, em bambara significam um grande insulto que nós não merecemos."

Surpreso, o Sr. Moulaye Haïdara releu as palavras atentamente. Ele não tinha percebido, tão concentrado estava no significado em francês, o jogo de palavras em bambara. De repente, ele também foi tomado de uma crise de riso interminável. A classe inteira morreu de rir junto com ele. Com efeito, se "à babiller" significa em francês "falar sem parar e sem assunto definido", em bambara, foneticamente, esta expressão significa "o sexo de vossas mães" (para falar de modo educado). Ouvir tal grosseria da boca do mestre, sobretudo proferida inocentemente, era a coisa mais cômica possível para as crianças.

---

6. No original francês: *Ni le granier ni la mansarde ne s'emplissent à babiller*. As palavras alvo do trocadilho, portanto, seriam "*à babiller*", "tagarelice" em português. [N. da T.]

Não era preciso mais nada para fazê-las cair na risada. O Sr. Moulaye Haïdara ria até as lágrimas! Quando enfim conseguiu controlar-se e o silêncio voltou à classe, ele explicou em detalhe a sentença do ponto de vista gramatical e também sua moral. A frase devia ser decorada e recitada no final da tarde.

Ao meio-dia, todos iam almoçar em casa, menos os que ficavam de castigo na escola. O mestre nos levava em filas até a estrada que ficava bem longe das residências dos brancos. Lá chegando, gritava "Parem!" e depois "Dispersar!", o que provocava de imediato uma alegre debandada.

As aulas recomeçavam às quatorze horas. À tarde, às dezesseis horas, as vigorosas badaladas de Mintikono nos libertavam de nossas penas. Fazíamos duas filas: de um lado os de castigo, que deviam passar a noite na casa do mestre onde uma sala especial os esperava (seus pais, avisados, traziam algo para eles comerem), e, do outro, os que podiam voltar para casa para ir brincar com seus companheiros de associação ou passar o serão ao luar com suas Valentinas.

A maior parte do ensino (como em todas as escolas primárias nativas locais) consistia em nos fazer aprender a ler, escrever e sobretudo a falar corretamente o francês. O ensino de matemática elementar limitava-se às quatro operações básicas: adição, subtração, multiplicação e divisão. Depois de um ano ou dois, os alunos que haviam conseguido um número de pontos suficiente eram enviados a uma escola regional onde se preparavam para as provas do certificado de estudos primários nativos, necessário para frequentar a Escola Profissional de Bamako.

Eu mesmo só seria enviado para a Escola Regional de Djenné no início do ano escolar de 1913. Os alunos que não passavam do estágio de escola primária retornavam para suas famílias ou, por seu conhecimento mesmo rudimentar do francês, eram convocados pelos brancos como empregados domésticos: cozinheiros, *boys*, ou *pankas* – que era o nome da tela suspensa do teto, acionada por uma corda e cujo movimento proporcionava um pouco de ar fresco.

Primeiro encontro com Wangrin

No início do verão de 1912, conheci um personagem fora do comum que mais tarde desempenharia um papel importante em minha existência, embora de forma indireta, já que a publicação da história de sua vida me valeria, em 1974, um prêmio literário. Falo daquele que, a seu próprio pedido, designei por um de seus pseudônimos: "Wangrin". Um homem que, pela astúcia e inteligência, alcançou fato raríssimo na época para um nativo – o máximo êxito social e financeiro. Conseguiu acumular uma fortuna comparável ao capital das maiores sociedades francesas da época, enrolando e enganando sem pudor os ricos e poderosos de então, tanto africanos como franceses (inclusive os temíveis administradores coloniais chamados de "deuses da *brousse*", e a todo-poderosa "Câmara de Comércio"), fazendo piruetas para escapar das piores trapalhadas que criava à vontade, tendo o topete de chegar a prevenir algumas de suas futuras vítimas do "golpe" que pretendia lhes aplicar, e redistribuindo aos pobres, enfermos e deserdados de todos os tipos, grande parte do que ganhara enganando os ricos.

Porém, não é esta primeira parte de sua vida que é digna de interesse mas a segunda, em que por causa de uma traição perdeu em um dia a glória e a fortuna, afundando na mais profunda miséria, isto é, na decadência. Foi nesse momento que mostrou sua grandeza. Nesse ponto em que outros teriam enlouquecido ou mergulhado na amargura, ele alcançou a sabedoria. Sem rancor contra ninguém, sem nenhum remorso em relação à fortuna perdida, continuando a distribuir aos pobres os poucos vinténs que ganhava aqui e ali, sabia rir da vida, de si mesmo e de sua própria história. Transformado em uma espécie de vagabundo filósofo, fazia ponto nas vendas da cidade e as pessoas vinham de longe para ouvir suas histórias cheias de verve e de humor, e suas saborosas ideias sobre a natureza humana.

Foi logo após sua ruína, por volta de 1927, que o encontrei de novo no Alto Volta[7], onde eu estava em missão como jovem funcionário colonial. Foi lá que me contou, noites a fio, acompanhado em surdina pela guitarra de seu fiel *griot* Diêli Maadi, que o havia seguido na desgraça, todas as incríveis peripécias de sua vida. E ele próprio me pediu que um dia escrevesse esta história e a tornasse conhecida para, como dizia, "servir aos homens de ensinamento e divertimento ao mesmo tempo", sob a condição de designá-lo por um de seus pseudônimos, para não dar a sua família, presente ou futura, "ideias de superioridade ou de inferioridade".[8]

---

7. Atual Burkina Fasso. [N. da T.]

8. Uma vez que, apesar das declarações do autor em nota preliminar, alguns especialistas literários viram em *L'étrange destin de Wangrin* (O estranho destino de Wangrin), uma obra fundada em parte na ficção e no imaginário (chegou-se mesmo a falar de uma "narrativa autobiográfica"!), Amadou Hampâté Bâ defendeu-se em um posfácio incluído na edição do livro de 1992 pela Éditions 10/18 de Paris. Esse texto, que traz novos elementos sobre a personalidade de Wangrin, também figura no fim de uma brochura publicada por Nathan (Paris) como parte da coleção *Une oeuvre, un auteur* (Uma obra, um autor) e intitulado *L'étrange destin de Wangrin, d'Amadou Hampâté Bâ*. Estudo crítico por Antoine Makonda. (Nota de H. Heckmann, procuradora do autor)

Wangrin ainda era jovem quando chegou a Bandiagara para exercer as funções de monitor de ensino, por volta de 1911 ou 1912. Confesso ignorar onde ensinava (existiriam outras salas de aula além da do Sr. Moulaye Haïdara?). Ele não deveria tardar, no entanto, a sair desta situação modesta para a mais honorífica e lucrativa de intérprete do comandante de circunscrição. Após um combate memorável, arrebatou o lugar ao velho intérprete, o antigo atirador que eu tinha conhecido na casa do comandante, o homem com os dedos cobertos de anéis e que só sabia falar o francês *forofifon naspa*.

Quando o encontrei pela primeira vez, Wangrin tinha acabado de ser nomeado temporariamente pelo comandante para trabalhar para um funcionário de passagem em Bandiagara encarregado de Assuntos Africanos, o Sr. François-Victor Equilbecq, que realizava uma viagem através da região recolhendo o maior número possível de contos sudaneses. Quando o Sr. Equilbecq chegou a Bandiagara, em junho de 1912, o comandante de circunscrição convocou o chefe Alfa Maki Tall pedindo-lhe que enviasse ao recém-chegado todos aqueles (homens, mulheres, velhos ou crianças) que conhecessem contos. Eu me encontrava entre as crianças escolhidas.

O informante recebia dez, quinze ou vinte centavos a cada conto, dependendo da duração ou importância. No começo, Wangrin os traduzia para o Sr. Equilbecq, que tomava nota. Mas logo este encarregou Wangrin de recolher diretamente a maior parte dos textos. Wangrin redigia uma primeira tradução em francês, depois a passava ao Sr. Equilbecq, que às vezes fazia correções ou modificações de sua própria lavra. Ele publicou uma grande parte dos contos recolhidos em 1913 pela editora E. Leroux, na *Collection des contes et chants populaires* (Coleção de contos e cantos populares), texto reeditado em 1972 pela editora Maisonneuve et Larose com o título *Contes populaires d'Afrique occidentale* (Contos populares da África ocidental). É interessante notar que Wangrin foi um dos principais redatores. Seu nome é citado no fim da maior parte dos contos, precedido da menção "traduzido por" ou "interpretado por". Meu nome também figura em alguns lugares, sob o estranho título de "Amadou Bâ, aluno *rimâdio* da Escola de Bandiagara". Estranho porque a palavra *rimâdio* não existe; o máximo que se pode dizer é que se trata da mistura curiosa das palavras *dimadjo* e *rimaïbé*, respectivamente singular e plural de "cativo da casa"...

Quando as outras crianças informantes e eu fomos apresentadas a Wangrin, alguém lhe disse que eu era sobrinho de seu grande amigo Hammadoun Pâté (irmão caçula de minha mãe), chefe da poderosa associação de adultos à qual ele se filiara ao chegar a Bandiagara. Considerou-me de imediato como seu próprio sobrinho, conforme a tradição africana em que o amigo do pai é pai, o amigo do tio é tio, etc. A partir daí, tendo ou não histórias para lhe contar, eu ia vê-lo quase todos os dias ao sair da escola e muitas vezes passava a noite em sua casa.

Mais tarde, por volta de 1915 ou 1916, depois do famoso "caso dos bois", no qual, graças a sua habilidade e contra todas as expectativas ele venceu na justiça um "deus da *brousse*" – em outras palavras, um administrador das colônias –, Wangrin partiu de Bandiagara para continuar sua fulgurante ascensão no Alto Volta. Não ficamos porém privados de notícias porque sua esposa, uma dogon de Bandiagara cuja família era vizinha nossa, escrevia de tempos em tempos a seus pais, que nos mantinham ao corrente.

A morte de meu irmão mais velho

No início do verão de 1913, meu irmão Hammadoun não pôde resistir ao desejo de rever nossa mãe, que não vinha a Bandiagara há muito tempo. Assim, pediu a Beydari autorização para ir a Kati, onde ela morava com Tidjani. Beydari não era muito favorável a este projeto por causa das dificuldades e da extensão do trajeto (por volta de 750 quilômetros), sobretudo para um rapazinho de uns quinze anos que nunca tinha saído de sua cidade natal. Mas Hammadoun insistiu tanto, e sua necessidade de rever nossa mãe era tão forte, que por fim Beydari se deixou convencer. Porém, estava fora de cogitação deixar meu irmão empreender uma viagem dessas sozinho. Justamente na ocasião um de nossos vizinhos, um *griot* chamado Madani Oumar S., pretendia ir a Segu por terra. Beydari deu-lhe certa soma em dinheiro e confiou-lhe meu irmão, persuadido de que este estaria em boas mãos em sua primeira longa viagem. De Segu, Hammadoun poderia ir a Bamako pelo rio Níger de carona numa piroga. Os últimos doze quilômetros que separavam Kati de Bamako seriam um passeio...

Desde minha volta a Bandiagara, era a primeira vez que meu irmão e eu íamos nos separar. Éramos tão próximos quanto "dois fios da mesma coberta"; eu desempenhava com prazer todos os pequenos serviços que um irmão menor presta normalmente a seu irmão mais velho e ele, em troca, envolvia-me com sua afeição e proteção. Ele era meu modelo e eu o admirava. Sabia que ia me fazer muita falta.

Mas a vida continuava. Bem depressa fui tomado pelas mil e uma ocupações que preenchiam meus dias: a escola francesa, as lições de Tierno Bokar, os serões com Koullel e os anciões, as reuniões com meus companheiros e nossas charmosas Valentinas...

As férias chegaram logo. Eu estava livre outra vez para me dedicar às atividades de chefe da poderosa *waaldé* dos membros mais jovens dos bairros do sul de Bandiagara. Daouda Maïga e eu formávamos então, mais do que nunca, uma dupla inseparável. Eu não sabia que passava minhas últimas férias felizes em Bandiagara.

Uma noite – era o mês de agosto, creio eu –, quando Daouda e eu entramos em casa depois de uma de nossas expedições na *brousse*, encontramos toda a família chorando. As mulheres lançavam lamentos entrecortados do longo grito "*Yooyoo... mi héli!*", anunciador de desgraça. Beydari, a cabeça baixa, escondia os olhos com as mãos. Niélé, prostrada, parecia no fim de suas forças e lágrimas. Assim que me viu, soltou um grande grito e correu em minha direção. Cerrando-me com força contou, entre soluços, que meu irmão Hammadoun estava morto. Minha mãe tinha enviado um telegrama dizendo que ele havia morrido logo após sua chegada a Kati. "Não chore, não chore!", me dizia Niélé, com seu próprio rosto brilhante de lágrimas. "Não se deve chorar os mortos..." Ela me consolava como podia.

Não saberia descrever o choque que senti. Poderia se dizer que meu espírito não era capaz de registrar a realidade de tal notícia. Fiquei imóvel, sem lágrimas nem palavras. Após um longo tempo, só consegui dizer: "Então, não o verei mais?... E sua associação?".

Daouda estava tão chocado quanto eu. Só alguns dias mais tarde, quando estávamos sozinhos, é que o choro finalmente veio. Soluçávamos: "Não temos mais um defensor... Fulano tem seu irmão mais velho... sicrano tem seu irmão mais velho... Nós, nós não temos mais o nosso... nunca mais o veremos..."

O que havia ocorrido? O que poderia ter levado à morte este belo menino na flor da idade? Hammadoun, antes de morrer, contara tudo a nossa mãe.

O *griot* Madani Oumar S., a quem Beydari tinha confiado Hammadoun, não encontrou nada melhor a fazer do que servir-se dele como carregador a pé, enquanto ele próprio viajava confortavelmente a cavalo. Colocara toda sua bagagem em dois enormes sacos que fazia meu irmão carregar como se fosse um cavalariço. Apesar da distância entre as etapas e os riscos de encontros perigosos nesse tempo em que animais selvagens pululavam, ele partia a cavalo na frente, deixando meu irmão se arranjar como pudesse sozinho na estrada. Era o início da estação das chuvas. Vergado sob o peso das bagagens, os pés escorregando na lama, as vestes encharcadas sobre as costas, Hammadoun andava sozinho até a aldeia seguinte. E lá, antes de poder restaurar as forças e repousar, ainda tinha que informar-se para descobrir o paradeiro de Madani Oumar S. Na manhã seguinte, Madani partia a cavalo, sem se preocupar com ele. Por fim, as caminhadas fatigantes sob a chuva, a solidão e a angústia foram mais fortes do que meu irmão: ele apanhou uma bronquite, sem dúvida agravada por malária. Quando chegou a Segu tremia de febre e as pernas mal o sustentavam.

Em Segu, Madani confiou meu irmão a um marinheiro seu amigo, a quem pediu que organizasse a viagem de navio até Kulikoro. Hammadoun fez este longo trajeto em uma piroga descoberta. A chuva, o frio e a falta de cuidados não melhoraram em nada seu estado. Em Kulikoro, tomou o trem para atravessar os cinquenta quilômetros que o separavam de Bamako. Lá chegando, foi para a casa de Abdallah, velho amigo de Tidjani e de Kadidja. Assustado com sua fraqueza, Abdallah mandou avisar minha mãe em Kati com urgência. Ela chegou no mesmo dia para buscar seu filho, mas, devido a seu estado, decidiu deixá-lo repousando alguns dias em Bamako, onde esperava curá-lo.

Um dia em que ele parecia menos cansado, ela quis levá-lo para ver um pouco da cidade. Apesar de sua doença, meu irmão ainda era de uma beleza arrebatadora – era, como já disse, um dos meninos mais bonitos da circunscrição de Bandiagara, e Deus sabe quantos jovens fulas de extraordinária beleza havia na região! Quando chegaram ao grande mercado onde Kadidja era conhecida, um enxame de curiosos os cercaram. Os *griots* exclamavam: "Hee! Eis um verdadeiro fula da mais bela espécie! *Wallaye*! Por Deus! Ele não foi parido com pressa, foi feito com cuidado..." Muito aborrecido por ser alvo de todos os olhares, Hammadoun, que não aguentava mais, pediu permissão para voltar a casa. Depois de alguns dias, como seu estado não melhorasse, minha mãe decidiu levá-lo para Kati. Fizeram a curta viagem de trem.

Assim que chegou a Kati meu irmão foi para a cama. E foi então que contou sua história em fragmentos a minha mãe. Em seu delírio, revivia os sofrimentos da viagem e gemia: "Ei, Madani!... Fui confiado a você e você me deixa completamente só, na *brousse*, no meio das feras... Oh! Que distância! Nunca chegarei à aldeia... O que vou comer? [...] Madani, onde está você? [...] Como vou encontrá-lo? [...] Oh! Eu estou cansado... estou cansado..."

Minha mãe fez o possível, mas era tarde demais. Ao fim de algumas semanas, Hammadoun entregou a alma a Deus. Seu único grande prazer, além de ter reencontrado a mãe, foi segurar nos braços e beijar nossa irmãzinha Aminata, que tinha nascido em Kati. Ele amarrou um barbante em seu pequeno pulso e disse: "Prometo minha irmã em casamento a meu amigo Maki Tall". Mais tarde, Maki Tall não deu prosseguimento a este projeto; não fosse isso, nem Aminata nem ninguém da família teria desejado para ela outra pessoa além da designada por meu irmão mais velho Hammadoun em seu leito de morte.

À notícia de seu falecimento, quase toda Bandiagara ficou de luto. Meu irmão foi lamentado por todas as famílias. Talentoso em todos os sentidos, extremamente hábil com as mãos – suas pequenas esculturas e bordados eram verdadeiras obras de arte –, era antes de tudo um menino respeitador e amável com todos e desprovido por completo de qualquer sentimento de superioridade. Quando os companheiros se banhavam no rio, muitas vezes ficava sentado na margem para vigiar as roupas, privando-se do prazer do banho. As crianças africanas estão acostumadas a partilhar o que possuem, mas ele dava tudo. E não tolerava ver um menino mais forte atacar um mais fraco, de quem tomava imediatamente a defesa.

Comigo, como já disse, era muito afetuoso; mas isto não o impedia de ser muito exigente em certos pontos. Quando me derrubavam na luta corpo a corpo, na qual eu não era muito forte, ficava aborrecido e me reprovava; mas, assim que era vencido, eu corria para pegar um bastão e quem tinha me derrubado passava uma semana a receber uma saraivada de golpes, a ponto de dizerem: "Se Amkoullel o derruba, você fica com vergonha; mas, se você o derruba, você tem de enfrentar uma semana de briga; é melhor não brigar com ele". Aí, meu irmão ficava orgulhoso de mim.

Ele não me defendia quando algum companheiro me atacava; queria que eu me arranjasse sozinho. Mas não permitia que ninguém mais velho do que eu me atacasse. Aliás, enquanto era vivo, ninguém jamais ousou fazê-lo.

A escola de Djenné: o primeiro certificado de estudos

No final das férias, quando começávamos a nos recuperar da morte de Hammadoun, o Sr. Moulaye Haïdara convocou-me a sua casa. Disse-me que eu tinha obtido os pontos necessários para ser enviado à Escola Regional de

Djenné, onde poderia me preparar para o certificado de estudos nativos e, se tudo corresse bem, completá-los em dois anos. Eu deveria partir para a escola no início de setembro. Ele avisou minha família.

Beydari ficou tão abalado que caiu doente. Reuniu um conselho de família para anunciar a má notícia e examinar as providências a tomar. Djenné ficava a mais ou menos duzentos quilômetros de Bandiagara, o que, na época, representava pelo menos três ou quatro dias de viagem, primeiro a pé até Mopti, depois de barco. Ora, não tínhamos nenhum parente em Djenné que pudesse me abrigar. Portanto, ficou decidido que Niélé me acompanharia para cuidar de minhas necessidades e tomar conta de mim.

Essa decisão não me agradava em nada. Eu partia para uma nova vida, era um menino crescido e queria ser livre; sabia muito bem que se Niélé vivesse comigo estaria sob sua constante vigilância. Do alto de meus 13 anos, recusei firmemente sua companhia: "Devo ir para Djenné exatamente como meus outros seis companheiros", expliquei-lhes. "Nenhum deles será acompanhado por um parente; por que vocês querem que eu vá acompanhado como se estivesse aprendendo a andar? Não tenho medo de ir para longe." Suplicaram-me, Niélé chorou, mas fiquei firme. No fim, com a morte na alma, Beydari, Niélé e seus companheiros dobraram-se diante de minha vontade e permitiram que partisse sozinho. Eles sabiam que só me veriam nas férias do verão seguinte.

Os outros seis companheiros designados junto comigo eram Maki Tall, amigo de Hammadoun, Tégué Ouologuem, Yagama Tembély, Moussa Koulibaly, Mintikono Samaké e Badji Ouologuem.

Três dias antes de nossa partida de Bandiagara, o comandante de circunscrição nos convocou. Felicitou-nos por termos merecido, com nosso esforço, uma promoção tão invejável, primeira etapa do caminho que devia nos levar ao poder e à riqueza e, para demonstrar seu contentamento, presenteou cada um com dois trajes completos, uma coberta e a soma apreciável de sete francos. Koniba Kondala recebeu ordem de recrutar um carregador para cada aluno, porque devíamos percorrer a pé os setenta quilômetros que nos separavam de Mopti, cidade onde poderíamos tomar o barco para ir a Djenné pelo rio Níger.

Por três vezes, por pura maldade, recusei o carregador que Koniba Kondala me apresentava, sempre encontrando um defeito mais ou menos fantasioso, apenas para fazer Koniba Kondala sentir que eu já tinha me tornado mais "chefe" do que ele. Obriguei-o a correr um dia inteiro à procura do carregador ideal. Por fim, exasperado, foi até Beydari para pedir-lhe que me fizesse ouvir a voz da razão.

"Se eu tivesse sabido", lamentou-se, "não teria enviado este fedelho do Amkoullel à escola! Ando roendo meus dedos até os ossos!".

Beydari estava deliciado. Retrucou citando o provérbio: "De tanto tentar jogar longe uma rã que o enoja, ela acaba caindo numa boa poça". Ou seja, de tanto querer fazer mal a alguém, acabam-se criando as condições que farão sua felicidade. "Ó Koniba Kondala", acrescentou, "o que aconteceu a você com Amkoullel é o que acontece a um homem mal-intencionado que se deita de costas e mija no ar para tentar sujar o céu. Não só sua urina não atinge seu propósito, como é sobre o próprio ventre dele que ela cai".

Eu tinha conseguido minha primeira revanche sobre Koniba Kondala. Satisfeito, condescendi em aceitar o quarto carregador. Beydari estava bem contente ao ver que, mal enfiara a ponta do pé no estribo de comandante, eu podia inquietar uma fera como Koniba Kondala, o terror da cidade. Então parou de preocupar-se com minha partida. "Creio que podemos ficar tranquilos", disse a Niélé. "Amadou estará em boas mãos entre as suas próprias."

Eu dedicava o tempo que me restava às despedidas de meus tios e tias e dos amigos fiéis de meus pais, alguns dos quais haviam desempenhado até então um papel importante em minha vida. Eles tinham me amado, instruído, educado, guiado. Todos haviam sido pais para mim: Balewel Diko, o companheiro inseparável de meu pai Hampâté; meu tio materno Hammadoun Pâté e meu "tio" Wangrin; Koullel, de quem eu tinha o nome; e sobretudo Tierno Bokar, que me fizera saltar em seus ombros quando era pequeno e agora, pacientemente, esperava que eu me tornasse homem. Ele me abençoou, confiou-me a Deus e isto foi suficiente para apagar todos os meus temores. Parti cheio de confiança, levando no coração a lembrança de seu sorriso e de sua fronte que de tão brilhante era quase um espelho.

Por seu lado, Beydari decidira ir a Kati apresentar condolências a minha mãe pela morte de Hammadoun. Pretendia fazer a viagem a pé até Segu, trilhando exatamente o mesmo caminho que meu irmão, para sentir de perto todo o sofrimento que ele havia suportado.

Numa bela manhã bem cedo, após os últimos adeuses e lágrimas, meus seis companheiros e eu, amplamente munidos de mantimentos para a estrada e de todo tipo de bênçãos, tomamos o caminho de Mopti, acompanhados por nossos carregadores e alguns guardas. Era a quarta vez que trilhava essa estrada. Na primeira, com apenas 1 mês e meio, ia instalado como um reizinho em uma grande cabaça na cabeça de Niélé: minha mãe levava-me à casa de minha avó para apresentar-me. Na segunda vez, Niélé me carregava da maneira tradicional às costas; retornávamos a Taykiri, onde minha avó tinha acabado de morrer. Na terceira vez, foi a grande partida para Buguni; com 4 anos, agarrado ora às costas de Nassouni, ora às de Batoma, contemplava a paisagem ao ritmo dos passos delas. Agora tinha 13 anos. Meu irmão morrera, minha mãe estava longe, deixava para trás todos aqueles que haviam velado por minha infância e não sabia o que me esperava, mas caminhava com passo firme: partia para estudar e para tornar-me um chefe.

A dez quilômetros da cidade, uma inesperada cheia do rio Yaamé, cujas águas haviam derrubado a leve ponte de madeira que o atravessava, nos bloqueou. Uma vazante também repentina ocorreu dois dias depois, o que nos permitiu atravessar o rio a vau. Isso era uma coisa rara nessa estação, mas, naquele ano, o regime de chuvas havia sido deficitário e a população inquietava-se pela colheita que se aproximava. Caminhamos por dois dias até chegarmos a Mopti. Cada aluno ia hospedar-se na casa de um parente ou amigo da família. Fui para casa de Tiébéssé, amiga de infância de minha mãe. Tínhamos dois dias livres, tempo necessário para reunir os onze alunos de Mopti que deviam engrossar nosso comboio até Djenné. Aproveitei esta folga para descobrir um pouco da cidade com alguns companheiros.

Situada na confluência do Níger vindo da Guiné, e do Bani vindo da Costa do Marfim – respectivamente chamados de "rio branco" e "rio negro" por causa da coloração diferente de suas águas –, Mopti contempla a nascente do grande Níger, que dali lança uma verdadeira rede de braços e canais nos quais encerra grande quantidade de pântanos e lagos, acompanhando o longo trajeto que vai dar, a toda a região, o nome de Arco do Níger.

Não é à toa que Mopti foi chamada "a Veneza do Sudão": todas as suas atividades estão ligadas de uma maneira ou outra à vida do rio e ao ritmo de suas cheias. Os bozos, os mais antigos ocupantes da região, fabricam artesanalmente as longas e maravilhosas pirogas que vemos cortando silenciosas as águas, algumas levando toneladas de mercadorias. Povo de pescadores e caçadores, são considerados os "mestres das águas" tradicionais de toda a região.

Nessa zona de confluência de águas "negras" e águas "brancas", encontram-se etnias de diversas origens, de pele mais clara ou mais escura. Depois dos bozos, as mais antigas são os songais e os fulas; os bambaras e os dogons só chegaram mais tarde.

Toda a região do Arco do Níger formava antigamente, em sua parte oeste, um verdadeiro reservatório de riquezas do país em matéria de agricultura, criação de animais, pesca e caça, sem falar das tradições religiosas e culturais. Ali, vivia-se com conforto e o artesanato tradicional era muito desenvolvido. Macina, onde os fulas foram se fixar pela riqueza de seus pastos, está situada no coração dessa região, de que Mopti é um dos florões.

Na manhã da partida, os onze alunos de Mopti juntaram-se ao grupo, aumentando nosso número para dezoito. O comandante de circunscrição de Mopti havia colocado à nossa disposição duas grandes pirogas abastecidas com todos os mantimentos necessários. Elas esperavam por nós às margens do rio, diante dos estabelecimentos Simon. Cada piroga foi ocupada por nove meninos. Os alunos de Mopti, aglomerados na beira do convés, choravam acenando adeus a seus pais.

A um sinal, os marinheiros mergulharam suas varas na água e imprimiram um vigoroso impulso às pirogas. Empurrando alguns companheiros, estiquei o pescoço para ver a multidão reunida na margem. De repente, fui tomado por uma espécie de vertigem: as pessoas pareciam estar recuando, mas sem andar, como se flutuassem sobre a água. Levei alguns minutos para perceber que era nossa piroga que se afastava deles e não o contrário. De minha viagem pelo rio com minha mãe, não me restara qualquer lembrança: eu descobria tudo como se fosse a primeira vez.

Quando nossas pirogas chegaram ao meio da correnteza, ao nos aproximarmos do ponto onde as águas do Níger e do Bani se encontram, o marinheiro-chefe gritou: "Abram seus pacotes e joguem um pouco de cada alimento que tiverem!". Era o tributo tradicional pago à deusa das águas Maïrama no momento em que se deixava o "rio negro" (o Bani), para penetrar nas águas abundantes e majestosas do "rio branco" (o Níger). Todos pegamos uma pequena oferenda e, no momento oportuno, a lançamos o mais longe possível nas águas movimentadas.

Nossa piroga, que até então descia sem esforço o Bani, chocou-se bruscamente contra as ondas que se formavam no encontro com as águas do Níger que deveríamos subir contra a corrente até Kuakuru. Corcoveou para atravessá-las. O casco levou um solavanco que sacudiu passageiros e bagagens. Por um instante acreditei que Maïrama, a princesa das águas, havia se zangado conosco por alguma razão obscura e dava um grande pontapé em nossa embarcação. Mas, assim que os marinheiros contornaram o cotovelo do rio e começamos a navegar ao largo, tudo voltou à ordem. O resto da viagem transcorreu sem problemas.

Em Kuakuru, devíamos deixar o leito principal do Níger e entrar por um braço secundário que nos levaria a Djenné. As águas calmas desse braço de rio corriam preguiçosas através de uma imensa planície, vasta depressão que se estende até Tombuctu e recebe uma variedade de nomes, segundo a região que atravessa. Apesar da falta de chuvas nesta estação de inundações, a planície encontrava-se quase submersa. De longe em longe, viam-se aldeias que pareciam formar ilhotas de argila ocre ou cinza na superfície das águas. Quase sempre escondidas por pequenos bosques de delgados *rôniers*[9] de palmas em tufos espessos e encrespados como redes emaranhadas, as ilhotas dominavam um oceano de verdura, cujas águas espalhadas pela planície eram recobertas por um imenso tapete verde de relva e plantas aquáticas. As zonas poupadas por essa vegetação exuberante reluziam aqui e ali ao sol. Pareciam grandes clareiras atapetadas de placas de prata.

O marinheiro-chefe gritou: "Assim que transpusermos o próximo cotovelo do rio, vocês verão as grandes torres da mesquita de Djenné".

Todos os alunos correram para as bordas da embarcação: "Vamos ver Djenné! Vamos ver Djenné!". Não se dizia que esta cidade, a mais bela de todo o Arco do Níger, se situava logo abaixo do *Al Djennat*, o jardim de Allah (o paraíso), do qual recebera o nome?

De fato, ao contornar a curva vimos aparecer, acima de uma massa verde que ainda nos escondia a cidade e o corpo da mesquita, as flechas das três torres piramidais com os lados cobertos de folhas de *rôniers* artisticamente dispostas e cujo papel era assegurar a solidez do material de construção. De uma delicada coloração ocre, essas flechas destacavam-se sob um céu aberto que parecia ter sido lavado e pintado de azul pela própria mão de Deus; eram os pináculos das três grandes torres da grande mesquita de Djenné, na época a mais bela de toda a África negra, desde Kartum no Oriente até Conakry no Ocidente.

À medida que nos aproximávamos, a cortina verdejante parecia afastar-se e abrir-se de propósito para nos desvendar as belezas da cidade. Logo surgiu a majestosa fachada oriental da mesquita, que tantas ilustrações e fotografias tornaram conhecida no mundo; em seguida apareceram as casas avarandadas da cidade, com seus característicos desenhos decorativos de beleza excepcional e cercadas de folhagens verdejantes.

Nossas pirogas acostaram a leste da cidade, no pequeno porto de Al Ga-

---

9. *Rônier*: palmeira da Índia e da África de galhos hirsutos que se abrem em formato de leque, de frutos comestíveis e cuja seiva é utilizada para fazer uma bebida. [N. da T.]

zba. Este não podia ser mais animado. Mulheres lavavam roupas ou panelas às margens do rio, crianças se banhavam. Havia animais levados para beber e o zurrar dos asnos confundia-se com o balir dos carneiros. Ouvia-se o eclodir de risos vindos de todos os lados. Todos falavam alto e discutiam sem se preocupar muito com as crianças que choravam. Grandes pirogas em processo de construção ou reparo descansavam nas margens, tais quais crocodilos dormitando ao sol.

Os marinheiros nos fizeram desembarcar não muito longe da casa de Chékou Hassey, chefe songai da cidade, que iria abrigar os alunos da região de Djenné. Quanto a nós, de Bandiagara, éramos esperados por dois representantes de Amadou Kisso Cissé, chefe da comunidade fula, que o comandante encarregara de nos receber. Os dois homens nos conduziram até a concessão do chefe fula, onde havia alojamentos reservados para nós. Fomos divididos em grupos de cinco ou seis alunos. Maki Tall, Yagama Tembély (dogon cujo pai era amigo de Beydari), Badji Ouologuem, Mintikono Samaké, Moussa Koulibaly e eu devíamos ocupar o mesmo quarto e compartilhar as refeições.

Na mesma tarde, o chefe fula Amadou Kisso Cissé nos levou em pessoa à residência do comandante de circunscrição. O intérprete Mamadou Sall, chamado "Papa Sall", um veterano da conquista da região, nos conduziu à sala do comandante, administrador das colônias denominado Max Brizeux. Este vivia maritalmente com Fanta Bougalo, uma mulher ferreira muito bonita de Bandiagara, que fazia parte da associação dirigida por minha mãe. Ao ouvir anunciar a chegada das crianças de Bandiagara, desceu do andar onde tinha seus aposentos para ver se havia algum conhecido. Ela me reconheceu. Ali mesmo, recomendou-me a Amadou Kisso Cissé dando-lhe informações sobre minha família, recomendações estas que mais tarde me valeriam um tratamento privilegiado.

O comandante mandou chamar o Sr. Baba Keïta, professor nativo que exercia a função de diretor da Escola Regional. Diplomado pela Escola Normal William Ponty de Goré, no Senegal, era considerado homem muito instruído. Tomando posse de seus dezoito novos recrutas, mandou-nos formar uma fila e conduziu-nos à Escola Regional, um dos mais belos e vastos monumentos da cidade depois da grande mesquita. A tarde inteira foi dedicada a preencher nossas fichas e a repartir-nos entre as quatro salas de aula da escola.

O Sr. Baba Keïta era auxiliado por dois monitores de ensino (só os diplomados pela Escola Normal tinham direito ao título de professor): Tennga

Tiemtoré, mossi de dentes lixados em pontas, e o pitoresco Allassane Sall, filho do velho intérprete Papa Sall. Fisicamente avantajado e intelectualmente simplório, ele só tinha estudado um pouco na Escola Primária nativa e devia sua nomeação mais à influência política do pai do que às aptidões pessoais; havia se tornado o eterno monitor dos alunos calouros chamados de "abecedários", a quem ensinava os rudimentos da língua francesa. Porém, sua língua por demais espessa lhe enchia tanto a boca que os sons saíam truncados ou estranhamente deformados. Gostava muito de fazer seus alunos recitarem a frase: "Eu como cuscuz, você come cuscuz, todo mundo come cuscuz...", mas, com sua voz bizarra, pronunciava "coss-coss...", o que os alunos se apressavam a repetir com alegria e lhe valera o apelido de "Senhor Coss-Coss".

O vigilante da escola chamava-se Fabarka. Muito alto, de tez cor de bronze, cenho enrugado, era extremamente severo com as crianças e não precisava muito para bater nelas com um chicote de dois cipós que sempre carregava no ombro direito. Os alunos fulas o haviam apelidado de *Baa-dorrol*: "Papai-chicote".

Já nosso diretor, o Sr. Baba Keïta, era o protótipo do grande "branco-negro". Sempre vestido à europeia, tinha se casado com uma mestiça "pai branco-mãe negra" de pele clara e longos cabelos lisos. Saíam muito pouco, viviam fechados em casa à maneira dos *toubabs* e comiam alimentos europeus que degustavam, sentados à mesa, com talheres de metal. O Sr. Baba Keïta levava o refinamento – para nós totalmente cômico! – ao ponto de assoar o nariz em um pedaço de pano no qual embrulhava com cuidado suas excreções antes de fazê-las desaparecer, sem dúvida para não perdê-las, no fundo do bolso. Carregava sempre um molho de chaves que fazia tilintar de vez em quando para se distrair. Pouco loquaz e de natureza indolente, tinha a voz fanhosa, o que prejudicava o prazer de sua conversa sempre muito instrutiva. Os alunos de Bandiagara logo o apelidaram de "Senhor Nariz Entupido".

Dois meses após nossa chegada, o Sr. Baba Keïta, apesar de suas qualificações, foi substituído por um professor branco, o Sr. François Primel. Assim que assumiu, a primeira preocupação do Sr. Primel foi reorganizar a escola acrescentando uma quinta classe. Reservou para si as duas primeiras, confiou a terceira a Tennga Tiemtoré e a quarta a Allassane Sall; quanto à quinta, composta apenas pelos "abecedários", encarregou os alunos da primeira e da segunda de dar aulas preparadas por ele próprio, sob supervisão de Tennga Tiemtoré.

Nosso novo diretor criou uma caixa escolar que foi batizada "cofre". Cada bolsista devia contribuir com um franco e cinquenta a título de cotização mensal. Como nossa bolsa era de sete francos por mês e cinco francos eram pagos a nossos hospedeiros, sobravam para cada aluno cinquenta centavos para as despesas pessoais de trinta dias, ou seja, o equivalente a dezesseis cauris por dia e vinte e um no domingo. Para ter uma ideia, um atirador ganhava, na época, quinze francos por mês e um franco representava mais ou menos mil cauris.

Eu era um grande privilegiado, um verdadeiro "filhinho de papai", ou melhor, "filhinho de mamãe", porque minha mãe me enviava quinze francos regularmente a cada dois meses. O Sr. Primel retinha dez francos para aumentar meu pecúlio e eu dispunha dos cinco francos restantes como bem entendia. Isto elevava meu crédito mensal a quase três mil cauris, ou seja, por volta de cem cauris por dia, mais do que dispunham muitas famílias. Esta fortuna me trouxe muitos amigos, mas também muitos invejosos, em geral mais fortes do que eu; eles me infernizavam com pedidos de cauris e, se recusasse, não hesitavam em me cobrir de pancadas. Eu não tinha mais meu bastão para defender-me, nem meus companheiros de *waaldé* para me proteger no corpo a corpo...

Em nosso alojamento, entre os cinco companheiros de Bandiagara, minha situação também não era das mais invejáveis. Nosso líder Maki Tall, mais velho e mais forte do que todos nós, era um déspota com seus calouros, e fazia o que queria conosco. Éramos na realidade seus *boys*. Ele nos obrigava a dar-lhe cauris que usava para comprar manteiga com a qual enriquecia seu trivial diário. Quando o prato de arroz ou de algum outro cereal era servido, ele o dividia em dois, reservando para si a metade contendo a manteiga e todo o molho e deixando para nós a outra metade sem molho. Em compensação, tínhamos o direito de comer seus restos, quando restos havia.

Um belo dia, decidiu que eu seria o único a pagar pela manteiga, coisa que fiz durante certo tempo, até que, farto, revoltei-me e recusei-me a pagar. Sem conseguir fazer-me ouvir a voz da razão, Maki Tall entregou-me ao robusto Mintikono Samaké. Como era de esperar, este me bateu com toda força, acabando por me derrubar. Como mesmo assim eu não cedia, enquanto me mantinha solidamente preso no chão, ele passou a encher meus ouvidos com uma areia fina que mais tarde tive muito trabalho para tirar.

Nesta mesma noite, fervendo de indignação, fui ao pátio onde o chefe fula Amadou Kisso realizava uma assembleia. Como as crianças não tinham direito de entrar nesse pátio, sobretudo quando os adultos ali se encontravam reunidos, todas as cabeças viraram-se em minha direção. Saudei em voz alta: *"As-salaam aleikum!* (Que a paz esteja convosco), assembleia de anciãos!".

Espantados, os anciãos responderam automaticamente: *"Aleika es-salaam!* (Que a paz esteja com você). *Bissimillâhi!* (Bem-vindo!) O que quer?".

"Quero ver o chefe Amadou Kisso", respondi. "Por quê?", perguntaram-me.

"Venho me queixar de ter sido maltratado por companheiros de alojamento." Imediatamente, fizeram-me avançar até Amadou Kisso, que suspendeu a sessão a fim de me escutar. Mostrei minhas orelhas e as marcas dos golpes que tinha recebido; expliquei o regime a que nos submetia o mais forte do grupo. "Venho me queixar", acrescentei em tom veemente, "porque não quero mais suportar tudo isto".

A assembleia caiu na risada. "Eis aí alguém que sabe o que quer!", disseram alguns anciãos.

"De que cidade você vem?", perguntou-me Amadou Kisso. "De Bandiagara", disse.

"Quem são seus pais?", indagou. "Meu pai, que morreu, chamava-se Hampâté. Era um descendente dos Bâ e dos Hamsalah de Fakala. Minha mãe chama-se Kadidja Pâté e é filha de Pâté Poullo Diallo."

Assim que pronunciei os nomes dos Hamsalah e de Pâté Poullo, um murmúrio percorreu a assembleia. Amadou Kisso reconheceu em mim o menino de quem Fanta Bougalo lhe tinha falado na casa do comandante de circunscrição.

"Como!", exclamou. "Eis um descendente dos Hamsalah e de Pâté Poullo que vem a nossa cidade, a nossa própria concessão, e é maltratado? É uma vergonha!" Virou-se em minha direção: "A partir de hoje, você irá morar na casa de minha esposa e compartilhará minhas refeições".

Na mesma hora, mandou buscar meus pertences e roupa de cama e transferiu-me para a casa de sua mulher favorita, aquela que preparava sua comida. Por coincidência, esta mulher, que se chamava Aïssata, tinha o nome de uma de minhas avós maternas de Fakala; era uma de nossas parentes distantes do lado de minha avó Anta N'Diobdi.

Obviamente, esta promoção inesperada aumentou ainda mais o número de meus inimigos e avivou a cólera de Maki Tall e Mintikono Samaké contra mim. Tive então a boa ideia de constituir, mediante uma vintena de cauris por dia e algumas guloseimas, uma dupla de "guarda-costas" formada por dois jovens da etnia bobo: Koroba Minkoro e Hansi Koulibaly. Eram dois meninos muito fortes e bem decididos a estragar a vida de quem quer que ousasse me tocar. De simples guarda-costas no início, logo se tornaram meus amigos e meu apoio incondicional. Depois de cada um deles ter derrotado Mintikono, o grande terror, não é preciso dizer mais nada sobre minha tranquilidade pessoal.

A partir do momento em que fui morar na casa de Amadou Kisso, minha vida tornou-se um mar de rosas. Eu comia a seu lado, assistia toda noite às conversas e reuniões em seu pátio, às vezes até durante o dia, quando não tinha aula. Era como se tivesse saído do pátio de meu pai Tidjani para entrar no dele. Ali também se sucediam contadores de histórias e tradicionalistas, evocando, ao som da música, a história da região, a criação da cidade de Djenné, suas antigas tradições, suas divertidas crônicas, sua conquista pelo exército francês... Aprendi também muitas coisas sobre os bozos, os songais, os bambaras da região de Saro (principado que sempre resistiu ao rei bambara de Segu) e sobre os próprios fulas. Isto me permitiu completar ou aprofundar o que já sabia.

Doze etnias viviam em harmonia em Djenné naquela época, espalhadas em doze bairros da cidade: as etnias bozo, bobo, nono, songai, fula, *dímadjo* (casta de cativos fulas), bambara, mandê, moura, árabe, mianka e samo – estas duas últimas raças eram as mais raras. A cidade era administrada por um triunvirato bozo-songai-fula, secundado por dois colégios; um de anciãos e um de marabus. O policiamento ficava a cargo da classe dos cativos – a de artesãos encarregava-se mais da vigilância moral. As profissões artesanais tradicionais (ferreiros, tecelões, sapateiros, etc.) se organizavam em corporações chamadas *tennde* (ateliês), dirigidas por um comitê presidido por um ancião.

Pequenos cemitérios pontilhavam a cidade. Ali estavam sepultados santos, que eram invocados, mas, tanto dentro de seus muros como do lado de fora, também havia antigos locais sagrados pagãos onde algumas pessoas ainda continuavam a fazer sacrifícios, como o muro da virgem Tapama ou o bosque sagrado de Toula-Heela, residência do grande gênio Tummelew, senhor da terra e protetor da região.

Um dia, neste ano de 1913, o inspetor de ensino Jean-Louis Monod (autor das cartilhas de leitura nas quais aprendi minhas primeiras lições) veio fazer uma inspeção em Djenné. Acompanhado por nosso diretor, entrou na classe e deu início a um pequeno interrogatório a fim de testar nossos conhecimentos e nível. A certa altura, perguntou: "Qual é a capital da França?".

Vários braços se levantaram. Nosso companheiro Aladji Nyaté, o maior da classe, mas não o mais esperto, levantou a mão, que ultrapassava todas as outras, e pôs-se a gritar: "Eu, Senhor! Eu, eu, Senhor!".

Tanto fez, que sua voz e tamanho acabaram por chamar a atenção do inspetor: "Você, lá no fundo, o grande".

Muito animado, Aladji Nyaté precisou de tempo para desdobrar-se a fim de extrair o corpanzil de nossas pequenas escrivaninhas escolares. Uma vez de pé, cruzou os braços e começou a cantarolar: "A capital da França... a capital da França... é Djenné!".

Estava tão feliz que um enorme sorriso lhe tomava a metade do rosto. Nosso mestre, o Sr. Primel, segurou a cabeça entre as mãos, como se tivesse sido acometido por uma terrível dor.

"Sente-se, espécie de grande desajeitado de Djenné!", gritou o inspetor no auge da indignação. "Aprenda que Djenné não é a capital da França. A capital da França é Paris: P-A-R-I-S, Paris!"

A grande fome de 1914: uma visão de horror

Durante todo o verão de 1913, o céu havia se mostrado avaro em água. As chuvas da invernada foram insuficientes em quase todo o Arco do Níger, tanto na zona inundada que se estende de Diafarabé a Gao como na zona emersa que vai de San a Duentza. Em um ano normal, as chuvas da invernada começam em junho, época da semeadura. As chuvas do período de entressafra recomeçam em setembro, outubro e, às vezes, até em novembro; é nesta época que se faz a colheita do milho e do milhete, que já devem ter dado certa quantidade temporã. Mas, aquele ano, as chuvas do primeiro período foram fracas e as da época da entressafra, inexistentes. Kammou, o espírito guardião das águas celestes, parecia haver fechado suas eclusas e mantivera-se surdo aos encantamentos dos feiticeiros, que não surtiram mais efeito que as súplicas e orações dos marabus muçulmanos. As lágrimas dos mananciais tinham se recusado a sair de suas cavidades subterrâneas. As águas dos ribeirões e dos rios, que haviam começado a sair tímidas de seus leitos, depressa retornaram a eles. Mesmo nas melhores regiões, as inundações não obedeceram ao regime habitual.

Na falta das chuvas esperadas, nos arrozais, prados e campos da alta *brousse*, os tenros brotos queimaram-se e retorceram-se sob um sol tórrido que nenhuma nuvem vinha aliviar. Os pastos tiveram a mesma sorte que as plantações. Sem capim para pastar, as vacas ficaram sem leite, os bezerros morreram e o rebanho foi em parte dizimado. Até os peixes foram afetados. Com o nível d'água muito baixo, as fêmeas não puderam atravessar as margens dos riachos para emigrar, como todo ano, até as planícies inundadas, local natural de desova. Enlouquecidas, desovaram ao acaso no leito de riachos, morada de seus esposos. Suas ovas desprotegidas foram levadas pela correnteza. A produção sazonal baixou em cinquenta por cento.

Para alimentar-se, os agricultores recorreram às reservas, depois às sementes. Logo, não restava mais nada.

A estiagem catastrófica do verão de 1913 foi geradora de uma fome terrível, que em 1914 deveria causar a morte de quase um terço da população dos países do Arco do Níger. As regiões a oeste do território (desde Sansanding e Segu até Bamako, Kutiala, Sikasso e Buguni), suficientemente ricas em alimentos, nada sofreram; mas, na época, não havia veículos nem estradas transitáveis para transportar o excedente de víveres até as regiões atingidas. Apenas o Bani e o Níger ligavam o oeste e o leste do Alto Senegal e Níger; ora, estas duas vias de transporte naturais logo tinham descido a um nível muito baixo, quando não estavam obstruídas por bancos de areia movediça que retardavam consideravelmente a navegação das pirogas, inclusive as de pequena tonelagem.

Durante esse período, meus companheiros e eu não fazíamos uma ideia realista sobre a fome terrível que ia se abatendo sobre a população em outras regiões. Sabíamos que havia escassez mas não nos atingia, pois Djenné fora em parte poupada e nossos hospedeiros estavam bem abastecidos, com certeza graças à residência do comandante de circunscrição na cidade.

No decorrer do ano, como a situação piorasse cada vez mais, Beydari decidiu enviar Niélé a meu encontro em Djenné para que nada me faltasse, mesmo que isto não me agradasse. Na verdade, fiquei encantado ao rever a boa Niélé. Ela me apertou por um longo tempo entre seus braços, chorando.

Niélé começou por procurar um bom alojamento, que encontrou no bairro de Al Gazba. Equipou-o para nós dois. Quando ficou pronto para nos acolher, foi agradecer, em nome da família, ao chefe fula Amadou Kisso por ter me abrigado em sua casa e me tratado como filho. Feito isto, instalamo-nos em nosso novo alojamento. Empregou-se então como cozinheira na casa do "grande intérprete", Papa Sall, para servir a sua esposa favorita. Esta não residia com o marido, mas um pouco mais longe, em um belo sobrado com numerosas salas espaçosas, ventiladas e bem iluminadas. Essa casa estava sempre trancada e vigiada por um porteiro armado. Ninguém, a não ser os serviçais e Papa Sall, podiam entrar. Excepcionalmente, graças a Niélé, eu tinha entrada livre e era coberto de mimos. Assim, não sentia tanto ter saído da casa de Amadou Kisso, que continuava a frequentar de vez em quando para visitar meu benfeitor. No plano material, tinha passado de um paraíso médio a um paraíso superior, porque, por mais chefe fula que fosse Amadou Kisso, o padrão de vida de sua mulher preferida não podia ser comparado ao da mulher preferida de Papa Sall, "grande intérprete do comandante". Ele era a segunda personalidade da circunscrição, abaixo apenas do próprio comandante. Quem quisesse apresentar um pedido ou defender uma causa era obrigado a passar por ele, o que não acontecia sem a oferta discreta da "coisa noturna", o presente entregue depois do escurecer, para garantir "a boa boca" do intérprete...

Fui apresentado a Papa Sall como o "filho de Niélé". Ele me tolerava na casa de sua mulher, mas nunca me dirigiu a palavra.

Todos os anos, no dia 15 de junho, as escolas francesas da África do oeste fechavam as portas por três meses. À proximidade desta data, as atividades redobravam para os mestres e para os alunos, por causa dos exames de fim de ano e os preparativos antes da partida para as férias. Para os alunos que terminavam o ciclo, era chegada a hora de preparar-se para o certificado de estudos nativos, que permitia aos formados frequentar a Escola Profissional de Bamako, ou ser selecionados para cargos subalternos em escritórios da administração colonial.

O Sr. Primel preparou nossa viagem com todo cuidado. Feitas as deduções em nossas economias, de acordo com o montante disponível, comprou para cada aluno roupas e algumas lembranças. Como meu pecúlio era considerável, pedi-lhe que comprasse também roupas para Niélé. Recebi um rico enxoval composto de vários conjuntos de boa qualidade, tudo arrumado em uma mala de madeira fechada com um cadeado. Ainda me sobraram quinze francos; minhas economias tinham sido bem administradas!

Eu estava orgulhoso de minhas belas roupas, mas ainda mais orgulhoso de minha mãe Kadidja e minha serva-mãe Niélé, que tanto tinham feito para me deixar feliz. E, com certeza, feliz eu estava! Antes de partir, dei um franco a cada um de meus guarda-costas, em agradecimento pelo apoio e para animá-los a permanecer a meu lado na volta das férias.

No dia da partida, Niélé foi autorizada a vir comigo em uma das duas pirogas que repatriavam os alunos de Mopti. Foi uma boa decisão, porque naquela cidade iríamos encontrar Beydari voltando de uma longa viagem a Kati, para onde havia ido levar condolências a Kadidja pela morte de meu irmão Hammadoun.

Nossa piroga, dotada de grandes toldos emparelhados, era impulsionada por oito remadores bozos, comandados pelo ex-sargento de infantaria Bouna Pama Dianopo, irmão mais velho de nosso companheiro Tiebary Dianopo, um dos alunos mais brilhantes de nossa série. O leito do rio não era mais que um longo filete de água serpenteando em meandros entre margens escarpadas e bancos de areia amarela. A água era tão clara e transparente que, a não ser por alguns bolsões cobertos de limo que encontrávamos de vez em quando, dava para ver o fundo do rio. Os peixes faziam evoluções como em um aquário.

Bouna Pama, dotado de uma habilidade incrível no manejo do arpão, nos perguntava: "Meus irmãos, que tipo de peixe desejam comer hoje com seu arroz?". E arpoava com mão de mestre tantos peixes quantos fossem necessários. Niélé cozinhava, o que nos dispensava de pagar nossa cota de despesa alimentar. Bem abastecidos graças a nossas provisões de arroz e aos peixes que Bouna Pama pescava, não tínhamos necessidade de parar até chegar a Sofara. Aliás, as aldeias eram muito raras nesta parte do Bani. Assim, ignorávamos o drama que viviam os habitantes dessa região.

Finalmente vimos ao longe, na planície, o topo dos *rôniers* que encimavam a vila de Sofara. Os remadores atracaram a piroga. Contentes por esticar as pernas, saltamos. Corremos, apostando quem chegaria primeiro à cidade, com pressa de ver o famoso mercado de Sofara, tão bem abastecido e renomado que muitas pessoas vinham de Kong e até de In-Salah para ali comprar ou vender.

De repente, ao atravessar uma espécie de colina alongada que nos escondia a paisagem, deparamo-nos com uma profunda escavação cujo espetáculo nos deixou petrificados. Tratava-se de um horrível e incrível cemitério a céu aberto. Mortos e moribundos empilhavam-se uns sobre os outros. Certos corpos estavam inchados a ponto de estourar, outros esvaziavam-se de seu conteúdo, rodeados de membros e carnes disputadas pelos urubus.

Atônitos com o horror, quedamo-nos paralisados e mudos. À nossa aproximação, as aves de rapina saíram voando batendo pesadamente as asas, mas não foram muito longe. Pousadas nas bordas salientes que cercavam a escavação, nos observavam. Não tinham mais medo dos homens. Não era deles que se alimentavam o dia inteiro?

Aterrorizados, atordoados, sufocados por um odor inqualificável que se nos colou à garganta e ao nariz, iríamos ainda testemunhar uma cena difícil de acreditar. Vimos dois homens se aproximarem, cada qual puxando um corpo de ser humano pelos pés. Ora, se um deles estava morto, era claro que o outro ainda agonizava. Os dois coveiros, talvez endurecidos pelo hábito, riam e falavam alto como se arrastassem nada mais do que simples galhos de árvores. Chegando à borda da fossa comum, jogaram os dois corpos, viraram sobre os calcanhares e partiram conversando, como se tivessem acabado de cumprir uma tarefa das mais banais.

O que se passou a seguir diante de nossos olhos nenhum de nós poderá esquecer. O agonizante, num último movimento brusco em seu desejo de viver, lançou um gemido rouco. A boca se entreabriu, os olhos arregalaram-se como se vissem aproximar-se uma visão medonha. Os dedos convulsos procuravam em vão agarrar-se a alguma coisa. Seu corpo estremeceu e um líquido lhe escorreu da boca. Então ele se enrijeceu como madeira seca e, em alguns segundos, caiu molemente. Seus olhos imóveis, quase brancos, permaneceram fixos no céu. O infeliz tinha acabado de expirar já deitado entre os mortos.

Lançando um grande grito, debandamos na direção de Sofara, chorando e pedindo socorro. Sempre correndo, lembrei-me da morte tranquila de meu mestre Tierno Kounta em Buguni, e de meu pai Tidjani fechando-lhe delicadamente os olhos. Não havia ninguém para fechar os olhos desta pobre gente? Por que morriam assim, tão numerosos e de maneira tão horrorosa? Por que seus cadáveres eram abandonados nas mãos de dois brutos que os arrastavam como lixeiros carregam lixo?

Ao chegar a Sofara, encontramos as ruas quase vazias. Só se viam, aqui e ali, passantes esqueléticos, crianças descarnadas de ventre inchado, velhos esfarrapados tremendo e cães famélicos. Alguns, esgotados pela fome, não tinham mais forças para andar. Deitavam-se no chão, nos vestíbulos, à sombra de um muro, em qualquer lugar e não mais se moviam. E por todos os lados, todos mesmo, havia cadáveres que os "papa-defuntos" vinham recolher, um por um.

A administração, sobrecarregada pelo tamanho da catástrofe, nada podia fazer para ajudar a população; no máximo, conseguia alimentar os que lhe prestavam serviços. Como ninguém tinha forças para tirar os cadáveres que enchiam os vestíbulos ou as ruelas, as autoridades foram obrigadas a recrutar e alimentar equipes de "coletores de cadáveres". Da manhã à noite, eles livravam a cidade de seus mortos. Os homens que havíamos visto trabalhando na vala comum eram dois deles.

Com passo quase mecânico, dirigimo-nos ao mercado, coração pulsante da cidade, na esperança meio maluca de que tivesse sido poupado e que ali encontrássemos os ruídos, gritos e risos que animam todos os mercados africanos. Qual o quê. A praça estava vazia. Entre as barracas desertas, uns poucos vendedores ofereciam mirradas folhas fervidas, frutos de *rôniers* e algumas variedades de frutas silvestres. Sim, tínhamos ouvido falar de uma fome que assolava o país, mas nenhum de nós imaginava o que isto de fato significava. Foi em Sofara que eu a conheci em todo o seu horror.

Completamente atordoados, estupefatos, perturbados por este espetáculo da morte, vagamos pela cidade. Bouna Pama Dianopo, que nos procurava, acabou por encontrar-nos. Responsável por nossa piroga, nos ordenou fugir daquele lugar e embarcar o mais rápido possível. Mandou preparar um jantar no barco, mas nenhum de nós conseguiu engolir nada. Naquela noite, foram raros os que não gritaram nem chamaram a mãe em sonhos, perseguidos por alguma visão aterradora.

Em Mopti, fiquei com Niélé na casa de Tiébéssé, a amiga de infância de minha mãe. Foi lá que encontramos Beydari voltando de Kati. Tive inclusive a alegria de rever a seu lado meu amigo de infância Daouda Maïga, que a mãe levara a Mopti na esperança de achar algum alimento. Beydari tinha encontrado Daouda errando pela cidade, como muitas outras crianças abandonadas a si próprias, tal o número de refugiados. Era uma coisa que ele não podia suportar: Daouda e eu tínhamos nascido quase ao mesmo tempo, vivido lado a lado como irmãos. Ele se sentia igualmente responsável por nós dois. Recolheu Daouda e a mãe.

Como Djenné, Mopti era ao mesmo tempo porto e residência oficial de um comandante de circunscrição. Isto lhe valia certo privilégio. Algumas pirogas chegavam até lá. As provisões de milhete que a administração não tinha como enviar às aldeias por falta de meios de transporte ali ficavam armazenadas. Além disso, o rio e os charcos que circundavam a cidade eram extremamente piscosos. Todos os dias, os bozos pescavam uma quantidade abundante de peixes que alimentava parte da população. Refugiados vindos de todas as aldeias do Arco do Níger afluíam em massa, sobretudo os dogons, que sabiam poder contar com a solidariedade ancestral e sem reservas dos bozos para com eles. Realmente, estas duas etnias estavam ligadas pelos vínculos sagrados de aliança da *sanankounya* (da qual já falei), que os etnólogos chamam "parentesco jocoso", porque permite brincar e zombar, isto é, insultar-se reciprocamente, sem que isso traga consequências. Na realidade, é algo muito diferente de uma brincadeira; esta relação representa um vínculo muito sério e profundo que, no passado, implicava dever absoluto de assistência e ajuda mútua, originário de uma aliança muito antiga entre os membros ou ancestrais de duas aldeias, duas etnias, dois clãs (por exemplo, entre os sereres e os fulas, os dogons e os bozos, os tucolores e os diwambés, os fulas e os ferreiros, os clãs fulas Bâ e Diallo, etc.). Evoluindo com o tempo, muitas vezes só restou desta aliança a tradição de jocosidade recíproca, salvo entre os dogons e os bozos, cuja *sanankounya* é, sem dúvida, uma das mais sólidas da África da savana, ao lado, talvez, da que une os fulas e os ferreiros.

Escorraçados de suas montanhas pela fome, os dogons caíram sobre Mopti, onde o primeiro bozo que encontravam não hesitava em compartilhar seu alimento com eles. Mas eram tão numerosos que foram obrigados a se dispersar ao longo do rio, cujas margens constituíam o habitat privilegiado dos pescadores bozos. Muitos emigraram para as regiões preservadas de Segu e Bamako e até mesmo para Kati, onde se reagruparam em torno de meu pai Tidjani, o que o levou a fundar ao redor de sua concessão o "bairro dos dogons".

Ficamos alguns dias em Mopti, tempo necessário para Beydari organizar nosso retorno, munidos, o mais discretamente possível, de provisões de milhete e peixe seco. Ele me levou de volta a Bandiagara com Daouda e Niélé. A mãe de Daouda, não lembro mais por que razão, ficou em Mopti.

Em Bandiagara, pelo menos em alguns bairros, a situação era igual à de Sofara. As chuvas de junho tinham começado a cair, mas seria preciso esperar o mês de agosto para as primeiras colheitas de milho temporão; se tudo corresse bem, em setembro a safra de milho estaria pronta para a colheita junto com o milhete temporão. As grandes colheitas de milho só ocorreriam em outubro. Pelo menos, graças às primeiras chuvas, o gado começara a encontrar um pouco de erva para se alimentar e as galinhas, alguma coisa para ciscar.

Nosso bairro de Deendé Bôdi, constituído em grande parte por açougueiros, pastores e criadores fulas (e onde moravam todos os membros de minha família, tanto paterna como materna) tinha sofrido menos que os outros, sobretudo porque toda família que tinha algo para comer sempre enviava pratos de alimentos aos parentes e vizinhos. Posso dizer que foi a solidariedade africana que permitiu ao bairro de Deendé Bôdi sobreviver sem muito sofrimento durante esta grande fome, o que não foi o caso em outros bairros, em especial aqueles em que habitavam os dogons e outras etnias vindas do sul e que sofreram muito.

Em nossa casa, certamente não vivíamos na abundância, mas Beydari sempre dava um jeito de nos alimentar. Lembro-me de que comíamos muitas vísceras. Não sei como fazia, mas chegava até a nos trazer arroz de vez em quando! Todas as concessões vizinhas tinham alguma coisa para comer graças a ele. Beydari também mandava comida a Tierno Bokar, em cuja escola, graças a ele e a alguns outros pais de alunos, nada faltava. E como Tierno criava galinhas poedeiras em sua casa, sem falar no que os alunos conseguiam pegar nos campos, ele chegou mesmo, ao preço de alguns sacrifícios, a socorrer infelizes hauçás e dogons.

Por seu lado, Wangrin, então o grande intérprete do comandante, não poupava esforços para prestar ajuda, seja diretamente, seja conseguindo auxílio da administração. Muitos só sobreviveram graças a ele.

Durante minha estada em Bandiagara não passei fome, mas estava meio proibido de sair de casa. De vez em quando, Daouda e eu escapávamos para tomar banho no rio que ficava a uns trezentos metros, mas encontrávamos pessoas tão famintas que logo nos desencorajamos. De qualquer maneira, todas as atividades da *waaldé* tinham cessado. Soube que em Bandiagara só restara um terço de meus velhos companheiros. Entre os dois terços que faltavam, muitos estavam mortos, outros tinham fugido da cidade com a família.

Um dia, quando a situação na cidade ainda era dramática, eu estava sentado no vestíbulo com Niélé, a primeira esposa de Beydari, e Biga, velho curtidor de couro que vivia em nossa casa. Um homem faminto que não se aguentava mais em pé entrou no vestíbulo e avançou em nossa direção, arrastando-se de quatro. Estava tão magro que não era possível dizer a que etnia pertencia. "Deem-me qualquer coisa para comer", disse com voz fraca, "senão vou morrer em seu vestíbulo e a retirada de meu corpo lhes causará problemas". Niélé já se levantara para buscar alguma coisa na casa. Voltou com um prato de milhete cozido que tinha separado para o jantar. Ela o deu ao pobre homem, que engoliu tudo com uma rapidez assustadora. Quando terminou, Niélé ofereceu-lhe uma cabaça de água fresca. Ele tomou um grande gole, soltou um arroto e nos agradeceu. Estávamos todos bem satisfeitos. Mas de repente seu rosto tornou-se lívido e ele vacilou. "Sinto a morte chegar", balbuciou, "preciso livrar vocês de meu corpo". Não sei como encontrou forças para ficar em pé. Saiu cambaleando, atravessou a ruela e foi cair aos pés do muro em frente a nossa casa. Niélé gritou, chamou por socorro... "Inútil, minha boa mãe", disse o moribundo, "acabei de fazer a refeição que me restava nesta terra". E entrou em agonia. Alguns minutos depois, ele falecia.

Como tinha morrido em via pública, cabia à administração encarregar-se de seu corpo. Um coveiro portando uma braçadeira passou pela rua. Pegou o cadáver pelo pé e o arrastou como teria feito com a carcaça de um cabrito. Nós o vimos desaparecer na curva da ruela. Com certeza, fora jogar o corpo na vala comum a céu aberto que existia também em Bandiagara, ao lado do cemitério, e que fiz questão de nunca ir ver.

A declaração da guerra

O 14 de julho se aproximava. Em outros anos, o *katran zoulié*[10], como se dizia no país, era ocasião de festas faustosas para as quais toda a população era obrigada a contribuir. Cada cantão devia enviar a Bandiagara um contigente considerável de cavalos, dançarinos, músicos e participantes. Os vinte e cinco dias que precediam a festa criavam um verdadeiro rebuliço através da região. A partir de 12 de julho, a população da cidade começava a aumentar. Os reis da vizinhança e os chefes de cantão chegavam em suas mais belas roupas, acompanhados de orquestras tradicionais e grupos de dançarinos, seguidos por um cortejo de cavalos magnificamente ajaezados. Certos anos, chegava-se a contar duas mil e quinhentas montarias! É óbvio que os homens requisitados para participar da festa ou para prepará-la deviam abandonar todas as outras atividades habituais.

Na noite do 13 para o 14 de julho, um gigantesco desfile à luz de tochas atravessava a cidade até a residência do comandante do outro lado do Yaamé. Cada assistente, cavaleiro ou pedestre, civil ou militar, homem, mulher ou criança, carregava uma tocha acesa. Dir-se-ia um incêndio ambulante. Alguns velhos

---

10. *Katran zoulié*: Corruptela de *quatorze juillet* em francês, 14 de julho, data nacional da França. [N. da T.]

perguntavam-se sobre o sentido desse ritual: "Todo ano, é preciso que os brancos façam sacrifícios ao fogo. Com certeza, devem ao fogo o segredo das armas mortíferas que lhes permitiram conquistar o país e tornar-nos seus cativos e sua propriedade". Para as crianças, era uma ocasião de jogos e diversões.

A célebre cantora Flateni, antiga *griote* do rei Aguibou Tall, costumava acompanhar o cortejo. Com sua voz comovente e possante que dominava a multidão, entoava os antigos hinos de guerra que celebravam as façanhas de heróis tucolores do exército de El Hadj Omar nas batalhas de Medina, Tyayewal ou outras. Seus cantos arrancavam lágrimas até dos mais empedernidos. Mas também acontecia de ela os fazer chorar de rir, porque não era nada gentil com os *toubabs* "pele de fogo" e "devoradores de ovos". Felizmente, os dignitários coloniais não entendiam fula! A população nada podia fazer além de suportar a dominação, mas sempre que possível caçoava dos colonizadores bem diante do nariz deles!

Na manhã seguinte, havia um desfile militar, exibições dos músicos e dançarinos representando diversas etnias, jogos para as crianças (sobretudo ao redor de um pau-de-sebo) e finalmente uma corrida a cavalo que, esta sim, suscitava um entusiasmo sem reservas e inflamava as paixões.

Naquele ano, não houve celebração de 14 de julho. O comandante de circunscrição de Bandiagara convocou todos os chefes de cantão para o 13 de julho, mas, por causa da fome, cada chefe não devia ser acompanhado por mais de dois ou três notáveis. Por outro lado, também foram convocados todos os antigos atiradores na reserva com grau de suboficial nativo (que nunca ultrapassava o de sargento-de-brigada, salvo para os militares nativos do "primeiro período de conquista" e para os cidadãos das "quatro comunas" de Dakar, Saint-Louis, Rufisque e Goré).

É verdade que a fome ainda grassava, mas o verdadeiro motivo que impedia a celebração com pompa da queda da Bastilha era bem outro. Desde 28 de junho de 1914, data do assassinato em Sarajevo do arquiduque Francisco-Fernando da Áustria e de sua esposa, uma ameaça de guerra pairava nos céus da Europa, em particular sobre a França, Alemanha e Inglaterra. Na África, todos os representantes da autoridade francesa viviam inquietos. Os chefes militares agitavam-se. Os notáveis da administração civil (o comandante de circunscrição e seu adjunto) e os da administração militar (o capitão de batalhão e seu adjunto) não paravam de se reunir e confabular entre si, o que surpreendeu todos os funcionários nativos, porque militares e civis não tinham exatamente o hábito de trabalhar juntos; na maior parte do tempo, viviam mais como cães e gatos.

Na manhã do 14 de julho, nada houve além de uma modesta saudação à bandeira, acompanhada de uma vasta distribuição de víveres a todos os que ainda sofriam com a fome. Todos os chefes de cantão, os notáveis e os antigos graduados nativos da circunscrição se encontravam em Bandiagara. No decorrer da noite anterior, no momento em que deveria ter ocorrido o tradicional desfile à luz de tochas, o comandante de circunscrição e o capitão os haviam reunido para uma comunicação confidencial. O comandante confiou a seu auditório um "segredo masculino", quer dizer, um segredo muito forte, cuja divulgação acarretava inevitavelmente graves consequências. Ele lhes pediu que o mantivessem bem guardado.

Mas o segredo tem um pouco da natureza da fumaça. Seja qual for a espessura do sapé que recobre uma casa, a fumaça o atravessa para espalhar-se no espaço e denunciar a presença do fogo. O segredo que o comandante de circunscrição e o capitão que comandava o batalhão não puderam calar, aqueles a quem o confiaram também não conseguiram guardar. Dois dias depois, todo mundo sabia que um furacão de fogo se preparava para explodir sobre a França e que suas colônias certamente não seriam poupadas.

O principal informante de nossa família era um dogon, Baye Tabéma Tembély, pai de meu companheiro de escola Yagama Tembély. Na posição de suboficial nativo, ele participava dos "segredos masculinos" das autoridades e vinha em seguida contá-los a seu velho amigo Beydari. Como eu estava sempre zanzando em volta deles, às vezes ouvia suas conversas.

No dia seguinte a esta reunião, ele manteve uma longa conversa com Beydari. "Tenho medo", disse-lhe. "Conheço bem os europeus e todos os subterfúgios de suas palavras, e o que o comandante nos disse ontem me deixa inquieto. Tenho a impressão de que, em breve, a pólvora falará na França."

Na manhã de 15 de julho, conversou com o filho Yagama para prepará-lo para os acontecimentos. "Pode ser", disse-lhe, "que eu faça uma longa viagem que me levará não somente até o Senegal, às margens do 'grande rio salgado' (o oceano), mas até mesmo ao outro lado desse grande rio, ao país dos 'pele de fogo'. Eles estão às vésperas de fazer a pólvora falar. Ora, este é um modo de falar que mata ou estropia aqueles que o usam. Como militar francês da reserva, pode ser que eu seja convocado. Se isto acontecer, seja corajoso como deve ser todo filho de um atirador. Mas, por enquanto, não fale disso a ninguém".

Muito comovido, Yagama veio correndo me contar as palavras do pai, pedindo que guardasse segredo. Mas era um segredo muito pesado para guardar sozinho; mal Yagama saiu, corri à procura de Daouda e lhe contei tudo, recomendando-lhe por minha vez, inutilmente, manter segredo.

Uma excitação surda agitava a população, e não apenas em Bandiagara. Todos sentiam que alguma coisa não ia bem no país dos brancos. Temíamos o pior.

Na noite de 3 para 4 de agosto de 1914, os clarins do batalhão soaram, emitindo notas de mau agouro. Instantes depois rufava, por sua vez, o tantã real de guerra tucolor, num ritmo que anunciava uma grande calamidade. De imediato, todas as concessões ressoaram com a exclamação fula *"djam! djam!"* (paz! paz!), à qual se atribui o poder de afastar o mal. Todos espichavam os ouvidos, esperando uma nova mensagem em código que definisse a natureza do mal anunciado. Não foi preciso esperar muito. Após a última das sete batidas de tantã dadas com alguns segundos de intervalo, outras batidas se seguiram, mais bruscas e rápidas, entrecortadas pelo repicar aflito de cilindros metálicos. Era o sinal sonoro tradicional anunciando o início da guerra com estrangeiros. Imediatamente, levantou-se na cidade um clamor: "Guerra! Guerra!".

Às primeiras horas da manhã, o comandante de circunscrição reuniu todos os chefes e notáveis do país e declarou: "A Alemanha acabou de acender o estopim em toda a Europa. Seu imperador Guilherme II quer dominar o mundo. Mas encontrará diante de si nossa França eterna, campeã da liberdade!".

Os territórios franceses de ultramar haviam sido convocados a participar ativamente do esforço empreendido pela metrópole para ganhar a guerra, fornecendo homens e matérias-primas. Foi anunciado o recrutamento dos homens e o início da requisição de milhete, arroz e animais de corte. Felizmente, as chuvas abundantes do mês de agosto e as primeiras colheitas de milho e milhete temporão tinham feito recuar o espectro da fome e foram levados em consideração os recursos próprios de cada região.

Um antigo chefe de guerra do exército tucolor, o velho Youkoullé Diawarra, reduzido à pobreza pela conquista francesa a ponto de ser obrigado a mendigar seu alimento e nozes-de-cola cotidianos, soube que a guerra pairava no ar. Muito feliz, voltou para casa correndo, tirou de velhos baús seu antigo arsenal e apresentou-se a Alfa Maki Tall, pondo-se à sua disposição.

Alfa Maki Tall explicou-lhe que não se tratava de uma guerra africana, mas de uma guerra puramente europeia entre os "pele de fogo". O velho Youkoullé Diawarra, que só contava com uma nova oportunidade de guerrear e recolher o saque para remediar sua pobreza, ficou por demais desapontado. No passado, sobrevivera graças às guerras que sempre lhe tinham rendido alguma coisa, mas ficara sem nada depois da ocupação francesa. Quando chegava ao mercado de Bandiagara, as mãos e os bolsos vazios, ouviam-no exclamar com tristeza: "*Wallaye!* (por Deus!). A coisa mais triste para mim é a paz, porque me priva até dos meios de pagar uma noz-de-cola!".

Frustrado em suas esperanças, furioso, pôs-se a maldizer todos os europeus de todas as raças e a "civilização" deles. Arriscando-se a ser preso por declarações sediciosas, perambulava pelas ruas clamando sua fúria: "Que os 'pele de fogo', estes malditos comedores de ovos, se matem até que não reste nenhum sobre a face da terra!". Enquanto todos exclamavam tristemente: "*Wanaa djam! Allâh doom!*" (isto não é a paz, que Deus nos proteja!), Youkoullé vociferava: "Ó Deus! Mate todos os 'pele de fogo'! Torne estéreis as entranhas de suas mulheres e que elas nunca mais deem frutos!". Ele incluía em sua raiva a totalidade dos europeus que, para ele, tinham sido a causa de sua decadência social e material e que agora lhe frustravam a oportunidade de reencontrar sua grandeza de outrora.

Para fazê-lo calar-se foi necessário nada menos que a autoridade de Kaou Diêli, o grande *griot*-marabu do rei.

Em Bandiagara, cada um tinha sua pequena explicação. Em minha família, vivia um velho *spahi* aposentado, Mamadou Daouda, que tinha participado das campanhas do exército francês contra o *almamy*[11] Samory. "As coisas vão mal entre os franceses e os alemães", dizia. "Vai dar briga! Vi como os 'pele de fogo' lutavam contra o *almamy* Samory, eu os conheço. Eles vão destruir mutuamente suas cidades e aldeias. Acreditem-me, vai ser um banho de fogo e sangue! Eles são tão sábios que conseguiram dominar a matéria; fazem-na trabalhar por eles. Olhem o ferro: fizeram dele seu cativo sem alma, mas dotado de tal força que é capaz de trabalhar mais depressa e com mais vigor do que o homem."

"E por que tais homens lutariam entre si?", perguntou Biga, o velho curtidor de couro.

"Ó Biga! Como disse o antepassado Aga Aldiou: 'Se à noite é preciso lavar as calças que de manhã foram vestidas limpas, com certeza não é sem

---

11. *Almamy*: originária do árabe *Al-Imam*, que designa aquele que lidera a prece, a palavra fula *almamy* era usada para identificar o líder da região do Futa Toro, no atual Senegal. Samory Touré (ver nota 2 p. 100). [N. da T.]

razão...' Deve existir uma razão, um dia nós a descobriremos. Esperemos..."

Antes das quatorze horas, a notícia do conflito franco-alemão havia se espalhado pela população como a fumaça no espaço. Às vinte horas, um grande encontro reuniu fulas e tucolores em Kérétel, a célebre praça de Bandiagara onde, não fazia muito tempo tínhamos participado de tantos serões agradáveis. Como a praça ficava perto de nossa casa, fui até lá escutar o que se dizia.

Os homens, sentados em grupos, discutiam entre si. Perguntavam-se sobretudo por que franceses e alemães haviam pegado em armas. Para uns, tratava-se com certeza de um litígio relativo a terras: um limite entre campos, entre terrenos de caça ou de colheita, entre sítios de pesca ou pastos, ou outra coisa deste tipo; talvez os rebanhos alemães tivessem penetrado sem autorização nos campos franceses. Para outros, só podia ser uma questão relativa a mulheres. Os chefes dos 'pele de fogo', todo mundo sabia, eram ardentes coelhos, seu membro viril conservava bem o calor e se entusiasmava quando uma bela mulher vinha balançar diante de seus olhos a cintura fina e os quadris roliços. Somava-se a isto que as mulheres eram muito raras na França (opinião fundada no fato de que os colonizadores raramente traziam suas esposas para a colônia e procuravam companheiras na população nativa) e que, além disso, elas tinham o temperamento mais próximo ao da vaca pacífica do que ao da gata – entenda-se com isto que geravam poucas crianças, como a vaca que só produz um bezerro por vez, enquanto a gata põe no mundo grandes ninhadas. Ademais, não se dizia que elas davam à luz três vezes mais meninos do que meninas? Em um país com tal penúria de mulheres, tudo que se referisse a esta questão não poderia deixar de ser um detonador da guerra...

De outro grupo, levantou-se Diawando Guéla M'Bouré, chamado "o grande falador". Impôs silêncio a todos e declarou com voz forte: "Já faz um bom tempo que discutimos tentando compreender por que os franceses, nossos amos, e os alemães, que não conhecemos, entraram em guerra. Para uns, é uma questão sobre mulheres. Para outros, uma questão de terras. Ó, irmãos de minha mãe, vocês não entenderam, a verdade é outra! Ei-la aqui, sem meandros nem asperezas, unida e bem reta como a planície da zona inundável: nós constituímos, para os 'pele de fogo', um bem material muito importante. A alguns eles ensinaram sua língua, a outros, sua maneira de cultivar e a outros, ainda, o ofício da guerra e assim por diante. E por que tudo isto? Eles não são apóstolos que vieram cumprir uma missão de caridade sem esperar recompensa imediata; eles só trabalham pela vida aqui na terra, eles não esperam nada do outro mundo. Existem até, entre eles, os que não acreditam nem em Deus nem na vida futura. Diz-se que seus chefes derrubaram as pontes que levam a Deus; seus marabus não ocupam um lugar em seus conselhos e fizeram uma separação total entre a mesquita deles (a Igreja) e sua casa de reunião (o Estado, o Parlamento).

Por que os *toubabs* nos invadiram, por que nos capturaram e domesticaram? Unicamente para nos usar em caso de necessidade, assim como o caçador se serve de seu cão, o cavaleiro de seu cavalo e o amo de seu cativo: para ajudá-los a trabalhar ou a combater seus inimigos. Isto não tem nada de surpreendente. Outrora também fizemos cativos na guerra antes de nós próprios nos tornarmos cativos.

"E por que os *toubabs* da Europa declararam guerra? Meus irmãos, eu vou lhes dizer: os franceses entraram em guerra para nos conservar, nada mais que para nos conservar, e os alemães, para nos obter. Não é preciso procurar outra explicação. Além disso, para que perder tempo a nos interrogar sobre os motivos da briga deles? Melhor seria encontrarmos um meio de afastar esta calamidade, porque, seja qual for a causa desta guerra, nós é que sofreremos o peso, de uma forma ou de outra. Baye Tabéma Tembély, o sargento Kassoum, Tiassarama Coulibaly, Mamadou Aïssa já foram convocados. Ontem, vestiram o uniforme de militar e depois de amanhã partirão para a cidade militar de Kati e de lá para o *hee-hee-hedjala*, o terrível 'não sabemos direito o quê'.

Se o incêndio não se apagar logo, amanhã, depois de amanhã, ou daqui a um ano, os 'pele de fogo' tomarão nossos filhos e nossos bens para sustentar a guerra deles, porque é para isto que estamos aqui. Meus irmãos, peçamos amanhã cedo a nosso chefe Alfa Maki Tall que organize preces públicas, suplicando a Deus fechar as comportas de desgraça que acabou de abrir. De acordo com o grande marabu Tierno Sidi, esta guerra ameaça inundar tanto o país dos brancos quanto o dos negros e fazer incontáveis vítimas[12]..."

Neste ponto do discurso de Guéla M'Bouré, adormeci.

No dia seguinte, Alfa Maki Tall, provavelmente a pedido do comandante, convocou os marabus e notáveis da cidade. A reunião foi realizada diante da mesquita. Eu acompanhava Tierno Bokar e meu tio Bokari Thiam, irmão mais moço de meu pai Tidjani.

Assim que a assembleia se reuniu, chegaram à praça o comandante de circunscrição e o capitão do batalhão, flanqueados de um lado pelos comandantes da guarda Mamadou Bokary e Brahime Soumaré, e do outro pelo sargento Kassoun Kaba e o primeiro-sargento Bia Djerma. O comandante

---

12. Cf. *L'Etrange destin de Wangrin*, op. cit., p. 235.

tomou a palavra: "Desde ontem, estamos em guerra com a Alemanha. A pólvora falou esta noite e falará mais e mais todos os dias, até que o inimigo seja vencido e peça a paz. Ora, o homem precisa da ajuda de Deus nos momentos difíceis. É por isso que o governo francês pede que sejam feitas preces em todos os nossos territórios, para que Deus proteja a França e lhe dê a vitória".

Apesar da gravidade da situação, um velho "cativo da casa", trocista como o são muitos *rïmaibé*, debruçou-se e murmurou ao ouvido de Bokari Thiam: "O lagarto sem-vergonha só encontra o caminho de seu buraco para proteger-se daquele que começou a cortar-lhe o rabo". (Em outras palavras: "quando certos incrédulos procuram Deus, é porque a desgraça os atingiu".) Uma piada amarga.

Os notáveis escolheram sessenta e seis marabus entre os mais bem-reputados da circunscrição; estes, por sua vez, designaram seis dentre eles para presidir as orações. Organizaram, em honra da França, uma vigília corânica celebrada na noite de 11 para 12 de agosto de 1914. A partir das vinte e três horas, no decurso da noite, cada um dos sessenta e seis marabus devia recitar o Alcorão em sua totalidade.

A administração mobilizou primeiro os reservistas e em seguida apelou aos voluntários. Mais tarde, passou a convocar os jovens por classe. Isto não foi difícil em Bandiagara. O recrutamento não era mal recebido (pelo menos até que se tornasse excessivo) porque fazer a guerra era uma honra, uma ocasião de mostrar coragem e desdém pela morte, e Deus sabe como isso foi verdade nas duas últimas guerras! Na época, foram poucos os tucolores recrutados em Bandiagara, talvez pela antiga aliança do rei Aguibou Tall com os franceses, o que não aconteceu com os dogons. Minha família não tinha nenhum jovem com idade para ir à guerra.

A contribuição compulsória de mantimentos e animais de corte foi o que suscitou maiores dificuldades em certas regiões. Em Bandiagara, o comandante tinha pensado em comunicar pura e simplesmente aos chefes de cantão a ordem de entregar esta ou aquela quantidade de gado ou de alimentos, encarregando-os de transmitir esta disposição aos chefes de família nas aldeias de seus cantões. Como soube mais tarde, Wangrin interferira. "Meu comandante", teria dito em resumo, "não fica bem, não é assim que se deve proceder. Dando uma ordem sem explicações, vai semear o pânico. Com medo de perder tudo, as pessoas vão fugir para o outro lado da fronteira, para a Costa do Ouro[13], levando

---

13. Costa do Ouro: atual Gana, país que foi colonizado pelos ingleses. [N. da T.]

consigo todos os seus bens. Também pode haver revoltas. O que se deve fazer é convocar os responsáveis, explicar-lhes que a França precisa deles e que cada um deve empreender os maiores esforços para alimentar as tropas que combatem na frente de batalha, porque nessas tropas há africanos, talvez parentes".

O comandante teve a sabedoria de escutar Wangrin. Bem preparados psicologicamente, todos aceitaram as requisições; algumas vezes, chegaram até a contribuir de modo espontâneo com o esforço de guerra. Em vez de lhes dizerem "Requisição!" disseram-lhes "Precisamos de vocês", uma nuança muito importante para os velhos africanos. E, como muitos deles tinham filhos soldados na França, imaginavam estar alimentando seus filhos. Se o comandante não tivesse procedido desta maneira, teria havido um êxodo para a Costa do Ouro que esvaziaria a região de seus bens, e talvez até revoltas seguidas de terríveis repressões, como foi o caso em outras áreas.

Logo chegou o mês de setembro. Terminavam as férias, se é que se pode chamar assim um período tão carregado de acontecimentos dolorosos. Com a fome, os espetáculos horríveis que tive a oportunidade de assistir e depois a declaração de guerra com seu cortejo de angústia e opressão, estas foram, com certeza, as férias mais tristes de minha vida.

Em 8 de setembro, o comandante de circunscrição convocou todos os alunos da Escola Regional de Dejnné para organizar a viagem de volta. Recebemos mantimentos e carregadores foram postos à nossa disposição. Percorreríamos a pé, em dois dias, os setenta quilômetros que nos separavam de Mopti, escoltados por um guarda de circunscrição encarregado de nos proteger de eventuais assaltantes, porque, apesar das primeiras colheitas, ainda havia na região muitos famintos que poderiam ficar tentados por nossos mantimentos. A fome só terminaria de verdade com as grandes colheitas de milhete no mês de outubro.

Mais uma vez, deixava meu amigo Daouda Maïga e todos os meus parentes, com a certeza de que não os reveria durante muitos anos. No dia da partida, três alunos vindos de Sanga, cidade da região dogon, juntaram-se a nós. Desta vez, Niélé não me acompanhava.

Em Mopti, os companheiros que tínhamos deixado na cidade, mais um contingente de novos alunos vindos da circunscrição de Niafunke, embarcaram conosco em várias pirogas. Alguns dias depois chegamos sem problemas a Djenné, custando a crer que a tínhamos deixado, alegres e despreocupados, apenas três meses antes...

Dava para ver que a cidade nada tinha sofrido. Havia alimento em abundância, a planície inundável oferecia muito mais possibilidades de uma boa safra e colheita do que as zonas montanhosas, sobretudo em comparação com as falésias da região dogon ao norte de Bandiagara, onde a população passou fome por mais tempo do que em outros lugares.

Também em Dejnné a administração colonial tinha começado a requisitar cereais e gado como "contribuição ao esforço de guerra", mas, pelo que eu podia julgar, isto não implicara restrições para a população. É verdade que ainda estávamos no primeiro ano de guerra.

Encontrei alojamento na casa de amigos de minha família. E a vida monótona da escola recomeçou para nós, só que desta vez com a perspectiva angustiante das provas do certificado ao término do ano escolar.

O único fato verdadeiramente novo era que toda tarde nosso diretor, o Sr. Primel, vinha ler e comentar para nós os comunicados da agência Havas, que davam notícias sobre a evolução das operações de guerra na Europa. Ficávamos sabendo que lá pessoas morriam na lama e no frio das trincheiras. Mas nós, crianças, não ficávamos nem um pouco comovidas; isto não nos impedia de continuar nossas brincadeiras. Por outro lado, estávamos muito interessados no personagem Guilherme II, que nos parecia um grande feiticeiro, um diabo encarnado homem, um príncipe maldito que queria colocar a humanidade à sua mercê. Ele nos era mostrado em ilustrações vestindo um capacete terminando em chifre pontudo, lembrando o chifre de um rinoceronte. Seu peito era coberto de cordéis: estes eram, não havia dúvida, amuletos e ornamentos mágicos que o diabo tinha trançado especialmente para ele e alguns de seus chefes de guerra. Guilherme II, diziam-nos, queria comandar o mundo inteiro e para isto havia feito um pacto com o diabo, que o inspirava e auxiliava em tudo.

Os velhos fulas de Djenné não se deixavam enganar. "Os chefes brancos", diziam, "apresentam seus inimigos a nossos filhos; portanto, indiretamente, a nós mesmos, como se fossem feiticeiros ou diabos; mas é impensável que toda uma raça seja constituída só por pessoas ruins. Os homens são como as ervas e plantas dos campos: as espécies venenosas crescem ao lado das espécies que curam, e as plantas comestíveis, ao lado das que não o são. Todos os homens, com exceção dos sábios e dos santos, têm um traço comum: todos tentam denegrir seu inimigo ou adversário e apresentá-lo como patife. Porém, bem poucos percebem que ao diminuir o valor de seu rival não fazem senão minimizar seu próprio valor".

Quanto aos velhos bozos, bambaras e songais da cidade, estes também não davam crédito às acusações de barbárie e feitiçaria contra os alemães de Guilherme II e seu filho, o *Kronprinz*[14]. "Hé-hé!", faziam eles sacudindo a cabeça. "Devagar!... Tudo isto são histórias de família; é como entre os fulas e os tucolores..."

Mesmo assim, nosso professor conseguiu nos fazer odiar com tanta violência os alemães que só os chamávamos pelo nome injurioso de "boches". Nosso ódio contra eles era tal que, à simples vista de uma cobra ou de um escorpião, gritávamos: "Ei! Vejam um boche nojento! Mate-o, mate-o antes que escape!". Não tínhamos visto com os próprios olhos, no retrato de Guilherme II, as pontas de seus bigodes olhando-se como dois escorpiões prestes a picar-se, as caudas maldosamente levantadas?

Durante o ano, um professor nativo diplomado pela Escola Normal William Ponty de Goré, o Sr. M'Bodje, foi nomeado para substituir Tennga Tiemtoré. Ele se tornou meu amigo, mas isto não bastou para dissipar a nostalgia que pouco a pouco me invadia. Não sei bem por quê, eu não gostava mais da escola. Como meu irmão Hammadoun alguns anos antes, só tinha um desejo: rever minha mãe, não para uma simples visita, mas para viver com ela em Kati. Eu cumpria minhas tarefas com facilidade, mas mecanicamente, sem o entusiasmo do começo.

Fuga

No fim do ano, obtive meu certificado de estudos. Sabia que, se deixasse as coisas seguirem seu curso, já nos primeiros dias de férias seria encaminhado a Bandiagara antes de ser enviado ao internato da Escola Profissional de Bamako. Ou então, seria logo indicado para um obscuro posto administrativo que poderia ficar muito longe de Kati. Não podia correr este risco, precisava partir antes. Avisei minha mãe por telegrama de minha intenção de ir vê-la, pedindo-lhe que avisasse também Beydari. Ela me enviou quinze francos para cobrir as despesas de viagem. O normal seria ter esperado para saber que destino a administração me reservara, ou pelo menos solicitar a autorização do diretor da escola antes de partir. Não fiz nada disso, o que equivalia pura e simplesmente a uma fuga.

Descobri que o Sr. M'Bodje se preparava para partir em companhia de um sobrinho a fim de passar as férias no Senegal. Como mantínhamos boas

---

14. *Kronprinz*: título que se dava ao príncipe herdeiro na Alemanha. [N. da R.]

relações, perguntei-lhe se aceitava levar-me em seu comboio. O Sr. M'Bodje, que ignorava por completo minha situação e acreditava que eu estivesse agindo dentro das regras, aceitou de boa fé que me juntasse a ele, sob certas condições. A primeira era que eu devia arcar sozinho com as eventuais despesas de meu transporte, por barco e trem. A comida ele me garantia, sabendo que a encontraríamos no percurso e, de fato, foram os chefes das aldeias que atravessamos que nos alimentaram; naquela época, bastava estar vestido com uma roupa europeia ou usar penteado europeu para ser tomado por um agente da administração colonial, com direito a comer, beber e hospedar-se às custas dos habitantes. Ora, o Sr. M'Bodje usava um maravilhoso capacete colonial! Mostrei-lhe os quinze francos enviados por minha mãe, quantia mais que suficiente para cobrir minhas despesas. Ele se tranquilizou.

Sua segunda condição era que eu fizesse a viagem a pé. Explicou-me que só dispunha de um cavalo e que deveria levar seu sobrinho na garupa, pois este era jovem e fraquinho demais para andar a pé como eu. "Mas você só terá de andar até Segu", disse para me consolar. "Depois, poderá ir de barco até Bamako." Isto representava, na época, pouco mais de trezentos quilômetros, mas o trajeto não me fazia medo. A simples ideia de rever minha mãe redobrava minhas forças. Sentia-me capaz de percorrer todo o caminho de Djenné a Kati a pé se fosse preciso, visto que o Sr. M'Bodje tinha contratado uma equipe de carregadores; portanto, não precisava me preocupar em carregar pesadas bagagens como meu pobre irmão Hammadoun dois anos antes. Disse-lhe que aceitava a segunda condição e ficamos de acordo. Fui preparar minha mala.

Numa manhã bem cedo, no início da segunda quinzena de junho de 1915, nosso pequeno comboio partiu na direção oeste. Era composto de oito carregadores, um carregador-chefe, um cavalariço, o Sr. M'Bodje, seu sobrinho Cheik M'Bodje e eu. O sol mal despontara. O Sr. M'Bodje fez o sobrinho montar na garupa e saiu na frente a cavalo. A fila de carregadores estendeu-se pela estrada. Eu ia trotando a pé, logo atrás deles. Antes de partir, o Sr. M'Bodje havia me recomendado especialmente ao carregador-chefe; este, mediante algum dinheiro, providenciou que minha mala fosse carregada por um de seus homens. Contávamos levar dez dias para cobrir os trezentos quilômetros que nos separavam de Segu.

Depois de algum tempo de marcha, cortada por etapas em pequenas aldeias, aproximamo-nos de Say (Soka, em fula), vila bambara entre o Bani e o Níger. Como sempre, o Sr. M'Bodje estava à nossa frente graças a seu cavalo. A mais ou menos dois quilômetros de Say, nós o encontramos à nossa espera, sentado com o sobrinho à sombra de uma árvore. Para tornar sua entrada na cidade mais solene, fez questão que chegássemos todos juntos. É que Say não era uma cidade comum; no passado, a força colossal do reino de Segu sempre se dobrara diante dela. Não só nunca foi conquistada, como também jamais aceitou reconhecer a soberania de Segu. Há um provérbio fula que diz: "Segu é forte, mas Segu conhece a força de Soka (Say). Quando Soka tosse, Segu é sacudida". Teria sido mesmo impróprio para um "branco-negro" do nível do Sr. M'Bodje, vestido, calçado e penteado à maneira correta dos brancos-brancos, entrar quase anônimo em uma cidade que conseguiu enfrentar vitoriosamente a coroa de Segu. Cavalgando seu puro-sangue e precedido por uma fila de oito carregadores conduzidos por um carregador-chefe armado de chicote, com certeza causaria mais sensação do que um cavaleiro isolado levando um menino magricela na garupa, mesmo usando capacete colonial! Após um pequeno repouso, nosso comboio partiu serpenteando através do mato. O Sr. M'Bodje fechava o cortejo.

Say fazia parte das raras cidades bambaras guardadas por uma matilha de cães de guerra bem treinados. Sentinelas vigilantes que nem o sono nem a distração podiam surpreender, eles rondavam constantemente os muros de proteção, prontos a despedaçar a dentadas quem ousasse passar a seu alcance.

Quando nos aproximamos da cidade, os cães, que sentiram nosso cheiro, começaram a latir como nunca ouvi cão nenhum latir. Era um coro ensurdecedor e dissonante, de rosnados cavernosos misturando-se a gritos fanhosos e uivos estridentes. Estes latidos medonhos nos fizeram parar ali mesmo, a respiração suspensa, o coração tomado por uma opressão gélida. Nosso carregador-chefe, que parecia conhecer os hábitos desses cães, nos gritou: "Não tenham medo, continuem a andar e andem com passo firme!". No mesmo instante, jovens vestidos como caçadores tradicionais saíram da cidade e correram a nosso encontro. Eles gritaram aos cães: *"Kaba! Mah! Mah!"*. Estas três palavras tiveram um verdadeiro efeito mágico! Os cães se calaram no mesmo instante, abaixaram as orelhas, meteram o rabo entre as pernas como que desculpando-se de terem sido tão tonitruantes e sentaram-se tranquilos, deixando pender dos focinhos compridas línguas cor-de-rosa babentas.

Um belo homem, bem feito de corpo, os cabelos presos em pequenas tranças, destacou-se do grupo de jovens. Aproximou-se do Sr. M'Bodje, inclinou-se e disse em bambara: "Sou o filho do chefe da aldeia. Seja bem-vindo a

Say, ó honrado estrangeiro. Considere-se como em sua própria casa. É o que meu pai diz pela minha boca".

O Sr. M'Bodje, que só falava uolofe (língua do Senegal), fula e francês, me pediu que lhe servisse de intérprete. De uma hora para outra, senti-me elevado de categoria, tanto aos olhos dos outros quanto aos meus próprios. Por meu intermédio, ele agradeceu ao filho do chefe e lhe pediu que nos levasse a seu pai.

Guiados por nossa escolta, entramos na cidade. As ruelas eram tão estreitas e tortuosas que dois homens não podiam cruzar-se de frente sem se atrapalharem. A que seguimos desembocava abruptamente numa praça bem ampla, rodeada de grandes *doubalens*, árvores de folhagem espessa que dão sombra o ano inteiro. A casa do chefe ficava bem em frente. O filho nos fez entrar no vestíbulo, uma sala de boas dimensões com as paredes cobertas de troféus de caça e de fetiches pendurados por todos os lados.

Fomos apresentados ao chefe da aldeia. Este, mero chefe de cantão aos olhos da administração colonial, era também um ancião, "mestre da faca" sacrificial e um dos sete grandes mestres feiticeiros do Pondori e do Djenneri – ou seja, quase um ídolo vivo. Sob uma coroa de cabelos brancos, sua fronte era alta e brilhante, seus olhos, ao mesmo tempo bondosos e sérios e seu nariz tão longo e reto que foi apelidado, se bem que reverentemente, *foulalnoun*, "nariz de fula". As orelhas muito grandes, coisa que era considerada um símbolo de sabedoria e conhecimento, davam a este patriarca bambara um aspecto dos mais veneráveis.

Como perdera o uso das pernas muitos anos antes, passava os dias sentado em uma pele de boi curtida, no vestíbulo de sua casa, que era ao mesmo tempo sala de estar, sala de reuniões, sede do tribunal popular e santuário de deuses ancestrais. Instalado sobre uma espécie de pequeno estrado, de lá dirigia com mão de ferro os negócios de seus administrados, decidindo todos os problemas surgidos entre eles, ou com os deuses e os ancestrais, ou ainda com aqueles outros "deuses da *brousse*", que são os brancos-brancos, conquistadores e chefes supremos do país.

Este tradicional chefe bambara era tão hostil ao Islã que tomava cuidado para nunca virar a cabeça para o leste, direção de Meca, para onde os muçulmanos se voltam durante suas preces. Apesar de ter sido vencido, em seu tempo, por Cheikou Amadou, fundador do Império Fula Islâmico de Macina, o chefe de Say só havia temido um homem: o coronel Archinard, chefe dos "peles de fogo". Pois não é que este grande feiticeiro branco de "cinco galões" tinha conseguido fazer um pacto com o grande gênio Tummelew, que lhe revelou o segredo do bosque das tamareiras ao sul de Djenné, único lugar de onde se podia partir para tomar a cidade?¹⁵

Por meu intermédio, iniciou-se um diálogo entre o chefe e o Sr. M'Bodje. "Qual é o posto de nosso hóspede branco-negro (*toubaboufin*) tão bem vestido de branco-branco da França branca?", perguntou o chefe.

"É um grande marabu da escola onde se aprende a escrever da esquerda para a direita e não da direita para a esquerda como nas escolas corânicas. Ele nasceu longe, no oeste, no país onde o sol se põe no grande rio salgado."

"Diga ao marabu da escola que estou muito feliz por ele escrever da esquerda para a direita e não no outro sentido como os muçulmanos!"

O Sr. M'Bodje devolveu a gentileza ao chefe. Este recomeçou: "Pergunte ao grande marabu da escola como vai o grande comandante bigodudo".

"Ele vai bem e eu lhe agradeço por ele", me faz responder o Sr. M'Bodje.

"E o pequeno comandante imberbe?..." Mesma resposta.

"E o guarda-dinheiro barrigudo (o tesoureiro)?" A cada pergunta, o Sr. M'Bodje, em quem sentia aumentar a irritação, respondia a mesma coisa.

"E Mamadou Sall, o boca-de-resposta (Papa Sall, o intérprete)? E a pena (o secretário)? O guarda-porta (o ordenança)? O curandeiro (o médico)? O mestre do fio-de-notícias (o carteiro)? Os subidores-de-poste (os montadores da P.T.T.¹⁶ e vigias de linha)? Sem esquecer o cozinha-refeição... o serve-refeição... o lava-roupa e o arruma-a-cama... o lava-panelas, o faz-vento (o *panka*) e o recolhedor de bosta (o cavalariço)?"

O Sr. M'Bodje, que tinha a característica de cortar sem piedade as repetições e demoras de seus alunos, estava irritado. Ele me murmurava de vez em quando ao ouvido em francês: "Ele logo vai acabar de desfiar seu rosário de nomes!". Por sorte, era homem de controlar a impaciência e respondia todas as vezes com polidez, como ditava o costume. De qualquer modo, permanecera suficientemente "negro" para saber que, entre nós, as litanias de saudação são intermináveis e que seria a maior falta de educação querer furtar-se a elas.

Ao chegar ao fim da lista, o velho chefe tirou uma caixa de rapé do bolso. Pegou uma pitada do pó com os dedos e a aspirou de uma só vez pelas narinas, o que o fez espirrar. Bendisse então seu pai e sua mãe por tê-lo engendrado sob uma boa estrela, e prosseguiu com o mesmo fôlego: "Pergunte

---

15. O coronel Archinard, antes de tomar Djenné, camuflara suas tropas e canhões em um bosque de tamareiras situado ao sul da cidade e consagrado ao gênio Tummelew; daí a lenda segundo a qual ele havia feito um pacto com o espírito protetor do local.

16. P.T.T. – sigla da antiga Administração dos Correios e Telégrafos. [N. da T.]

ao marabu da escola como vão também todos aqueles que deixei de nomear; sim, como vão eles, na bela cidade de Djenné que os muçulmanos dizem ser ao mesmo tempo um paraíso (*djenna*), um escudo (*djouna*) e a loucura (*djinna*). Quanto a mim, o que acho mais louco e mais me aborrece são os gritos que os marabus lançam cinco vezes por dia do alto dos minaretes de suas mesquitas!".

Aproveitando-se de um minuto de silêncio, o Sr. M'Bodje dirigiu-se a mim: "Amadou, diga ao venerável e honrado grande chefe que todo mundo em Djenné vai bem, desde o comandante até os pequenos ajudantes de cozinha e que todos me encarregaram de saudá-lo, assim como seus cortesãos, suas mulheres e filhos, sem esquecer ninguém. Diga ao chefe que somos seus hóspedes somente por esta tarde e esta noite. Assim que, ao amanhecer, os primeiros raios da aurora cortarem as trevas do lado do oriente, retomaremos nosso caminho para Munia e de lá até Segu".

Depois de me escutar, o chefe exclamou, engolindo uma parte de meu nome: "Adou! Diga ao marabu da escola dos 'pele de fogo' que seu falar é como um belo tronco de *rônier* reto e delgado e que eu lhe agradeço. Diga-lhe também que amanhã bem cedo ele terá tudo aquilo de que precisar para continuar sua viagem."

O Sr. M'Bodje pôde enfim retirar-se, e o velho chefe mandou nos servir um excelente cuscuz de carneiro preparado por uma de suas esposas.

A escolta dos cães de guerra

Foi uma noite excelente. Ao raiar o dia, antes mesmo que os galos tivessem começado a cantar, um menino apenas um pouco mais velho que eu trouxe até o pátio do acampamento um cavalo ajaezado. Um homem esperava, rodeado por uma matilha de doze cães semelhantes aos que tínhamos visto na véspera. O Sr. M'Bodje, sempre madrugador, foi o primeiro a sair e deparar-se com o espetáculo. Ele me chamou em voz alta. Acordei sobressaltado e corri para o pátio, onde, por minha vez, vi o lindo cavalo e o guardião dos cães rodeado por sua matilha. O homem vestia um uniforme de caça literalmente coberto de amuletos de couro e chapas metálicas – o que, parece, era a vestimenta tradicional dos guardiões de matilha. Usava um chapéu impressionante: sobre uma copela[17] de madeira talhada na medida exata de

---

17. Copela: espécie de cadinho ou cuba. [N. da T.]

seu crânio, fora montada uma cabeça de leão de crina farta, tão bem feita que pelos desgrenhados lhe aureolavam a cabeça tombando de ambos os lados do rosto, prolongado por uma barba postiça de crina de cavalo. Dois alforjes a tiracolo cruzavam-se em seu peito. Um rabo de boi com pequenos guizos pendia de seu pulso direito. Agachado, esperava paciente, rodeado por seus doze cães de combate bem treinados, que o chefe aparentemente colocara à nossa disposição. Eram cães gigantescos, bem alimentados, a cabeça enorme. Os animais tinham todas as articulações envoltas por cordõezinhos atados com nós e a cabeça coberta com um tecido preto com orifícios para as orelhas, preso por barbantes coloridos que passavam em torno do focinho e do pescoço. Um colar-amuleto, guarnecido de pontas agudas, também lhes rodeava o pescoço. Não se saberia dizer se os cães ou o guarda eram mais amedrontadores – este tipo de cães, chamados "cães de guerra", só eram criados na região de Say, e desapareceram por completo hoje em dia.

O Sr. M'Bodje, como um policial, sempre carregava um apito do qual se servia na escola e agora usava para chamar os carregadores. Ele o levou aos lábios: "*Prrr! Prrr! Prrr!*", apitou o sr M'Bodje. Na mesma hora, os carregadores se puseram a postos, cada um ao lado de sua carga.

O Sr. M'Bodje foi cumprimentar o homem dos cachorros e perguntou por meu intermédio: "Por que o velho chefe quer nos fazer escoltar por uma matilha?".

O homem respondeu: "Depois que o coronel Archinard fez um pacto com Tummelew para conquistar Djenné, todos os maus espíritos até então aprisionados no bosque sagrado de Toula-Heela fugiram de sua prisão. Eles se dispersaram entre Say e Segu, onde atacam com crueldade os viajantes sem proteção. Eles os fazem enlouquecer ou adoecer. Ora, esses gênios rebeldes só têm medo dos cães treinados de Say e das forças que emanam dos amuletos que eles carregam. É por isso que o chefe decidiu mandar escoltá-los até a saída desta zona. Assim o exige a tradição".

O jovem cavalariço, por sua vez, aproximou-se e disse ao Sr. M'Bodje: "O chefe colocou este cavalo à disposição, para servir de montaria aos seus dois filhos" – isto é, ao sobrinho do Sr. M'Bodje e a mim. Foi a única etapa da viagem que fiz no dorso de um cavalo.

O "Senhor *Prrr-Prrr-Prrr!*", como os carregadores apelidaram o Sr. M'Bodje, deu o sinal de partida com seu apito.

Com catorze homens, doze cães e dois cavalos, nosso comboio deixou Say e tomou a direção de Segu. O caminho era estreito. Como o rastejar de uma grande jiboia, serpenteava e insinuava-se através do mato cerrado, levemente agitado pela brisa agradável da manhã.

Logo, uma espécie de estremecimento percorreu toda a *brousse*. Ela pareceu espreguiçar-se em seu leito para sacudir os derradeiros entorpecimentos da noite. À nossa esquerda, uma rola arrulhou, doce, como que para acordar a companheira preguiçosa. Uma outra respondeu à direita. Ao longe, ressoava o cocoricar dos galos. Era como um sinal. Os animais diurnos, compreendendo que podiam movimentar-se e fazer barulho sem perigo, saíam de seus abrigos. Os pardais chilreavam animados, saltitando de galho em galho sem parar de tagarelar. Tudo começava a se mover e a viver, e os medos nascidos da sombra se desfaziam como a bruma sob os primeiros raios de sol.

Enquanto reinavam as sombras na semiobscuridade da aurora ou do crepúsculo, cada espinheiro que se entrevia ao longe dava a impressão de ser um monstro atarracado de formas fantásticas, agachado sobre os calcanhares e pronto a saltar sobre quem dele se aproximasse. Os carregadores contavam tantas histórias sobre espíritos e diabos, que eu acabava por vê-los atrás de cada touceira assim que a noite caía.

Percebi, no decorrer dos dias, que a escuridão costumava impor silêncio a nossos carregadores, ao passo que a luz do dia os tornava volúveis e até tonitruantes, pelo menos até que o calor excessivo, a fadiga e a fome diminuíssem suas forças. Nada como a escuridão ou a fome para tapar a boca de um homem.

Os cães de guerra, que nos precediam como sentinelas avançadas do comboio, eram os únicos a não fazer barulho, prestando atenção só àquilo que atingia seus ouvidos, olhos ou olfato, como alunos bem treinados da escola de caçadores bambaras de Saro, cuja divisa é: "Cheirar, ouvir, ver e calar-se."

Andávamos em geral sem almoçar, esperando chegar ao fim de cada etapa para repousar e restaurar as forças. Em todas as aldeias, a recepção era idêntica, à exceção de alguns detalhes. O Sr. M'Bodje, "grande marabu da escola dos brancos", era recebido e tratado invariavelmente como verdadeiro procurador dos "peles de fogo". Cuscuz, travessas de arroz, milhete cozido no leite, leite fresco, mel puro e frutas da estação, tudo nos era ofertado em abundância e, nem é preciso dizer, de graça.

O chefe de uma aldeia chegou a agradecer com humildade ao Sr. M'Bodje por ter condescendido em repousar em sua casa e comer sua comida que, por modéstia, qualificou de "mal preparada"; e, sem dúvida para apagar o gosto ruim que seu alimento pudesse ter deixado em nossa boca, este chefe ofereceu ao Sr. M'Bodje cinco mil cauris (valor equivalente a cem *sous* em 1915) para comprarmos milhete durante a viagem!

Todo esse respeito e generosidade, por mais ambíguos que fossem em razão da suposta relação do Sr. M'Bodje com a todo-poderosa administração colonial, na verdade repousavam numa tradição ancestral de hospitalidade a todo viajante de passagem. Antigamente, na África da savana (a única da qual posso de fato falar porque a conheço bem) qualquer viajante chegado a uma aldeia desconhecida só precisava apresentar-se na soleira da porta da primeira casa que visse e dizer "Sou o hóspede que Deus lhe envia" para ser recebido com alegria[18]. Reservavam-lhe o melhor quarto, a melhor cama e os melhores bocados. Muitas vezes, o chefe da família ou seu filho primogênito lhe cedia o próprio quarto e ia dormir em uma esteira no vestíbulo ou no pátio. Em troca, o estrangeiro de passagem enriquecia os serões noturnos contando as crônicas históricas de sua região, ou relatando as aventuras de suas peregrinações. O africano da savana viajava muito, a pé ou a cavalo, o que resultava numa troca permanente de conhecimentos de região para região. Este costume de "casas abertas" permitia circular pelo país mesmo sem meios, como eu mesmo faria muitas vezes mais tarde.

Uns dez dias após nossa partida de Djenné, por volta das dez horas da manhã avistamos Segu sem ter enfrentado nenhum encontro perigoso. Na certa, com medo de serem despedaçados por nossa matilha, pessoas ruins, assim como os espíritos malvados, devem ter preferido manter-se a uma prudente distância de nosso caminho.

Para agradecer ao condutor da matilha, o Sr. M'Bodje lhe ofereceu um barrete usado e duas moedas de um franco. O homem aceitou o barrete, mas recusou categoricamente as duas moedas. Ele desapareceu pela *brousse* com seus cães e o belo cavalo que nos havia trazido, ao pequeno M'Bodje e a mim.

Entramos em Segu pelo lado leste. Esta cidade extraordinária, que foi a capital dos reis bambaras e tucolores e cuja importância é ao mesmo tempo mítica, política, social e comercial, estende-se ao longo da margem direita do Níger, à sombra de acácias seculares. Diante da cidade, o rio abre-se majestoso pela planície. Em nenhum outro lugar do Arco do Níger ele alcança, creio eu, largura comparável.

O Sr. M'Bodje esperava tomar o barco *Le Mage* (nome de um famoso explorador), cuja partida estava prevista para as treze horas, mas antes disso era preciso visar os documentos na residência oficial da circunscrição. Pressio-

---

18. Com a condição de respeitar os períodos do ano em que algumas aldeias animistas não podiam receber visitantes.

nado pela falta de tempo, ele nos fez atravessar a cidade bem depressa. Sem poder visitá-la, observei com olhos gulosos tudo o que aparecia à minha frente. A grande artéria que seguimos, larga e arejada, era ladeada por magníficas árvores. As casas, de um ocre rosado, lembravam as de Djenné ou Mopti. Os raios de sol brincavam entre as folhagens. À nossa direita, o rio corria cheio de preguiça. Tudo nesta cidade era agradável e bonito. Uma coisa me impressionou: as mulheres de Segu que cruzamos usavam, quase todas, um anel de ouro entre as duas narinas. Um de nossos carregadores me explicou que era um adereço para jovens e símbolo de boa sorte reservado às mulheres.

Chegamos enfim ao palácio da residência, um elegante sobrado cuja fachada era guarnecida de arcadas e muros rendilhados com arte.

As três cores da França

Uma vez satisfeitas todas as formalidades, nosso pequeno comboio dirigiu-se ao porto. Estupefato, vi uma embarcação metálica gigantesca balançando suavemente sobre a água. Por uma espécie de ânus lateral, evacuava a intervalos regulares longos jatos de água acompanhados de fortes sons *pch-pch-pch-pch!*... enquanto volutas de fumaça escapavam de duas grossas chaminés inclinadas. Era a primeira vez que via um barco a vapor. Ao lado das compridas pirogas bozos elegantes e silenciosas, dir-se-ia uma espécie de monstro fluvial encouraçado de ferro que não parava de mijar e fumar.

Sobre o cais, movimentava-se um verdadeiro pequeno mercado. Cada vendedor tentava oferecer aos que partiam provisões para o caminho ou uma lembrança de Segu. A barganha era regra geral, com brigas eclodindo aqui e ali. O Sr. M'Bodje precisou usar toda sua autoridade de "marabu de escola dos brancos", confirmada por sua roupa e monóculo branco-branco, para separar dois briguentos teimosos. Carregadores e marinheiros levavam sacos e valises para o barco. O Sr. M'Bodje mandou seus carregadores embarcarem as bagagens, pagou-os e dispensou-os.

De repente, vimos descer pela rampa que ia da margem ao cais um enorme personagem vestido de oficial europeu, mas tão gordo que a cabeça sem pescoço parecia plantada diretamente no peito taurino e os braços não conseguiam pender perpendiculares dos lados; ele os levava afastados como um grande pássaro prestes a voar. Era o Sr. Monnet, comissário de bordo do barco *Le Mage*, seguido por carregadores que embarcavam os alimentos para os passageiros brancos. "Atenção! Atenção!", gritavam os comerciantes em bambara. "O Sr.

Barrigudo avança, arrastado por sua pança..." Todos se desviaram da melhor maneira possível para dar passagem a essa enorme massa de carne, que parecia impelida apenas pelo mau-humor. Aparentemente furioso por encontrar o cais assim tão congestionado, o comissário, como um furacão, empurrava todo e qualquer obstáculo, sem se importar de esmagar, sob seus pesados sapatos, as pequenas mercadorias e pacotinhos espalhados pelo chão e que os pobres comerciantes não tinham tempo de recolher. O Sr. Monnet, antigo primeiro-sargento do exército da África, fazia parte daqueles colonizadores que acreditavam na eficiência da brutalidade para afirmar e perpetuar a autoridade francesa que os Borgnis-Desbordes, Archinard e outros chefes brancos de mangas decoradas com galões dourados fundaram na África do oeste a tiros de fuzil e canhão.

Neste preciso momento, sobre a prancha inclinada que servia de passarela, dois marinheiros estavam içando um enorme tonel. Vendo o comissário esvaziar a rampa agitando os braços, o marinheiro-chefe lhes gritou: "Apressem-se, ou terminarão dentro d'água com seu tonel. O Barrigudo está indo direto para vocês. Se os encontrar no caminho, urrará como um elefante viúvo e os jogará na água como animais mortos!". Nunca uma profecia se realizou tão fiel e rapidamente. Quando o Sr. Monnet chegou ao fim da passarela, os marinheiros ainda tinham um metro a atravessar para acabar de içar sua carga e desimpedir o caminho. A cólera do comissário explodiu com a mesma violência do primeiro furacão tropical do ano. Vomitou uma saraivada de insultos: "Espécie de preguiçosos! Negros imundos! Filhos da puta! Porcos doentes!", para citar as mais moderadas dentre as expressões com que gratificou os pobres marinheiros. Continuando a vociferar, avançou na direção dos dois. Conhecendo sua força e seu caráter violento, os marinheiros jogaram-se na água com seu tonel, preferindo fazê-lo por si próprios a serem expedidos *manu militari* pelo irascível comissário. Este atravessou a passarela e sumiu barco adentro.

"É injusto, é realmente injusto!", praguejava o Sr. M'Bodje. Mas, com quem reclamar? Era a época em que o branco, com ou sem razão, tinha sempre razão, pelo menos como regra geral. Apesar disso, um pouco mais tarde tive oportunidade de constatar que mesmo no fundo de um monstro pode haver uma centelha de bondade e nunca se devem perder as esperanças com os homens.

Embarcamos em meio ao barulho, acotovelando-nos. Ficara acertado com o Sr. M'Bodje, antes de nossa partida de Djenné, que em matéria de despesas de transporte eu deveria me arranjar sozinho. Assim, separamo-nos. Ele e o sobrinho foram para uma cabine de terceira classe (o navio tinha cabines de primeira, segunda e terceira classe), enquanto eu fiquei no convés, lugar reservado aos negros pretos-pretos e animais. Cada um se instalou como pôde e procurou um lugar onde abrir sua esteira. Só se pagava a passagem depois de ter embarcado.

Um primeiro apito anasalado rasgou como um lamento a atmosfera; ouvi um barulho de correntes que batiam contra o casco do navio; marinheiros atarefados corriam de um lado a outro. Ao segundo apito, senti o barco mexer-se e balançar. As rodas começaram a mover-se e suas pás a agitar a água do rio que formava longas esteiras cremosas.

O barco afastou-se pouco a pouco do cais e ganhou as águas profundas. Sua proa parecia cortar o rio em dois, levantando de cada lado uma onda possante que se chocava contra as margens e fazia dançar as pirogas bozos como galinhas enlouquecidas. Algumas se soltavam das amarras. Logo perdemos o porto de vista.

Levantei-me e fui consultar o quadro de tarifas. Quando vi o preço das passagens, fui tomado de angústia: para os passageiros do convés, o transporte até Kulikoro (quer dizer, o local de desembarque final antes de Bamako) custava sete francos. Tirei depressa da bolsa todo o dinheiro de que dispunha. Ai de mim, de tanto distribuir pequenas somas em todas as aldeias que atravessamos, dos quinze francos que minha mãe havia enviado não me restavam mais que dois francos! Eu não tinha imaginado que o preço do transporte fosse tão alto, principalmente no convés.

Pedir ajuda ao Sr. M'Bodje estava fora de questão, pois as coisas tinham ficado bem claras entre nós. E nem podia descer para terminar a viagem a pé!

Justo nesse instante, soou o sino convocando os viajantes a pagar a passagem. Como durante a viagem apanhara uma infeção nos olhos por causa de uma insolação, aproveitei este fato como pretexto para me apresentar por último. Quando chegou minha vez, piscando e quase sem pensar no que fazia, estendi a bolsa ao homem que me precedia e pedi-lhe que tirasse a quantia necessária para pagar a passagem. Enquanto o homem mexia e remexia em todos os cantos da bolsa – onde, bem entendido, ele não encontrara mais que dois francos –, meu coração batia tão forte que os meus ouvidos chegavam a zumbir! Como iria terminar tudo isso? Como iria reagir o terrível comissário?

Levantando a cabeça, o homem declarou que minha bolsa não continha mais que dois miseráveis francos. Soltei um grito e me joguei no chão, chorando e gemendo: "Eu tinha sete francos! Eu tinha sete francos! Não sei como perdi meus cinco francos, era uma moeda de prata grande. *Yaye-yaye*! Oh! minha mãe, perdi meu dinheiro! Oh! minha mãe!" Quanto mais minha consciência reclamava por mentir de maneira tão descarada, mais o medo me fazia gemer e exagerar meu papel de pobre vítima do destino. É claro que o Sr. M'Bodje, que se encontrava em sua cabine, ignorava por completo minha situação.

Alertado pelos gritos, o comissário saiu de seu escritório. Aproximou-se e me perguntou por que me lamentava como um amaldiçoado. Contei-lhe então minha fábula com um desembaraço que não deixou lugar em seu espírito para qualquer dúvida. "Aonde vai você?", ele me perguntou. "Vou passar as férias em Kati com os meus pais."

"Quem é você e o que faz sozinho, longe de seus pais?", indagou. "Sou um fula, aluno da Escola Regional de Djenné."

"Ah! Isto é muito bom! E o que lhe ensinam na escola?", continuou o comissário. "Me ensinam a ler, escrever, a falar francês, a cantar e sobretudo a amar a França e servi-la ao preço de minha própria vida ou da dos meus."

"Bom! Bom! Você aprendeu canções francesas?", perguntou. "Sim, senhor."

"Quais?", o homem quis saber. "A *Marseillaise* e a *Trois Couleurs*[19]."

"Cante a *Trois Couleurs* para mim". Não me faço de rogado e entoo com força e convicção:

> Você conhece as três co-ores
> As três cores da Fra-ança!
> Aquelas que fazem o coração so-nhar
> Com a glória e a esperan-ça.
> Azul celeste, cor do dia-a
> Vermelho sangue, cor do amo-or
> Branco, lealdade e bravu-ura!
> Branco, lealdade e bravu-ura!

O ex-primeiro-sargento, todo excitado por estas nobres palavras e levado pelo ritmo, me pegou pelos dois braços e me arrastou numa espécie de dança, fazendo-me girar em torno de si, enquanto me acompanhava com sua voz poderosa:

> Branco, lealdade e bravu-ura!
> Branco, lealdade e bravu-ura!

---
19. Trois Couleurs: três cores, em francês. [N. da R.]

Nossa dança a dois não era acompanhada por pífaros nem por flautas, mas pelas palmas dos passageiros, sempre prontos a se divertir, alegres por participar de um evento tão inesperado. No fim, completamente sem fôlego, o velho primeiro-sargento parou e me disse: "Ah! Você é realmente um bom filho da França! Você está num barco que pertence à eterna França[20] pela qual morreram grandes sábios, grandes soldados e pela qual morrerão ainda muitos outros heróis. Portanto, meu pequeno, pare de chorar, você viajará neste barco de graça e comerá em minha mesa".

"Obrigado meu bom branco, obrigado, muito obrigado!" Eu não esperava me sair tão bem e logo me arrependi dos maus pensamentos que tivera em relação ao gordo comissário.

O barulho no convés acabou por chamar a atenção dos passageiros das classes superiores. Alguns desceram para ver o que se passava. De repente, uma jovem fula muito bonita atirou-se em minha direção: "Amkoullel! Amkoullel! Filho de meu tio! De onde você saiu e o que faz neste barco?".

Arregalei os olhos: era Fanta Hamma, minha própria prima do lado materno, que voltava a Bamako em companhia do funcionário francês de quem era, no momento, a "esposa colonial". Por uma feliz coincidência, o comissário a conhecia bem. Ele lhe contou meu problema e explicou como pretendia resolvê-lo. Minha prima, que não se deixava impressionar pelos brancos, bateu amigavelmente na imensa barriga e lhe sorriu:

"Instale meu primo em minha cabine na primeira classe", lhe disse. "Somos só dois e há lugar para três."

O Sr. Monnet concordou. E assim, lá fui eu, promovido a uma posição mais elevada que a de meu mestre, o Sr. M'Bodje, que viajava de terceira classe!

Algum tempo depois, o comissário mandou retirar a lona que cobria o convés, para lavá-lo com grandes baldes d'água.

Cada um pegou sua esteira e seus pacotes, a lona foi retirada e, ó milagre, num dos cantos brilhava uma bela moeda de cinco francos! O achado foi anunciado para que o eventual proprietário da moeda se apresentasse. Como ninguém a reclamou, todo mundo concluiu que era a moeda que eu declarara ter perdido. Para não me trair e para minha grande vergonha interior, fui obrigado a aceitá-la. Passei a noite a me censurar pela mentira, agravada pelo furto que acabara de cometer aceitando o dinheiro que sabia não me pertencer. Minha cabeça estava cheia de perguntas sem respostas: "Por que Deus

---

20. Naquela época, essa expressão não tinha nada de exagerado. Ao menor pretexto, celebrava-se a França eterna e exclamava-se "viva a França!".

ajeitou as coisas tão bem para mim? Será que foi porque distribuí meus verdadeiros cinco francos aos pobres durante a viagem? Não deveria ter sido punido por minha mentira?". Nenhuma racionalização conseguia me tranquilizar. Minha consciência me condenava sem cessar e me inspirava desprezo por mim mesmo. Durante os três dias de navegação, fiquei dividido entre as delícias de uma viagem extremamente confortável e meus tormentos interiores.

A piroga metálica de terra

Em Kulikoro, devíamos pegar o trem para Bamako. Antiga capital de Soumangourou Kanté, o rei ferreiro que venceu o império de Gana antes de ser vencido por sua vez por Soundiata Keïta, fundador do império Mandê (do Mali[21]) no século XIII, Kulikoro tornara-se, sob a ocupação francesa, mera circunscrição administrativa. Abrigava um esquadrão de *spahis* e uma escola de cavalaria.

Na estação ferroviária, a confusão era indescritível. Ignorando que era preciso esperar a hora da partida do trem, a multidão comprimia-se contra a grande porta que dava acesso à sala onde se vendiam as passagens. Quatro agentes de polícia que trabalhavam para o chefe da estação empurravam os infelizes a golpes de chicote de nervos de boi: "Nós não ligamo! Nós faiz serviço! Serviço é serviço! Ôces outro lá, fora! Fora genti!".

Nada podendo fazer por nossos pobres irmãos, esperamos tranquilamente a abertura das portas. Encontramos o Sr. M'Bodje e seu sobrinho, que também esperavam.

Com um apito estridente, o trem de Bamako entrou enfim na estação. Os viajantes desceram em desordem. Alguém abriu as portas e Fanta Hamma foi comprar nossas passagens.

Em Segu, tinha visto meu primeiro "barco a fumaça". Em Kulikoro, conheci minha primeira "piroga metálica de terra", que é como as pessoas chamavam o trem. Uma piroga a fumaça vogando sobre as águas ainda é concebível porque a água corre e a leva; mas que uma longa e pesada piroga metálica chegasse a se mover sozinha sobre a terra firme era com certeza alta magia, feitiçaria de diabo branco de pasmar os maiores mágicos da alta *brousse*!

---

21. Mali: nome atual do país, que remete a este império, é a forma pela qual os fulas designavam a região e os habitantes dos montes mandês (ou mandingas) que se estendem entre o sul do Mali e a Guiné. O império do Mali era conhecido como Malel ou Malal pelos viajantes e escritores árabes da Idade Média. [N. da T.]

Os vagões onde nos amontoamos eram a céu aberto. Vi estirarem-se ao longe as duas réguas de aço sobre as quais (como aprendi em meu segundo livreto de Jean-Louis Monod e no folheto *Através de nossas colônias*) o trem iria deslizar daí a pouco, a uma velocidade maior do que a de uma gazela do Sael fugindo de uma pantera faminta. Não me sentia muito tranquilo. "E se o trem escorregar e os vagões perderem o equilíbrio sobre os trilhos, o que acontecerá aos passageiros e a suas bagagens?", eu pensava. Perguntei a minha prima que oração seria conveniente antes de embarcarmos numa aventura tão temível. Ela riu na minha cara: "A oração mais eficaz é não ter medo. Seja fula, não tenha medo e tudo irá bem *in shâ Allâh* (se Deus quiser)".

Quando todos os passageiros estavam em seus lugares, o chefe da estação deu o sinal de partida; o chefe do trem soprou uma corneta de chifre; o maquinista puxou o apito e a máquina emitiu um longo grito rouco. A locomotiva se pôs a vomitar rolos de nuvens de fumaça por sua grande chaminé, misturados com poeira e fagulhas que de vez em quando batiam em nosso rosto. Em seguida, jatos de vapor escaparam pelos lados. Os freios foram destravados, as bielas e as rodas motrizes entraram em ação, a máquina fremiu, os vagões se entrechocaram, tudo em meio a rangidos e barulhos terríveis. Finalmente, o trem se moveu; ganhando velocidade aos poucos, começou a correr através da paisagem. E então veio o canto ritmado dos *apss-apss! gan-gan! apss-apss! gan-gan! opss-opss! gan-gan! opss-opss! gan-gan!* seguidos de rápidos *tchu-ku-tchu-gan-gan! tchu-ku-tchu-gan-gan-gan!* entrecortados, de tempos em tempos, por um longo e alegre apito. Homens, árvores e animais pareciam precipitar-se em nossa direção. Logo esqueci meus medos, entretido em contemplar o espetáculo que desfilava diante de nossos olhos.

O trem levou por volta de uma hora e meia para cobrir os cinquenta quilômetros que nos separavam de Bamako. A noite acabara de cair. Desde 1908, Bamako era a capital do Alto Senegal e Níger e, como tal, residência do governador do território. Iluminada a eletricidade, de longe apresentava aspecto feérico. Uma grande echarpe de luz parecia ter sido estendida sobre a colina que dominava a cidade: era a estrada que levava de Bamako a Kuluba, residência do governador. Conforme nos aproximávamos, as lâmpadas que a iluminavam me fizeram pensar em grandes estrelas suspensas em galhos de árvores.

Em Bamako, minha prima e seu marido me levaram para a casa deles. Fiquei hospedado em um quarto com água corrente e luz elétrica. Eu estava maravilhado: podia fazer sair água de uma parede de pedra virando apenas uma torneira e podia criar a escuridão ou a luz apertando um botão! À noite, antes de me deitar, confessei toda a minha história a minha prima. Ela perguntou se eu ainda estava com a moeda de cinco francos. Entreguei-lhe a moeda. No dia seguinte, ela a trocou por moedas de menor valor que distribuiu na minha frente aos mendigos que passavam na rua. Só então o peso que me esmagava desapareceu.

Pela manhã, minha prima enviou alguém a Kati para avisar meus pais de minha chegada. Meu pai Tidjani veio em pessoa me buscar. Este gesto, muito mais do que demonstrações que não lhe eram habituais, testemunhava sua afeição por mim. Fiquei comovido. Chegara no fim da tarde, decidido a partir naquela mesma noite comigo para Kati, onde minha mãe e meus outros parentes me esperavam com impaciência. Por volta das dezoito horas, quando o sol lançava seus últimos clarões sobre o horizonte, ele deu o sinal de partida. Isto significava que deveríamos percorrer à noite a maior parte dos doze quilômetros que nos separavam de Kati.

O despenhadeiro da grande hiena negra

Naquela época, a região ainda era muito arborizada. A maior parte do trajeto atravessava uma densa floresta infestada de hienas e panteras. No meio do caminho, era necessário ladear uma grande e sombria cavidade chamada Dunfing. Este abismo, de vegetação impenetrável e que se acreditava assombrado por maus espíritos, era a morada tradicional de Diatroufing, a grande hiena mítica negra de patas brancas e fronte marcada com uma estrela, cuja cauda brilhava à noite como milhares de fagulhas.

Segundo a crença popular (habilmente reforçada pelas confrarias religiosas, às quais o trânsito na estrada impedia a celebração do culto), era preferível ver a morte diante de si do que se arriscar a encontrar Diatroufing tomando a fresca após o pôr do sol. À noite, o local era constelado de vagalumes e insetos brilhantes que se dizia saírem dos próprios pelos de Diatroufing. Poder-se-ia dizer que viajar de Bamako a Kati depois do pôr do sol era ir jogar-se na boca da grande hiena, senhora daqueles lugares escuros.

Fanta Famma tinha tanto medo por nós que chorava lágrimas quentes, persuadida de que íamos direto para as garras da morte ou da loucura provocada pelos diabos. É verdade que corríamos o risco de ser atacados por algum dos animais selvagens que habitavam as cavernas da colina e até roubados por bandos de assaltantes que pululavam na floresta. Mas nem deus nem o diabo poderiam impedir Tidjani de fazer o que havia decidido. Ele tinha por lema: "Não se pode morrer antes da hora, nem deixar de morrer quando chega sua hora. Então, por que ter medo?". Meu pai disse a minha prima: "Prometi a minha mulher voltar esta noite com nosso filho. Portanto, não há a menor possibilidade de passarmos a noite em Bamako. Além disso, Amadou tem 15 anos. Está mais do que na hora de aprender a confrontar as trevas, os diabos, os feiticeiros, os bandidos e as feras".

De qualquer maneira, ele não tinha vindo desarmado; trazia a tiracolo um grande sabre afiado e, na mão direita, uma alabarda, espécie de pequena lança de lâmina triangular. Assim equipado, sólido e musculoso mas de traços finos, Tidjani tinha um belo porte. Dele emanava uma impressão de força e de tranquila segurança. Estendeu-me um punhal mouro e mostrou-me como usá-lo se necessário.

Um *griot* de Bandiagara que tinha vindo visitar Fanta Hamma estava lá naquele dia. Pegando a guitarra, pôs-se a cantar a divisa dos Thiam e a louvar a coragem e a generosidade de Tidjani. Ele improvisou:

Ó Tidjani Amadou Ali Thiam,
hoje você me fornece um novo capítulo
para acrescentar à divisa de glória de sua família!
Diabos, feiticeiros, feras e bandidos,
tomem cuidado, o filho de Amadou Ali está chegando,
trazendo seu primogênito pela mão.
Vocês não poderão detê-lo,
ele atravessará seus domínios
como uma estrela cadente...

Quando terminou, para honrar a divisa dos Thiam que ele acabara de cantar, minha prima lhe deu cinco francos, como é costume fazer com os *griots*; Fanta Hamma recrutara um carregador que se encarregou de minha pequena mala. Trocamos um último adeus e agradecimentos e lá fomos nós!

Meu pai andava na minha frente num bom ritmo. O carregador nos seguia. O sol estava baixo no horizonte. Todos os que cruzávamos no caminho voltando para a cidade exclamavam: "Ei, homem fula! Você sai de viagem para Kati tão tarde, como se Dunfing não existisse?". E meu pai respondia: "*Allâhu akbar!*" (Deus é maior!).

A mais ou menos quatro quilômetros de Bamako, parou sob uma grande figueira. Arrancou algumas folhas da árvore, pronunciou sobre cada uma certos versículos do Alcorão de acordo com determinado número, depois lançou-as na direção dos oito pontos do espaço, cardinais e colaterais, ficando apenas com uma. "Agora", disse, "a boca da alta *brousse* está amordaçada. Nós iremos, com a ajuda de Deus, tranquilos até Kati". E retomou o caminho com passo firme, quase alegre, cantando em voz alta o grande poema composto por El Hadj Omar chamado *O sabre* porque, diz-se, como um sabre estes versos cortam os malefícios e aniquilam as obras dos maus espíritos...

A escuridão era quase total. Quanto mais avançávamos, mais mergulhávamos num negrume que a presença das árvores tornava ainda mais denso, nessa região pontilhada de colinas e cadeias de montanhas, últimas ramificações dos montes mandê. O bosque ressoava com rangidos, estalos e sons estridentes de insetos que pontuavam, de tempos em tempos, os urros mais inquietantes dos animais noturnos.

Apesar do frescor da noite, eu sentia o suor escorrer em minha fronte. Tinha medo, claro, e cada trecho me parecia uma cilada do diabo ou um covil de bandidos, mas estava certo de que nada de ruim poderia me acontecer, tal era minha confiança em meu pai.

A estrada de terra vermelha, compactada a mão por equipes de trabalhadores africanos recrutados oficialmente (porque era importante que a guarnição militar de Kati fosse ligada a Bamako por uma boa estrada), varava as trevas. De repente, como erguendo-se diante de um perigo, ela escalava penosamente um monte. Vimos então, à nossa esquerda, um abismo tenebroso, coberto de árvores gigantes, em torno das quais cipós e trepadeiras espinhosas se entrelaçavam densas, como que para revesti-las de uma couraça vegetal impenetrável. Era a entrada sul de Dunfing.

Uma quantidade de insetos luminosos cintilavam, estriando o espaço de traços brilhantes como pequenas estrelas caídas do céu.

Das profundezas do abismo subia uma sinfonia de ruídos noturnos que uma espécie de eco ampliava de maneira inquietante. O coaxar de rãs misturava-se ao piar de corujas, às vezes interrompidos pelo miado de gatos selvagens. Ouvia-se o ribombar de uma cachoeira cujas águas, jorrando de uma altura de dezenas de metros, caía com estrondo no abismo. Tudo concorria para dar ao local uma atmosfera sombria e aterradora. Estávamos bem no umbral do lugar maldito. Um tremor percorreu todo meu corpo, mas era uma reação involuntária dos nervos; meu espírito mantinha-se tranquilo.

A estrada estreita que bordejava o abismo e pendia sobre ele desenhava em torno deste um arco de cerca de dois quilômetros. Meu pai tomou-me pela mão. Mais ou menos meia hora depois, quando atravessávamos o último obstáculo, uma pantera rugiu nervosamente ao longe atrás de nós, na certa desapontada por ter perdido um bom jantar. Meu pai suspirou de alívio e deu graças a Deus. Enfim, nem diabo, nem fera, nem bandido nenhum nos dificultara a vida. Havíamos atravessado sem problemas os domínios de Diatroufing, a terrível hiena negra que semeava o terror nos corações.

A partir de Dunfing, a estrada tornava-se outra vez larga e tranquilizadora. Logo, as luzes de Kati cintilaram à distância. Chegamos finalmente a nossa casa, onde todos os membros da família, cercados de amigos, nos esperavam.

Minha mãe lá estava, sorridente, sempre ereta, sempre tão bela. Uma simples fita de veludo negro no pescoço bastava para enfeitá-la. Limitou-se a me beijar, pois a boa educação fula não permitia às mães manifestar por demais seus sentimentos em relação aos próprios filhos, sobretudo em público, e muito menos no caso de um garoto de 15 anos! A tradição africana de outrora (pelo menos em meu meio) evitava grandes efusões; para nós, os atos valiam mais que as palavras e o longo périplo que eu tinha concluído apenas para ir ver minha mãe, assim como sua solicitude contínua comigo durante nossos anos de separação, falavam por si sós.

Em seguida, voltei-me para minhas duas irmãzinhas: Aminata (aquela que Hammadoun havia prometido em noivado antes de morrer) e Fanta, a mais nova. No princípio, Aminata estava intimidada, mas quando a fiz saltar em meus braços, depressa esqueceu os temores para cair na risada. Peguei então a pequena Fanta e a amarrei às minhas costas, como o teria feito uma irmã mais velha.

Depois da refeição, fui assediado com perguntas. Todos queriam saber o que tinha me acontecido durante estes anos; perguntaram-me sobre Bandiagara, Djenné, as regiões que atravessara, as pessoas que tinha encontrado e seus costumes, como se faz quando chega um viajante vindo de longe. Foi a primeira plateia para minhas aventuras pessoais. Não me faltavam casos para contar, nem palavras para fazê-lo... Foi um longo e alegre serão, que se prolongou noite adentro.

Kati, a cidade militar

Kati, antiga aldeia bambara ao norte de Bamako, à entrada do Beledugu, é cercada por colinas gresíferas vermelhas, que antigamente, quando ainda possuíam densa vegetação, abrigavam grupos de macacos gritadores e bandos de pássaros multicoloridos. Último contraforte dos montes mandês, essas colinas descem ao encontro de uma elevação central sobre a qual se situava o campo militar francês, configuração que tornava o platô de Kati uma verdadeira fortaleza natural.

Até a ocupação pelos europeus, Kati não passava de um pequeno povoado notável pela fertilidade de suas terras, bem irrigadas pelas águas de um rio perene que serpenteava pelo fundo do vale antes de ir desembocar no Níger, em Bamako. Os franceses aí fizeram um posto militar que foi crescendo em importância, a ponto de se tornar sede do segundo regimento de atiradores senegaleses[1]. O primeiro regimento estava estacionado em Saint-Louis do Senegal.

Na época à qual me refiro, devido à guerra e à intensidade dos recrutamentos, havia sempre pelo menos dois mil atiradores na cidade, seja de saída para a frente de batalha, seja em estágio de formação militar. A maior parte dos soldados que partiam para a França deixava as esposas em Kati. Estas recebiam uma pequena pensão, mas para melhorar de vida com frequência se tornavam comerciantes, cozinheiras ao ar livre, taberneiras, lavadeiras, costureiras... As mulheres africanas são corajosas e cheias de recursos e é raro

---

1. *Atiradores senegaleses*: nome original da unidade, que compreendia soldados vindos de todas as colônias do território: senegaleses, sudaneses (malineses), voltaicos (burkinabês), etc.

que, em caso de necessidade, não encontrem algum trabalho para sobreviver, sobretudo nos períodos difíceis.

Por causa da densidade de população, a cidade tinha se tornado ponto de encontro de artesãos e de pequenos comerciantes de todas as etnias. Também se reunia ali uma corja de vigaristas, jogadores de cartas, prostitutas, escroques e ladrões de todo tipo, e, acima de tudo, uma massa de charlatões, feiticeiros, videntes e falsos marabus que vendiam, a quem estivesse em condições de pagar, amuletos e talismãs protetores que os pobres coitados partindo para a frente de batalha compravam como bolinhos quentes.

Nas ruas abarrotadas da cidade, por onde perambulavam militares e civis com os trajes mais variados, ouviam-se quase todas as línguas sudanesas, salpicadas de palavras ou expressões francesas temperadas com o "estilo local", que não se chamava de "francês-de-preto", mas "mim disse tu disse"[2]. Toda essa gente amontoava-se, trabalhava e formigava o dia inteiro; à noite bebia-se, cantava-se e dançava-se até muito tarde.

Depois de Bandiagara e Djenné, esta cidade superpovoada, múltipla, trepidante, era um espetáculo cheio de surpresas para mim. Livre para fazer o que quisesse, de repente estava mergulhado num mundo onde o bom exemplo não despontava exatamente a cada esquina. Mas contava com a força e o exemplo de meus pais para impedir que me perdesse.

Em 1915, quando cheguei a Kati, a cidade era dividida em três grandes aglomerações: o campo militar no alto da colina; uma área residencial chamada Sananfara às margens do rio; e Katidugukoro, a "velha Kati". Meus pais moravam em Sananfara, onde meu pai criara um novo bairro. Ao chegar a Kati com minha mãe, ele tinha mandado construir algumas cabanas para abrigar a família numa área desocupada próxima do campo militar. Mais tarde, na época da grande fome de 1914, os dogons que haviam fugido da região de Bandiagara foram se refugiar em Kati, onde ofereciam seus braços a quem quisesse alugá-los. Como conheciam Tidjani Thiam e sua posição de antigo chefe de província, reagruparam-se naturalmente em torno dele e logo outros foram juntar-se a eles. Foi então que meu pai criou e organizou o bairro que ficou conhecido como *Kadoubougou*, ou "aldeia dos dogons", bairro que hoje se chama *Kadokoulouni* (*kado* é outro nome pelo qual os dogons são conhecidos). Nesta terra de exílio ele se tornou uma espécie de conselheiro e defensor natural para os dogons.

---

2. No original, *moi ya dit toi ya dit*. [N. da T.]

A importância do bairro acabou por chamar a atenção das autoridades militares, em particular do coronel Molard, que comandava a guarnição da cidade, e do comandante Bouery. Eles indicaram meu pai para a função de chefe de bairro. Por uma curiosa virada da sorte, ele aceitou o cargo com o apoio de um inspetor dos Assuntos Administrativos do Alto Senegal e Níger que não era senão o administrador Charles de la Bretèche, antigo comandante de circunscrição de Bandiagara, aquele mesmo que, depois dos tristes acontecimentos em Toïni, não tivera outra escolha a não ser condená-lo à prisão e ao exílio...

Como em todos os outros lugares por onde havia passado, minha mãe conseguira desenvolver em Kati um comércio importante de tecidos e diversos artigos regionais; tinha mesmo se tornado célebre, graças a uma atividade inteiramente nova para ela: a de estilista de moda. Um dia, o diretor da C.F.A.O. (Companhia Francesa da África do Oeste[3]), impressionado pela beleza dos panos com que se vestia, perguntou-lhe quem tinha criado o padrão. Ela respondeu que tinha sido ela mesma e que depois mandara tecê-lo. O diretor pediu-lhe então que fornecesse amostras de todos os modelos que criasse. Se lhe agradassem, os enviaria à França para serem reproduzidos em larga escala. A partir desse dia, minha mãe criou muitos modelos que batizou com os nomes das mulheres mais belas e célebres da cidade e que foram todos aceitos pela C.F.A.O. Seus padrões ficaram na moda por cerca de quinze anos.

A C.F.A.O. não só lhe pagava cinco francos a cada novo modelo, como também – coisa rara para os nativos na época, principalmente para uma mulher – lhe abriu crédito. Todo início de mês minha mãe levava, sem pagar, certa quantidade de mercadoria que revendia em seguida na cidade; no fim do mês, reembolsava a soma devida e levava um novo estoque. Não seria exagero dizer que ela vivia bem.

---

3. Fundada em 1887, esta firma de importação e exportação com sede em Marselha, na França, tornou-se a maior força econômica em muitas colônias da África do oeste. Como outras empresas similares, oferecia crédito preferencialmente a agentes libaneses e franceses; assim, a companhia destruiu a posição antes ocupada pelos comerciantes jalofos, mouros e diúlas, que ficaram limitados ao pequeno comércio. No Senegal e Sudão ocidental, a companhia deixava muitos agricultores endividados ao adiantar-lhes sementes, ferramentas e bens de consumo, monopolizando depois as safras. Antes da II Guerra Mundial, a companhia não investia virtualmente nenhuma parte de seus lucros na África do oeste. Durante a década de 50, quando ficou evidente que a independência era inevitável, foi aos poucos encerrando suas atividades na região (Fonte: Imperato, Pascal J. *Historical Dictionary of Mali*, Scarecrow Press, Maryland, 1996). [N. da T.]

Com o poder aquisitivo das mulheres dos atiradores em Kati, não faltavam consumidoras. Bom número delas habituara-se a ir conversar com minha mãe para expor suas dificuldades, pedir conselhos, e, às vezes, dinheiro emprestado. Para todas essas mulheres isoladas, separadas da família e não raro sobrecarregadas de crianças, Kadidja se tornara uma espécie de mãe. Quando alguma tinha um problema, as companheiras lhe diziam: "Vá ver *Flamousso* ('mulher fula' em bambara)". E, se fosse um homem, diziam-lhe: "Vá ver Tidjani".

Pouco a pouco meu pai, sem qualquer proselitismo e simplesmente pela virtude de suas qualidades e exemplo, converteu muitos bambaras ao Islã. Foi um dos primeiros, creio eu, a fazer isto na região.

A pequena loja que abrira ficava em frente ao campo militar, o que lhe permitiu desenvolver relações amistosas com muitos militares, tanto africanos quanto franceses. Continuava a exercer sua atividade de alfaiate-bordador e a fazer esplêndidos bubus bordados, mas o que atraía mesmo as pessoas era sua reputação moral e religiosa. Como em Buguni, consideravam-no como uma espécie de marabu e vinham pedir-lhe conselhos e até orações.

Ele tinha uma especialidade muito estranha – inata ou adquirida, não sei – que consistia em curar os loucos. Quando lhe traziam um demente, ele o mantinha em casa até que o infeliz tivesse uma crise, se pusesse a gritar e caísse no chão. Então Tidjani tirava sua sandália, recitava certos versículos corânicos e depois servia-se dela para dar um bom golpe na orelha do coitado. Por um fenômeno curioso, este caía de imediato num sono profundo que podia durar a metade de um dia. Às vezes, uma baba abundante lhe escorria da boca, acompanhada de muco do nariz. Quando acordava, meu pai lhe fazia tomar um banho e era tudo. Voltava para casa curado.

Um amigo marabu lhe disse um dia: "Tidjani, atenção! Sua maneira de curar os loucos vai se virar contra sua família. Os maus espíritos sempre se vingam quando são desalojados com violência. Ora, é isto o que você faz".

"Tanto pior!", respondeu meu pai. "Prefiro curar o maior número de pessoas possível, ao risco de ver meus próprios filhos ficarem loucos, do que deixar os coitados nesse estado."

A predição desse marabu confirmou-se em grande parte. Uma das filhas de Tidjani e Kadidja, nascida em Kati, ficou louca e Tidjani não pôde curá-la. Seu filho caçula, meu meio-irmão, também ficou louco; meu pai tudo fez para curá-lo, mas em vão. Todas as crianças nascidas do casamento de minha meia-irmã, em algum momento da vida, tiveram problemas desse tipo, algumas vezes transitórios, graças a Deus.

Meu pai jamais cobrou por seus serviços nem por sua ajuda em questões religiosas. Isto teria sido contrário não só à sua natureza, mas à injunção divina categórica que consta no Alcorão: "Não venda meu nome por um preço vil" (II, 41). Hoje em dia, muitos marabus ou pessoas que dizem sê-lo (às vezes basta um verniz de conhecimentos islâmicos para usar este título) não só aceitam dinheiro para "fazer um trabalho" em favor de qualquer um – ou pior, contra –, mas com frequência fixam um preço, transformando a profissão em comércio. Tal comportamento, que infelizmente se tornou comum na sociedade africana muçulmana atual, é totalmente contrário ao Islã e nunca foi adotado por pessoas como Alfa Ali, Tierno Bokar ou Tierno Sidi, todos grandes marabus de Bandiagara, famosos por seu saber e elevação espiritual.

A nova *waaldé*

Nos dias que se seguiram à minha chegada a Kati, senti-me um pouco desorientado e isolado. Por sorte, encontrei em casa um jovem dogon de Bandiagara dois anos mais velho que eu, Oumarou Tembély, chegado a Kati "na bagagem", por assim dizer, do capitão Minary. Este, para quem tinha trabalhado como *boy* em Bandiagara, o levara para Kati em 1914. Oumarou foi meu guia da cidade; levou-me inclusive à casa do capitão. Mas, acostumado desde a infância a viver cercado de meninos da minha idade, a vida da associação de jovens logo me fez falta. Comecei a procurar companheiros.

Então ouvi falar sobre uma associação de jovens bambaras no bairro de Sananfara, dirigida por um tal de Bamoussa. Este último era ao mesmo tempo "mestre da faca" (sacrificador ritual) da sociedade iniciática bambara de N'Tomo, que reunia os jovens ainda não circuncisos. Era, portanto, uma personalidade poderosa entre os garotos. Fui procurá-lo para solicitar minha admissão em sua associação (que em bambara é chamada *ton*, o equivalente a *waaldé*). Disseram-me que estava no bosque sagrado de N'Tomo. Pedi que me indicassem o local e parti à sua procura. Não foi uma boa ideia!

Encontrei-o a ponto de sacrificar uma galinha ao N'Tomo. À minha chegada, ergueu os olhos e reconheceu, pela minha cor de fula e pela maneira como me aproximei do local, que eu não era um iniciado de sua *ton*. Para ter certeza de não estar cometendo um erro, levantou-se e veio em minha direção. "Parado!", exclamou. Fez algumas perguntas ritualísticas e os gestos convencionais. Sem entender nada, não pude responder a nenhuma das perguntas, nem identificar os gestos. Ele então chamou: "*Boussan-tigi!* (portadores de chicotes!) Vocês têm aqui alguém que é cego, surdo e mudo. Cuidem dele!". Na mesma hora, dois jovens armados de cipós flexíveis caíram sobre mim. Sem aviso, descarregaram tamanha chuva de golpes que fui obrigado a fugir, não sem antes cobri-los de insultos pela agressão injustificada. Eu acabara de aprender, a minhas próprias custas, que na região dos bambaras não se podia ir impunemente a qualquer lugar.

Voltei para casa mortificado. Durante uma semana inteira nada fiz além de meditar sobre uma revanche ou um meio de me fazer cooptar pelos jovens da *ton* de Bamoussa. Entrementes, conheci um garoto bambara de minha idade que morava em nosso bairro de Kadobugu. Chamava-se Famory Keïta. Fisicamente mais forte que Bamoussa, ele também era um sacrificador de N'Tomo. Depois que lhe contei minha aventura trágica, não só me ofereceu sua amizade, como também uma aliança contra os garotos do bairro de Sananfara, comandados por Bamoussa. As condições estavam maduras para fundar nossa própria associação. Com os jovens de nosso bairro, mais os filhos dos atiradores que frequentavam a casa de meu pai e minha mãe, o recrutamento seria fácil, desde que meus pais dessem autorização.

Eu sabia que Tidjani, antigo chefe de província, ficaria feliz de ver gente em sua casa e não criaria dificuldades; a questão era convencer minha mãe, que não era – é o mínimo que se pode dizer – maleável e moldável como argila... Decidi esperar uma ocasião favorável. Um dia, ela me perguntou o que me daria prazer. Aproveitando a oportunidade, respondi: "Minha mãe, que Deus prolongue a trama de seus dias! O que me daria realmente prazer seria que você me permitisse criar uma *waaldé* aqui".

"Então, peça autorização a seu pai", disse-me. "Se ele estiver de acordo, eu também estarei. Eu lhe darei o dinheiro necessário para cobrir as despesas."

Fui direto falar com meu pai. Como esperava, ele acolheu minha ideia. Até me deu conselhos: "Organize uma grande festa para reunir o maior número possível de garotos do bairro", disse. "E aproveite a ocasião para anunciar-lhes seu projeto. Eu darei um ou dois carneiros para fazer um bom *mechui*[4]."

Minha mãe contribuiu com dez francos. Convidei então os garotos e garotas do bairro, assim como os filhos dos atiradores. Chegado o dia, minha família preparou um grande banquete. Vinte meninos e dez meninas de diversas origens reuniram-se em nosso pátio. Depois de termos comido à vontade e dançado todo tipo de danças africanas, em meio à euforia geral, tomei a palavra:

---

4. *Mechui*: assado de carneiro na brasa. [N. da T.]

"Ó filhos de minha mãe! Tive uma ideia. Ela me foi inspirada pela alegria que todos nós sentimos hoje por estarmos reunidos. Proponho que nos juntemos em uma associação oficial para que possamos nos encontrar com regularidade, organizar nossas distrações e ficar suficientemente fortes para enfrentar os garotos dos outros bairros". Esta declaração foi recebida com uma ovação. "E como estamos em tempo de guerra, em uma cidade militar, proponho que nossa *ton* seja organizada como um exército. Eu me inscrevo primeiro, eu, Amadou Hampâté Bâ, dito Thiam. Quem quer se alistar voluntariamente?"

"Eu me inscrevo!", exclamou Oumarou Tembély, seguido por Famory Keïta e todos os outros. Famory Keïta, o mais velho e também o mais forte de nós, tomou a palavra: "Proponho que Amadou Bâ Thiam, que conhece o papel e a pena e em cuja cabeça esta ideia nasceu, seja nosso coronel Molard. Que cada um dos alistados vá levantar sua mão direita e dizer: 'Você é o meu coronel Molard e eu sou um soldado de seu regimento!'"

Todos os meninos foram levantar minha mão, prestando este novo tipo de juramento de fidelidade. Chegada minha vez, de pé sobre um pilão virado, jurei ajudar meus amigos e irmãos em todas as circunstâncias e nunca traí-los. A primeira associação de jovens do bairro de Kadobugu tinha nascido.

Para dirigir nossa *ton*, escolhi sete garotos cujas funções correspondiam a patentes militares. Eu próprio era o coronel; meu segundo, que não podia ser outro senão Famori Keïta, recebeu a patente de comandante de batalhão. Depois dele vinha Oumarou Tembély, capitão de intendência, e a seguir um capitão-chefe do estado-maior, um tenente comandando a seção "recrutamento nativo", um subtenente, dois primeiros-sargentos, sargentos, cabos, etc.

Em agosto de 1915, nossa *ton* já reunia quase cinquenta garotos e trinta garotas de diversas etnias, espalhados por vários bairros. Cada bairro constituía um "regimento" com seus oficiais e homens de tropas. Como galões, nossos oficiais usavam cordões fabricados por nós mesmos, tingidos de amarelo com o sumo da noz-de-cola e costurados sobre um fundo preto. Daria para jurar que eram verdadeiros galões de oficiais franceses! Quanto a nossas medalhas e outras condecorações, provinham das caixas de biscoitos *Petit--Beurre*[5], que traziam todas as insígnias de honra da República francesa em cartolina dura e tamanho original.

Fuzil de madeira ao ombro, organizávamos "paradas militares" através da *brousse*, indo, às vezes, até a borda do abismo de Dunfing para provocar a

---

5. *Petit-beurre*: biscoitos amanteigados. [N. da T.]

malvada Diatroufing no limite de seu próprio território. Também organizávamos batalhas, pomposamente chamadas de "exercícios de guerra". Nossas paródias militares divertiam muito os verdadeiros militares de Kati. Os cozinheiros do rancho se deliciavam em me dar quantas caixas vazias de *Petit--Beurre* fossem necessárias para decorar nossos valentes soldados.

Quando nossas tropas estavam bem exercitadas, declarei oficialmente guerra a Bamoussa e sua associação. O encontro, organizado conforme as regras de costume, deu-se numa bela noite de luar na praça Lingué-Koro de Kati. Bamoussa e seus companheiros foram derrotados e nos apropriamos de seu bosque sagrado. Foi necessário nada menos que a intervenção dos anciões para nos obrigar a restituir os objetos de culto, pois estes não podiam ser usados por ninguém mais, nem mesmo pelo vencedor!

Nossa associação viveu até fevereiro de 1918, data da chegada ao Sudão de Blaise Diagne, enviado por Clemenceau para promover um recrutamento maciço, em especial de jovens, através da África Ocidental Francesa (A.O.F.[6]). Toda a vida associativa e tradicional dos jovens foi abalada. Terei ocasião de falar a esse respeito mais adiante.

Algum tempo depois desses acontecimentos, fui admitido na sociedade bambara de N'Tomo, que acolhia os jovens ainda não circuncisos: em Buguni, eu só tivera contato com a sociedade Tiebleni, reservada às crianças muito pequenas. Como já disse, na época, era costume que os muçulmanos vivendo no seio de uma sociedade de maioria bambara ou mandê aceitassem para os filhos uma afiliação formal às sociedades de iniciação infantil – que, por sinal, se confundiam neste meio com as associações de idade. Senão, qualquer vida coletiva seria impossível para estas crianças. Não participávamos dos cultos nem dos sacrifícios, mas pelo menos não éramos obrigados a nos esconder durante as saídas rituais das grandes máscaras e o conhecimento dos sinais convencionais nos permitia aproximar-nos dos bosques sagrados sem risco de sermos corridos a chicotadas.

Na época, havia três santuários em Kati: a igreja cristã, com sua escola e sua creche; a mesquita, com sua *medersa* (escola) e sua *zaouïa* (local de reunião e oração dos membros de uma confraria sufi) e o *djetou*, bosque sagrado dos bambaras, onde geralmente eram celebrados os cultos.

---

6. África Ocidental Francesa: federação que reagrupava, de 1895 a 1958, as colônias do Senegal, Mauritânia, Sudão (atual Mali), Alto Volta (atual Burkina Fasso), a Guiné, o Níger, a Costa do Marfim e o Daomé (atual Benin). [N. da T.]

Meu pai Tidjani, apesar de muçulmano rigoroso ao extremo consigo mesmo e com a família, era muito tolerante. Havia tornado suas as palavras do Alcorão: "Nada de repressão em relação à religião, a verdade se distingue por si mesma do erro" (II, 256). Eu tinha um pequeno companheiro cristão chamado Marcel, que ia sempre à missa aos domingos. Um dia, levado por minha eterna curiosidade, acompanhei-o para ver o que se passava na igreja. Ao voltar para casa, relatei a experiência a meu pai e lhe descrevi em detalhe o cerimonial, cantos, palavras e atitudes do padre, que observara com atenção. Sabia que não seria castigado porque, como Tierno Bokar, ele não se opunha àquilo que pudesse contribuir a aumentar meus conhecimentos e, principalmente, que me permitisse julgar por mim mesmo e não por ouvir dizer. Ele me escutou com calma e, quando perguntei se podia retornar, respondeu-me: "Acompanhe seu amigo se assim o desejar. Escute e aceite tudo o que o padre falar, a menos que ele diga que existem três deuses e que Deus tem um filho. Deus é único e não tem filhos. Fora isto, escute e guarde de suas palavras tudo o que há de bom e deixe o resto de lado".

Uma circuncisão às pressas

Quando recomeçaram as aulas, em setembro de 1915, não havia a menor possibilidade de eu voltar a Djenné devido à maneira pela qual tinha partido, sem avisar ninguém. Para dizer a verdade, isto não me preocupava nem um pouco e também não desagradava minha mãe, que nunca tinha visto com bons olhos meus estudos na "escola dos brancos". Quanto a meu pai, não parecia ter nenhuma opinião especial a este respeito.

Outro problema me preocupava muito mais: a circuncisão. Segundo o costume fula, assim como o tucolor, eu deveria ter sido circuncidado com doze anos o mais tardar, quando ainda vivia em Bandiagara, mas o fato de ter sido requisitado para a escola o impediu: a data das circuncisões coletivas caía sempre durante a estação do frio, quando a escola funcionava em período integral. Mais tarde, em Djenné, também foi impossível e assim cheguei a Kati, em julho de 1915, sem ter feito a circuncisão a despeito de minha idade. Um *bilakoro* (literalmente um "deixe amadurecer"). Tradicionalmente eu estava classificado entre os "meninos de mãos sujas", aqueles que ainda não têm nenhum direito; apenas deveres. Qualquer menino circunciso de apenas oito anos podia me dar ordens, me insultar e até me bater sem que eu pudesse revidar. E, se o fizesse, os circuncisos teriam me levado à força a um bosque e coberto de pauladas por ter ousado enfrentar um deles.

Eu atormentava o tempo todo meus pais para providenciarem minha circuncisão, mas meu pai se esquivava. Quando chegou a estação do frio no fim de 1915, sabia que todos os meus companheiros se preparavam para a circuncisão. Eu seria o último *bilakoro* crescido entre todos eles. Obrigado a lhes dar prioridade em tudo, não só não poderia mais ser o chefe, como nem conseguiria mais fazer parte da associação. Supliquei a meus pais: queria fazer minha circuncisão junto com Bamissa, Youba Sidibé e outros companheiros. Meu pai disse que a família não estava pronta para arcar com um acontecimento deste porte. A circuncisão de um menino de minha família, compreendi mais tarde, com certeza teria reunido todas as colônias tucolores, fulas e até dogons de Kati, Bamako e Bandiagara, sem falar dos *griots* e cortesãos de todo tipo. E toda essa gente vinda para assistir à grande vigília da circuncisão, na certa se hospedaria na casa durante toda a duração de meu retiro, para assistir também à "festa da saída". Custaria uma fortuna.

Meu pai pediu que esperasse até o ano seguinte. Magoado, completamente desalentado, pedi permissão a minha mãe (sem lhe confiar minha decisão secreta) para visitar minha prima Fanta Hamma em Bamako. Minha mãe me deu o dinheiro da passagem de ida e volta para o trem Kati-Bamako, que era sessenta centavos. Comprei uma ida simples, por trinta e cinco centavos.

Chegando à casa de minha prima, abri-me com ela sobre meu problema e perguntei se ela podia conseguir que eu fizesse a circuncisão no dispensário de Bamako. Em seguida, enviaríamos alguém para avisar meus pais que eu havia providenciado minha circuncisão e que renunciava a todas as cerimônias de costume.

Minha prima, que tinha muita afeição por mim, ficou tocada com a ideia de que se eu continuasse *bilakoro* ainda por um ano perderia todo o prestígio junto a meus companheiros, ficando à mercê de sua zombaria, sarcasmo e até brutalidade.

Foi à casa de uma amiga, antiga concubina de um médico, que tinha se tornado enfermeira, chamada Fatouma *Dogotoro* (Fatouma "doutora"). Ela lhe expôs meu caso e garantiu que não haveria nenhum tipo de reação desagradável por parte de meus pais. Fatouma *Dogotoro* falou com o doutor Griewand. Este encarregou o enfermeiro-chefe de fazer a circuncisão no dia seguinte às onze horas.

Cheguei pontualmente. Minha prima mandara fazer um bubu especial e um barrete no formato de cabeça de caimão, roupa tradicional dos circuncisos. A operação transcorreu sem problemas, pelo menos na hora. Um amigo de nossa família (portanto, meu "pai" segundo a tradição), Abdallah, encarregou-se de ir em pessoa a Kati avisar meus pais que eu tinha realizado a circuncisão por minha conta. Parece que, quando deu a notícia a Tidjani, o olhou fixo balançando a cabeça e disse: "Amadou é mesmo seu filho; é tão teimoso quanto você!". E caiu na risada. Minha mãe ficou fora de si por ver frustrada a perspectiva de uma festa grandiosa. Eu não havia compreendido bem que, se meus pais queriam retardar o acontecimento por um ano, era para ter tempo de juntar os meios de organizar uma grande comemoração digna dos Bâ, dos Diallo (clã de minha mãe) e dos Thiam.

Depois da operação no dispensário, minha recuperação deveria levar quatro ou cinco dias. Infelizmente, ao fazer o curativo, o enfermeiro não deixou uma abertura para a urina e a ferida infeccionou. Recebi o tratamento adequado, mas tive de permanecer quinze dias em Bamako. Isto pouco me importava. O essencial, para mim, era ter realizado a circuncisão antes de meus companheiros, que teriam de fazer um retiro de três meses como exigia o costume bambara. Eu seria o primeiro a voltar a Kati usando o barrete tradicional e investido da qualidade de *kamalenkoro* ("adulto" no sentido tradicional). Conservava assim a primazia sobre meus companheiros e podia continuar como chefe deles.

Quando entrei em casa, meus pais não me repreenderam. Tinham compreendido o motivo de minha indisciplina e me perdoado. Para festejar minha circuncisão, cobriram-me de presentes. Meu pai comprou-me dois belíssimos cavalos e passou a ensinar-me não só todos os seus conhecimentos em relação a estes animais (anatomia, doenças, nomes e significados simbólicos da pelagem, sinais, etc.), mas também a arte da equitação com todas as suas sutilezas. Como qualquer jovem fula nascido em Bandiagara, eu sabia montar a cavalo, mas não podia considerar-me um verdadeiro cavaleiro digno deste nome. Foi em Kati que adquiri meu saber equestre, ao doloroso preço, é verdade, de muitas quedas graves e numerosas fraturas que me deixaram a perna esquerda um pouco deformada.

Meu pai também me ensinou a bordar e a costurar para que pudesse exercer um dia, como ele e Tierno Bokar, o trabalho de alfaiate-bordador; e ainda encontrava tempo para aprofundar meus conhecimentos religiosos.

Não me faltavam ocupações, ainda mais que nossa associação, com o passar do tempo, cada vez mais tinha de fazer face às obrigações tradicionais devidas pelos jovens à comunidade: rebocar casas, prestar ajuda de todo tipo às pessoas idosas ou sozinhas, etc.

Tudo isso não me impedia as visitas assíduas a meu jovem compatriota dogon Oumaro Tembély, que trabalhava então como *boy* na casa do tenente Cottelier, o qual tinha sucedido o capitão Minary. Quando este último partiu voluntariamente para combater na frente, de acordo com a boa tradição colonial anterior a 1936, deixou a seu sucessor seu guarda-louça, panelas e material de acampamento, além do pessoal do serviço doméstico: um atirador que servia de ordenança, um cozinheiro, um ajudante de cozinha, dois *boys* (um deles Oumarou), um mensageiro, um *panka*, um faxineiro e dois ajudantes. De vez em quando, eu acompanhava Oumarou até o trabalho; ajudava-o a fazer a cama, arrumar a mesa, balançar o *panka* e, às vezes, a lavar a louça. É claro que meus pais ignoravam tudo a respeito destas atividades domésticas voluntárias, que não tinham outra retribuição além de satisfazer minha curiosidade sobre a maneira como viviam os europeus, e a degustação dos restos dos pratos e algumas migalhas de pão branco. Que castigo não me teriam infligido meu pai e sobretudo minha mãe, que não brincava com questões de honra, se tivessem sabido que eu ia raspar o fundo das panelas dos brancos! Minha mãe teria sido capaz de cortar a ponta de minha língua!

Apesar de não serem tão brilhantes quanto os de Bandiagara, os serões recreativos em casa continuavam a me alimentar com relatos tradicionais.

A essas diversas atividades logo acrescentei a de missivista para as mulheres dos atiradores que desejavam corresponder-se com seus maridos. Mediante alguns centavos, lia as cartas deles, redigia e escrevia as respostas delas. Junto a estas mulheres que podiam tornar-se viúvas de um dia para outro, descobri o que eram a angústia e o sofrimento, mas também a esperança e a alegria, a coragem ou a indiferença, a castidade ou a sem-vergonhice, porque as mais fracas eram presas fáceis de todo tipo de pilantras que circulavam pela cidade.

Volta à escola

O tempo passava... Um dia no ano de 1917, creio eu, fui à estação para assistir à chegada dos viajantes vindos do oeste pelo trem expresso semanal que ligava Kayes a Bamako (chamado "o trem K-B"). Tive a imensa surpresa de descobrir em um dos vagões, vestido com o maravilhoso uniforme dos alunos da Escola Normal de Goré, meu antigo condiscípulo e rival da Escola de Bandiagara e da Escola Regional de Djenné: Yagama Tembély – cujo pai, Baye Tabéma Tembély, tinha nos avisado sobre a iminente declaração de guerra, no trágico ano de 1914.

Ele vestia um conjunto azul marinho de *drap*[7] enfeitado com brasões e botões dourados e exibia com orgulho um quepe enfeitado com um distintivo em forma de abelha dourada. Luxo raro, calçava sapatos de couro verdadeiro, amarrados até os tornozelos. "Como!", disse para mim mesmo, "seu antigo companheiro de Bandiagara estuda na Escola Normal de Goré e se veste quase como um suboficial e você fica aí, perdendo tempo como *boy* das mulheres dos atiradores?". Foi um choque. O desejo de voltar à escola tomou conta de mim.

Assim que cheguei a casa, abri-me com meu pai. Sem colocar obstáculos, ele me levou até o monitor de ensino nativo que dirigia então a Escola Primária de Kati, o Sr. Fatoma Traoré, e logo depois me vi sentado num banco de escola. Claro, para mim era uma regressão voltar à Escola Primária, pois já tinha cursado uma escola regional e obtido o certificado de estudos, mas, como não podia fornecer uma prova, era necessário retomar o ciclo desde o início. Era o preço a pagar por minha fuga...

Levando em conta meu nível, o Sr. Traoré colocou-me na primeira classe, a mais avançada de todas. Apesar de entrar quase no fim do ano, não tive o menor problema em ser o primeiro da classe. A imagem de Yagama me perseguia. Eu queria tornar-me um normalista como ele e não alfaiate-bordador-cavaleiro e, muito menos ainda, *boy* voluntário, lavador de pratos ou missivista para as mulheres dos atiradores. Estava decidido a empenhar-me com energia redobrada para recuperar o tempo perdido. Infelizmente, não aprendi muita coisa nova porque nosso monitor de ensino não sabia mais do que eu. No ano seguinte, o Sr. Traoré foi convocado. Com a chegada do Sr. Molo Coulibaly, um verdadeiro professor diplomado pela Escola Normal, a escola de Kati tomou verdadeiro impulso e beneficiou-se de um ensino sério.

Mal tinha eu retomado os estudos quando o vagomestre do segundo regimento (suboficial encarregado do serviço postal dos soldados), o primeiro-sargento Fadiala Keïta, pediu que um aluno alfabetizado lhe fosse indicado para ajudá-lo em seu trabalho. Como o volume de correspondência entre os artilheiros enviados à frente de batalha e suas esposas em Kati aumentava sem cessar, ele não conseguia mais fazer a triagem e distribuição das cartas sozinho. Designaram-me para desempenhar essa função e foi assim que me tornei "vagomestre civil auxiliar do exército". Uma vez por semana, ia ajudar o primeiro-sargento Fadiala Keïta a separar as cartas e distribuí-las a seus destinatários. Ocasionalmente, também servia de segunda testemunha para

---

7. *Drap*: tecido de lã cujas fibras são tratadas por técnica especial para dar-lhes aspecto macio. [N. da T.]

as ordens de pagamento enviadas às mulheres dos atiradores. Continuava, ao mesmo tempo, com minha atividade de missivista, que se tornou até mais intensa devido a este novo trabalho, e me assegurava uma renda nada desprezível. Chegava a ganhar até seis francos por semana, numa época em que um soldado africano recebia quinze francos por mês! Utilizava uma parte do que ganhava para comprar roupas (diziam de mim: "Ele se veste como uma espiga de milho") e a outra para despesas com os membros de minha associação.

Nesta época, vim a conhecer todos os oficiais e suboficiais nativos (como eram chamados para distinguir suas unidades daquelas dos oficiais e suboficiais franceses) do segundo regimento de Kati. Nem é preciso dizer que me tornei (e continuei sendo) um perito em canções militares...

O primeiro-sargento e o filho do rei

Meu passe livre no campo e em particular minhas relações com o primeiro-sargento Fadiala Keïta me possibilitaram ser testemunha privilegiada, em grande parte ocular, de um acontecimento cujas consequências poderiam ter sido dramáticas e, ao que parece, até hoje é narrado em Kati. Teve como atores o próprio primeiro-sargento Fadiala Keïta e Abdelkader Mademba Sy, filho de Mademba Sy, rei de Sansanding (cidade situada às margens do Níger, a nordeste de Segu).

Na realidade, Mademba Sy não era um rei comum. Nascido no Senegal, crescera em Saint-Louis, onde completara os estudos secundários. Como todos os nascidos nas quatro comunas privilegiadas – Saint-Louis, Rufisque, Dakar e Goré –, ele se beneficiava do status de "cidadão francês". Este título, muito cobiçado na época, conferia a seus portadores os mesmos direitos de um francês da metrópole e os punha ao abrigo de tratamentos arbitrários e humilhantes que podiam recair sobre os outros africanos, meros "súditos franceses"[8].

Funcionário da P.T.T. (administração de correios, telégrafos e telefones) de seu estado, ele tinha se lançado na política. Graças à sua posição de cidadão francês, fora inclusive chefe do Gabinete Político do Sudão. Muito chegado ao coronel Archinard, tinha auxiliado a penetração francesa na região a seu lado, implantando linhas de telégrafos a cada conquista. Foi ele que instalou a linha de telégrafo ligando Kayes a Bamako, a fuziladas, por assim dizer, dadas

---

8. Somente depois da Segunda Guerra Mundial, em 10 de junho de 1946, por iniciativa de Lamine Gueye, deputado do Senegal, uma lei pôs fim ao status de "súdito francês" e concedeu aos indivíduos de todos os territórios de ultramar a cidadania francesa.

as condições particularmente difíceis e perigosas na época pelos frequentes ataques de que ela era alvo.

Para recompensá-lo por seus bons e leais serviços, o coronel Archinard lhe outorgara o estado de Sansanding e, "em nome da República Francesa", o nomeara rei desse estado – como havia feito em Bandiagara com seu amigo Aguibou Tall. Foi assim que, de simples empregado do correio, Mademba Sy passou a rei do estado de Sansanding. Seguro do apoio incondicional dos franceses, exerceu sobre os súditos um poder tão absoluto que foi chamado de "o faraó do Arco do Níger".

Quando estourou a guerra, para manifestar seu reconhecimento à França, Mademba Sy alistou os filhos, da mesma forma que outras grandes famílias sudanesas mais ou menos ligadas à França.

Um de seus filhos, Abdelkader, tinha estudado em Maison-Carrée, na Argélia, como os irmãos. Havia voltado com um diploma e, em seguida, dedicara-se a atividades comerciais muito proveitosas. Possuía quatro lojas: uma em Sansanding, as outras em Segu, Barmandugu e Djenné. Assim que pôde, pôs seus negócios em ordem e alistou-se em Segu. De lá, foi enviado ao segundo regimento em Kati para o treinamento militar.

Seu pai era cidadão francês, mas ele próprio, que não tinha nascido em uma das quatro comunas privilegiadas do Senegal, não passava de um "súdito francês", como seus irmãos, aliás. Portanto, foi na condição de simples atirador senegalês que chegou a Kati, em data que não saberia precisar. Atribuíram-lhe dois uniformes regulamentares, providos do clássico barrete vermelho-sangue com pompom, emblema obrigatório do soldado nativo.

No alojamento dos atiradores, foi instalado em uma cabana redonda coberta com colmo, que compartilhava com três outros companheiros. A ração diária era então de duzentos e cinquenta gramas de arroz, quinhentos gramas de milhete-grande, milhete-comum ou milho, um punhado de sal e pimenta e um pedaço de carne. Abdelkader, príncipe de seu estado e rico comerciante, habituado a alimentos refinados e a dormir em uma cama grande e confortável, de um dia para outro, viu-se privado de todo conforto, dormindo em uma fina esteira no chão (muito úmido nesta estação de chuvas) e comendo, na maior parte das vezes, milhete fervido temperado com sal e pimenta. Sentiu-se tão desamparado que por pouco não enlouqueceu. Era visto perambulando como um autômato: falava sozinho, como que interrogando o vazio. Ele, que esperava embarcar gloriosamente rumo ao combate na frente de batalha, sacrificando a vida se necessário, confiou a alguns companheiros:

"Como pude embarcar por vontade própria numa encrenca destas?".

Um dia, o primeiro-sargento Fadiala Keïta repousava em uma espreguiçadeira, sob o alpendre onde meu pai Tidjani estendia suas mercadorias para exibi-las aos compradores, bem diante da saída do campo. Em dado momento, Abdelkader saiu. Totalmente absorto em seus pensamentos, passou diante do primeiro-sargento sem notá-lo; por isso, não bateu continência. Fadiala Keïta, melindrado, mandou o sargento Mari Diarra, que passava por ali, chamar à ordem o atirador e fazê-lo voltar de imediato.

O sargento correu atrás de Abdelkader, já a uma centena de metros. Como esquecera seu nome, chamou: "Ei, atirador!".

Todos os atiradores que andavam pela estrada viraram a cabeça, menos Abdelkader, que continuava caminhando, perdido em suas preocupações. O sargento Mari Diarra deu-lhe um tapa no ombro e exclamou: "Pare!".

Arrancado bruscamente de seu devaneio, Abdelkader deu um pulo. Virou-se, viu o sargento e bateu continência. "Você é ou não é um atirador?", perguntou sem fôlego Mari Diarra em bambara.

"Eu sou, meu sargento", respondeu. "Então, por que não responde quando alguém o chama de atirador?", indagou Mari Diarra. "Não tinha percebido que falava comigo."

"Ah, claro", zombou o sargento, "o nome de atirador não lhe cai bem... Vamos, faça meia-volta e corra! O primeiro-sargento Fadiala Keïta o aguarda".

Abdelkader foi tão rápido que, para não ficar para trás, o sargento foi obrigado a correr também. O primeiro-sargento Fadiala Keïta havia permanecido deitado na espreguiçadeira no galpão de meu pai, que assistia à cena. Quando Abdelkader chegou, repreendeu-o severamente sem se levantar: "Ora, atirador! Você passa diante de seu primeiro-sargento, não apresenta armas e quando ele o chama nem ao menos responde? Sem dúvida, porque o primeiro-sargento é um ser sem importância, senão desprezível, não é mesmo?"

"Não, meu sargento", respondeu Abdelkader. "Eu não o vi. Eu me desculpo e peço-lhe perdão."

"Pois sim", continuou o primeiro-sargento, "o príncipe de Sansanding, diplomado em não-sei-o-quê, não poderia mesmo ver um minúsculo membro da infantaria colonial, em especial quando este primeiro-sargento não passa de um malinquê[9] roedor de amendoins!... Pois bem, Abdelkader Mademba!

---

9. Malinquê (ou mandinga, quer dizer "do Mandê" (Mali): um dos principais povos do grupo mandê, herdeiro do império fundado no séc. XIII por Soundiata Keïta. Os malinquês eram chamados de "roedores de amendoim" devido à sua atração imoderada por este fruto.

Saiba que aqui não tem nem filho de Haïdara, nem filho de Tall, de Oune ou de Sy, mas só filho disto *aqui* (e com o indicador da mão direita mostrou a barra de primeiro-sargento na manga esquerda, dando a volta no pulso com o dedo). Para aprender a ficar mais atento no futuro", acrescentou, "ficará três dias detido no posto de polícia!".

O primeiro-sargento mandou então o sargento Mari Diarra conduzir o atirador Abdelkader Mademba Sy ao posto de polícia, onde teria de perfazer um círculo de seis metros de raio várias vezes por dia levando nos ombros seu equipamento completo: fuzil, baioneta, cartucheiras e todas as "tralhas" de campanha nas costas, além de um tijolo por cima de tudo.

E lá se foi o pobre Abdelkader como um grande culpado ao posto de polícia onde, estoicamente, cumpriu sua punição durante três dias. Assim que foi liberado, escreveu ao pai para lhe contar seu drama. Lembrou-lhe que tinha se alistado voluntariamente, não para ser obrigado a cortar lenha ou recolher lixo, mas para ir combater na frente de batalha e servir à França. Como não podia, acrescentou, cancelar seu alistamento antes do fim da guerra e, para ele, desertar estava fora de questão, tinha decidido que, se não fosse enviado para a frente em três meses, se suicidaria.

Claro, Abdelkader, na condição de simples "súdito francês", não tinha direito a nenhum tratamento preferencial, mas o rei do estado de Sansanding tinha as costas largas. Escreveu a seu velho chefe e benfeitor, o ex-coronel Archinard, que tinha se tornado general e governador militar da cidade de Paris, e descreveu-lhe o atoleiro em que se metera seu filho Abdelkader, que Archinard tinha visto nascer. Imediatamente, Archinard interveio com todo o seu peso, que era grande. Encarregou o presidente do Conselho e ministro da Guerra de tratar da questão. A situação do atirador Abdelkader Mademba Sy, examinada com prioridade sobre todos os outros assuntos, foi resolvida em quinze dias; o "Senhor" Abdelkader Mademba Sy (e não mais "o dito", como os simples súditos franceses) foi oficialmente naturalizado francês, o que lhe dava direito de transmitir esta qualidade a seus futuros descendentes.

Um cabograma endereçado ao governador geral em Dakar, e ao general comandante superior das tropas do grupo, estipulava que o ex-atirador de segunda classe Abdelkader Mademba Sy, baseado na guarnição do segundo regimento de atiradores senegaleses em Kati, fosse incluído nos quadros do exército francês como cidadão francês, com todos os direitos e prerrogativas pertinentes a esta categoria.

No mesmo dia, Abdelkader trocou suas simples calças de atirador por um belo uniforme francês. Deram-lhe um quarto confortável e o inscreveram na lista de soldados franceses com quem, a partir de então, deveria trabalhar, divertir-se, comer e dormir. Não poderia mais ser punido ou comandado pelos suboficiais nativos.

Mas o conforto material não era o principal problema de Abdelkader. O que ele queria era ir para a frente, de preferência na primeira linha. Era uma questão de honra pessoal e de sua linhagem. Não teve de esperar muito. Havia um batalhão prestes a partir e, uma semana após sua promoção ao quadro do exército francês, Abdelkader partia para o combate.

Da mesma forma como se ofendera por não ter sido saudado, o primeiro-sargento Fadiala Keïta pareceu achar normal a mudança de status de Abdelkader. Em todo caso, não reagiu. Todo mundo conhecia o poder do rei Mademba, sem falar das qualidades intelectuais de seu filho. Sem dúvida, esperava-se que acontecesse alguma coisa do gênero. E o tempo passou. O primeiro-sargento parecia ter esquecido o incidente.

Um dia, no verão de 1917, creio eu, o primeiro-sargento Fadiala Keïta foi à reunião do regimento. Eu o acompanhava. O capitão Gastinelle leu o relatório do dia e foi assim que soubemos da próxima chegada do "subtenente" Abdelkader Mademba Sy. Vinha de licença a Sansanding e devia permanecer no segundo regimento de artilharia. Nada pior poderia acontecer ao primeiro-sargento! Assim, o recruta que havia punido brutalmente e maltratado à vontade era agora subtenente, e ainda por cima nos quadros franceses, enquanto ele, Fadiala Keïta, continuava a distribuir cartas e pacotes às mulheres! E continuava primeiro-sargento de artilharia, quer dizer, duplamente inferior a Abdelkader, em graduação e no corpo a que pertencia.

Muito contrariado, deixou o local antes do fim da reunião e foi direto para o correio buscar a correspondência. Eu caminhava atrás dele. Ele estava tão transtornado, que o encarregado de receber a correspondência me perguntou, discretamente, se o primeiro-sargento "não tinha ficado louco de repente". De lá, foi para a praça da cidade onde costumávamos distribuir o correio instalados numa mesa. Com um gesto brusco, o primeiro-sargento me jogou os pacotes de cartas: "Chame!..." Comecei a chamar em voz alta os nomes escritos nos envelopes: "Aminata Traoré... Kadia Boré... Naa Diarra... Koumba So..." Cada vez mais irritado, ele bateu na mesa vociferando: "Você me enche o sa... com essa voz fininha que me fura os tímpanos..." Abaixei o tom de voz, esforçando-me em torná-la o mais grave possível: "Denin Koné... Aïssata Diallo... Koumba Coulibaly..."

"E agora está me gozando, falando neste tom cavernoso! Saia daqui! Vá para o inferno! Não quero mais vê-lo aqui até a semana que vem!" Para grande surpresa das mulheres, pegou todas as cartas, inclusive as que já tinham sido entregues a suas destinatárias. "Suspendo a distribuição da correspondência até a semana que vem", exclamou. "Eu sou o primeiro-sargento e faço o que bem entendo!"

As mulheres entreolharam-se surpresas! Ora! Que má notícia poderia ter recebido o primeiro-sargento para estar tão raivoso contra todo mundo? Devia ser algo bem desagradável, para fazer mudar o humor de um homem normalmente tão paciente e jovial com elas!

Uma semana antes da chegada a Kati do subtenente Abdelkader Mademba, o primeiro-sargento foi se abrir com meu pai, que considerava um amigo e bom conselheiro. Temia que o subtenente Abdelkader lhe fizesse sofrer represálias devido ao tratamento que lhe infligira, porque, se fosse o caso, Fadiala Keïta não poderia ficar sem reagir e haveria um drama.

Meu pai levou-o à casa do sargento-brigada Mara Diallo, responsável pelo campo, a quem expôs o problema. Quando acabou de falar, Fadiala interveio: "Meu sargento-brigada, dou minha palavra de malinquê descendente de Soundiata Keïta ao homem fula que você é, que se porventura Abdelkader Mademba tentar me fazer pagar a punição que lhe infligi, eu o matarei e depois me suicidarei. Juro pelas almas de meus ancestrais, a começar pelo imperador Soundiata".

O sargento-brigada Mara Diallo assegurou a Fadiala que iria refletir sobre a questão e o mandou de volta para casa. Em seguida, conversou um longo tempo com meu pai. Afinal, este o aconselhou a intervir junto a seus superiores em favor do primeiro-sargento, expondo-lhes os perigos de um confronto entre os dois homens. O sargento-brigada passou a questão para o capitão de Lavalée, que julgou melhor informar o próprio coronel Molard. A fim de evitar qualquer incidente, Molard decidiu que, durante a estada do subtenente Abdelkader Mademba, o primeiro-sargento Fadiala Keïta seria enviado em missão de recrutamento e treinamento a Uagadugu (atual Burkina Fasso).

Assim que o primeiro-sargento recebeu a notícia, recuperou o bom humor e pediu perdão a todos e todas que havia injustamente maltratado durante sua crise: "Fiquei meio louco", dizia para se desculpar. Ele partiu para Uagadugu via Bamako, no mesmo trem do qual acabara de descer vindo de Dakar o subtenente Abdelkader Mademba. Este ficou uma semana em Kati, depois foi para Segu organizar seus negócios e em seguida dirigiu-se a

Sansanding, onde deveria passar o resto da licença com a família. O primeiro-sargento Fadiala Keïta voltou a Kati para treinar seu contingente de recrutas.

Como o término do período de treinamento coincidia com o retorno de Abdelkader, desta vez o primeiro-sargento foi enviado a Dori (atual Burkina Fasso), em nova missão de recrutamento. Assim, Abdelkader retornou a Kati durante sua ausência. Três dias depois, partia para juntar-se a seu regimento e ir para a frente, onde a guerra fervia. A França estava em apuros. Abdelkader, valentão inveterado, era voluntário em todas as missões mais arriscadas.

Uma vez mais, o primeiro-sargento Fadiala Keïta trouxe seu contingente de novos recrutas a Kati e retomou tranquilamente sua dupla função de instrutor e de vagomestre, com este vosso servidor como auxiliar. Todo mundo estava aliviado. O pequeno jogo de vaivém tinha funcionado às mil maravilhas e nada parecia poder reunir os dois homens por um bom tempo. Prosseguimos com nossa rotinazinha.

Não podíamos prever a virada dos acontecimentos na África com a chegada, em fevereiro de 1918, de Blaise Diagne, único deputado negro do Parlamento francês (nascido em Goré, ele era cidadão francês com plenos direitos), encarregado pelo governo francês de promover, na África do oeste, um grande recrutamento de tropas negras, de que a França precisava desesperadamente.

O governo francês tinha pedido ao então governador geral da A.O.F., Joost Van Vollenhoven, que procedesse a um intenso recrutamento de no mínimo setenta a cem mil homens. Van Vollenhoven, que chegara a este posto em junho de 1917, agira até então sobretudo na área de abastecimento, organizando a produção intensiva de certos produtos. Por várias razões, ele se manifestou reticente em realizar esse vasto recrutamento, indicando seus inconvenientes num relatório datado de 25 de setembro de 1917. A África negra francesa, ao contrário das colônias britânicas, já tinha sido dolorosamente sugada por recrutamentos anteriores, o que havia inclusive provocado, em 1916, violentas revoltas em certas regiões.

No início de janeiro de 1918, Van Vollenhoven foi à França explicar-se com os responsáveis pelo governo. No mesmo dia de sua chegada, 11 de janeiro de 1918, o presidente da República assinou um decreto "anunciando a organização de uma missão encarregada de intensificar o recrutamento na A.O.F. e na A.E.F.[10]" e estipulando que "o Sr. Diagne, deputado do Senegal,

---

10. África Equatorial Francesa: federação que reagrupava, de 1910 a 1958, as colônias do Gabão, do Médio Congo (atual República do Congo ou Congo-Brazzaville), do Ubangui-Chari (atual Camarões) e do Chade. [N. da T.]

é nomeado chefe de uma missão com o título de *alto comissário da República na África Ocidental com as prerrogativas de governador geral*".

Imediatamente, Van Vollenhoven comunicou ao ministro das Colônias que esse decreto era de todo incompatível com os termos do decreto de 1904, que instituíra um governo geral na A.O.F. e tornara o governador geral o *único depositário* dos poderes da República. "Os poderes da República não podem ser repartidos como um brioche", declarou, "e nenhum governador geral aceitaria tal divisão".[11] Em consequência, solicitou a exoneração de suas funções, pondo-se à disposição do exército para ser enviado de imediato para a frente.

Uma reunião com Clemenceau, presidente do Conselho e ministro da Guerra, de nada serviu. "O Tigre", fiel a seu personagem, decidiu que os dois decretos coexistiriam, porque esta era sua vontade. "Eu faço guerra, compreende? Preciso de atiradores, preciso de muitos para f... os boches lá fora e eu quero f... os boches lá fora, você está me entendendo?"[12] Pediu a Van Vollenhoven que voltasse atrás em sua decisão de se demitir, mas nada conseguiu. Reintegrado ao exército em 26 de janeiro de 1918 no posto de capitão, Van Vollenhoven partiu logo depois para a frente, onde encontraria uma morte heróica em 20 de julho do mesmo ano. O governador geral Van Vollenhoven deixou entre os africanos a lembrança de um homem íntegro que ousara opor-se a um recrutamento excessivo porque, dizia, não podia aceitar que homens fossem enviados para a morte sem os mesmos direitos que outros e fossem considerados "meio-soldados" – o soldo dos soldados nativos era, com efeito, a metade do de seus homólogos franceses, assim como as pensões relativas a medalha militar e outras distinções.

Assim, Blaise Diagne desembarcou em Dakar acompanhado de um brilhante estado-maior composto de jovens oficiais negros exibindo galões dourados, medalhas, luvas brancas e *fourragères*[13]. Eram todos de boas famílias e podiam gabar-se de ter pelo menos uma divisa tradicional, que equivalia aos escudos e brasões das antigas famílias nobres da Europa. O alto comissário foi recebido com pompa sem precedentes. Em sua honra foram disparados mais tiros de canhão do que em um dia de batalha. Administradores de todos os

---

11. Cf. A. *Prévaudeau*, Joost Van Vollenhoven, ed. Larose, Paris, 1953, p. 51, 53, 54.

12. Mangeot, *La Vie ardente de Van Vollenhoven*, Biblioteca do Instituto Marítimo e Colonial, ed. Sorlot, Paris, 1943.

13. *Fourragère*: condecoração formada por uma trança de cordões presa ao ombro e que dá a volta no braço terminando em uma ponta de metal dourado. [N. da T.]

níveis, oficiais superiores, oficiais-generais do exército de terra e da marinha reuniram-se no porto de Dakar, em companhia de ricos comerciantes europeus, orientais e asiáticos de fortunas variadas e uma multidão de negros sem fortuna. O grande oficiante dessa cerimônia era o novo governador geral da A.O.F., Angoulvant, sucessor de Van Vollenhoven.

Blaise Diagne apareceu, solene, o semblante enigmático, ao mesmo tempo perturbador e anacrônico, em seu belo traje de parada, como uma cruz num nicho de mesquita. Em Dakar como em outros lugares, este grande expoente negro do Parlamento discursou em francês. Foi ouvido religiosamente. Suas ênfases vibrantes despertaram corações e inflamaram a coragem. Soube fazer apelo ao sentido de honra dos africanos, demonstrando-lhes que a França, atacada até seu âmago por bárbaros, precisava deles – palavras mágicas pronunciadas por um dos seus que até os brancos respeitavam! Falou-se também da concessão da cidadania francesa. Não era preciso mais nada. Massas de jovens deixaram tudo para trás a fim de alistar-se sob a bandeira francesa. O objetivo a cargo do deputado senegalês estava em vias de realização: promover um recrutamento intenso, mas evitando as desordens e revoltas anteriores.

Blaise Diagne decidiu que, depois de Dakar, o Sudão francês (atual Mali) seria o primeiro território do interior que visitaria. Foram dadas instruções para que nada faltasse e a recepção fosse grandiosa. Todos os oficiais e suboficiais europeus e nativos das tropas do grupo deviam reunir-se em Kati.

O comandante Bouery compareceu em pessoa à reunião do regimento para ler as instruções e explicar o objetivo da missão. Foi só então que se soube da novidade: o "tenente" Abdelkader Mademba Sy, cavaleiro da Legião de Honra, cruz de guerra com palma e outras condecorações, várias vezes citado na ordem do dia do exército e por esta razão portador de uma *fourragère*, fazia parte da missão na qualidade de "oficial intérprete do alto comissário da República na África negra" – o Sr. Blaise Diagne em pessoa!

Para o primeiro-sargento Fadiala Keïta, foi um verdadeiro golpe. A emoção o fez titubear a ponto de ter de apoiar-se em uma mureta. Arrasado, voltou para casa.

O sargento-brigada Mara Diallo procurou-o e garantiu-lhe que não sofreria nenhum tipo de vingança da parte de Abdelkader Mademba. "Sargento-brigada", respondeu Fadiala Keïta, "estou cansado de fugir como uma lebre do campo. Vou esperar Abdelkader aqui para o que der e vier!". De qualquer forma, desta vez teria sido difícil enviá-lo a outro lugar, pois todos os sargentos e primeiros-sargentos do regimento, tanto nativos quanto franceses, estariam presentes na recepção do alto comissário da República, tanto em Kati como em Bamako.

Num dia de fevereiro de 1918, o trem do alto comissário, embandeirado como jamais o havia sido nenhum trem oficial na África negra, fez uma pequena parada na estação de Kati, onde foi recebido por vinte e uma salvas de canhão. De lá, continuou até Bamako onde cada porta, cada janela, cada galho de árvore estava ornado com uma bandeira tricolor ou uma guirlanda de flores.

Na estação de Bamako, o governador do território esperava o hóspede ilustre, acompanhado por todos os administradores das colônias, funcionários de Assuntos Africanos e oficiais superiores do segundo regimento de artilharia senegalês. Todos exibiam seus galões, condecorações e insígnias de seus postos. A cidade inteira estava em festa. Cantava-se e dançava-se nas ruas como nunca se fizera em uma festa tradicional. Quando o trem parou, o alto secretário, devidamente saudado, dirigiu-se a Kuluba, colina perto de Bamako onde ficava o palácio do governador. A visita oficial a Kati fora fixada para o dia seguinte às quatorze horas.

Uma estrada chamada "estrada de cima" tinha sido aberta às pressas para ligar o palácio do governador à residência do coronel Molard em Kati. Dos dois lados, a cada dez metros havia um atirador em armas e a cada cinquenta metros, um canhão pronto para disparar. No dia seguinte, à medida que o automóvel do alto secretário avançava na estrada, os atiradores apresentavam armas e, um a um, os quatrocentos e oitenta canhões foram disparados! Este espetáculo sem precedentes dava uma ideia do que poderia ser um intenso bombardeio. O carro avançava devagar. O trajeto levou cerca de meia hora.

Em Kati, o capitão Lavalée pronunciou o discurso de acolhida em nome de todos os oficiais, suboficiais e soldados do segundo regimento de atiradores senegalês. Como "vagomestre auxiliar do exército", eu assistia à cerimônia de um canto do campo.

O alto secretário respondeu com um discurso de improviso que impressionou até os europeus. Nossa emoção era grande. Pela primeira vez, víamos um negro discursar para brancos que o escutavam em silêncio. O tenente Abdelkader Mademba Sy, em uniforme de gala, o peito repleto de medalhas, traduziu para o bambara o discurso do alto secretário.

Quando terminou a cerimônia oficial, o sargento-brigada Mara Diallo tomou a palavra. Anunciou que, naquela noite, os oficiais e suboficiais nativos do segundo regimento de Kati ofereciam um jantar de boas-vindas aos oficiais e suboficiais africanos integrantes da missão do alto secretário. O jantar seria servido na praça pública do bairro de Kadobugu, o mais próximo do campo. Neste jantar, o encontro entre o primeiro-sargento Fadiala Keïta e o tenente Abdelkader era inevitável.

A refeição foi preparada pelos melhores cozinheiros de Kati, recrutados para esta grandiosa ocasião. Eu fazia parte dos jovens escolhidos para servir. Numa longa mesa de cinquenta metros, os convidados deviam misturar-se: ao lado de cada membro da missão foi colocado um membro do segundo regimento, sem discriminação de grau. Quis o acaso que o tenente Abdelkader Mademba Sy se encontrasse praticamente em frente ao primeiro-sargento Fadiala Keïta. Essa posição era das mais incômodas para este último. Para evitar o olhar do tenente, manteve a cabeça abaixada ou virada de lado durante todo o jantar.

Ao terminar o jantar, o sargento-brigada Mara Diallo levantou-se e pronunciou um longo discurso em bambara dando as boas-vindas aos membros da missão. Mencionou nominalmente os tenentes Galandou Diouf, Amadou Diguey Clédor, Dosso Ouologuem e Abdelkader Mademba Sy. Este levantou-se para responder: "Irmãos militares africanos e da região, meus companheiros da missão Diagne me cederam a palavra para falar em nome de todos nós. Devo esta consideração ao único fato de ser sudanês e falar a língua da região, porque não sou superior em nada às pessoas que me designaram. Todos eles tornaram-se grandes heróis bem antes de mim e precederam-me na glória militar. Tenho de lhes agradecer por me indicarem como porta-voz, e agradeço também a vocês pela atenção. Mas, antes deles e antes de todos vocês, que são meus parentes, há alguém mais velho a quem devo pagar uma dívida de reconhecimento. É nesta noite, nesta circunstância solene que nos reúne em torno desta mesa, que a ocasião se apresenta para que eu cumpra este grande dever.

Quando jovem recruta alistado voluntariamente, fiquei no segundo regimento de atiradores onde cheguei com um grande sentimento de superioridade por causa de meu nascimento, formação e boa fortuna. Esperava ser recebido aqui pelo próprio coronel. Não era eu um dos filhos do rei Mademba Sy e descendente por parte de mãe do grande El Hadj Omar? Quem, no segundo regimento, podia gabar-se de tantos títulos? Assim, qual não foi minha grande decepção, quando ao descer do trem fui recebido, junto com outros cinquenta recrutas, por um primeiro-sargento mal-humorado, que usava uma linguagem de um vigor totalmente 'artilheiresco'! Ele começou nos dizendo: 'Vamos, seus porcalhões, saltem do vagão depressinha! Chutarei o traseiro daquele que saltar por último! Vamos! Vamos!... Mais depressa!'

Atiramo-nos para fora do vagão, arriscando-nos a quebrar o pescoço. O primeiro-sargento conduziu-nos em marcha acelerada até o alojamento dos atiradores. Este consistia de um conjunto de casas redondas de paredes de taipa e telhado cônico feito de colmo. O interior das casas era úmido e os atiradores tinham de dormir no chão, sobre uma esteira de folhas de palmeira trançadas. Nossa ração alimentar era constituída do que havia de mais miserável em matéria de comida. Tudo isto fez com que me arrependesse de ter me alistado e inclusive me tirou a vontade de viver. Não via mais nada a meu redor. Andava sem prestar atenção ao que se passava ou ao que se dizia; estava centrado só em mim.

Foi assim que um dia passei por este superior sem bater continência. Ele me chamou à ordem e infligiu-me uma punição de três dias no posto policial. Fui tratado duramente. Perdi minhas ilusões de príncipe rico e culto para descobrir em mim o soldado, quer dizer, o escravo do dever, submetido a uma disciplina férrea. Estes três dias me transformaram a fundo e me permitiram tornar-me, mais tarde, o soldado que sou hoje, na total acepção do termo. Ora, este superior a quem devo minha educação está aqui, diante de mim: é o primeiro-sargento Fadiala Keïta, herói de guerra no Marrocos e em Madagascar, medalha militar do Tonkin."

Em meio a um silêncio de morte, o tenente Abdelkader perfilou-se exclamando: "Meu primeiro-sargento! Meus dois galões de ouro e minhas medalhas são filhos de sua honrada barra de prata. Levante a cabeça com orgulho, o senhor não está aqui numa posição da qual deva envergonhar-se, mas num lugar onde a obra exibe seu fruto. Receba este agradecimento caloroso da parte deste seu recruta, condição de que me orgulharei até o fim de minha vida."

Abdelkader Mademba retirou lentamente da cintura o sabre de oficial e apresentou-o com as duas mãos ao primeiro-sargento. "Primeiro-sargento Fadiala Keïta", disse, "sentir-me-ei honrado se me entregar este sabre pessoalmente à maneira tradicional de nossos guerreiros de outrora".

O primeiro-sargento, que durante todo o tempo havia mantido a cabeça baixa (e que, como soubemos mais tarde, levava no bolso um revólver carregado e pronto para atirar), levantou-se. Tinha a face banhada em lágrimas.

Olhando nos olhos de Abdelkader, recebeu o sabre que este lhe oferecia. Desembainhou-o, pousou-o lentamente sobre cada ombro de Abdelkader, depois o embainhou[14]. Devolveu o sabre ao tenente e lhe disse: "Possa você,

---

14. O gesto ritual realizado pelo primeiro-sargento Fadiala Keïta, que curiosamente nos remete à cerimônia de sagração de cavaleiros na Idade Média, fazia parte (segundo Youssouf Tata Cissé), de um antigo ritual mandê. Quando o jovem *sofa* (literalmente, "o pai do cavalo") se tornava guerreiro-

com este sabre, fazer uma carreira ainda mais brilhante!".

Virando-se para os convidados, acrescentou: "Meus irmãos! O tenente Abdelkader Mademba Sy acabou de dar prova de sua nobreza. Mostrou-se digno de sua ascendência, tanto paterna quanto materna. Pois bem, eu também não venho de uma linhagem qualquer! Descendo do imperador Soundiata Keïta, o vencedor do Império Sosso. Para retribuir a Abdelkader a honra que acabou de me fazer, amanhã irei me apresentar como voluntário para a frente de batalha e juro, aqui mesmo, trazer-lhe galões de tenente para honrar os que ele acabou de me apresentar esta noite diante de vocês. Falei como Keïta e será feito como Keïta. Eu os saúdo a todos. Eu terminei".

Todos jogaram-se nos braços uns dos outros e as lágrimas de alegria temperaram o bom vinho que tinha sido servido.

Dez dias depois, o primeiro-sargento Fadiala Keïta, primeiro voluntário, partia para a frente. E, cumprindo sua promessa, voltou no fim da guerra com a patente de tenente, cavaleiro da Legião de Honra, condecorado com a medalha militar e citado várias vezes na ordem do dia do exército.

Ao chegar ao fim da vida, Abdelkader Mademba Sy morreu comandante de batalhão e Fadiala Keïta, capitão. Os dois heróis comportaram-se como nossos cavaleiros africanos de outrora, que sabiam lutar com ferocidade, mas que nunca se desonravam, porque para eles a dignidade do inimigo era tão preciosa quanto a própria.

A passagem de Blaise Diagne foi seguida de um recrutamento maciço. Quase todos os jovens de pelo menos dezoito anos foram convocados. Isto ocasionou uma profunda perturbação na vida associativa tanto dos jovens como dos adultos. Nossa própria associação, por exemplo, não estava mais em condições de funcionar e a maior parte das sociedades iniciáticas viram partir a geração que lhes daria continuidade. Uma das maiores consequências da guerra de 1914, se bem que pouco conhecida, foi provocar *a primeira ruptura na transmissão oral dos conhecimentos tradicionais,* não só no seio das sociedades iniciáticas, mas nas confrarias de ofícios e nas corporações artesanais, cujos ateliês eram verdadeiros centros de ensino tradicional. A sangria de jovens enviados à frente de batalha (de onde muitos não voltariam), o recrutamento intensivo para trabalhos forçados ligados ao esforço de guerra e as ondas de êxodo em direção à Costa do Ouro privaram os velhos mestres dos

-cavaleiro depois de uma longa aprendizagem, seu saber lhe era entregue conforme este ritual, tocando cada um de seus ombros, pois no ombro reside a força do braço.

aprendizes necessários e provocaram, de maneira mais ou menos pronunciada dependendo da região, o primeiro grande eclipse na transmissão oral deste vasto patrimônio cultural, processo que iria se agravar nas décadas seguintes em consequência de novos fatores sociais.

No que me concerne, fui dispensado do recrutamento por "insuficiência de desenvolvimento físico" e mantido em minhas funções de auxiliar do exército em Kati. Na juventude, os fulas muitas vezes são de uma magreza que alguns tomam por fragilidade de constituição. Os bambaras, que nos chamam de "fulas magrelas", costumam dizer: "Quando você vê um fula, pensa que ele está doente, mas não acredite; não passa de seu estado natural". E os atiradores acrescentam, em sua saborosa linguagem: "Hé, os fulas!... Sempri duenti, nunca morri!".[15]

Fadiala Keïta foi substituído pelo primeiro-sargento Mamadou Bâ e eu continuei a desempenhar junto a ele minhas funções semanais de vagomestre adjunto.

No fim do ano escolar, em junho de 1918, nosso novo professor, o Sr. Molo Coulaby, teve a satisfação de designar para a Escola Regional de Bamako seus cinco melhores alunos que haviam reunido o número de pontos necessários. Eu estava entre eles. Sabia que teria de repetir a etapa obrigatória da Escola Regional antes de ir para a Escola Profissional, onde, enfim, poderia preparar-me para o concurso de entrada em Goré, mas tinha realmente tanta vontade de ser aluno da Escola Normal que isto não me atemorizava.

---

15. No original, *toujou malade, jamé mourri*, o que soa como uma divisa. [N. da T.]

Bamako, o fim dos estudos

O segundo certificado de estudos

A Escola Regional de Bamako, situada na praça da República, era dirigida pelo Sr. Séga Diallo, professor diplomado pela Escola Normal, cuja severidade só era comparável a sua competência pedagógica sem par, alvo da admiração de todos os professores europeus, em particular do Sr. Frédéric Assomption, inspetor de ensino de todo o território, de quem falarei mais tarde.

A escola era composta de duas classes. No início das aulas, em setembro de 1918, colocaram-me na segunda classe, em que o próprio Sr. Séga Diallo ministrava as aulas. Para chegar à escola, meus quatro companheiros e eu devíamos percorrer a pé, todos os dias, pela manhã e à tarde, os doze quilômetros que separavam Kati de Bamako. Às vezes fazíamos o trajeto juntos.

Eu saía da casa de meus pais por volta das 4 e meia da manhã, em jejum. A casa ainda dormia. Na véspera, à noite, minha mãe me dava sessenta e cinco centavos para as despesas com a alimentação durante o dia. O caminho passava pelo despenhadeiro de Dunfing, mas, como já o frequentava há muito tempo, para mim havia perdido grande parte de seu mistério, e as poucas hienas que ainda gargalhavam aqui e ali não tinham a menor chance de se fazer passar pela terrível Diatroufing.

Com a sacola repleta de livros e cadernos bem presa às costas, caminhava com bom passo, cantando aos brados refrãos ou canções militares que sabia de cor. Os paredões de Dunfing ecoavam:

Marchemos... ao passo... ao-pas-so-dos-mi-li-ta-res!
Marchemos... ao passo... ao-pas-so-dos sol-da-dos!

A cinco quilômetros de Bamako, no local chamado "bebedouro dos asnos", comprava, de um mercador ambulante, cinco centavos de bolacha de milhete, que comia pelo caminho. Chegava à escola às sete horas, quinze minutos antes do sinal de entrada.

Das onze às quatorze horas, estávamos livres. Ia comprar no mercado ou na loja Maurer um pedaço de pão por dez centavos e uma lata de sardinha por cinquenta. Era esse meu almoço. Até hoje, guardo certa queda por sardinhas em lata... Como não tínhamos onde ficar, meus companheiros e eu voltávamos para o pátio da escola. Ali, devorávamos nosso lanche à sombra de um muro ou de uma árvore, perto de alguma torneira pública. Uma vez satisfeitos, estudávamos a lição ou íamos tomar banho no rio.

Às dezessete horas, nosso pequeno grupo dispersava-se ao primeiro toque do sino e retomávamos a estrada de Kati, percorrendo nossos doze quilômetros correndo e cantando. Dependendo do dia, chegava a casa entre dezenove e vinte horas. Nem preciso dizer que uma boa refeição esperava por mim.

Nesse ano, meus pais mudaram-se de Kati para Bamako. Meu pai foi trabalhar como alfaiate no hospital do "Point G", situado no alto da colina de mesmo nome, em Bamako. Toda a família se mudou. Eu já não tinha mais doze quilômetros a percorrer pela manhã e à noite, mas era preciso subir e descer a colina, situada a quatro quilômetros da escola, quatro vezes por dia. Aprendia todas as minhas lições entre a praça da República e o topo do "Point G" e vice-versa. Felizmente, meus pais logo adquiriram uma vasta concessão em Bamako, o que me pareceu o máximo do conforto!

Minha mãe continuava a trabalhar com a C.F.A.O. de Bamako como compradora de produtos locais e criadora de padrões para tecidos.

Parti de Kati levando certa nostalgia. Ali deixei muitas lembranças e, sobretudo, excelentes amigos de juventude: Oumarou Tembély, Famory Keïta, Alassane Djité, Bamoussa e tantos outros. E também "irmãozinhos" de faixa etária abaixo da nossa, mas de quem nos sentíamos muito próximos: Tiékoura Diawarra, futuro pai de Mohammed Diawarra, que seria ministro do Planejamento da Costa do Marfim; Soukalo Djibo, que se tornou prefeito da cidade de Buaké naquele mesmo país; meu amigo Samba Diallo, que viria a se dedicar, como eu, a recolher inúmeras tradições orais, em especial contos; Paul Leblond, que se tornaria médico; Paul Taxile, etc.

Em novembro de 1918, a África, como a metrópole, festejou o fim da Grande Guerra Mundial e a vitória da França e seus aliados contra o exército do Kaiser. Estávamos orgulhosos do papel desempenhado pelos soldados africanos na frente de batalha. Apesar das condições de vida particularmente duras para eles em razão do frio, sabíamos que haviam se sobressaído pela coragem e desprendimento.

Os sobreviventes que voltaram em 1918-1919 foram a causa de um novo fenômeno social que influiu na evolução da mentalidade nativa. Estou falando do *fim do mito do homem branco* como ser invencível e sem defeitos. Até então, de fato, o branco fora considerado um ser à parte; seu poder era esmagador, inevitável, sua riqueza, infinita e, além disso, parecia milagrosamente protegido pela sorte de todo tipo de tara física ou mental. Nunca se viram administradores das colônias enfermos ou portadores de defeitos físicos. Estavam sempre bem vestidos, eram ricos, fortes, seguros de sua autoridade e falavam em nome de uma "mãe pátria" onde, segundo eles, tudo era justo e bom. Ignorávamos que uma seleção eliminava ao máximo os enfermos, aleijados, doentes e desequilibrados; e, quando um deles caía doente nas colônias, era repatriado de imediato à metrópole.

Mas os soldados negros tinham feito a guerra nas trincheiras ao lado de companheiros brancos. Tinham visto heróis, homens corajosos, mas também tinham visto outros chorar, gritar e sentir medo. Haviam descoberto os aleijados e os loucos e até, coisa impensável, difícil de acreditar, brancos ladrões, brancos pobres e até brancos mendigos nas cidades!

Quando os atiradores voltaram ao país contaram, ao longo dos serões, tudo o que tinham visto. Não, o homem branco não era um super-homem beneficiando-se de não se sabe que proteção divina ou diabólica; era um homem como eles, com a mesma dose de qualidades e defeitos, força e fraqueza. E quando descobriram que as medalhas e o título de antigo combatente lhes valiam uma pensão equivalente à metade da dos companheiros brancos com quem haviam compartilhado combates e sofrimentos, alguns ousaram reivindicar e falar de igualdade. Foi então, em 1919, que começou a soprar pela primeira vez um espírito de emancipação e reivindicação que, com o tempo, acabaria por se desenvolver em outras camadas da população.

Enquanto isso, para os alunos da Escola Regional, o ano prosseguia com a perspectiva do certificado de estudos no fim da jornada. Nosso mestre, o Sr. Séga Diallo, dedicou-se tanto durante o ano que, chegado o mês de junho, perdeu a voz. Mas foi recompensado pelo êxito dos trinta candidatos que encaminhou ao certificado de estudos primários nativos para a sessão 1918-1919, exame que prestei pela segunda vez, pois já o tinha feito em Djenné em 1915.

Não sei por que, fui tomado de tamanha emoção durante as provas que o pânico me paralisou. Não sabia mais nada, meu cérebro se esvaziara de seu conteúdo. Que dia horrível! Mesmo assim passei, mas em quadragésimo lugar entre noventa! O Sr. Séga Diallo, que antegozava me ver entre os cinco primeiros colocados, ficou desconsolado. Quanto a mim, nunca me refiz por completo desta classificação, que considerei vergonhosa.

Todos os alunos aprovados, já com seu certificado de estudos, eram automaticamente transferidos como internos para a Escola Profissional de Bamako, onde, num ciclo de dois anos, poderiam preparar-se para o concurso de admissão às grandes escolas do governo instaladas na Ilha de Goré, no Senegal.

Mas, no momento, as férias tinham chegado e a administração organizara o transporte dos alunos para que fossem passá-las em suas regiões de origem. Obtive meu transporte para Bandiagara. Depois de ficar alguns dias com meus pais, fui ao encontro de meus companheiros, com quem tomei um trem até Kulikoro, de onde devíamos ir de barco para Mopti. Não desconfiava de que, neste barco, teria um encontro cujas consequências futuras determinariam toda minha atitude diante das honrarias deste mundo.

Vaidade: perseguindo o vento

Éramos ao todo uns sessenta alunos originários de diversas regiões do Arco do Níger. Meus companheiros de Bandiagara e eu formávamos um grupo de sete alunos, pelos quais eu era responsável por ser o mais velho.

Após obter no escritório da subdivisão de Kulikoro as autorizações necessárias para embarcar, um guarda de circunscrição mal-humorado nos acompanhou até o porto. O barco a vapor que devíamos tomar era o *Le Mage*, o mesmo em que viajara alguns anos antes, e o comissário de bordo ainda era o Sr. Monnet, mas tive o cuidado de não lhe recordar nosso encontro.

Embarcamos às dezesseis horas, depois de muitas horas de espera sob um sol escaldante. Apinharam-nos junto com os outros viajantes nativos no convés como um rebanho de carneiros levados a leilão. Por volta das dezesseis horas e trinta, chegou um belo coche puxado ao trote por dois cavalos bem nutridos e conduzido por um guarda de circunscrição. Tratava-se da parelha do comandante Courtille – na verdade, um simples funcionário dos Assuntos

Africanos, encarregado das funções de chefe da subdivisão administrativa de Kulikoro e que, conforme o costume, se fazia chamar de "comandante". A seu lado, para nossa enorme surpresa, estava um jovem negro suntuosamente vestido. O coche parou perto da ponte de embarque. A multidão, intrigada, amontoava-se para olhar. O guarda de circunscrição-condutor saltou de seu assento. Apressou-se em abrir a porta, perfilou-se e bateu continência. O comandante Courtille, segurando o chicote do qual nunca se separava, desceu primeiro. O guarda de circunscrição ajudou em seguida o jovem negro a descer e empenhou-se em afastar a multidão curiosa.

O jovem, alguns anos mais velho que eu, era bem corpulento. Seu rosto, negro como o ébano, brilhava como madeira polida. Trajava roupa marroquina de feltro de lã pura e fumava com ar desligado, deixando cair, de propósito, as cinzas do cigarro sobre sua *djellaba*[1] bordada, cujo tecido não queimava. Os sapatos luxuosos de couro fino *Robéro jaune London*, na última moda, rangiam tanto quanto um par de sapatos pode ranger. Uma delicada flecha dourada riscava suas meias de seda preta. Como toque final, usava um esplêndido barrete enfeitado com franjas sedosas e o cabelo bem cortado cuidadosamente alisado e achatado com brilhantina.

Todos os viajantes nativos, já embarcados ou ainda à espera no cais, olhavam estupefatos. Era a primeira vez que se via o comandante Courtille, de hábito mais disposto a servir-se de seu chicote do que a fazer gentilezas, tão cortês, tão amável com um nativo a ponto de ceder-lhe a dianteira! Quem era esse jovem? O mistério se esclareceu quando ouvimos o comandante Courtille declarar ao comissário de bordo: "Eis aqui o *Senhor* Ben Daoud Mademba Sy, filho do rei de Sansanding. Ele chegou da Argélia, onde estuda, para passar as férias com o pai em Sansanding. As autoridades me deram ordem de recebê-lo e recomendá-lo à sua mais calorosa atenção. Viajará em primeira classe. Trate-o com a maior deferência possível."

Tudo se explicava. O rapaz vestido "como uma espiga de milho" era um dos filhos do rei Mademba Sy (favorito das autoridades francesas da época) e, portanto, irmão mais jovem do tenente Abdelkader Mademba Sy, cuja história já contei.

O Sr. Monnet despediu-se do comandante Courtille e acompanhou Ben Daoud até as escadas que levavam ao primeiro andar onde se encontravam as cabines da primeira e segunda classes, andar em geral rigorosamente proibido

---

[1]. *Djellaba*: espécie de vestimenta com capuz usada por homens e mulheres no norte da África. [N. da T.]

aos nativos, com exceção dos *boys* que ali trabalhavam. Os passageiros, que tinham se amontoado para ver este espécime raríssimo de negro subir a escada proibida, retornaram a seus lugares. Por volta das dezoito horas, terminado o embarque, o Sr. Monnet deu a ordem de partida com voz trovejante. Os marinheiros azafamaram-se. Devagar, as duas grandes rodas do barco começaram a mover-se. O casco vibrou e a proa da embarcação virou-se suavemente para o meio do rio. Com uma sacudidela, a popa afastou-se da margem e o barco avançou em direção às águas profundas, onde logo tomou velocidade.

Pouco depois, o jovem príncipe fez sua toalete da noite. Apesar do vento, toda a parte posterior do barco ficou impregnada por vários minutos. "Ah, que aroma!", extasiavam-se os passageiros. "Isto sim é perfume!"

Lá pelas vinte horas, soou o sino chamando os passageiros da primeira, segunda e terceira classes para jantar nas salas correspondentes a cada categoria. Aos passageiros do convés foi oferecido um arroz grosseiramente preparado, servido em bacias esmaltadas. Não chegava a ser o *chacabati* (espécie de angu) dos forçados, mas quase. Só o comeu quem não tinha outra opção. Felizmente, meus companheiros e eu dispúnhamos de algumas provisões de cuscuz de milhete seco enriquecido com amendoim, que se costuma amolecer com leite.

Depois de jantar no convés superior com os passageiros da primeira classe, o filho de Mademba mandou reunir os restos dos pratos em uma grande bacia que entregou a um *boy* para levá-la aos jovens alunos do convés inferior. Ele próprio foi com o *boy* e parou um pouco acima deste, no penúltimo degrau da escada. "Ei, vocês!", gritou. "Venham à distribuição!" Os alunos apinharam-se em torno dele. O *boy* mergulhava a mão na bacia e lhes jogava pedaços de carne, batatas, pão e outros alimentos europeus. Meus seis companheiros de Bandiagara levantaram-se para juntar-se a eles. Eu os segurei. "Voltem a seus lugares e fiquem sentados!", disse-lhes. "Se nossos pais em Bandiagara um dia souberem que nos precipitamos para comer os restos dos pratos dos brancos que Ben Daoud Mademba, filho de Mademba Sy, antigo funcionário do correio que virou rei, nos distribui como se joga milho às galinhas, arriscamo-nos a levar uma surra de corda na grande praça da mesquita. Fiquemos aqui com nosso cuscuz seco. Se for preciso, podemos amolecê-lo com a água do rio, mas jamais iremos recolher os restos de Ben Daoud!"

Estas palavras tiveram ainda mais peso porque meus companheiros sabiam, como eu, da rivalidade e hostilidade latentes entre o reino de Sansanding e o reino tucolor de Bandiagara, criados pelos franceses e oferecidos respectivamente a Mademba Sy e a Aguibou Tall, filho de El Hadj Omar. Existia certa tensão entre o povo de Sansanding e o de Bandiagara. Mantivemo-nos a distância.

Ben Daoud continuava a distribuir a comida, mas não tirava os olhos de nosso grupo sentado à parte. Quando terminou a distribuição, nos interpelou: "De que região são vocês?", ele disse. "De Bandiagara", respondi-lhe.

"Por que não vieram receber sua parte?", perguntou. "Não vamos muito longe, só até Bandiagara, e temos cuscuz suficiente para o resto da viagem. Não quisemos impedir que os outros alunos, sobretudo os que vão muito longe, até Gao, aproveitassem a comida."

Ele sorriu: "Esta não é a verdadeira razão. É porque vocês são de Bandiagara".

Ele havia compreendido. Voltou ao primeiro andar e uma hora mais tarde desceu, trazendo ele mesmo um prato cheio de um excelente arroz guarnecido com carne de carneiro, que mandara o cozinheiro do barco preparar especialmente. Veio depositar o prato diante de nós. "Filhos de meu pai originários de Bandiagara", disse, "eis aqui um bom jantar que Sansanding lhes oferece pelas minhas mãos!". E afastou-se. Convidei meus companheiros a comer.

"Como?", surpreenderam-se. "Você quer que aceitemos a comida do filho de Mademba? Já se esqueceu do que nos disse ainda há pouco?"

"Não me esqueci de nada", repliquei, "mas a situação não é a mesma. A maneira como esta refeição nos é oferecida nos obriga a aceitá-la. Queiramos ou não, e sejam quais forem as origens de sua família, Ben Daoud é filho de rei, o que não é o caso de nenhum de nós. E, ao invés de mandar jogar restos por um *boy*, como fez ainda há pouco, teve o cuidado de trazer com suas próprias mãos um prato que mandou preparar especialmente para nós. Agora, ele nos faz uma honra. Se a recusarmos e nossos pais ficarem sabendo, também terão o direito de nos dar uma surra de corda por nos comportarmos como crianças mal-educadas". Tranquilizados, meus companheiros comeram com apetite, compartilhando o prato com alguns passageiros à nossa volta.

Ben Daoud, que havia permanecido no alto da escada, escutara tudo. Veio até onde eu estava. "Quer ser meu amigo?", perguntou e me levou para sua cabine. Foi assim que entrei na intimidade do príncipe Ben Daoud Mademba Sy e fui, depois dele, o segundo negro a subir ao convés superior do barco.

O Sr. Monnet autorizou-me a visitar Ben Daoud na cabine quantas vezes quisesse. Sentíamos enorme prazer em conversar. Os poucos dias que durou nossa viagem foram maravilhosos para mim.

Na tarde do terceiro dia, avistamos Segu. Antes de atracar no porto comercial, o navio fez uma escala no porto oficial, frente à residência do comandante de circunscrição. Este, um corso denominado Battesti, subiu ao barco com seu adjunto e foi cumprimentar o *Senhor* Ben Daoud Mademba Sy no primeiro andar, a quem levou, inclusive, alguns quitutes. Em seguida, desceu outra vez ao convés. Ouvi-o dizer ao comissário: "Se chegar a Sansanding antes do amanhecer, apague todas as luzes, toque o barco com varas[2] e preste atenção para não fazer nenhum barulho, mas nenhum barulho mesmo, até que o rei Mademba tenha acordado. Seu emprego depende disto."

"Entendido, meu comandante, seguirei suas instruções."

Isto demonstra o nível do poder e prestígio do rei Mademba.

O comandante despediu-se do Sr. Monnet com um aperto de mãos e voltou ao cais. Saindo do porto oficial, dirigimo-nos ao porto comercial, onde desembarcaram passageiros e bagagens, enquanto outros embarcavam. À noite, depois do jantar, o Sr. Monnet deu o sinal de partida. O barco afastou-se de Segu e mergulhou na escuridão.

A aurora mal despontava quando avistamos Sansanding. O Sr. Monnet mandou apagar as luzes e parar as máquinas. Os marinheiros, que agora impeliam o enorme barco por meio de varas, conseguiram aportar em silêncio. O porto localizava-se bem em frente ao palácio real. Entre o palácio e a margem estendia-se uma esplanada de setecentos a oitocentos metros. Tudo estava limpo e arrumado. A praça era atapetada de areia fina extraída do rio e cuidadosamente peneirada para que, toda manhã e toda tarde, o rei pudesse tomar a fresca. Nunca era varrida para não levantar poeira. As dezenas de trabalhadores encarregados da manutenção do palácio tinham de recolher, à mão, cada fio de relva trazido pelo vento porque, além do vento, quem mais ousaria cometer tal crime?

Naquela manhã, como por acaso, Sua Majestade não acordou cedo. A cidade inteira estava em suspenso. Não se ouvia nem mesmo o ladrar de cães; todos os que poderiam latir com certeza haviam sido trancafiados na noite anterior no fundo dos celeiros, porque um ruído intempestivo custava caro: se porventura um cão se fizesse ouvir durante a noite, a polícia do rei investigava o local e na manhã seguinte, antes da refeição do meio-dia, o proprietário do animal era convocado ao vestíbulo do rei e recebia umas trinta chibatadas de

---

2. Como o leito do Níger é raso, é comum na região a prática de impelir as embarcações por meio de varas que encostam no fundo do rio. [N. da T.]

corda. Apenas o cocoricar abafado de alguns galos (talvez também confinados no fundo das casas?) chegava a quebrar o silêncio. Para quem conhecia os alegres ruídos que animam as cidades africanas ao amanhecer, este era um espetáculo dos mais estranhos.

Procissões de mulheres carregando cântaros vazios avançavam serpenteando em direção ao rio. Enroladas em seus longos panos brancos, deslizavam em silêncio, como sombras espectrais, sem dizer palavra, sem nem mesmo cumprimentar-se com um aceno, como perdidas em algum sonho interior. Chegando à margem do rio, entravam devagar na água até os joelhos; com gestos lentos, mergulhavam seu recipiente até enchê-lo. Voltando sem fazer barulho até a margem, colocavam o cântaro sobre a cabeça com um gesto gracioso e partiam como tinham vindo, os pés nus deslizando sobre a areia branca.

Nosso próprio barco parecia ter sido atingido, num passe de mágica, por uma espécie de torpor. No convés, todos esperavam, imóveis; alguns falavam com a boca colada à orelha. Quem se atreveria a fazer o menor ruído, quando os próprios brancos permaneciam atemorizados em suas cabines?

O sol tinha finalmente aparecido, mas só os pardais festejavam sua chegada. Toda vida estava como em suspenso, aguardando o primeiro piscar de olhos do rei. Por volta das sete horas, três salvas de tiros romperam o silêncio. Um clamor elevou-se de todos os cantos a um só tempo: *Fama kounouna! Fama kounouna!* (O rei acordou! O rei acordou!) Na mesma hora, todo mundo se pôs a falar, os cães a ladrar, as crianças a gritar, as mãos a bater o pilão. Dir-se-ia que o barulho, trancafiado até então num cântaro bem fechado, acabara de quebrar a tampa e escapava com violência de sua prisão espalhando-se por todos os lados. A cidade acabara de ressuscitar de sua morte momentânea imposta pelo capricho de um rei; e de um rei criado por um decreto da muito laica e democrática República Francesa que, ela própria, havia cortado a cabeça de seu último rei! Ora, vá tentar entender alguma coisa!

O palácio, que ocupava um terreno quadrado de uns cem metros de largura, era cercado por um muro (um *tata*) tão alto que só se podia entrever do outro lado o tufo superior de um *rônier*. Os arredores estavam tão bem guardados que a partir das dezessete horas qualquer homem que passasse a menos de cinco metros do muro era levado pelos guardas até o vestíbulo onde o açoitavam cruelmente, às vezes até à morte, por ter cometido o crime de ir respirar o odor de incenso que as damas do harém costumavam queimar a essa hora da tarde...

Mais ou menos quarenta e cinco minutos depois das salvas, os pesados batentes do vestíbulo abriram-se. Uns trinta homens (os *"spahis* de Mademba", como eram chamados) saíram, trajando roupa de gala: barrete vermelho, túnica azul, calças brancas bufantes, perneiras azuis e sapatos. Cada um levava um fuzil nativo cinzelado chamado *long'ngan*. Marchando com a habilidade de soldados veteranos, separaram-se em duas fileiras para formar um corredor de honra.

Um quarto de hora mais tarde Mademba apareceu, acompanhado de seu cortejo habitual. Logo atrás dele vinha sua *griote* que lhe cantava louvores a plenos pulmões. Esta *griote*, chamada Diêli Yagaré, era de uma beleza fascinante. Dotada de voz inigualável, ao mesmo tempo doce e possante, relatava os feitos de guerra de Mademba durante a penetração francesa no Sudão. Ouvindo-a, se poderia acreditar que fora ele, Mademba, e não o coronel Archinard, que fizera tudo; por pouco não tinha sido ele a fundar Saint-Louis do Senegal! Na verdade, ela dizia muita bobagem, mas tinha a voz tão penetrante, era tão bonita e vinha tão maravilhosamente vestida, que era em si mesma um espetáculo, uma visão encantadora para nós jovens.

Embalado pela voz de sua *griote*, o rei atravessava a praça devagar, gingando de um pé ao outro como um canário. Seus *spahis* apresentavam-lhe armas. À sua passagem, todos se agachavam para saudá-lo exclamando um de seus nomes honoríficos: *Sy Savané! Sy Savané!* E ele respondia invariavelmente com a fórmula tradicional: *Marhaba! Marhaba!* Como veio até o cais, onde haviam estendido um tapete para que não molhasse os sapatos, pude contemplá-lo de perto.

O rosto, dotado de um nariz que parecia querer ocupar toda a sua largura, não era dos mais bonitos, mas o iluminavam grandes olhos que se impunham a quem cruzasse seu olhar. A feiúra do rei era eclipsada pela majestade de suas roupas e o brilho de seus adereços. Vestia o capote de lã bordado dos chefes árabes. O lado esquerdo arregaçado até o ombro revelava o bubu de algodão adamascado repleto de medalhas e condecorações francesas, entre elas a cruz de oficial da Legião de Honra enquanto os oficiais superiores franceses em geral não passavam de cavaleiros!

Com passo majestoso, atravessou a passarela e subiu ao barco. Os passageiros do convés gritaram a uma só voz: Sy Savané! Sy Savané! Mostrando-lhes a palma das mãos abertas, o rei respondia: Marhaba! Marhaba! O Sr. Monnet, que há algum tempo gesticulava em todas as direções como uma mosca endoidecida, correu em direção ao rei. Este apertou-lhe a mão. O Sr. Monnet respondeu com uma profunda mesura, sem dúvida em reconhecimento da grande honra com que era agraciado, guiando-o em seguida em uma visita ao barco.

Ben Daoud, trajando sua mais bela roupa, havia descido do primeiro andar. Ficara no convés ao lado de sua bagagem com os olhos baixos em sinal de respeito. O rei, precedido do comissário e seguido de um único camareiro--mor, passou diante do filho sem dirigir-lhe o olhar. Ninguém se surpreendeu, porque pelos costumes africanos não se devem manifestar em público os sentimentos em relação aos filhos – algo que os europeus têm dificuldade de compreender. Entre nós, cabe aos tios e às tias manifestações exteriores de afeição pelos sobrinhos e sobrinhas, que consideram como seus próprios filhos. Este comedimento tradicional é ainda mais marcado nos altos personagens quando aparecem em público.

Terminada a visita ao barco, o rei assinou o livro de bordo, onde escreveu algumas linhas, depois desceu pela passarela, sempre sem olhar para o filho. Vi então seis rapagões bem musculosos dirigirem-se a Ben Daoud. Dois deles carregaram a bagagem, enquanto os outros quatro formaram com as mãos entrecruzadas uma espécie de cadeira onde Ben Daoud se sentou. Levantaram-no com facilidade e levaram-no para o palácio nessa cadeira improvisada. Ao partir, Ben Daoud virou-se em minha direção e fez um pequeno sinal com a mão. Respondi com tristeza, convencido de que nunca mais o veria.

O cortejo real afastou-se e o barco pôs-se a apitar, não sei se em honra do rei ou para assinalar que partia; depois, lentamente, afastou-se da margem. Contemplei uma última vez Sansanding, célebre cidade marka, comandada pelos Cissé na época do Império Fula de Macina e depois pelos Kouma, na época do Império tucolor de El Hadj Omar, antes de tornar-se o paraíso pessoal do "rei" Mademba Sy, o faraó do Arco do Níger...

Vinte e oito anos mais tarde, em 1947, eu voltaria a estas margens em circunstâncias que contarei a seguir, porque são elas que dão sentido a esta história.

Naquele ano, o professor Théodore Monod, fundador e diretor do Instituto Francês da África Negra (IFAN) em Dakar, para onde eu fora designado a seu pedido, trabalhando na seção de etnologia, foi para o lago Debo estudar seus peixes. Este grande lago, situado no delta interior do Arco do Níger um pouco antes de Niafunke, era conhecido não só por seus peixes, mas também pelos inúmeros pássaros de diferentes espécies que, uma vez por ano, vindos do mundo inteiro ali iam reunir-se e tagarelar à vontade, numa espécie de grande Unesco voadora... O professor destacou-me para acompanhá-lo. Eu deveria aproveitar a viagem para prosseguir minha coleta de tradições orais na região.

Terminada a missão, o professor Monod voltou a Segu de automóvel, enquanto eu deveria levar nossos funcionários e marinheiros até a cidade de Ké-Macina para receberem o pagamento. Decidi seguir de piroga até Segu e aproveitar para uma breve escala em Sansanding, com a secreta esperança de reencontrar, quem sabe, meu velho amigo Ben Daoud, de quem não tinha me esquecido.

Uma tarde, por volta das dezessete horas, a piroga acostou em Sansanding. Saí da cobertura sob a qual repousava. O espetáculo que se ofereceu aos meus olhos me fez duvidar de meus marinheiros: "Estamos mesmo em Sansanding?", perguntei, "Sim", disseram eles. "Sansanding, a cidade do rei Mademba?", insisti. "Sem dúvida nenhuma, é bem Sansanding." Eu não podia acreditar no que via. Toda a margem havia sido devastada pela erosão. O palácio em ruínas parecia ter sido engolido pelo solo. A bela praça de areia fina, outrora limpa à mão, não passava de um terreno abandonado com uma miserável feirinha de aldeia de barracas tortas, sem nenhuma espécie de manutenção, muitas derrubadas pelo vento do norte.

Revi em pensamento a massa imponente do palácio, as mulheres vindo buscar água no silêncio aveludado da manhã, os *spahis*, os cortesãos, a *griote* Diêli Yagaré cuja voz acalentava os corações e seduzia os ouvidos; revi Mademba envolto em sedas, feltro de lã fina e rico adamascado, o peito constelado de medalhas, e seu filho Ben Daoud transportado nos braços dos serviçais... Então, este belo quadro sumiu como uma miragem da estação seca e recuperei a visão de uma praça arruinada, onde toda Sansanding vinha jogar seu lixo e por onde perambulavam burros famélicos, cães, cabras e porcos.

Desembarquei, mandei os marinheiros esperarem por mim e dirigi-me à cidade. No meio do caminho, cruzei com um meninote de uns doze anos e interroguei-o: "Você conhece Ben Daoud Mademba, o filho do antigo rei Mademba?", perguntei. "Sim", ele disse. "Ele se encontra em Sansanding neste momento?", prossegui. "Sim", respondeu-me. "Você pode me levar até ele?", pedi. "Claro."

Deu meia volta e me fez sinal de segui-lo. Uma vez na cidade, vi um sobrado muito bonito, construído no estilo da residência do comandante de circunscrição de Segu. Parei para contemplá-lo, convencido de que era a casa de Ben Daoud. O menino virou-se: "Estrangeiro", disse-me, "esta não é a casa do filho de Mademba. Ela pertence a Madiansa".

Eu ignorava quem fosse Madiansa. Meu pequeno guia retomou o passo e eu o segui sem dizer palavra.

Logo adiante, parou no fundo de uma viela, diante de uma concessão miserável cuja área total não passava de umas poucas dezenas de metros quadrados. A mureta ao redor do pequeno pátio encontrava-se em tal estado de abandono que exibia os tijolos nus, como uma velha jumenta em que se podem contar as costelas em época de estiagem. A entrada era fechada apenas por duas varas grossas em diagonal para impedir a passagem de animais. No fundo do pátio, a habitação consistia de uma casa minúscula, quase uma cela. As paredes decrépitas estavam carcomidas pelas intempéries. Uma porta meio solta, de tábuas mal pregadas, deixava entrever pelas fendas um homem sentado no interior. O meninote apontou-o com o dedo.

Atravessei as varas e entrei no pátio, cumprimentando em voz alta: "Sy! Sy! Ben Daoud Mademba Sy! Eu lhe desejo boa noite. Sou seu antigo amigo do barco Le Mage, Amadou Hampâté Bâ de Bandiagara. Não quis passar por Sansanding sem vir lhe fazer uma visita".

Após um breve silêncio, do fundo da casa elevou-se a voz fraca de um homem mal nutrido: "Ó, meu amigo... Seja bem-vindo! Seja bem-vindo!".

Ben Daoud – pois se tratava dele mesmo – empurrou a porta que se abriu rangendo e saiu. Pela segunda vez desde minha chegada, não pude acreditar em meus olhos. Ele vestia um velho *forkiya*, um tipo de blusa ampla que um dia fora branca, mas agora parecia ter sido mergulhada em uma tintura de lama vermelha. A larga abertura da blusa deixava o peito magro à mostra. As calças eram de pedaços de tecidos desparelhados. Os pés calçavam sandálias de pneus velhos. Não pude me impedir de rever, em pensamento, seus belos sapatos *Robéro jaune London*, que faziam "cuim--cuim" a cada passo...

Sua tez, que eu lembrava de um negro ébano, tinha se tornado acinzentada. Seus cabelos e barba estavam precocemente embranquecidos. Segurava um cachimbo cheio de tabaco nativo de onde escapava o odor mais desagradável que eu já aspirara – novamente, me veio à memória o odor delicioso de sua água-de-colônia perfumando toda a popa do barco...

"O que aconteceu com ele?", perguntei-me. "Qual o sentido de tudo isto? Que lição um homem sensato pode tirar disto?..." Após a litania de saudações de costume, encontrei coragem para perguntar-lhe: "Ben Daoud, meu amigo, depois de tudo o que você já foi, o que aconteceu para reduzi-lo a este estado?".

Respondeu-me com voz tranquila, sem amargura, falando como se não se tratasse de si mesmo: "Há alguns anos, durante a Segunda Guerra Mundial, eu era professor em Tombuctu. Mas fui taxado de 'gaullista'[3] e, por causa disso, levado a um tribunal pelas autoridades coloniais do regime de Vichy. Fui demitido e condenado a viver em Sansanding. Todos os meus bens foram confiscados. Sem trabalho nem fortuna, não me sobrou nada com o que viver.[4] Mas, graças a Deus, eu só sou miserável no plano material. Minha moral, minha dignidade e meu orgulho não foram afetados. Chego até a sorrir pensando que foi um francês quem nomeou meu pai rei e que foi um francês também quem, de príncipe adulado e funcionário abastado que eu era, fez de mim um pária da sociedade, um esfarrapado sem uma boa casa, comendo uma vez por dia e dormindo numa esteira no chão. Sim, meu aspecto é miserável, mas não sou tão infeliz quanto pode indicar minha aparência. Estou de bem comigo mesmo porque minha consciência nada tem a me condenar. A prova é que gozo de um sono tranquilo. Quando encontro comida, como com apetite e, quando não a encontro, suporto a fome. Não mendigo. Leio muito, medito e reflito."

Nem uma vez Ben Daoud pronunciou uma palavra amarga sobre sua situação, nem uma crítica em relação aos antigos vassalos de seu pai, que tinham se tornado ricos e poderosos. Aceitava seu destino com serenidade. Em sua miséria, pareceu-me infinitamente maior do que o príncipe de outrora.

Ousei perguntar-lhe: "O que aconteceu com o palácio de seu pai?" Ele caiu na risada. "O palácio de meu pai? Ruiu. Tornou-se uma enorme colina sob a qual foi enterrada a glória e a fortuna de minha família. Meu caro amigo", acrescentou, "a vida dá e a vida leva. Antigamente, ela fez com que minha família, em Sansanding, fosse tudo; depois desfez sua obra e agora, em Sansanding, minha família não é nada. Mas o rio continua a correr, o sol a se levantar e a se pôr..."

---

3. Gaullista: partidário da política de luta contra a ocupação nazista da França liderada pelo general Charles De Gaulle. [N. da T.]

4. Segundo um membro da família do rei Mademba Sy, a primeira esposa do rei, nascida em Saint-Louis do Senegal, portanto, cidadã francesa, foi a única a ter o casamento legalmente registrado. Com a morte do rei, o filho nascido desta união, considerado como único filho legítimo, teria herdado todos os bens e todos os outros filhos nascidos das outras esposas teriam sido deserdados. Esta seria a razão da extrema miséria de Ben Daoud Mademba.

"Eu poderia visitar as ruínas do palácio?", falei. "Mas é claro! Vamos logo, enquanto ainda é dia."

Ele me levou até o local da antiga concessão real. Tudo havia desmoronado; não passava de um amontoado de terra e ervas daninhas. A casa das mulheres, em nome das quais outrora se açoitavam todos aqueles que se aproximavam a menos de cinco metros do muro, tinha se tornado um banheiro público onde as pessoas dos arredores vinham se aliviar. No meio do quarto da primeira esposa elevava-se um enorme cupinzeiro. No local onde ficava a imensa sala dos guardas agora se realizava, regularmente, uma feira de gado. No lugar onde se erigia a casa pessoal de Mademba não havia mais que uma montanha de entulho.

Enquanto eu contemplava em silêncio este espetáculo, um velho bode (que soube mais tarde tratar-se do bode fetiche da aldeia) aproximou-se tranquilamente e entrou na concessão. Todas as tardes à mesma hora, ele vinha instalar-se no topo da colina para passar a noite, a cabeça virada para o leste. Com sua cara barbuda e mandíbulas que nunca paravam de ruminar, dir-se-ia um velho marabu resmungando orações. Parece que haviam tentado afugentá-lo, mas sempre voltava. Afinal, deixaram-no em paz.

Para encerrar a visita, Bem Daoud levou-me até um canto da concessão que me pareceu o único espaço cuidado no meio de todo aquele abandono. Ali estavam enterrados o rei Mademba Sy e seu filho Abdelkader Mademba, o comandante de batalhão. A administração garantia a manutenção de seus túmulos. Após um momento de recolhimento, Ben Daoud despediu-se e voltou para sua casa. Fiquei sozinho com meus pensamentos.

Olhava o velho bode ruminar no mesmo local onde outrora residia Mademba em toda a sua glória; vi os pequenos animais noturnos saírem das asperezas e fendas do que tinha sido uma sala de recepção repleta de cortesãos e onde ecoavam os cantos de louvor dos *griots*; e ali, a meus pés, encontravam-se os túmulos modestos, quase esquecidos, de um monarca absoluto e de um herói de guerra. Eu tinha 47 anos. Meu mestre Tierno Bokar, o sábio de coração pleno de tolerância e amor – o "homem de Deus", como o chamava Théodore Monod – morrera já havia sete anos, em condições cruéis de isolamento e reclusão provocadas pela maldade, ou melhor, como ele mesmo dizia, pela ignorância dos homens. Então, era isto a vida?

Debrucei-me sobre o túmulo do rei: "Mademba Sy? *Sinsani Fama* (rei de Sansanding)? *Fa demba* (pai)?". Silêncio...

Voltei-me para o túmulo de seu filho: "Abdelkader Mademba? Comandante Abdelkader Mademba, o homem de Dardanelos, Verdun e de tantas outras grandes batalhas?". Só minha voz ressoava neste deserto lúgubre. "Então, vocês dois estão aí, deitados em seus túmulos, enquanto toda Sansanding atravessa sua concessão para ir ao mercado; esta concessão que, em outros tempos, era necessário contornar com temor e respeito! Todo seu esplendor, toda sua glória, tudo isto desapareceu, evaporou-se como uma miragem passageira? Bem, se esta é a vida deste mundo, ela não passa, como diz o Alcorão, "de um prazer efêmero e enganoso", e o Eclesiastes da *Bíblia* tem razão quando exclama: "Tudo é vaidade e perseguição do vento!"

Naquele dia, naquele instante, me divorciei do mundo e tomei a firme resolução de me ater pelo resto da vida ao conselho de meu mestre: servir, servir sempre, sem nunca procurar honrarias, nem poder, nem mando.

Voltei para a cidade. No caminho, cruzei-me com um *griot* a quem perguntei quem era Madiansa, o proprietário do belo sobrado que eu pensara pertencer a Ben Daoud. Disse-me que o pai de Madiansa havia sido um cativo do rei Mademba, e tamanha era sua miséria que duas vezes empenhara o filho Madiansa como serviçal. De tanto transportar tijolos, madeira e cargas pesadas, a parte de cima da cabeça do pobre Madiansa ficara careca e assim permanecera por toda a vida. No dia da circuncisão de um grupo de cem meninos do qual fazia parte, havia sido esquecido no fundo de uma sala; isto mostra que ele não era mesmo nada em Sansanding! E no entanto, foi este mesmo Madiansa que mais tarde se tornou um grande comerciante, e que acumulou tal fortuna que nem sabia o que fazer dela, enquanto o filho do antigo rei, vestido de farrapos e quase morto de fome, vivia no fundo de uma casa miserável.

"Ó, homem fula, você visitou as ruínas do palácio de Mademba?", acrescentou o *griot*. "Sim."

"Você viu o caminho que leva ao pequeno mercado, que atravessa de lado a lado as ruínas do palácio, do qual antigamente ninguém podia aproximar-se a menos de cinco metros depois das dezessete horas?", perguntou. "Sim, eu vi."

"Você sabe qual o nome que os habitantes de Sansanding deram a esse caminho?", continuou. "Não", eu disse. "Eles o chamaram *Allâh yê sé*: Deus tudo pode!"

Antes de voltar a minha piroga, passei pela casa de meu amigo Ben Daoud para me despedir. Deixamo-nos com lágrimas nos olhos. E nunca mais nos vimos.

Ben Daoud Mademba Sy permanece, para mim, um dos homens cujo encontro, primeiro em minhas férias de 1919 e depois em 1947, mais profundamente marcou minha vida.

O internato em Bamako

No fim do período de férias, instalei-me no internato da Escola Profissional de Bamako. Esta escola tem uma história: criada em 1854 pelo general Faidherbe em Kayes (sul do atual Mali), então sede da colônia do Alto Senegal e Médio Níger, foi chamada oficialmente de "Escola dos reféns" e suprida por meio do recrutamento compulsório de filhos de chefes ou de notáveis das regiões recém-conquistadas, com o objetivo de assegurar sua docilidade. Alguns chefes, quando lhes era possível, enviavam cativos no lugar dos filhos, coisa de que talvez tenham se arrependido amargamente depois... Em 1908, quando o governador Clozel transferiu a sede da colônia de Kayes para Bamako, a escola foi instalada nesta cidade, onde recebeu o nome mais discreto, mas ainda explícito, de "Escola para filhos de chefes". Com o desenvolvimento das atividades administrativas e técnicas e a crescente necessidade de pessoal nativo subalterno, ela se tornou a "Escola Profissional de Bamako". Mais tarde, foi rebatizada "Escola Primária Superior"; a seguir, "Escola Terrasson de Fougères", para afinal tornar-se o que é hoje, o "Liceu Askia Mohammad".

Um empreendimento de colonização nunca é filantrópico, a não ser em palavras. Um dos objetivos de toda colonização, sob qualquer céu e em qualquer época, sempre foi começar por decifrar o território conquistado, porque não se semeia a contento nem em terreno já plantado, nem em alqueive. É preciso primeiro arrancar do espírito, como se fossem ervas daninhas, valores, costumes e culturas locais, para poder semear em seu lugar os valores, costumes e cultura do colonizador, considerados superiores e os únicos válidos. E que melhor maneira de alcançar este propósito do que a escola?

Mas, como diz o conto Kaïdara, todas as coisas têm necessariamente uma face diurna e uma face noturna. Nada, neste mundo, é ruim de A a Z, e a colonização também teve aspectos positivos, que talvez a princípio não nos fossem destinados, mas que herdamos e nos pertencem para utilizá-los da melhor forma que pudermos. Entre eles, citarei principalmente o idioma do colonizador como instrumento precioso de comunicação entre etnias que não falavam a mesma língua e também como porta de acesso ao mundo exterior. Isto, com a condição de manter vivas as línguas locais, veículos de nossa cultura e nossa identidade.

A Escola Profissional de Bamako (onde, como em todas as outras escolas, o uso das línguas maternas era banido e punido) preparava os alunos, num ciclo de dois anos, para o concurso de admissão em uma das grandes escolas do governo geral da A.O.F. situadas em Goré, de onde sairiam professores, auxiliares nativos da administração colonial e médicos assistentes. Assim, a ilha de Goré, que na época do tráfico negreiro servia de porto de embarque de milhões de infelizes para a outra margem do grande "lago salgado", tornou-se, por uma destas viradas irônicas do destino, um cadinho onde iriam se formar, para melhor servir aos interesses da França em suas colônias, as elites negras que em sua maior parte trabalhariam mais tarde pela libertação e a independência de seus países.

Até lá, tratava-se de formar todo um exército de auxiliares competentes, leais e disciplinados, que ajudariam a validar e a administrar as colônias conquistadas acionando as engrenagens de base da formidável máquina administrativa colonial. Mesmo aqueles que não atravessassem a porta real de Goré, ao terminar a Escola Profissional podiam obter trabalho do mesmo tipo, mas em posições inferiores: "monitores de ensino" em vez de professores; "escriturários" em vez de funcionários de expedição, etc. Certos "escriturários" chegavam a ser recrutados assim que obtinham o certificado de estudos.

A Escola Profissional compreendia quatro classes, para as quais os alunos eram encaminhados segundo seus resultados no certificado de estudos. A primeira classe preparava os "monitores de ensino"; a segunda e a quarta, os futuros pequenos auxiliares da administração; a terceira, os operários e técnicos. Faltou pouco para que eu não fosse enviado para a classe dos operários por causa de meus resultados no certificado. Afinal fui para a quarta classe, a que preparava os futuros auxiliares da administração. Estudávamos, paralelamente, para o concurso de admissão.

Chegando à Escola Profissional, reencontrei meu grupo de origem, isto é, os alunos de Bandiagara de quem, devido a minha idade, me tornei automaticamente o decano. Entre eles, tive a alegria de rever meu velho companheiro Daouda Maïga, que tinha cursado sem dificuldade o ciclo escolar (estava no segundo ano) e que mais tarde se tornaria professor. Lá estavam também Madani Tall, cujo pai, Alfa Maki Tall, anos antes, o tinha enviado à escola no lugar de meu irmão, e que mais tarde se tornou impressor; meu primo Oumar Bâ, que faria carreira, como se sabe, como escritor, etnólogo e pesquisador, e muitos outros...

Durante meu primeiro ano tive por mestre Mamadou Konaté, que mais tarde seria o segundo deputado do Sudão na Assembleia Nacional Francesa e um dos grandes líderes políticos do partido RDA[5], antes que rivalidades políticas o levassem a um fim trágico, em circunstâncias que prefiro não evocar aqui. Mamadou Konaté tinha apenas dois ou três anos mais do que eu, mas eu o respeitava muito. Tornamo-nos amigos e assim permanecemos até sua morte.

De modo geral, mantinha boas relações com meus mestres e meus companheiros. Devido a meus conhecimentos islâmicos, era chamado de "aluno marabu", mas ocupações mais terrenas me tinham valido outro apelido. Não lembro mais por que razão, tinha sido liberado da pesada faxina doméstica, mas confiaram-me a guarda das vassouras de palha. Eu devia me certificar de que cada equipe de trabalho as devolvesse em bom estado, sob pena de sanções graduais aplicadas pelos bedéis. Os alunos do clã Diallo, que são os *sanankoun* (ou "parentes de relações jocosas") dos Bâ, tinham me apelidado de "Amadou-vassoura".

Os bedéis, em número de três, ocupavam grande espaço em nossa vida de internos. Eram eles que, alternadamente, nos acordavam às seis horas da manhã, coisa que cada um fazia à sua maneira. Com o bedel geral Fama, o despertar era suave; com seu adjunto Blama, o maneta, antigo atirador de olhos de fogo, o método era brutal; mas o método mais pitoresco era, sem dúvida, o do bedel auxiliar Mamadou Sissoko, também um antigo atirador, a quem demos o apelido de "Dom Quixote" porque era tão alto e magro quanto Fama era baixo e gordo, o que valeu a este último o apelido de "Sancho Pança".

Ao entrar pela manhã no dormitório, o bedel Fama-Sancho Pança nos chamava com voz grave, e fala lenta e suave: "De pé, de pé! Fora da cama, fora da cama! É de manhã, é de manhã! Que os bons alunos se ponham verticalmente sobre os pés! Que eles se dirijam ao banheiro, que se lavem pensando nos deveres inacabados e nas lições não aprendidas! Vamos Bagaro Dagana! O que você está esperando para se levantar, fazer a cama e dobrar sua coberta? E você Bokari Nibié, se quiser manter seu lugar de primeiro, não pode ficar

---

5. RDA: *Rassemblement Democratique Africain*, ou Partido Democrático Africano, fundado em 1946 em Bamako, na época Sudão Francês, por Félix Houphouet-Boigny, futuro presidente da Costa do Marfim. Era um partido interterritorial nas possessões subsaarianas francesas e funcionou como base para todos os partidos políticos africanos que lutavam contra o colonialismo. [N. da T.]

se espreguiçando na cama na hora em que o cérebro está mais bem-disposto para registrar e trabalhar. Ei! Mamadou Traoré, alto como um cogumelo, você não sabia sua lição ontem. E você, Dantoumé Kamissoko, você errou seu problema porque não revisa direito suas lições. E vocês dois que estão aí, estendidos na cama como dois cúmplices? Vamos, vamos! De pé, de pé! É de manhã, é de manhã!..."

Para cada um dos cento e trinta alunos o bedel geral Fama tinha uma palavra, um epíteto, um comentário, uma tirada específica. Ao final da semana, todos tinham tido direito a uma. Fama, que fora bedel da "Escola dos Reféns" desde sua criação e ficava sentado o dia inteiro na varanda, estava a par de tudo o que acontecia nas classes; e, de tanto ouvir os alunos conjugar e recitar em voz alta as lições, havia aprendido a falar um francês tão correto quanto qualquer um dos alunos.

Quanto a Bala, o maneta (ele perdera o braço direito em combate), como todo velho atirador que se respeita, entrava no dormitório feito um golpe de vento e vociferava: "De pé todo mundo! Si num tão contenti, pontapé no traseiro!" Com sua poderosa mão esquerda erguia uma cabeça numa cama aqui, um pé ali, atirando seu ocupante no chão sem remorsos. "Vamos, de pé! De pé uma vez, de pé duas vezes, num vai ter terceira vez! Cuidado 'trasados', bando de preguiçosos, imbecis sem valor, porcalhões! De pé todo mundo!" Da boca torta deste grande inválido da guerra de 1914-1918 só saíam ameaças e xingamentos. E todavia Bala, o maneta, era menos malvado do que parecia! Se um aluno era punido ficando sem uma refeição, ele sempre conseguia guardar alguma coisa, o que o bedel Fama, de voz agradável, não fazia.

Quanto ao bedel auxiliar Mamadou Sissoko, também conhecido como "Dom Quixote", era o pitoresco total. Ele só falava o *forofifon naspa* ou "francês de atirador", linguagem colorida e espirituosa na qual "coxa" se diz pernil e a boca é "o grande buraco na cabeça". Quando entrava no dormitório, começava por se apresentar: "Aqui, eu Dom Quixote! Vamos, levanta, levanta! Já di manhã, já di manhã! Sol vai abri zóio! Faiz cama, faiz cama! Problema espera, ditado espera, Dom Quixote também. Último que saí da cama é último da classe. Levanta, levanta! Num insulto, num bato, mas clarim tocô no quartel: 'Porcu levanta, porcu levanta, porcu leva-an-ta'. Ocês mema coisa porcus. Vaamo ocê, levanta, levanta logo logo, sinão diretor vai brigá e a cabeça d'ocês vai quebrar!"

Uma noite, lá pelas 2 da manhã, Dom Quixote teve um pesadelo. Começou a gemer suavemente: "*Hã... hã... hã...*"; depois, em tom cada vez mais elevado, exclamou em voz alta: "*Ouïmba... ouïmba... ouïmbaaa!*" O inspetor Assomption, que estava deitado na varanda por causa do calor, acordou sobressaltado: "Quer se calar, você aí embaixo?" Arrancado bruscamente de seu sonho, Dom Quixote exclamou: "*Otéméné* (não é isso), meu sinhô, é quarqué coisa qu'agarrô minha gaganta." A história se espalhou pela escola. A partir daí, bastava trocarmos um olhar: um dizia "quarqué coisa..." e o outro continuava "qu'agarrô minha gaganta!" e todo mundo rolava de rir!

Meu primeiro ano na Escola Profissional decorreu sem problemas. Meus mestres me consideravam um aluno esforçado. Foi nessa época que um incêndio destruiu a concessão de meus pais em Bamako. Felizmente não houve feridos, mas eles perderam tudo o que tinham: casa, móveis, dinheiro, joias, estoque de mercadorias... Ficaram arruinados. Sobrou à minha mãe apenas uma joia, o pesado anel de ouro que usava desde que a santa mulher de Bandiagara, consultada quinze anos antes, lhe tinha avisado que "num dia de muita necessidade" só lhe restaria esse anel. Minha mãe o vendeu a bom preço, o que lhe permitiu recomeçar. O essencial era todos terem escapado ilesos; quanto à fortuna, como diz o provérbio, "ela não é mais importante que um sangramento de nariz: assim como aparece sem razão, desaparece da mesma forma..."

Então começou o segundo e último ano. Deste, guardei somente a recordação de um trabalho obstinado; as provas se aproximavam e seu resultado decidiria nosso futuro. Meu maior desejo era passar no exame, mas minhas ideias sobre o futuro à minha espera ainda eram muito vagas. Tinha pensado em ser médico, mas meu pai Tidjani, não sei bem por que, se opusera. De qualquer maneira, estava longe de desconfiar do destino inesperado que, mais uma vez, uma das viradas habituais me reservava.

Neste segundo ano, tive por mestre o Sr. Bouyagui Fadiga, que logo depois ficou célebre no Sudão (Mali). Homem de viva inteligência, era dono de uma bagagem cultural que os europeus da época, que adoravam ler seus escritos, classificavam de extraordinária. Na direção da escola estava o Sr. Frédéric Assomption, antigo professor que se tornara inspetor de ensino primário e que foi, por assim dizer, o pai cultural de quase todos os antigos funcionários oriundos do Sudão. É, sem dúvida, o mestre francês que deixou traços mais profundos em nosso país.

O Sr. Assomption orgulhava-se em especial de Bouyagui Fadiga, que chamava "um puro produto intelectual da cultura francesa". E era isto, de fato, que com a melhor intenção do mundo queriam fazer conosco; esvaziar-nos de nós mesmos para nos encher com a maneira de ser, agir e pensar do colonizador. Não se pode dizer que, em nosso caso, esta política tenha sempre malogrado. Em certa época, a despersonalização do "súdito francês" devidamente escolarizado e instruído era tal que ele só queria mesmo uma coisa: tornar-se a cópia fiel do colonizador a ponto de adotar seus costumes, culinária, com frequência sua religião e, às vezes, até seus tiques!

Um pouco antes das férias, quando ainda desconhecíamos os resultados de nosso concurso, o coletor dos Registros e do Patrimônio de Bamako, um guadalupense chamado Sr. Bourgeois, pediu ao Sr. Assomption que indicasse seis ou sete alunos aplicados para ajudá-lo, temporariamente, na triagem dos pacotes contendo os objetos pessoais dos atiradores mortos na frente durante a guerra de 1914-1918. O Sr. Assomption designou um grupo do qual eu fazia parte.

Pouco antes, o território do Alto Senegal e Níger tinha sido dividido em dois: a parte denominada "região mossi"[6] fora alçada a colônia autônoma com o nome de Alto Volta, e o restante retomara o seu antigo nome, Sudão francês. O Sr. Jean Sylvandre, de origem antilhana (e que mais tarde foi deputado na Assembleia constituinte em Paris), tinha sido nomeado coletor dos Registros e do Patrimônio da nova colônia do Alto Volta. Ele veio a Bamako para organizar, com o Sr. Bourgeois, a transferência de documentos de arquivos referentes às circunscrições do Alto Volta. A triagem e a expedição dos pacotes contendo os pertences de atiradores de origem voltaica fazia parte deste trabalho.

Meus companheiros e eu tínhamos toneladas de pacotes a separar. A maior parte deles, empilhados durante muitos anos num depósito escuro e úmido do serviço da curadoria, em estado de deterioração avançado. Era necessário abri-los, identificar o defunto e seus herdeiros pela etiqueta explicativa que vinha anexada, refazer com cuidado o pacote e colocar o novo endereço.

A herança destes heróis "mortos pela França" era em geral bem parca: uns poucos objetos de uso pessoal, pequenas lembranças, algumas fotografias de família, de companheiros de guerra ou de um casal de benfeitores brancos chamados "Papai e Mamãe brancos", eventualmente a fotografia de uma amiga branca, algumas vezes batizada "Sra. Monbéguin"... Mas entre este

---

6. Etnia do atual Burkina Fasso. [N. da T.]

modesto e comovente legado podia haver também anéis, relógios ou carteiras com dinheiro, o que tornava nosso trabalho delicado.

Procedíamos à triagem em uma grande sala, sob a direção e vigilância de Madani Bamantia Tall, escrivão-copista originário de Bandiagara. Passado algum tempo, o Sr. Bourgeois mandou o Sr. Madani B. Tall me treinar para substituir um funcionário que partira numa longa licença. Sendo eu um compatriota mais jovem, Madani B. Tall, pondo de lado qualquer questão de hierarquia administrativa, poderia dispor de minha pessoa como bem lhe aprouvesse, conforme lhe garantiam os direitos da tradição. Mas ele agiu decentemente. Teve muito boa vontade para me ensinar o trabalho em seus menores detalhes e explicar o funcionamento das diversas seções do serviço: os registros, o patrimônio, a conservação de bens de raiz, a tutela dos bens vacantes, os selos, a administração dos bens de funcionários falecidos sem família... eu era responsável sobretudo pelos contratos particulares e a venda de selos fiscais, o que me propiciava frequentes contatos com o tribunal francês e o serviço do Tesouro.

Assim, enquanto esperava os resultados dos exames, trabalhava como voluntário durante o período de férias. O Sr. Sylvandre, que ainda não tinha voltado para Uagadugu, vinha sempre nos ver trabalhar. Meus companheiros e eu lhe fomos apresentados. Eu não podia imaginar o papel que ele desempenharia um pouco mais tarde em minha existência.

A consequência de uma recusa: exílio em Uagadugu

No fim das férias foram anunciados os resultados do concurso: eu havia passado! Todos os alunos aprovados deviam partir em grupo para a ilha de Goré, via Kayes e Dakar.

Ir para o Senegal, para vários anos de estudos suplementares? Minha mãe opôs-se de forma categórica. "Você já estudou francês o suficiente", disse-me, "está na hora de aprender a ser um verdadeiro fula." Como meu mestre Tierno Bokar não estava mais lá para convencê-la a mudar de ideia, nada pude fazer a não ser dobrar-me à sua vontade. Isto não me aborreceu muito porque, naquela época, era absolutamente impensável desobedecer a uma ordem da mãe. Na melhor das hipóteses, seria possível desobedecer ao pai, mas à mãe, jamais. Tudo que vinha dela era considerado sagrado e uma benção. Contrariar a vontade de minha mãe nem me teria passado pela cabeça. Como esta era sua decisão, era, portanto, a vontade de Deus em relação a mim e tal seria meu destino.

O mais difícil foi explicar ao Sr. Assomption que eu não seguiria com o grupo para Goré porque minha mãe não queria. Desolado ao saber de minha posição, tentou de tudo para me fazer mudar de ideia, mas, conhecendo um pouco meu caráter, sabia que não teria sucesso. Assim, decidiu levar-me ao gabinete do governador, na esperança de me dobrar pela intimidação.

Ao chegar à residência oficial, apresentou-me ao chefe de gabinete, o Sr. Mandagoux. "Eis aqui um bom aluno que se recusa a ir para Goré", disse a ele.

Enquanto os dois discutiam o assunto, o governador entrou no gabinete. Ele era muito ligado ao Sr. Assomption. "E então, Frédéric, o que há de novo?"

"Eis aqui um aluno que passou nos exames, mas se recusa a ir para Goré sob pretexto de que sua mãe se opõe", explicou-lhe. "Não há a menor possibilidade de recusa", disse-me secamente o governador. "Você deve ir com seus companheiros e, se seus pais se opõem, eu os mandarei para a prisão."

Sem refletir, repliquei: "Minha mãe pode ser, senhor governador, mas meu pai, não!".

"Como!", exclamou. "Não posso pôr seu pai na cadeia?", perguntou. "Não, senhor governador", respondi. "E por quê?", ele quis saber. "Porque ele está morto."

O governador esboçou um pequeno sorriso que se apressou em disfarçar e voltando-se para seu chefe de gabinete disse: "Mandagoux, não é para Goré que se deve enviar um menino destes, mas para o diabo, com todos os maus espíritos que carrega".

Ora, naquela época, "o diabo", eram os postos o mais distantes possível de Bamako, ou seja, Uagadugu ou Fada-N'Gurma, na região mossi que se tornara o Alto Volta.

O Sr. Assomption, arrasado pela virada dos acontecimentos, voltou para a escola e eu tomei o caminho do escritório dos Registros e do Patrimônio, onde informei ao Sr. Bourgeois o que tinha acontecido.

Assim que soube que eu não tinha mais intenção de ir para Goré, o Sr. Bourgeois enviou uma carta oficial ao governador pedindo que me incluísse no quadro dos escreventes auxiliares com o intuito de me efetivar onde eu já trabalhava. O governador recusou terminantemente. Fez saber que, dada minha atitude, eu seria enviado para fora do Sudão, à nova colônia do Alto Volta. Como não podia ser uma transferência oficial, pois este território não estava mais sob sua responsabilidade, mas sob a do novo governador, o Sr. Fousset mandou o Sr. Mandagoux me fazer assinar um pedido de candidatura requerendo a posição de "escrevente temporário a título essencialmente precário e revogável" (não existia cargo mais baixo na hierarquia administrativa), pedido este que seria endereçado ao novo governador do Alto Volta. Não tive outra escolha a não ser aceitar.

Em uma época em que o simples fato de deixar de cumprimentar o comandante ou saudar a bandeira era motivo de suspensão administrativa, estava fora de questão, para um "súdito francês", desobedecer a uma ordem vinda do detentor de uma parcela da autoridade colonial, em especial do próprio governador. Se recusasse, teria sido mandado automaticamente para a cadeia, sem necessidade de explicação ou processo. Portanto, assinei a carta e informei o Sr. Bourgeois.

Muito contrariado pelo fato de eu ter sido enviado "para a *brousse*" quando ele precisava de mim, o Sr. Bourgeois me disse: "Já que não pude ficar com você, ao menos tentarei colocá-lo em boas mãos". Escreveu na mesma hora a seu amigo Jean Sylvandre, que havia retornado a Uagadugu, avisando-o de minha "candidatura", lembrando-lhe quem eu era e pedindo-lhe que me tomasse a seu serviço.

Enquanto esperava, fui despedir-me de meus antigos mestres, agradecer-lhes a ajuda e explicar-lhes os motivos de minha decisão. Lembro-me ainda das palavras do Sr. Bouyagui Fadiga: "Não se arrependa de nada. É preciso continuar a aprender e se aperfeiçoar e não será na escola que você poderá fazê-lo. A escola dá diplomas, mas é na vida que a pessoa se forma".

Sábio conselho que eu poria em prática, especialmente em relação à cultura francesa, na qual me tornaria puro autodidata e grande devorador de livros. Não tanto na área literária, em que permaneceria fiel aos grandes clássicos que nos haviam ensinado na escola, mas sobretudo no que concerne à história, ao pensamento religioso e às disciplinas antropológicas. Considero-me ainda hoje um eterno aluno, sempre ávido de aprender e enriquecer meus conhecimentos no contato com os outros.

Naquele momento, o simples fato de ter passado no concurso me bastava, porque meus companheiros da Escola Normal não poderiam mais me desprezar nem se gabar diante de nossas Valentinas às minhas custas. Quanto à posição de minha mãe, foi conforme à de todas as boas famílias muçulmanas da época. Depois de tudo, não acho que tenha perdido algo obedecendo-lhe e não me arrependo de nada.

Tínhamos chegado, afinal, ao mês de novembro de 1921. Esperando o desenrolar dos acontecimentos, eu continuava a trabalhar regularmente no escritório dos Registros e Patrimônio. Ocupava, de modo informal, o posto de funcionário dos quadros nativos, mas nem por isso era pago. Como o governador havia se recusado a me nomear para este serviço, qualquer salário estava fora de cogitação. Eu parecia a idiota da fábula fula, uma excelente cozinheira que todos, na cidade mítica de Héli, chamavam para preparar os banquetes. Toda vez que ela terminava tudo e os pratos estavam prontos, a dona da casa enfiava a mão no molho e lhe lambuzava os lábios. "Ah!", dizia, "você é mesmo a rainha das cozinheiras! Adeus e até a próxima vez!". E a pobre ia embora, os lábios manchados de molho e o estômago vazio. Todos os que cruzavam com ela pelo caminho pensavam que estivesse satisfeita quando, na verdade, só tinha se esquecido de limpar a boca...

O mesmo acontecia comigo, porque durante todos estes meses de trabalho empanturraram-me sobretudo de elogios e felicitações. O Sr. Bourgeois, incomodado com a situação, de vez em quando me dava uma pequena gratificação, mas, felizmente, eu não tinha necessidade; morava com meus pais e não me faltava nada.

Com o tempo, habituei-me à ideia de que talvez pudesse ficar em Bamako, onde, aliás, tinha recebido boas ofertas de emprego no setor privado. Mas os esforços conjuntos do Sr. Bourgeois e do Sr. Sylvandre haviam frutificado. Em 25 de novembro de 1921, fui convocado pelo representante do Alto Volta em Bamako, um funcionário dos Assuntos Africanos de origem corsa, chamado Sinibaldi. Ele havia recebido na véspera, do Alto Volta, o seguinte telegrama que leu para mim:

FAVOR AVISAR AMADOU BÂ, ANTERIORMENTE A SERVIÇO ESCRITÓRIO PATRIMÔNIO BAMAKO, QUE PODE SER EMPREGADO COMO ESCREVENTE TEMPORÁRIO SALÁRIO MENSAL 125 FRANCOS STOP CASO ACEITE FAVOR VIR UAGADUGU POR CONTA ORÇAMENTO ALTO VOLTA. ASSINADO: FOUSSET.

As palavras "a título essencialmente precário e revogável" não figuravam no telegrama, mas estavam implícitas, já que eu continuava a ser um simples "escrevente temporário" do quadro local, embora com meu nível de escolaridade e êxito nos exames devesse ter sido empregado numa posição mais elevada e estável. O curioso, aliás, é que o salário que me fora atribuído era excepcionalmente alto. Tudo era muito ambíguo e eu sentia um grande temor do que poderia me acontecer no Alto Volta, longe de meu país e de minha família, se por acaso não agradasse a meus chefes.

"Bem, meu jovem", fez o Sr. Sinibaldi, "deve estar contente, pois recebeu um bom posto, não é?".

Foi mais forte do que eu; mais uma vez respondi depressa demais, expondo com franqueza meu pensamento, o que era a última coisa que se esperava de mim! Expliquei que, na verdade, meu posto me parecia instável, que Uagadugu era muito longe para ir na condição de "temporário" e que, no fim das contas, eu preferia ficar em Bamako, onde uma grande casa comercial, a C.F.A.O., me oferecera emprego. O Sr. Sinibaldi lançou-me um olhar irônico: "Meu jovem, você tem mais audácia que um rei negro! Acha que a administração francesa lhe deu instrução para ir trabalhar para outros? Vou submeter seu caso ao senhor governador do Sudão. Ele o estudará e eu lhe direi depois com que molho você será devorado".

Voltei para casa com o coração pesado de angústia. Invadiram-me os pensamentos mais terríveis a respeito do Sr. Sinibaldi, esse corso careca com dentes de coelho, tão salientes que quase lhe cobriam o lábio inferior. Temível e temido até por seus superiores, ele não brincava com ninguém, nem branco nem negro. Para estes últimos, inclusive, reservava um chicote que não hesitava em usar quando era dominado pela cólera, a qual era tão frequente que os africanos a seu serviço diziam não conseguir diferenciá-la de sua respiração: "Ele está respirando ou está zangado?".

Dias depois, um policial veio me procurar. Levou-me ao gabinete do governador em Kuluba. Primeiro me mandaram esperar na sala do Sr. Daba Keïta, futuro pai de Modibo Keïta, que viria a ser o primeiro presidente da República do Mali. O Sr. Keïta, que me conhecia bem, me aconselhou a não me recusar a ir para Uagadugu, sob risco de ser levado à força e em condições muito desagradáveis para mim.

Um ordenança veio me buscar e levou-me até o chefe de gabinete, o Sr. Mandagoux. Fiquei de pé diante dele, os braços cruzados sobre o peito, velho hábito escolar em sinal de respeito, do qual ainda não tinha me desembaraçado. O Sr. Mandagoux pegou com certo desdém a carta que o Sr. Sinibaldi lhe escrevera a meu respeito: "Então, jovem! Depois de se recusar a continuar seus estudos, vejo que agora se recusa a ir servir a França em Uagadugu, sob pretexto de que seu emprego não tem a solidez de uma rocha?".

Entrementes, o governador entrou na sala para tratar de uma questão urgente com seu chefe de gabinete. Como fazia menção de partir sem ter-me visto, o Sr. Mandagoux o chamou: "Senhor governador, o senhor tem diante de si aquele jovem voluntarioso, Amadou Bâ, que agora está criando obstáculos para ir a Uagadugu".

Mantendo a porta entreaberta, o governador voltou-se e olhou para mim. De emoção, senti todo o sangue subir-me à cabeça. Qualquer coisa poderia acontecer comigo. "Chega dessa brincadeira", disse, com ar severo. "Mandagoux, mande este jovem a Uagadugu a pé, acompanhado de um guarda de circunscrição para vigiá-lo." E saiu.

O Sr. Mandagoux levantou os longos braços no ar: "Veja no que dá ser cabeça dura! Bem, você irá então para Uagadugu escoltado por um guarda a cavalo. Você será convocado. Espécie de vagabundo, fora, saia daqui!".

Desconsolado, desci lentamente a colina. Lembrava-me das últimas palavras do Sr. Sinibaldi, que ainda ecoavam em minha cabeça: "Eu lhe direi com que molho você será devorado". O que me esperava em Uagadugu?

Minha mãe, vendo-me chegar com passo arrastado e expressão triste, perguntou-me o que o governador tinha dito. Contei-lhe a cena. Ela se sentiu ainda mais afetada porque, na certa, se julgava em parte responsável pela situação. Quando me proibira ir para Goré, estava longe de pensar que a consequência dessa interdição seria me enviarem a um país muito mais distante, sem esperança de férias por muitos anos e em condições profissionais deploráveis. "Deus é maior!", disse, suspirando. "Ele o protegerá." Citou o versículo do Alcorão: "A felicidade está próxima da infelicidade". (Ou: "Ao lado da dificuldade encontra-se a facilidade".) "Quem sabe?", acrescentou, "talvez sua oportunidade esteja lá". Tentava encorajar-me, mas eu bem sabia que estava triste.

À noite, antes de me deitar, não sei que ideia louca me invadiu. Tinha ouvido dizer que uma mudança brusca de temperatura podia provocar fortes acessos de febre, sobretudo nos portadores de malária crônicos, como éramos todos nós. Assim, tomei um banho bem quente seguido de outro, frio. O resultado não se fez esperar. Naquela mesma noite minha temperatura subiu como uma flecha e caí num estado tão alarmante que minha mãe me fez levar ao dispensário. Fui internado de urgência no hospital do "Point G". Permaneci em uma espécie de coma do qual só saí dois dias depois, mas não falava nem reconhecia ninguém. Nem sei como minha mãe, que não saiu do meu lado, conseguia me alimentar. Passados uns dez ou quinze dias, comecei a recobrar a consciência. Eu voltava de longe! A uma crise extremamente grave de febre havia se juntado uma pleurisia pulmonar que deixaria, aliás, algumas sequelas respiratórias. Minha mãe ficou tão feliz de me ver melhor naquele dia que, para agradecer a Deus, distribuiu aos pobres grande quantidade de alimento, roupa e dinheiro.

Todavia, eu ainda estava muito fraco. Minha mãe, inquieta, consultou um marabu famoso por suas visões, apelidado *Mawdo molebol gotel*, "o velho que só tem um pelo", o que significa "o ancião (ou mestre) de uma só palavra" e também "aquele que é único em seu gênero". Após preparar um estudo, provavelmente de natureza geomântica ou numerológica, ele declarou: "Ó Kadidja, fique feliz, pois assim que seu filho sair da cidade recobrará por completo a saúde. Sua estada no estrangeiro é inevitável e ele ficará muito tempo fora antes de voltar, mas não será infeliz. Construirá um nome e começará uma família. Viverá confortavelmente, mas sem amealhar fortuna. Terá muitos amigos, brancos e negros. É preciso deixá-lo partir". Como conclusão, acrescentou: "Seu filho gozará das boas graças dos grandes. Um dia, inclusive, construirá um sobrado. Quando este dia chegar e se eu ainda estiver vivo", disse sorrindo, "irei lhe pedir que construa uma pequena palhoça ao pé de sua casa para mim". Nessa conversa amigável, à maneira enviesada peculiar a nossos velhos sábios, havia uma lição indireta incitando ao reconhecimento e à humildade. Este "sobrado" existe hoje em Abidjã e um de meus grandes desgostos é que esse ancião não tenha podido juntar-se a mim: eu teria construído com alegria uma casa para ele em minha concessão...

Todos os medos de minha mãe desapareceram. Com o coração leve, apressou-se a distribuir entre os pobres os sacrifícios prescritos pelo marabu.

Enquanto isso, o Sr. Sylvandre impacientava-se com minha demora. Ele tinha feito o governador do Alto Volta enviar três telegramas a fim de informar-se sobre as razões do atraso e sublinhar a urgência de minha presença. Uma mensagem (vinda, creio eu, do Sr. Mandagoux, mas não estou certo) foi enviada ao médico chefe do hospital, o doutor Lairac, pedindo-lhe minha alta o mais rápido possível e, principalmente, que não me concedesse nenhum período de convalescença, dando a entender que eu era mais ou menos "preguiçoso". O doutor Lairac, médico-coronel cujas mangas exibiam cinco barras douradas, ofendeu-se com essa conduta. Decidiu que eu só sairia dali inteiramente curado. Mas o Sr. Sinibaldi, exasperado com a situação, tinha resolvido que, vivo ou morto, eu deixaria Bamako com destino a Uagadugu em 31 de dezembro. Por sorte, a partir do dia 20 me senti como que revivendo e comecei a recuperar as forças. No dia 25 ainda conservava algumas sequelas, mas já estava em condições de viajar. Voltei para casa no dia 28 ou 29, justo a tempo de preparar minha partida na data prevista.

Quando saí do hospital, o Sr. Sinibaldi telegrafou a Uagadugu avisando que eu partiria em 31 de dezembro sem falta. O guarda de circunscrição de primeira classe Mamadou Koné foi designado para me escoltar até Mopti, onde outro guarda o substituiria. Eu deveria chegar a Uagadugu passando por Bandiagara. O trajeto total Bamako-Uagadugu representava pouco mais de mil quilômetros. Afinal, graças à conivente boa vontade do guarda, ou a uma autorização de última hora devido a meu estado de saúde, não lembro mais, fiz os cinquenta quilômetros que separavam Bamako de Kulikoro de trem e o trajeto Kulikoro-Mopti de piroga. De Mopti a Uagadugu, restavam cerca de quatrocentos e cinquenta quilômetros a percorrer a pé. De qualquer maneira, era melhor do que os mil quilômetros previstos!

Antes da partida, minha mãe me presenteou com um "guarda-roupa colonial" completo, como convinha a um jovem empregado "branco-negro" da administração: um terno de gabardina, um de linho branco, três camisas, um par de sapatos pretos, três pares de meias, um capacete colonial – indispensável ao meu prestígio! – e, por fim, os próprios símbolos de meu status: uma bengala europeia, um par de óculos escuros e até um monóculo! Mas ela também tinha acrescentado um enxoval completo de roupa africana, que incluía um belíssimo bubu bordado por meu pai Tidjani. Para meu conforto durante a longa viagem, ela providenciara uma espreguiçadeira, uma mesa e cadeira dobráveis, uma panela, uma frigideira, cobertas, um garrafão de dois litros, uma lamparina e um punhal cinzelado muito bonito, presente de meu pai, e que me fez recordar nossa primeira travessia noturna pelo despenhadeiro de Dunfing...

Eu levava também, pendurado no peito, um belo relógio de prata do tipo "cebolão", presente do Sr. Bourgeois. Era o conteúdo de um dos pacotes de atiradores cujos herdeiros não fora possível identificar. Cada um dos meus colegas de trabalho também havia recebido um relógio como lembrança de sua passagem pelo serviço. O meu, de marca alemã, fora achado provavelmente por um atirador desconhecido em algum oficial alemão morto... Pelo menos, esta era a opinião do Sr. Bourgeois, que me deu, além disso, um binóculo do qual muito me orgulhava.

Minha mãe decidira ir comigo até Kulikoro. Em 31 de dezembro de 1921, depois dos últimos adeuses aos parentes e amigos que nos acompanharam à estação, transbordando de bons conselhos e bênçãos, tomei o trem, onde me instalei ao lado de minha mãe e do guarda de circunscrição. Um carregador havia embarcado nossa bagagem.

Durante todo o trajeto, ninguém disse nada. Olhando desfilar a paisagem, eu rememorava os momentos felizes de minha infância. Revi também, em pensamento, os mestres-escolas que mais tinham me marcado: meu primeiro mestre, o brutal mas eficiente Sr. Moulaye Haïdara, que nos ensinava francês com a ponta da chibata, e não negava fogo; o Sr. Primel, nosso mestre francês de Djenné, que punha tanto ardor em nos tornar bons e leais súditos franceses, animado por um amor pela "mãe-pátria" só comparável a nosso ódio por Guilherme II e seu bigode pontudo. Esse ótimo mestre, inteiramente voltado a sua profissão, tinha nos dado uma formação de base sólida e rica que mais tarde me seria preciosa. Pensei também nos ótimos mestres africanos que tive em Bamako: Séga Diallo, tão entregue a seus cursos que perdeu a voz; o saudoso Mamadou Konaté; Namoussa Doumbia, Namakan Coulibaly, Bouyagui Fadiga, todos homens extraordinários tanto por sua dedicação como pela cultura e competência; sem esquecer, é claro, o "pai" de todos, o Sr. Frédéric Assomption, convicto de estar agindo certo quando me levou ao governador, e que só conseguira me mandar para "o diabo"...

Em Kulikoro, enquanto o guarda de circunscrição encarregado da segurança da cidade organizava com o meu guarda-vigilante nossa viagem de piroga até Mopti, minha mãe foi à casa de um marinheiro-chefe cuja esposa tinha sido sua companheira de associação em Bandiagara. Passamos alguns dias com eles. Por coincidência, nosso hospedeiro realizava então todas as noites grandes serões de contos, como era costume entre os marinheiros quando estavam em casa entre duas viagens. Amigos e *griots* vinham se apresentar ao som de violões. Foi lá que, pela primeira vez, comecei a anotar tudo que ouvia, na totalidade ou em linhas gerais. Levava comigo uma boa provisão de cadernos. Um deles tornou-se meu primeiro "diário". Em Kulikoro e depois, durante toda a viagem, eu anotaria os principais acontecimentos do dia e, principalmente, tudo que visse ou ouvisse de interessante relativo a nossas tradições orais. Uma vez formado o hábito, nunca mais o deixaria, pelo resto de minha vida.

Três dias após nossa chegada, eu estava tão restabelecido que me sentia com forças para levantar pedras. Minha mãe ficou tão contente que, mais uma vez, distribuiu dinheiro, roupa e alimento aos pobres.

O comandante de Kulikoro havia requisitado para minha viagem uma grande piroga confortavelmente preparada, tripulada com seis remadores. Nossa partida foi marcada para o dia 5 de janeiro às dez horas da manhã. Os marinheiros embarcaram todos os mantimentos necessários na véspera.

Quanto ao guarda de circunscrição Mamadou Koné, encarregado pelas autoridades de não me perder de vista, temendo que eu escapasse, logo tinha trocado seu papel de guardião pelo de assistente devotado e agradável companheiro de viagem. Nenhuma instrução administrativa poderia sobrepor-se aos costumes africanos quando estávamos entre nós, e, além do mais, havia os habituais presentinhos...

Adeus à margem do rio

Na manhã da partida, minha mãe acompanhou-me até a beira do rio. Um pouco antes de chegar à margem, era preciso atravessar uma pequena duna de areia. Caminhávamos de mãos dadas. À medida que descíamos, virados para o sul, o vento do norte nos colava as roupas nas costas. Minha mãe fez questão de subir na piroga para verificar com seus próprios olhos que nada faltasse. Mais sossegada, distribuiu os últimos presentes e voltou para a margem. Pegando minha mão, puxou-me de lado. Ali, deu-me cinquenta francos para as despesas de viagem e, tomando minhas mãos nas suas, disse-me: "Olhe bem nos meus olhos".

Mergulhei meu olhar no seu e, por alguns instantes, como se diz em fula, "nossos olhos tornaram-se quatro". Toda a energia desta mulher indomável parecia fluir para mim através de seu olhar. Virou então minhas mãos e, em um gesto de grande benção materna, à maneira das mães africanas, passou a ponta da língua sobre minhas palmas.[7] Disse: "Meu filho, vou lhe dar alguns conselhos que serão úteis para toda a sua vida de homem. Guarde-os bem". Ela marcava cada conselho tocando a ponta de um de seus dedos.

"Nunca abra sua mala em presença de alguém. A força de um homem vem de sua discrição; não é necessário mostrar nem sua miséria nem sua fortuna. A fortuna, quando exibida, atrai invejosos, pedintes e ladrões."

"Nunca tenha inveja de alguma coisa ou de alguém. Aceite seu destino com firmeza, seja paciente na adversidade e comedido na felicidade. Não se compare àqueles que estão acima de você, mas àqueles que são menos favorecidos que você."

"Não seja avarento. Distribua esmolas na medida de suas possibilidades, mas dê preferência aos pobres sobre os marabus ambulantes."

"Preste o máximo de serviço, mas peça o mínimo possível. Faça-o sem

---

[7]. A saliva, na África tradicional assim como no Islã, considera-se carregada do poder espiritual das palavras pronunciadas. Ela acompanha frequentemente os gestos de benção e os ritos de cura.

orgulho e nunca seja ingrato com Deus e os homens."

"Seja fiel em suas amizades e faça tudo para não ferir seus amigos."

"Nunca brigue com um homem mais jovem ou mais fraco que você."

"Se partilhar um prato com amigos ou desconhecidos, nunca pegue um pedaço grande, nem encha a boca de alimentos e, principalmente, não olhe para as pessoas enquanto estiverem comendo, porque nada é mais feio que a mastigação. E nunca seja o último a levantar-se; demorar-se diante de um prato é próprio dos glutões e a glutonaria é vergonhosa."

"Respeite os mais velhos. Sempre que encontrar um ancião fale com ele com respeito e dê-lhe um presente, por menor que seja. Peça-lhe conselhos e faça-lhe perguntas com discrição."

"Desconfie dos aduladores, das mulheres de má vida, dos jogos de azar e do álcool."

"Respeite os chefes, mas não os coloque no lugar de Deus."

"Faça suas orações regularmente. Confie sua sorte a Deus toda manhã ao levantar-se e agradeça-lhe toda noite ao deitar-se."

"Você entendeu bem?", perguntou. "Sim, Dadda."

"Enfim, não se esqueça, durante a viagem, de cumprimentar nossos parentes em Diafarabé, Mura, Saredina e Mopti. E, assim que chegar a Bandiagara, reserve sua primeira visita para Tierno Bokar. Quando o vir, diga-lhe: 'Minha mãe, sua irmãzinha, mandou-me vir para me pôr nas mãos de Deus por seu intermédio'. Você vai se lembrar de tudo?"

"Sim, Dadda, fique tranquila. Guardarei cada uma de suas palavras por toda a minha vida."

Voltando para a piroga, nossos pés afundavam na areia fina. Antes do embarque, minha mãe recitou a *fatiha* e me abençoou: "Que a paz de Deus o acompanhe! Vá em paz, que sua viagem se passe na paz e volte para nós na paz!". Como eu dissera "*Âmine!*", ela girou sobre os calcanhares e retomou o caminho da duna, andando ereta, sem se virar uma só vez. Tive a impressão de que chorava, mas é claro que esta mulher tão orgulhosa que quase ninguém vira chorar e pouco habituada a efusões, principalmente com o filho primogênito, não iria querer que eu visse suas lágrimas.

Subi na piroga onde o guarda Mamadou Koné, mosquete a tiracolo, já tinha se instalado. Os seis remadores, três na frente e três atrás, esperavam a ordem de partir. "Senhor patrão", exclamou o guarda, "marinheiros todos prontos, esperam só palavra de sua boca". Era a primeira vez que eu era chamado de "patrão". Isto me perturbou de modo estranho. Em vez de responder logo, virei-me instintivamente para olhar ainda uma vez minha mãe. Ela alcançava o alto da duna. O vento fazia flutuar os panos de seu bubu e lhe erguia o véu transparente. Parecia uma libélula prestes a voar. Pouco a pouco, sua silhueta elegante desapareceu atrás da duna, como que engolida pela areia. Com ela, desaparecia Amkoullel e toda a minha infância.

A voz do guarda reiterando a pergunta me tirou do devaneio. Eu não era mais um menininho mimado e protegido pela mãe, mas um "Senhor patrão" cujas ordens eram esperadas por um guarda de circunscrição armado de mosquetão a baioneta e seis fortes marinheiros. Não sei como, veio-me aos lábios uma fórmula ouvida muitas vezes dos oficiais em Kati e que pronunciei com ar sério, reforçando-a com um gesto enérgico: "Bem, se todos estão prontos, avante, em frente!". O mais grave é que, de repente, me senti todo orgulhoso de mim mesmo. Usando o quepe colonial, esquecendo por um instante meu status de "escrivão temporário a título essencialmente precário e revogável", eu me tomava por um grande chefe...

"*Aïwa!*", exclamou Mamadou Koné. "Vamos!"

Com um ritmo admirável, os marinheiros levantaram suas varas em conjunto e, com um amplo movimento, as mergulharam na água. Jogando todo o peso do corpo sobre elas, conseguiram nos soltar do lodo. A piroga corcoveou como um cavalo mordido pelas esporas e se afastou lentamente da margem, deixando para trás redemoinhos amarelados. Alcançando uma área onde a correnteza descendente nos era favorável, foi ganhando velocidade, jogando para a direita e para a esquerda sob os golpes ritmados dos remadores. A duna de areia de Kulikoro apagava-se aos poucos na distância.

Olhei para frente. A proa da embarcação fendia as águas sedosas e límpidas do velho rio cuja corrente nos levava, como que para me arrastar mais depressa em direção ao mundo desconhecido que me esperava, à grande aventura de minha vida de homem.

Texto composto na fonte ITC Galliard Std.
Impresso em papel Offset 75 g/m² pela Cromosete.